댄 애리얼리

경제 심리학

댄 애리얼리

경제 심리학

THE UPSIDE OF IRRATIONALITY

댄 애리얼리 지음 | **김원호** 옮김

Ć
청림출판

한 그루의 나무가 모여 푸른 숲을 이루듯이
청림의 책들은 삶을 풍요롭게 합니다.

무엇이 우리의 행동을 지배하는가

해야 할 일을 제때에 바로바로 처리하는 사람은 그리 흔치 않다. 일을 미루는 습관은 모든 사람의 공통적인 성향인 듯하다. 때때로 의지력과 자제력이 발휘된다 해도, 마음을 고쳐먹고 애를 쓴다 해도 일을 미루는 습관은 좀처럼 다스리기 어려워 보인다. 나 또한 그러한 성향에서 자유롭지 못하다. 다만 나름대로 대처할 만한 해법이 있어 잠깐 소개하려 한다.

나는 아주 오래전에 심각한 화상사고를 당했다. 마그네슘이 폭발하는 바람에 온몸에 3도 화상을 입었다. 설상가상으로 병원에 입원한 지 3주쯤 지나서는 잘못된 피를 수혈받아 간염에 걸리기까지 했다. 간염 치료는 몸 상태가 워낙 좋지 않아 제대로 처방을 받을 수조차 없었다. 때문에 상황은 더욱 복잡해졌다. 간염 때문에 화상 치료가 지연되었고, 피부이식에 대한 거부반응도 빈번하게 나타났다. 게

다가 의사들은 내가 어떤 간염에 걸렸는지 진단조차 내리지 못했다. 그저 A형이나 B형간염은 아니라는 결론만 내렸다. 하지만 다행히 시간이 지나면서 간염 증세는 많이 누그러졌다. 그렇다고 완치된 것은 아니어서 이따금씩 생기는 피로감이나 영양불량 등으로 화상 치료 과정은 지연되었다.

그로부터 8년이 지난 후 간염이 재발되었다. 대학원을 다니고 있을 무렵이었다. 나는 교내 보건센터에 가서 검사를 했고 C형간염이라는 진단을 받았다. C형간염의 바이러스 실체가 밝혀진 지 얼마 지나지 않았을 때의 일이었다. 보건센터로부터 진단 결과를 통보받은 나는 매우 반가웠다.

여기에는 두 가지 이유가 있었다. 첫째는 내가 오래전부터 앓아왔던 병이 무엇인지 마침내 알게 되었기 때문이고, 둘째는 인터페론 interferon이라는 물질을 이용한 C형간염 치료법이 개발되어 실험단계에 있었기 때문이다. C형간염의 원인이 밝혀진 지 얼마 지나지 않아 곧바로 치료법이 개발되었던 것이다.

나를 진단한 보건센터 의사는 내게 인터페론의 치료 효과를 확인하기 위한 임상실험에 참여하지 않겠느냐고 물었다. 나는 내 병이 간섬유증이나 간경화증으로 심화되고, 심지어 급성간염으로 악화되어 일찍 죽을 수도 있다는 생각에 임상실험에 참여하기로 했다.

의사는 내게 일주일에 세 번 인터페론을 몸에 직접 주사하라고 지침을 내렸다. 그리고 주사 후에는 발열, 메스꺼움, 두통, 구토 같은 부작용이 나타날 수 있다고 주의를 주었다. 실제로 인터페론을 주사했더니 정확히 네 가지 부작용이 나타났다. 하지만 나는 반드시 완쾌

되어야 한다는 각오로 18개월 동안 매주 월요일, 수요일, 금요일 저녁에 꼬박꼬박 인터페론을 몸에 주사했다. 주사하는 과정은 마치 하나의 의식처럼 진행되었다.

일단 기숙사에 도착하면 나는 의약품 캐비닛에서 주사기를 꺼내고, 냉장고에서 인터페론 약물을 꺼내 정해진 양을 주사기에 넣었다. 그리고 주사바늘을 내 허벅지에 찌르고 천천히 약물을 주입했다. 그런 다음 그물침대에 누워 텔레비전을 보면서 부작용을 견뎌냈다. 그물침대는 당시 다락방 같던 내 숙소에서 유일하게 심심함을 달래주던 가구였다. 구토물을 받기 위한 큰 그릇과 오한에 대비한 담요는 필수였다. 주사를 놓은 뒤 한 시간 정도 지나면 메스꺼움과 함께 추위와 두통이 밀려왔는데, 참고 견디다 보면 어느새 잠이 들어 있었다. 그리고 다음날 정오쯤에 눈을 뜨면 기분이 한결 좋아졌다.

그 당시 나를 포함한 임상실험참여자들이 겪은 부작용은 발열, 메스꺼움, 두통, 구토뿐만이 아니었다. 우리는 자기통제의 문제와도 씨름해야 했다. 주사를 놓는 일은 지긋지긋했다. 언젠가는 병이 나을 거라는 기대로 몸에 주사바늘을 꽂지만, 그 뒤로 열여섯 시간 동안 겪어야 할 고통은 생각만 해도 끔찍했다. 그러나 나는 심리학자들이 말하는 '긍정적인 장기 효과'를 위해 '부정적인 단기 효과'를 견뎌냈다.

사실 대부분의 사람들은 장기적으로 좋은 결과를 예상하면서도 그에 필요한 단기적인 임무를 성실하게 수행하지는 않는다. 머리로는 계획에 따라 꾸준하게 실천하면서 살고자 다짐하지만, 몸은 어느새 귀찮은 일을 하루 이틀 뒤로 미루고 있는 것이다. 계획대로 실천하면 더 건강한 몸과 더 빠른 승진이 보장되는 경우에도 말이다.

18개월의 임상실험이 끝났을 때, 의사들은 내게 성공적인 치료였다면서 실험참여자 중에 인터페론 주사를 한 번도 빼먹지 않은 환자는 내가 유일하다고 했다. 다른 환자들은 주사를 많이 빼먹었다는 것이다. 부작용을 생각하면 그리 놀라운 일도 아니었다. 의사들의 처방을 제대로 따르지 않는 것은 환자들 사이에서 흔한 일이다.

그렇다면 나는 길고도 고통스러웠던 18개월의 치료기간을 어떻게 견뎌냈던 걸까? 지구상에 존재하는 많은 사람들과 비교할 때, 내가 특별히 자제력이 강한 사람은 아니다. 나 역시 주사 부작용은 끔찍하게 싫었고 피하고 싶었다. 하지만 나는 부작용을 견뎌내는 내 나름의 방법을 찾아냈다. 그 길고도 고통스런 시간을 영화 보는 시간으로 만들었던 것이다. 나는 틈만 나면 영화를 볼 만큼 영화를 좋아한다. 처음 의사들이 주사의 부작용을 말해주었을 때 나는 영화를 보면서 그 시간들을 이겨내야겠다고 마음먹었다. 사실 그렇게 마음먹지 않았다고 해도 가만히 누워서 영화를 보는 것밖에는 달리 할 수 있는 일이 별로 없었다.

주사를 맞는 날이면 나는 늘 학교 옆 비디오대여점에 들러 좋아하는 영화 몇 편을 빌렸다. 그리고 수업 중에도 영화 볼 생각에 들떠 있었다. 기숙사에 도착해 허벅지에 주사를 놓을 때마다 그렇게 나만의 작은 영화제는 시작되었고, 그물침대에 누워 편안한 자세로 영화를 보는 시간은 고통스러운 주사 부작용에 대해 꽤 효과적이었다.

물론 부작용으로부터 오는 불편한 느낌이 아주 사라지는 것은 아니었다. 하지만 주사를 맞는 날 저녁의 작은 영화제는 충분히 즐거운 일이었고, 그 덕분에 빼먹지 않고 치료를 계속할 수 있었다. 게다가 내 기억력이 그리 좋지 않았던 것도 치료를 계속하는 데 도움이 되었다. 똑같은 영화를 몇 번이고 반복해서 봐도 질리지 않고 재미있었기 때문이다.

사람들은 왜 해야 할 일을 자꾸 미룰까? ⸜

이 일화를 통해 내가 하고 싶은 말은, 우리는 많은 일들을 제때에 처리하지 않고 미룬다는 점이다. 특히 바깥 날씨가 좋을 때는 더욱 그렇다. 세금신고를 위해 몇 달 전 영수증을 정리하는 일, 뒤뜰을 청소하는 일, 다이어트로 살을 빼는 일, 은퇴를 대비해 저축하는 일, 그리고 내 경우처럼 장기간에 걸친 고통스러운 치료를 받는 일 등 우리는 너무나 자주 먼저 해야 할 일들을 잊곤 한다.

물론 완벽하게 이성적인 사람들이라면 일을 미루는 성향은 문제되지 않을 것이다. 그들은 장기적인 목표들의 가치를 계산하여 그것을 단기적인 즐거움과 비교한 뒤 처리해야 할 일의 순서를 잡을 테니 말이다. 그리고 보다 중요한 일에 더 많은 시간과 노력을 집중할 것이다.

우리는 큰 일을 마쳤을 때의 만족감을 알고 있다. 또한 다이어트를 통해 더 건강하고 아름다운 몸을 가질 수 있다는 것도 알고 있다. 제때에 꼬박꼬박 치료를 받으면서 "더 이상 증세가 없습니다. 병이 완치된 것 같습니다."라는 의사의 말을 상상해보기도 한다.

하지만 안타깝게도 대부분의 사람들은 장기적인 목표보다는 단기적인 즐거움을 좇는 경향이 있다.↑ 그러면서도 미래의 어느 시점에는 더 많은 시간적 여유를 갖게 되고, 더 많은 돈을 갖게 되고, 피로와 스트레스를 덜 느끼면서 살게 될 것을 꿈꾼다. 단기적인 즐거움 때문에 장기적인 목표가 허물어진 사례는 굳이 멀리서 찾을 필요가 없다. 당장 우리들의 일상생활만 돌아봐도 이와 관련된 여러 사례를 찾아볼 수 있다. 제때 깎지 못해 무성해진 뒤뜰의 잔디, 늦은 세금신고로 내야 하는 가산세, 치료시기를 놓쳐 깊어진 병 등등.

지금 얘기한 것들이 이 책의 주제와 어떤 관련이 있을까? 넓은 의미에서 보면 이 책에서 다루는 거의 모든 주제와 관련이 있다고 할 수 있다.

이성적으로 보면 우리는 오직 자신에게 최대의 이익이 되는 것만을 선택해야 한다(여기서 '해야 한다' 는 표현에 주목하기 바란다). 모든 가치를, 단기적인 가치뿐만 아니라 장기적인 가치까지 정확하게 계산하여 선택하고 우리의 이익이 극대화되는 방향으로 최종 선택을 해야 하는 것이다. 만약 선택해야 할 때 딜레마에 빠진다면 선입견 없이 상황을 명확하게 파악해 객관적으로 각 선택의 장단점을 평가해야 한다. 우리가 컴퓨터를 살 때 여러 제품들을 이것저것 비교하는 것처럼 말이다.

어떤 병에 걸렸을 때 효과적인 치료법이 있다면 그 치료법을 수행하는 의사의 지시를 철저하게 따라야 한다. 체중이 지나치게 많이 나

↑
스스로 생각했을 때 결단코 단기적인 즐거움을 위해 장기적인 목표를 희생한 적이 없다면 가족이나 가까운 친구들에게 물어보라. 분명 그들은 당신이 기억하지 못하고 있는 한두 가지 사례를 지적해줄 것이다.

간다면 구운 생선살과 채소와 물을 많이 마시는 식사를 하고, 식사량을 줄이고, 하루에 몇 킬로미터씩 걸어야 한다. 담배를 피우고 있다면 끊어야 한다. 그것도 무조건적으로 말이다.

'무엇을 해야 하는지'를 정확하게 이해하고 이성적으로 판단할 수 있다면 그나마 다행이다. 하지만 안타깝게도 우리는 그렇지 못하다. 만약 우리가 그만큼 이성적인 존재라면 수백만 장의 헬스클럽 회원권이 사용되지 않은 채 만기를 맞는 일은 없을 것이다.

이성의 지배에서 비이성의 지배로

이쯤에서 행동경제학 Behavioral Economics의 역할이 자연스럽게 떠오르는 것은 이상하지 않다. 행동경제학은 인간이 완벽하게 이성적이거나 계산기처럼 정확하다는 가정을 하지 않는다. 인간이 실제로 어떤 식으로 행동하는지를 관찰하는 행동경제학자들은 그래서 인간이 비이성적인 존재라는 결론을 내린다.

완벽한 합리성rationality을 전제로 정립된 경제학은 분명 우리에게 많은 것을 가르쳐준다. 그러나 이러한 경제학의 몇몇 전제들, 이를테면 사람들은 언제나 최선의 선택을 한다, 많은 액수의 돈이 걸려 있는 경우 실수를 범할 가능성은 줄어든다, 시장은 자정능력을 가지고 있다 등의 전제들은 엄청난 판단착오로 이어질 수 있다.

자동차 운전만 보더라도 완벽한 합리성에 대한 전제가 얼마나 위험한 생각인지 알 수 있다. 조금만 잘못해도 매우 큰 사고로 이어질 수 있는 사람들의 비이성적인 행동은 어렵지 않게 찾을 수 있다. 사람들이 운전을 하면서 언제나 이성적인 판단을 하는 것은 아니라는 사실을 잘 알고 있는 자동차설계자들과 도로설계자들은 운전자들과 보행자들의 안전을 최대한 고려하여 자동차와 도로를 설계한다.

자동차설계자들은 자동차의 안전벨트, ABS 브레이크, 후사경, 에어백, 할로겐 라이트, 사물감지기 같은 장치들을 개발해 자동차에 장착해왔다. 따지고 보면 이것도 비이성적인 운전자들에 대한 보완책이라고 할 수 있다. 마찬가지로 도로설계자들도 고속도로의 폭을 넉넉하게 설계하고, 운전자들이 더욱 주의해야 하는 구간에는 도로에 홈을 내어 속도를 줄이도록 경고하고 있다. 하지만 이러한 장치들이 있음에도 불구하고 운전자들의 비이성적인 행동(음주운전, 운전 중 문자메시지 작성 등) 때문에 부상자들과 사망자들이 속출하고 있다.

지난 2008년 세계경제를 뒤흔든 월스트리트의 금융위기를 떠올려 보라. 금융시장도 많은 결점을 지닌 인간이 만든 것이다. 그런데도 금융시장에서 나타나는 구조적인 판단의 오류를 예방하거나 그를 제어하기 위한 외부적인 장치들이 필요하지 않다는 의견은 뭐란 말인가? 수십억 달러의 돈을 관리하고, 이러한 돈을 기반으로 레버리지 투자를 하는 사람들이 잘못된 판단을 내려 엄청난 손실을 초래하고 있는데, 사전에 막을 수 있는 안전장치들을 마련해야 하는 게 아닐까?

결점투성이의 존재인 인간의 근원적인 문제를 더욱 심각한 양상으로 악화시키는 것은 기술의 발전이다. 기술의 발전은 편리함을 제공해주었지만 때로는 인간이 이익을 극대화하는 방향으로 행동하는 것을 어렵게 만들기도 한다.

예를 들어 휴대폰을 생각해보자. 휴대폰 덕분에 우리는 장소에 구애받지 않고 친구들에게 전화를 걸 수 있을 뿐만 아니라, 문자메시지와 이메일까지 보낼 수 있게 되었다. 길을 걷거나 운전을 하면서도 이와 같은 일을 할 수 있다. 하지만 길을 걸으면서 문자메시지를 보낼 때 우리는 인도에 설치된 시설물이나 다른 사람들과 부딪히기도 한다. 더욱이 자동차 운전을 하면서 문자메시지를 보내다 돌이킬 수 없는 사고를 일으키기도 한다.

농업기술의 발달과 비만의 관계도 생각해보자. 수천 년 전 인류는 먹고살기 위해 숲을 뒤지고 다니며 사냥을 하거나 열매를 채집해야만 했다. 당연히 많은 열량이 필요했으며, 가급적 많은 에너지를 체내에 축적해야 했다. 그래서 당시의 사람들은 지방이나 당분이 있는 음식을 발견할 때마다 섭취함으로써 최대한 많은 에너지를 체내에 축적해두었다. 게다가 인간의 몸은 음식을 섭취한 뒤 20분쯤 지나서야 포만감을 느끼기 때문에 필요 이상의 음식을 섭취하게 되었다. 하지만 이렇게 과잉 축적된 에너지는 당장 사슴을 잡지 못해도 언젠가는 사냥 활동에 필요했기 때문에 그리 문제될 것이 없었다.

하지만 현대인은 어떤가? 깨어 있는 대부분의 시간을 의자에 앉아 모니터를 들여다보면서 지낸다. 먹이를 얻기 위해 동물들을 쫓아 뛰어다닐 필요도 없고, 직접 씨를 뿌리고 재배하고 수확할 필요도 없다. 이제 이러한 일은 분업화되어 기계가 대신해준다. 식품회사들은 당분과 지방을 공급하는 음식을 차고 넘치게 생산해낸다. 우리는 그저 돈만 지불하면 슈퍼마켓이나 음식점에서 손쉽게 음식을 구할 수 있다.

뿐만 아니라 던킨도넛Dunkin' Donuts이나 맥도날드McDonald's처럼 패스트푸드 음식점에 들어가면 저렴한 비용으로 수천 칼로리의 열량을 빠르게 섭취할 수도 있다. 베이컨과 계란, 치즈 등을 넣은 베이글을 먹은 다음에도 설탕을 듬뿍 넣은 커피와 달콤하고 부드러운 도넛 여섯 개를 더 먹는다. 우리는 활동에 필요한 에너지를 넘어서는 엄청난 양의 칼로리를 섭취하고 있는 것이다.

오늘날 우리의 신체 메커니즘은 수천 년 전의 상황에서는 더할 나위 없이 적절한 것이었겠지만, 기술이 빠르게 발달함에 따라 이제는 부적절한 것으로 되어버렸다. 그런가 하면 우리 인간의 결점이 많은 의사결정 행동은 아주 오래전에는 단순한 문제들만을 초래했지만, 오늘날에는 매우 심각한 문제들을 초래할 수 있다.

그렇다고 첨단기술을 개발하는 사람들이 인간의 결점들을 고려한 기술개발을 하지는 않는다. 주식시장과 보험, 교육, 농업, 의료 등의 분야에서 새로운 기술들을 계속 개발하고 있지만, 인간의 한계에 대해서는 별로 신경을 쓰지 않는 것이다(인간과 조화를 이루지 못하는 기술은 우리 주변 도처에 있다). 어쨌든 인간은 늘 실수를 하며 산다. 그리고 인간의 한계가 고려되지 않은 채 개발된 기술들 때문에 인간의 실수는 엄청난 문제로 이어지곤 한다.

이와 같은 관점에서 세상을 바라보면 실망할 일밖에 없다. 하지만 반드시 그럴 필요는 없다. 행동경제학자들은 인간의 결점을 이해하고 있다. 그리고 이러한 이해를 바탕으로 유혹을 이겨내고, 더 큰 절제력을 발휘하고, 궁극적으로 자신이 추구하는 장기적인 목표에 도달할 수 있도록 하는 인간적이고, 현실적이고, 그러면서도 효과적인 방법을 찾고 있다. 사람들이 어떤 때에 실패하는지를 파악하고, 그러한 실패를 줄일 수 있는 새로운 방법을 고안·발명·창조한다면, 그것은 사회 전체에 커다란 이익이 될 것이다.

자신의 행동을 이끌어내는 진짜 원인이 무엇이고, 왜 잘못된 판단을 내리는지를 알게 된다면 인간은 개인적인 차원뿐만이 아닌 사회 전체적인 차원에서 돈, 관계, 자원, 안전, 건강 등을 더욱 효과적으로 통제할 수 있게 될 것이다. 그리고 이러한 통제력은 보너스의 규모나 동기부여에 관한 경영 판단에서부터 데이트나 행복에 관한 지극히 개인적인 판단에 이르기까지 모든 영역에서 적용될 수 있다.

이것이 행동경제학이 추구하는 진정한 목표다. 인간 행동의 본질을 이해함으로써 인간의 심리를 파악하고, 이러한 심리가 판단에 미치는 영향을 더욱 분명하게 인식하도록 하여 최종적으로 더 나은 의사결정을 내리도록 하는 것이다.

물론 나는 인간이 완벽한 의사결정자가 될 수 있을 거라고 생각하지 않는다. 하지만 여러 가지 측면에서 인간을 이해하려는 노력은 더 나은 의사결정을 내리도록 하는 데 큰 도움이 될 수 있다고 믿는다. 발명가들과 기업 경영자들, 그리고 정책결정권자들이 업무환경과 생활환경을 조성하기 위해 여러 가지 방법들을 강구하는 것도 같은 차원의 작업이 될 것이다. 결국 행동경제학이란 다양한 영역에서 우리의 의사결정에 영향을 미치는 것들을 규명하고, 개인의 삶과 기업활동과 공공정책에 영향을 주는 일반적인 문제들을 발견하고 거기에 대한 해결책을 찾아내는 것이다.

인간의 행동에서 미래를 엿본다 ⌣

이 책의 각 장은 그동안 여러 훌륭한 동료들과 함께 행해온 실험들을 바탕으로 쓰여졌다. 이 책에서 나는 일에서부터 개인의 행복에 이르기까지 서로 다른 많은 영역에서 우리의 의사결정에 영향을 주는 심리적 경향을 조명하려 했다.

나와 동료들이 왜 실험에 그토록 많은 시간과 돈과 노력을 투입했는지 궁금해하는 분들도 있을 것이다. 사회과학자들에게 실험은 현미경이나 카메라 플래시와 같은 의미를 갖는다. 같은 의미에서 우리가 행한 실험들은 인간에게 영향을 주는 여러 가지 복합적인 작용들을 더욱 자세하고 명확하게 확인해볼 수 있도록 해준 도구가 되었다. 덕분에 우리는 사람들의 행동을 자세하게 관찰할 수 있었고, 사람들의 의사결정에 영향을 미치는 요인들을 정밀하게 분석할 수 있었다. 또한 사람들의 행동을 유발시키는 동기와 사람들의 심리적 경향이 갖는 특징, 거기에서 드러나는 미묘한 차이를 더욱 깊이 있게 이해할 수 있었다.↟

여기서 강조하고 싶은 점은, 우리의 실험이 제시하는 결론을 받아들일 때 해당 실험의 특정 상황으로 범위를 좁히면 그 의미를 크게 제한하는 결과로 이어진다는 것이다. 나는 독자들이 우리의 실험이

↟

실험을 통해 우리의 직관에 반하는 매우 놀라운 사실을 발견할 때도 있었지만, 대부분은 우리의 직관을 단지 확인해주는 선에서 끝났다. 그런데 우리가 가진 직관은 어떤 주장을 내세울 수 있는 증거는 아니다. 우리가 생각하는 것, 혹은 알고 있는 것을 주장하기 위해서는 먼저 신뢰할 수 있는 실험을 통해 주장에 부합되는 증거를 찾아내야 한다.

제시하는 결론을 일반적인 개념으로 받아들이기를 바란다. 그리고 이를 통해 다양한 현실세계에서 어떤 식으로 사고하고 판단하는 것이 유익한지에 대한 통찰을 얻게 되기를 바란다. 이러한 통찰이 생겨난다면 직장생활과 개인생활에 많은 도움이 될 것이다.

이 책의 각 장에서 나는 실험을 통해 얻은 결론의 의미를 확장시켜 개인적인 삶과 업무, 그리고 공공정책에 연결시키려 노력했다. 인간의 비이성적인 성향을 극복하기 위해 할 수 있는 것들을 염두에 두면서 말이다. 물론 나의 제안이 완전하다는 말은 아니다.

어쨌거나 이 책과 사회과학으로부터 진정한 가치를 얻길 원한다면 인간 행동의 원리가 어떤 식으로 자신의 삶에 적용될 수 있는지, 또 어떤 식으로 예전과는 다르게 행동해야 하는지를 고민해보는 것이 중요하다. 바로 여기서 우리 자신에 대한 진정한 탐구가 시작되는 것이다.

완벽하지 않기에 더 행복해질 수 있다

아마 독자들 중에는 이 책이 내 전작인 《상식 밖의 경제학*Predictably Irrational*》과 어떻게 다른지 알고 싶어하는 분들도 있을 것이다. 《상식 밖의 경제학》에서 나는 사람들이 현명하지 못한 결정을 내리도록 만드는―특히 소비자로서―심리적 경향을 논했다. 하지만 이 책은 세 가지 점에서 전작과 다르다.

첫째는 가장 큰 차이점이기도 한데, 이 책은 제목부터 다르다. 전작과 마찬가지로 이 책 역시 우리가 어떤 식으로 의사결정을 내리는 지에 관한 실험을 바탕으로 쓰여졌지만, 비이성^{irrationality}에 접근하는 방식에서 극명하게 차이가 난다. 대부분의 경우 '비이성'이라는 단어는 사람들의 판단착오로부터 광기에 이르기까지 부정적인 의미를 내포하고 있다. 만약 우리가 인간이라는 존재를 설계하는 사람이라면 우리는 분명 인간의 비이성을 배제하려 할 것이다. 이와 같은 맥락에서《상식 밖의 경제학》에서는 인간이 지닌 비이성의 부정적인 면을 주로 다루었다.

하지만 인간의 비이성에는 긍정적인 면도 분명히 있다. 비이성 덕분에 새로운 환경에 적응하고, 다른 사람들을 믿게 되고, 자신의 일을 즐기게 되고, 자녀들을 더욱 사랑하게 되기 때문이다. 비이성이 작용하지 않아 환경에 적응하지 못하고, 남을 믿지 못하고, 자신의 일을 즐기지 못하는 사람들은 그다지 행복한 삶을 살 수가 없다. 이처럼 인간이 가진 비이성은 삶을 낙관적으로 바라보게 하고, 더 나아가 위대한 일을 이루어내는 데 분명 도움이 된다.

나는 이 책을 통해 인간의 비이성이 초래하는 복합적인 작용을 풀어내려 했다. 인간의 비이성은 어떤 측면에서는 우리에게 불리하게 작용하는 것처럼 보이지만, 다른 측면에서는 우리에게 유리하게 작용하기도 한다. 인간의 비이성은 분명 장점과 단점을 동시에 가지고 있다. 우리가 이러한 점을 이해하는 것은 중요한 일이다. 인간의 비이성이 가진 장점은 적극적으로 이용하고 단점으로 인한 문제는 줄이는 것이 가능하기 때문이다.

둘째, 이 책은 1부와 2부 두 부분으로 구성되어 있다. 1부에서는 우리가 깨어 있는 시간의 대부분을 보내는 업무 현장에서 나타나는 우리의 행동에 대해 쓰여 있다. 1부에서 다루고 있는 내용은 우리가 맺고 있는 관계다. 다른 사람들과의 관계만이 아니라 환경과의 관계, 우리 자신과의 관계 등에 대해서도 다루고 있다.

이를테면 다음과 같은 질문에 답하려 노력했다. 월급과 상급자, 작품, 아이디어, 부당한 대우에 대한 감정 등과 우리는 어떤 관계를 맺고 있는가? 더 높은 성과를 위한 진정한 의미의 동기부여는 무엇일까? 무엇이 우리에게 의미를 주는가? NIH^{Not Invented Here} 신드롬(자신감이 지나쳐 외부의 것을 수용하지 못하는 배타적인 성향을 뜻한다 — 옮긴이)이 우리의 업무 현장에 그토록 확고하게 뿌리를 내린 이유는 무엇일까? 왜 우리는 부당하고 불공평한 대우에 대해 그토록 강력하게 대응하는 걸까?

2부에서는 다른 사람들과 사적인 관계에서 나타나는 우리의 행동을 살펴봤다. 주위 사람들과 우리의 관계는 어떤 것일까? 우리가 만나는 사람들과 사랑하는 사람들, 아주 먼 곳에서 우리의 도움을 필요로 하는 사람들과는 어떤 관계를 맺어야 할까? 우리의 감정에 대한 우리의 관계는 무엇일까?

나는 이 책을 통해 사람들이 자신이 처한 새로운 조건과 환경, 그리고 사랑하는 사람들에 대해 어떤 식으로 적응하는지를 알아봤다. 그리고 온라인 데이트의 기능과 다른 사람의 비극에 반응하도록 만드는 요인들, 단기적인 감정에 대한 즉각적인 반응이 미래의 행동에 어떤 영향을 미치는지에 관해서도 알아봤다.

끝으로 이 책은 나의 개인적인 경험에 상당한 영향을 받았다는 점에서 《상식 밖의 경제학》과 크게 다르다. 물론 나와 동료들은 실험을 진행하고 데이터를 분석하는 과정에서 최대한 객관적인 시각을 가지려 했지만, 이 책에 다루고 있는 주제들 가운데 상당 부분은 내가 심각한 화상사고를 당한 후 환자로서 생활하는 과정에서 얻게 된 통찰들을 토대로 하고 있다.

다른 심각한 사고를 겪은 환자들과 마찬가지로 나 역시 매우 고통스러운 시간을 견뎌내야 했으며, 그처럼 고통스러운 시간을 보내면서 인생의 많은 측면들에 대한 내 시각은 크게 달라졌다. 그리고 인간의 행동을 바라보는 나만의 독특한 관점을 갖게 된 것도 사실이다. 심각한 화상사고와 고통스러운 치료과정은 나로 하여금 예전 같았으면 갖지 않았을 새로운 의문들을 갖도록 만들었고, 그러한 의문들 가운데 많은 것들이 내 삶의 중심으로 파고들어 연구의 주제로 발전하기에 이르렀다.

내 경험은 사람들의 심리적 경향이 행동에 어떤 식으로 작용하는지 고민하고 연구하는 데 많은 도움이 되었다. 이 과정을 통해 나는 특정한 관심과 관점을 갖도록 만드는 심리과정을 알아내려 했고, 더 나아가 인간의 일반적인 본성에 내재된 몇 가지 중요한 요소들을 조명해보려 했다.

이 책을 읽는 독자들이 이제부터 좋은 여정을 밟게 되기를 바란다.

즐겁고 활기차게 연구 활동을 할 수 있도록 도와주신 선생님들과 동료 교수들, 그리고 학생들에게 이 책을 바친다. 아울러 그동안 우리의 실험에 참여해주셨던 모든 실험참여자들에게도 감사의 말을 전한다. 진실로 내 연구 활동의 원동력이라 할 여러분 모두에게 깊은 감사의 말씀을 전한다.

1부 직장에서 벌어지는 인간 행동에 관한 진실

1장_높은 인센티브의 함정
"거액의 보너스가 오히려 생산성을 떨어뜨린다?"

2장_ 일한다는 것의 의미
"무엇이 우리에게 일하는 즐거움을 가져다줄까?"

THE UPSIDE OF IRRATIONALITY

직장에서 벌어지는
인간 행동에 관한 진실

높은 인센티브의 함정

:

거액의 보너스가 오히려 생산성을 떨어뜨린다?

당신이 통통하게 살이 오른 실험실의 생쥐라고 상상해보라. 내 집이라고 생각하며 편안하게 지내던 상자 안으로 어느 날 장갑 낀 손이 불쑥 들어와 당신을 꺼내 미로처럼 얽힌 낯선 상자 안으로 옮겨놓는다.

천성적으로 호기심이 많은 당신은 수염을 씰룩거리면서 미로 안을 돌아다니기 시작한다. 그러다가 미로의 한 부분이 검은색으로 칠해져 있고, 또 한 부분은 흰색으로 칠해져 있다는 사실을 알게 된다. 먼저 당신은 흰색 칠이 된 곳으로 들어간다. 아무 일도 일어나지 않는다. 다시 검은색 칠이 된 곳으로 들어간다. 이번에는 그 안에 발을 딛자마자 매우 기분 나쁜 충격이 발끝으로 전해진다.

일주일 내내 당신은 계속해서 낯선 미로 상자 안에 놓인다. 위험한 부분과 안전한 부분의 위치가 매번 바뀌고, 미로 벽면의 색이나 충격의 강도도 날마다 달라진다. 빨간색으로 칠해진 부분에서 중간 정도의 충격이 가해질 때도 있고, 물방울 무늬가 그려진 부분에서 아주 강력한 충격이 가해질 때도 있다. 그런가 하면 안전한 부분이 검은색과 흰색이 혼합된 체크 무늬로 칠해져 있는 때도 있다.

　매일매일 당신은 충격을 피해 미로를 빠져나갈 수 있는 안전한 길을 찾게 된다. 즉 미로 속에서 안전한 길을 찾았을 때의 보상은 기분 나쁜 충격을 받지 않는 것이 된다. 생쥐들은 과연 그 일을 얼마나 잘할 수 있을까?

인센티브는 양날의 칼

　100년도 더 전에 심리학자 로버트 여키스Robert Yerkes와 존 도슨John Dodson은 생쥐들이 얼마나 빨리 학습할 수 있고, 어느 정도 전기충격을 가해야 가장 높은 수준의 학습동기가 부여되는지 알아내기 위해 위와 같은 종류의 실험을 다양하게 시도했다.

　조금만 생각해봐도 전기충격이 강해질수록 생쥐들의 학습동기 역시 높아질 거라고 쉽게 예상할 수 있다. 실제로 전기충격을 아주 약하게 하면 생쥐들은 천천히 돌아다녔다. 별다른 고통을 느끼지 못했기 때문이다. 그러나 전기충격이 강해지고 고통이 높아질수록 생쥐들의 움직임은 눈에 띄게 달라졌다.

　여키스와 도슨은 생쥐들이 총알세례라도 받는 것처럼 느끼기 때문에 학습에 대한 더욱 큰 동기를 갖게 되었을 거라고 생각했다. 이 같은 논리에 따르면, 생쥐에게 가장 큰 학습동기를 부여하는 방법은 강력한 전기충격을 가하는 것이라고 가정할 수도 있다.

대부분의 경우 우리는 주저하지 않고 이러한 가정을 보상의 크기와 더 나은 성과를 위한 능력의 관계로 연결시킨다. 분명 더 큰 동기를 갖게 될수록 그 목표를 달성하기 위해 더 열심히 노력하게 되고, 그러한 노력이 목표달성의 가능성을 더욱 높여준다고 생각하는 것은 상당히 합리적인 것처럼 보인다.

증권중개인들과 CEO들에게 지급되는 엄청난 규모의 보너스도 이와 같은 논리에서 합리화된다. 더 많은 액수의 보너스를 지급할수록 그들은 더욱 큰 동기를 갖게 되고, 그것이 매우 높은 수준의 성과로 이어진다는 논리가 그것이다.

물론 동기와 성과의 관계에 대한, 좀 더 일반적으로는 동기와 행동의 관계에 대한 우리의 직관이 정확할 때도 있다. 하지만 직관적인 통찰이 언제나 현실을 꿰뚫어보는 것은 아니다. 여키스와 도슨의 실험에서 우리가 쉽게 예상할 수 있는 결과가 나타나기도 했지만, 그와는 정반대의 실험 결과가 나타나기도 했던 것이다.

전기충격이 매우 약했을 때 생쥐들은 그리 큰 동기를 부여받지 못했고, 그에 따라 학습도 느리게 진행되었다. 전기충격이 중간 정도였을 때는 생쥐들의 학습 속도가 빨라졌고, 이에 따라 미로의 규칙도 신속하게 간파했다. 여기까지만 보면 실험 결과는 동기와 성과의 관계에 대한 우리의 직관과 맞아떨어진다.

그런데 우리가 주목해야 할 실험 결과도 나타났다. 전기충격의 강도가 매우 높아지자 오히려 생쥐들의 학습 속도가 느려진 것이다. 예측건대 전기충격이 매우 강해지면 생쥐들은 충격에 대한 두려움에 사로잡히는 것 같았다. 생쥐들은 공포감에 사로잡히면 미로의 어느 부분이 안전한지를 제대로 기억하지 못했고, 그 결과 미로의 규칙도 빠르게 간파하지 못했던 것이다.

여키스와 도슨의 실험 결과가 노동시장의 임금과 동기부여, 성과 사이에도 그대로 적용될까? 그들의 실험 결과를 보면 인센티브가 오히려 양날의 칼이 될 수 있다는 것을 분명하게 알 수 있다. 물론 인센티브는 일정 수준까지 더 높은 학습동기를 부여하고 더 높은 성과를 내도록 한다. 하지만 일정 수준을 넘어서면 성과에 대한 압박이 지나치게 커지면서 임무에 대한 집중력을 떨어뜨려 기대하는 만큼 결과가 나오지 않는다.

물론 노동시장에서는 전기충격이 인센티브로 제공되는 것은 아니다. 하지만 동기와 성과 사이의 이 같은 상관관계는 다른 유형의 동기에도 그대로 적용될 수 있다. 이는 전기충격을 받지 않는 보상이든 더 많은 돈을 벌 수 있는 금전적 보상이든 마찬가지다.

전기충격 대신 돈이라는 수단이 사용되었다면 여키스와 도슨의 실험 결과가 어떻게 나타났을지 상상해보자. 생쥐들이 돈을 좋아한다고 가정해보는 것이다. 보너스가 적으면 생쥐들은 보너스에 관심을 갖지 않으면서 그리 높은 성과를 나타내지 않을 것이다. 보너스가 적당하면 생쥐들은 보너스에 관심을 보이면서 더 높은 성과를 나타낼 것이다.

그렇다면 보너스가 아주 많으면 어떨까? 생쥐들은 많은 보너스를 받기 위해 과도한 수준의 동기를 갖게 될 것이다. 그리고 당연히 일보다는 보너스에 더 관심을 갖게 될 것이다. 따라서 성과는 기대했던 것보다 훨씬 나쁘게 나타날 것이다.

생쥐 대신 사람을 대상으로 실험하면서 동기부여의 수단으로 돈을 제시한다면, 인센티브와 성과 사이에 역U자형 관계가 나타나지

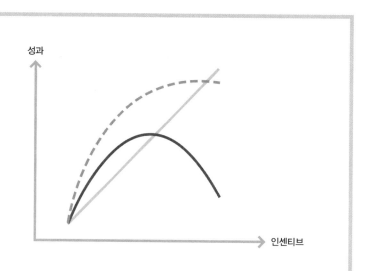

인센티브와 성과의 상관관계

위의 그래프는 인센티브(보수, 충격)와 성과 사이의 가능한 상관관계를 나타낸다. 연한 실선은 단순한 상관관계로서, 더 많은 인센티브가 항상 더 높은 성과로 이어지는 것을 나타낸다. 조금 진한 점선은 일정 수준 이상에서는 더 많은 인센티브를 지급하더라도 성과가 더디게 오르는 것을 나타낸다. 마지막으로 진한 실선은 여키스와 도슨의 실험 결과를 나타낸다.

동기부여의 수준이 낮을 때에는 더 많은 인센티브가 더 높은 성과로 이어지지만, 동기부여의 수준이 높을 때에는 더 많은 인센티브를 지급하는 것이 오히려 역효과를 유발해 성과를 떨어뜨린다. 심리학자들은 이를 '역U자형 관계'라고 부르기도 한다.

1부 직장에서 벌어지는 인간 행동에 관한 진실

않을까? 그렇다면 더 높은 성과를 기대하면서 사람들에게 높은 보너스를 제시하는 방식은 과연 효율적일까?

넘치는 보너스에 익사당한 집중력 ⋛

2008년 금융위기가 일어났을 때, 금융위기를 초래한 사람들이 여전히 거액의 보너스를 받아 많은 사람들의 분노를 샀다. 그제야 사람들은 과연 인센티브가 기업 경영자들과 월스트리트 경영자들에게 어떤 영향을 끼치는지 궁금해했다.

일반적으로 기업 이사회에서 경영자들의 보수를 책정할 때, 성과를 기준으로 책정된 거액의 보너스는 경영자들로부터 더 많은 노력을 이끌어낼 수 있는 강력한 동기가 된다는 것을 전제로 한다. 거액의 보너스가 경영자들로부터 더 많은 노력을 이끌어내어 더 높은 성과로 이어지게 한다는 것이다.↑ 그러나 정말 그럴까? 이 질문에 대한 답을 하기에 앞서 먼저 다음의 사례를 살펴보자.

↑

CEO들에게 거액의 연봉을 지급하는 것이 왜 합리적인가를 설명하기 위해 많은 시도들을 했다. 그 가운데 매우 흥미로운 것이 있어 소개한다. 물론 내가 이 이론에 전적으로 동의하는 것은 아니다. 이 이론에 따르면, CEO들에게 높은 연봉을 지급하는 것은 그들이 그만큼 일을 수행하기 때문이 아니라 그들에게 지급되는 높은 연봉이 다른 직원들에게 강한 동기를 부여할 수 있기 때문이라는 것이다. 거액의 연봉을 받는 CEO를 보면서 다른 직원들도 언젠가는 그 위치에 오르기 위해 열심히 일을 한다는 것이다. 만약 이 이론이 옳다면, 우리는 CEO들에게 엄청난 액수의 연봉뿐 아니라 더 많은 자유시간을 주어, 그들이 가족이나 친구들과 여가를 즐길 수 있도록 하고 비싼 해외여행도 제공해야 할 것이다. 그래야 완벽한 인생이라는 그림이 완성되고, 주변 사람들에게 열심히 일해 CEO가 되어야겠다는 더욱 강력한 동기부여를 할 수 있지 않겠는가.

나는 더 높은 성과를 위한 장치로서 금전적 인센티브의 효과를 평가하기 위해 다른 대학 교수들과 함께 실험을 했다. 토론토 대학의 니나 마자르Nina Mazar, 캘리포니아 대학의 우리 그니지Uri Gneezy, 카네기멜론 대학의 조지 뢰벤스타인George Loewenstein 교수 등과 공동실험을 한 것이다.

우리는 실험참여자들이 좋은 성과를 냈을 때 받게 되는 금전적 보너스의 규모를 다양하게 변화시켜 실험참여자들의 성과가 어떻게 달라지는지 측정했다. 특히 일반적인 예상처럼 매우 높은 수준의 보너스가 성과를 높이는 데 효과가 있는지, 아니면 여키스와 도슨의 생쥐실험처럼 매우 높은 수준의 보너스가 오히려 성과를 떨어뜨리는지 알고 싶었다.

그래서 한 그룹의 실험참여자들에게는 상대적으로 적은 규모, 즉 그들이 받는 통상적인 임금을 기준으로 대략 1일 임금에 해당되는 액수로 보너스를 제공했다. 또 다른 그룹의 실험참여자들에게는 중간 규모, 즉 그들이 받는 통상적인 임금을 기준으로 대략 2주 치 임금에 해당되는 보너스를 제공했다. 그리고 나머지 한 그룹의 실험참여자들(이들이 우리의 실험에서 가장 중요한 그룹이다)에게는 매우 큰 규모의 보너스, 즉 그들이 받는 통상적인 임금의 대략 5개월 치에 해당되는 보너스를 주었다. 우리는 이들 세 그룹의 실험참여자들이 나타내는 성과를 비교함으로써 보너스의 규모와 성과 사이의 상관관계를 보다 명확하게 이해할 수 있으리라 기대했다.

우리는 그렇게 많은 예산을 투입하지 않고 실험을 했다. 많은 기업들이 하는 것처럼 아웃소싱 방식을 활용했기 때문이다. 실험 장소는 인도의 어느 지방이었다. 그 지방 사람들의 월평균 임금은 대략 500 루피(약 11달러)였다. 덕분에 우리는 실험참여자들에게 의미 있는 수준의 보너스를 제시하면서도 대학 회계팀으로부터 싫은 소리를 듣지 않을 수 있었다.

실험 장소를 결정한 우리는 실험참여자들에게 부여할 임무를 선정했다. 달리기나 스쿼트, 역도 같은 육체운동도 생각해봤다. 하지만 CEO나 증권중개인들이 이와 같은 육체적 임무를 수행하는 것은 아니므로 우리는 창의력이나 집중력, 기억력, 문제해결력을 활용하는 임무를 부여하기로 했다. 그리하여 우리는 실험참여자들에게 다음과 같은 여섯 가지 임무를 부여했다.

- **사분원 퍼즐 맞추기**: 정사각형 안에 아홉 개의 사분원을 채워 넣는 퍼즐이다. 정사각형 안에 사분원 여덟 개를 채워 넣는 것은 쉬운 일이지만, 아홉 개를 전부 채워 넣는 것은 무척 어려운 일이다.
- **사이먼 게임**: 1980년대에 처음 소개되었으며 색깔의 순서를 맞추는 게임이다. 실험참여자들은 사이먼 게임기에서 번쩍이는 불빛의 순서를 기억했다가 그대로 맞추어야 한다.
- **마지막 세 개의 숫자 맞추기**: 게임의 이름 그대로 하는 게임이다. 우리가 여러 숫자들을 부르다(23, 7, 65, 4 등) 멈추면 실험참여자들은 마지막으로 불렸던 세 개의 숫자를 맞추어야 한다.
- **미로 찾기**: 미로와 함정으로 만들어진 게임판에서 두 개의 레버를 이용해 작은 구슬을 무사히 골인 지점으로 이동시키는 게임이다.
- **다트볼 게임**: 일반적인 다트 게임과 비슷하지만, 실험참여자들은 테니

스 공을 벨크로로 만들어진 다트의 중앙에 던져서 붙여야 한다.
- **롤업 게임:** 실험참여자들은 두 개의 막대를 이용해 경사면에서 작은 공을 최대한 높은 위치로 올려야 한다.

여섯 가지 게임을 선택한 우리는 게임에 필요한 도구들을 준비해 인도로 배송했다. 그런데 인도의 통관담당자들은 배터리로 작동하는 사이먼 게임에 대해 몇 가지 이해하기 어려운 이유를 대면서 통관시켜주지 않으려 했다. 결국 우리는 250퍼센트에 달하는 수입관세를 물고서야 그 도구들을 인도로 보낼 수 있었다. 그렇게 해서 인도에서의 실험 준비는 착착 진행되어 갔다.

우리는 인도 남부 마두라이 시의 나라야난 대학^{Narayanan College}에서 경

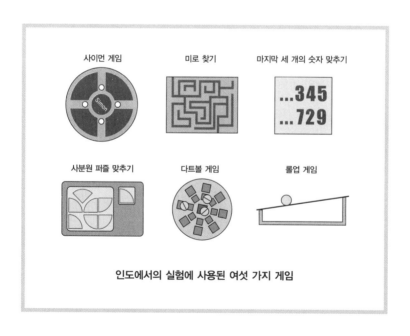

사이먼 게임   미로 찾기   마지막 세 개의 숫자 맞추기

...345
...729

사분원 퍼즐 맞추기   다트볼 게임   롤업 게임

인도에서의 실험에 사용된 여섯 가지 게임

제학을 전공하는 대학원생 다섯 명을 실험진행자로 섭외했다. 가장 먼저 그들에게 인근의 몇몇 지역에서 실험을 할 수 있는 장소를 찾아 줄 것을 주문했다. 병원이나 마을회관 같은 공공장소 위주로 실험 장소를 찾은 다음 사람들을 모아 실험을 진행해달라고 부탁했다.

다섯 명의 실험진행자들 가운데 대학원 2학년생이던 라메시는 공사가 중단된 마을회관을 찾아 그곳에 실험세트를 설치했다. 마을회관은 바닥재 마감도 안 되어 있었고 벽에 페인트도 칠해져 있지 않았지만 실험을 하기에는 충분했다. 바람과 비, 뜨거운 햇볕은 막을 수 있었기 때문이다.

라메시는 마을회관 한쪽에 여섯 가지 게임기를 설치했다. 그런 다음 게임에 참여할 사람들을 모집했다. 그는 길거리를 지나가던 남자를 붙잡고 이렇게 말했다.

"재미난 일을 해보고 싶지 않습니까?"

그러고는 상대가 미처 대답하기도 전에 서둘러 덧붙여 물었다.

"저희가 실험을 하고 있는데 혹시 관심 있으십니까?"

의심의 눈초리로 라메시를 훑어보던 남자는 그저 가던 길을 재촉했다. 그러나 라메시는 포기하지 않고 계속해서 그 남자를 설득했다.

"실험에 참여하시면 돈을 벌 수 있습니다. 대학교에서 진행하는 실험이거든요."

결국 최초의 실험참여자는 라메시를 따라 마을회관으로 들어섰다. 그의 이름은 니틴이었다. 라메시는 니틴에게 여섯 가지 게임기를 보여주면서 이렇게 말했다.

"여기 이것들이 오늘 우리가 할 게임입니다. 한 시간 정도 걸릴 텐데, 먼저 게임을 하기 전에 니틴 씨가 돈을 얼마나 벌 수 있는지 알아보겠습니다. 주사위를 던져보시지요."

라메시가 주사위를 높이 던지자 숫자 4가 나왔다. 이는 니틴이 중간 수준의 보너스를 받게 된다는 것을 의미했다. 여섯 가지 게임을 모두 끝내면 니틴은 최대 240루피의 돈을 벌 수 있었다. 인도 근로자들의 평균 임금을 기준으로 따져봤을 때 이는 2주 치 임금에 해당했다. 라메시는 니틴에게 실험에 참여하는 방법을 설명했다.

"각각의 게임에서 중간 수준의 결과를 얻으면 '좋음'이라는 등급을 받고, 높은 수준의 결과를 보이면 '매우 좋음'이라는 등급을 받을 것입니다. 각각의 게임에서 '좋음' 등급을 받으면 20루피씩 지급될 것이고, '매우 좋음' 등급을 받으면 40루피씩 지급될 것입니다. 하지만 '좋음' 등급보다 낮은 평가를 받으면 돈은 지급되지 않습니다. 그러니까 게임 결과에 따라 니틴 씨는 돈을 한 푼도 못 받을 수도 있고, 최대 240루피를 받을 수도 있습니다."

니틴은 고개를 끄덕였고, 라메시는 맨 처음에 사이먼 게임을 하도록 지시했다. 사이먼 게임은 네 개의 서로 다른 색을 가진 버튼 중 하나에 신호음과 함께 불이 들어오는 것으로 시작된다. 이때 게임참여자는 불이 들어온 색의 버튼을 똑같이 눌러야 한다. 그 다음에는 처음에 불이 들어왔던 버튼에 불이 들어오고 뒤이어 다른 버튼에 불이 들어온다. 그러면 불이 들어온 버튼의 순서대로 똑같이 버튼을 눌러야 한다. 이렇게 불이 들어오는 버튼의 수가 하나씩 늘어날 때마다 게임참여자가 불이 들어온 버튼을 순서대로 똑같이 눌러주는 식으로 진행되는 것이 사이먼 게임이다.

니틴이 불이 들어오는 버튼의 순서를 정확하게 기억하고 똑같이 버튼을 눌러준다면 게임은 계속 진행되면서 점수가 1점씩 올라간다. 그러나 니틴이 불이 들어오는 버튼의 순서를 잊어버리고 잘못된 순서로 버튼을 누르면 게임은 중단되고, 거기까지의 점수가 최종 점수가 된다. 게임참여자는 사이먼 게임을 열 번 할 수 있다.

"이 게임은 '좋음' 등급과 '매우 좋음' 등급이 있습니다. 열 번 게임을 해서 6점을 받으면 '좋음' 등급을 받아 20루피를, 8점 이상을 받으면 '매우 좋음' 등급을 받아 40루피를 받을 것입니다. 그리고 사이먼 게임을 열 번 한 뒤에 다음 게임으로 넘어갈 것입니다. 이제 게임방법과 보상규정을 이해하셨죠?"

라메시의 설명을 들은 니틴은 이미 자신이 큰돈을 벌 수 있다는 기대감에 들떠 있는 것 같았다.

"네, 그럼 시작하시죠."

니틴의 대답과 함께 곧바로 게임이 시작되었다. 맨 처음 파란색 버튼에 불이 들어오자 니틴은 얼른 파란색 버튼을 눌렀다. 그 다음에는 파란색 버튼과 노란색 버튼에 순차적으로 불이 들어왔고, 니틴 역시 그대로 눌렀다. 여기까지는 별로 어려울 게 없었다.

니틴은 세 번째 버튼에 불이 들어왔을 때까지도 정확하게 버튼을 눌렀다. 하지만 네 번째 버튼에 불이 들어오자 불이 들어온 버튼의 순서를 정확하게 기억해내지 못했다. 그는 첫 번째 시도에서 겨우 3점을 받았다. 그리고 두 번째 시도에서도 크게 나아지지 않았다. 하지만 다섯 번째 시도에서는 일곱 번째 버튼의 순서까지 기억해내 7점을 받았고, 여섯 번째 시도에서는 8점을 받았다. 결국 니틴은 사이먼 게임에서 8점을 받아 40루피의 상금을 받았다.

그 다음에는 사분원 퍼즐 맞추기, 마지막 세 개의 숫자 맞추기, 미로 찾기, 다트볼, 롤업 등의 순서로 게임을 진행했다. 그날 니틴은 두 가지의 게임에서 '매우 좋음' 등급을 받았고, 두 가지의 게임에서 '좋음' 등급을 받았다. 하지만 나머지 두 가지의 게임에서는 아무런 등급도 받지 못했다. 그렇게 해서 그는 120루피, 즉 일주일 치 임금을 조금 넘는 금액을 받았고 기쁜 마음으로 돌아갔다.

다음 실험참여자는 아푸르브라는 남자였다. 체격이 좋고 이마가 살짝 벗겨진 헤어스타일의 그는 쌍둥이 아빠로서 두 아이에 대한 자부심이 대단했다. 그 역시 주사위를 던져 보너스 수준을 결정했는데, 그가 던진 주사위는 숫자 1이 나와 낮은 수준의 보너스를 받게 되었다. 그가 여섯 가지 게임을 통해 받을 수 있는 최대의 보너스는 24루피로, 이는 인도 근로자들의 하루치 임금 수준에 불과했다.

아푸르브는 마지막 세 개의 숫자 맞추기, 롤업, 사분원 퍼즐 맞추기, 미로 찾기, 사이먼 게임, 다트볼 등의 순서로 게임에 참여했다. 그는 세 가지의 게임에서 '좋음' 등급, 한 가지의 게임에서 '매우 좋음' 등급을 받았는데, 이는 니틴의 성과에 버금가는 것이었다. 다만 주사위를 잘못 굴려 가장 낮은 수준의 보너스가 책정되는 바람에 결국 10루피의 상금을 받는 데 그쳤다. 하지만 한 시간 동안 게임을 한 대가치고는 상당한 금액이었기에 아푸르브 역시 기분 좋게 집으로 돌아갔다.

세 번째 실험참여자는 아누품이라는 사람이었다. 그가 던진 주사위는 숫자 5가 나와 가장 높은 수준의 보너스가 책정되었다. 라메시는 아누품에게 각각의 게임에서 '좋음' 등급을 받으면 200루피의 상금을 받을 것이고, '매우 좋음' 등급을 받으면 400루피의 상금을 받게 될 거라고 설명했다.

이 말을 들은 아누품은 재빨리 계산해보더니, 여섯 가지 게임 모두에서 400루피씩을 받으면 총 2,400루피를 받을 수 있다는 사실에 놀라워했다. 그 정도면 인도의 일반 근로자의 5개월 치 임금에 해당되는 액수였기 때문이다. 그는 이 같은 행운이 자신에게 찾아왔다는 사실이 좀처럼 믿어지지 않는 것 같았다.

무작위로 선정된 아누품의 첫 번째 게임은 미로 찾기였다.[↑] 출발지점에 놓인 쇠구슬을 두 개의 조종기를 이용해 함정을 피해 미로 밖으로 빼내는 게임이었다. 라메시는 아누품이 받게 될 상금과 관련된 규정을 말해주었다.

"이 게임은 열 번까지 할 수 있습니다. 쇠구슬을 일곱 번째 함정까지 건너면 '좋음' 등급을 받아 200루피의 상금을, 아홉 번째 함정까지 건너면 '매우 좋음' 등급을 받아 400루피의 상금을 받을 것입니다. 그리고 이 게임을 마치면 다음 게임으로 넘어가게 됩니다. 이제 시작해도 되겠지요?"

아누품은 한시라도 빨리 게임을 시작하고 싶다는 듯이 고개를 빠르게 끄덕였다. 드디어 미로 찾기 게임이 시작되었다. 그는 쇠구슬을 맛있는 먹잇감이라도 되는 것처럼 노려보면서 게임에 임했다.

[↑] 실험참여자들이 게임을 하는 순서는 무작위로 정했고, 매번 달라졌다. 게임을 하는 순서가 성과의 차이를 유발하지는 않았다.

"이건 매우 중요한 일이야. 난 반드시 해내야 해!"

그는 게임을 하는 도중에 이렇게 중얼거리기도 했다. 그러나 게임이 시작되자마자 쇠구슬을 첫 번째 함정에 빠뜨리고 말았다.

"아홉 번 남았어."

그는 스스로에게 용기를 불어넣으려는 듯 큰 소리로 말했다. 그러면서도 누가 총이라도 겨누고 있는 것처럼 초조해하며 손을 덜덜 떨었고, 게임기를 제대로 조작하지 못했다. 결국 아누품은 미로 찾기 게임에서 열 번의 시도 모두 실패했고, 많은 액수의 상금을 갖겠다던 그의 꿈에 어두운 그림자가 서서히 드리워졌다.

다음 게임은 다트볼이었다. 아누품은 6미터 떨어진 거리에서 테니스 공으로 벨크로로 만들어진 과녁의 중심을 맞추기 위해 애를 썼다. 그는 소프트볼 투수처럼 공을 아래에서 위로 던져보기도 했고, 크리켓 투수처럼 위에서 아래로 던지기도 했으며, 사이드암스로^{side-arm throw} 방식으로 던져보기도 했다. 그는 총 20개의 공을 던졌지만, 단 하나의 공도 과녁의 중심에 붙이지 못했다.

사분원 퍼즐 맞추기는 완전 절망이었다. 아누품은 400루피의 상금을 받기 위해서는 2분이라는 시간 내에 아홉 개의 사분원 모양 조각들을 정해진 정사각형 안에 집어넣어야 했다(이 작업을 4분 내에 마치면 200루피의 상금을 받을 수 있었다). 이 게임을 하면서 아누품은 30초가 지날 때마다 큰 소리로 남은 시간을 외쳤다.

"90초…… 60초…… 30초!"

아누품은 허둥대면서 사분원 조각을 정사각형 안에 집어넣으려 애썼으나 소용없었다. 그렇게 4분이라는 시간이 지났고, 사분원 퍼즐 맞추기 역시 실패로 끝났다.

다음은 사이먼 게임이었다. 약간의 좌절감에 빠진 아누품은 다시 마음을 다잡고 눈앞의 게임에 집중하려 노력했다. 그러나 사이먼 게임의 첫 번째 시도에서 그는 버튼에 불이 켜지는 두 번째 버튼의 순서를 기억해내는 데 그쳤을 뿐이었다. 좋은 성적은 아니었다. 하지만 두 번째 시도에서는 여섯 번째 버튼의 순서를 기억해내는 데까지 성공했다.

그의 얼굴에 화색이 돌았다. 일단은 200루피의 상금을 확보한 데다가, 앞으로 여덟 번의 기회가 남아 있었기 때문이다. 아누품은 이제는 잘할 수 있다는 자신감을 보였으며 기억력을 높이기 위해 게임에 더욱 집중했다. 그런데 나머지 여덟 번의 시도에서도 여섯 번째나 일곱 번째 버튼의 순서를 기억해내는 게 전부였다. 결국 그는 400루피의 상금을 타는 데 실패했다.

두 가지의 게임이 남아 있는 상황에서 아누품은 잠깐 휴식시간을 갖자고 요청했다. 그는 마음을 진정시키려는 듯이 숨을 길게 내쉬면서 숨고르기를 했다. 그렇게 몇 분 동안 마음을 가라앉히고 나서야 롤업 게임에 들어갔다.

하지만 롤업 게임과 마지막 세 개의 숫자 맞추기에서도 상금을 얻는 데 모두 실패하고 말았다. 마을회관을 떠나면서 아누품은 200루피라도 벌었으니 다행이라고 말했지만 그의 표정에서는 훨씬 더 큰 보상을 놓친 데 대한 커다란 아쉬움이 보였다. 그러나 단지 몇 가지의 게임을 한 대가치고는 상당히 큰 보상이었다.

지나친 보상이 불러온 스트레스

몇 주 동안에 걸쳐 라메시를 비롯한 대학원생들은 몇 개의 지역에서 실험을 했고, 그 결과를 우리에게 우편으로 보내주었다. 나는 실험 결과가 매우 궁금했다. 인도에서의 실험이 과연 시간과 노력을 들일 만한 일이었을까? 보너스의 규모가 성과와 비례하는 것으로 나타났을까? 가장 높은 수준의 보너스를 제시받은 사람이 가장 훌륭한 성과를 나타냈을까? 여러 가지 의문들이 나를 조급하게 만들었다.

나는 실험 데이터를 받아 읽는 그 순간이 좋다. 내 아이의 초음파 사진을 처음 보았을 때보다는 못하지만, 생일선물 상자를 열어볼 때처럼 설렌다. 사실 실험을 통해 수집된 데이터를 처음 읽는 순간은 내게 일종의 의식과도 같다. 몇 주 혹은 몇 달 동안 데이터를 수집하고 통계분석을 거쳐 얻은 결과물은 매우 오랜 노력의 결실이다. 연구원으로 사회에 첫발을 디뎠을 당시 나는 그 순간을 축하하기 위해 와인을 한잔 마시거나 차를 한잔 만들어 마시곤 했다. 그런 다음에야 실험을 분석했고 그에 대한 결론이나 최종적인 해법을 찾아냈다.

하지만 요즘에는 그런 순간을 경험하는 일이 부쩍 줄어들었다. 더 이상 연구원의 신분도 아니고, 다른 스케줄이 많아 직접 실험 데이터를 분석할 수 있는 시간이 없기 때문이다. 대부분은 내게 지도를 받는 학생들이 데이터를 수집하고 분석한다. 하지만 인도에서 실시된 실험은 내가 직접 데이터를 살펴보고 분석했다. 나는 마자르 교수에게 수집된 데이터를 보내달라고 요청하면서 먼저 데이터를 검토하거나 분석하지 말라고 부탁했다. 오랜만에 실험 데이터를 받아본 나는 와인을 한잔 마시며 나만의 의식을 치렀다.

과연 실험 결과는 어떻게 나왔을까? 중간 수준의 보너스를 제시받은 사람들이 낮은 수준의 보너스를 제시받은 사람들보다 더 좋은 성과를 나타냈을까? 매우 높은 수준의 보너스를 제시받은 사람들이 중간 수준의 보너스를 제시받은 사람들보다 더 좋은 성과를 나타냈을까?

실험 결과를 보니 낮은 수준의 보너스(1일 임금에 해당되는 금액)를 제시받은 사람들과 중간 수준의 보너스(2주 치 임금에 해당되는 금액)를 제시받은 사람들 간의 성과 차이는 그리 크지 않았다. 이러한 실험 결과에 대해 우리는 비록 낮은 수준의 보너스이기는 했지만 그것이 실험참여자들에게는 어느 정도 의미 있는 액수였고, 그 결과 실험참여자들의 동기를 극대화하기에 충분했다는 결론을 내렸다.

그렇다면 높은 수준의 보너스(일반 근로자의 5개월 치 임금에 해당되는 금액)를 제시받은 사람들의 성과는 어땠을까? 실험을 통해 수집된 데이터를 기반으로 그래프를 작성한 결과, 여키스와 도슨의 실험 결과와 상당히 유사하다는 사실을 알게 되었다. 가장 높은 수준의 보너스를 제시받은 사람들이 가장 낮은 수준의 성과를 나타낸 것이다. 가장 높은 보너스를 제시받은 사람들이 '좋음' 등급이나 '매우 좋음' 등급을 받는 비율은, 낮은 보너스나 중간 보너스를 제시받은 사람들의 경우와 비교했을 때 3분의 1에도 미치지 못했다. 여키스와 도슨이 실험한 생쥐들처럼 높은 수준의 보너스에서 비롯되는 높은 스트레스가 성과에 부정적으로 작용했던 것이다.

다음 그래프는 여섯 가지 게임을 수행하는 대가로 제시한 세 가지 보너스 조건에서 수집된 실험 데이터를 기반으로 작성한 것이다. '매우 좋음' 선은 각각의 보너스 조건에서 '매우 좋음' 등급을 받은 실험참여자들의 비율을 나타낸다. 그리고 '소득' 선은 각각의 보너스 조건에서 실험참여자들이 자신들에게 제시된 보너스를 실제로 어느 정도 획득했는지를 나타낸다.

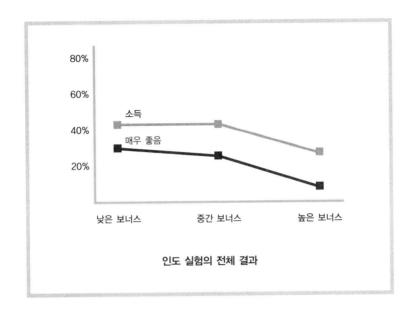

인도 실험의 전체 결과

(그래프 내 텍스트)
80%
60%
40%
소득
매우 좋음
20%
낮은 보너스   중간 보너스   높은 보너스

최악의 스트레스는 상실감 〈

사실 인도에서 실시된 실험이 처음부터 이와 같은 식으로 시작되지는 않았다. 처음에 우리는 실험참여자들이 더 큰 스트레스를 느낄 수 있는 상황을 조성하고자 했다. 제한된 예산으로 인센티브의 효과를 극대화하기 위해 우리는 사람들의 '손실혐오 loss aversion 성향(대니얼 카너먼 Daniel Kahneman 과 아모스 트버스키 Amos Tversky 가 소개한 개념으로 많은 영역에서 응용되고 있다─옮긴이)'을 이용하기로 결정했다.

손실혐오성향이란 특정 액수의 돈을 잃었을 때 사람들이 느끼는 고통은 똑같은 액수의 돈을 획득했을 때 느끼는 행복보다 더 클 수 있다는 것을 지칭하는 용어다. 예를 들어 당신이 포트폴리오를 구성해 투자를 했는데, 몇 가지 행운이 겹치면서 단기간에 5퍼센트의 수익이 나는 경우와 몇 가지 불운이 발생하면서 5퍼센트의 손실이 나는 경우를 생각해보라. 이때 5퍼센트의 수익으로부터 느끼는 행복보다 5퍼센트의 손실로부터 더 큰 불행을 느낀다면 당신은 손실혐오성향이 있다고 말할 수 있다. 사실 대다수 사람들에게서 이러한 성향이 나타난다.

우리는 손실혐오성향을 체크하기 위해 게임을 시작하기 전에 실험참여자들에게 미리 보너스를 지급했다. 낮은 수준의 보너스가 책정된 참여자들에게는 미리 24루피의 보너스(6×4)를 지급했고, 중간 수준의 보너스가 책정된 참여자들에게는 미리 240루피의 보너스(6×40)를, 높은 수준의 보너스가 책정된 참여자들에게는 미리 2,400루피의 보너스(6×400)를 지급했다.

그러면서 실험참여자들에게 게임에서 '매우 좋음' 등급을 받으면 그 돈을 모두 가져갈 수 있고, '좋음' 등급을 받으면 미리 책정된 보너스의 절반을 다시 내놓아야 하며, '좋음' 등급조차 받지 못하면 보너스를 한 푼도 가져갈 수 없다고 말했다. 우리는 실험참여자들이 상금을 받기 위해 게임을 하는 것보다 이미 자신의 돈처럼 되어버린 상금을 뺏기지 않기 위해 게임을 할 때 더 큰 동기의식을 갖게 될 거라고 생각한 것이다.

그런데 이와 같은 방식은 태생적인 문제점이 있었다. 첫 번째 실험참여자가 마을회관으로 들어섰을 때 우리는 그에게 책정된 보너스 수준에 맞추어 2,400루피를 미리 지급했다. 하지만 첫 번째 실험참여자는 어느 한 게임도 제대로 수행하지 못했고, 자신이 받았던 돈을 고스란히 내놓아야 했다.

그가 순순히 돈을 내놓았기 때문에 우리는 다른 실험참여자들도 게임을 잘 못하면 그렇게 순순히 돈을 내놓을 거라고 생각했다. 하지만 2,400루피를 미리 지급받은 두 번째 실험참여자는 달랐다. 그는 여섯 가지 게임 가운데 어느 하나도 제대로 수행하지 못하자 실험이 끝나기도 전에 우리가 미리 준 돈을 가지고 도망쳐버렸다. 누가 그 사람을 비난할 수 있을까? 이런 일이 벌어진 뒤에야 우리는 손실험오성향을 이용하는 방식이 적절치 못하다는 판단을 내렸고, 결국 실험이 끝난 다음에 보너스를 지급하는 방식으로 바꿨다.

우리가 처음에 실험참여자들에게 보너스를 미리 지급하려 했던 주된 이유는 또 있었다. 실제 시장에서 보너스에 대한 사람들의 인식을 그대로 실험에 적용하는 데에는 보상금을 미리 지급하는 방식이 더 적절하다는 판단 때문이었다. 실제로 많은 전문직 종사자들은 일정 수준 이상의 성과를 내야만 받을 수 있는 보너스를 급여의 일부로 생각한다. 그래서 지출 계획을 세울 때 성과 보너스를 받는 것까지 고려해서 지출을 늘린다. 그들은 보너스 없이는 생각지도 못할 비싼 주택의 구입을 추진하고, 호화로운 해외여행 계획을 세운다. 성과 보너스를 당연히 받을 것으로 예상하고 이와 같은 계획을 세우는 이들의 심리상태는 보상금을 미리 받은 실험참여자들의 심리와 상당히 유사하다.

단순노동자와 정신노동자의 보너스 효과 ⟨

처음에 우리는 높은 수준의 보상이 성과에 미치는 부정적인 영향에도 어느 정도 한계가 있을 거라고 생각했다. 높은 수준의 보상을 제시한다고 해서 언제나 부정적인 성과가 나타나는 것은 아닐 거라는 판단이었다. 흔히 심리학자들이 '중재변인 moderator'이라고 부르는 부정적인 효과를 제약하는 인자는 어떤 임무가 요구하는 정신적인 노력의 수준에 따라 달라질 것으로 예상했고, 또 그렇게 생각하는 것이 너무나 당연했다. 더 많은 인지능력이 요구되는 임무일수록 매우 높은 수준의 보상이 유발하는 부정적인 효과가 더욱 커질 거라고 생각했기 때문이다. 그리고 인지능력이 요구되지 않는 기계적인 임무의 경우는 보상 수준이 높아질수록 성과 역시 좋아질 거라고 생각했다.

만약 누군가가 앞으로 24시간 동안 당신이 점프를 하는 만큼 계속해서 보상금을 지급하겠다고 한다면 어떻게 하겠는가? 보상의 규모가 클수록 당신은 계속해서 더욱 높게, 더 많이 점프를 하려 할 것이다. 매우 큰 보상을 받을 수 있는데 점프의 속도를 늦추거나 점프를 멈추려 하겠는가? 아마 그런 일은 벌어지지 않을 것이다. 임무가 매우 단순하고 기계적일 경우에는 매우 높은 수준의 보상 약속이 역효과를 일으킬 거라고 상상하기 어렵다.

이런 이유로 우리는 실험에 다양한 유형의 임무를 포함시켰다. 그런데 임무의 유형에 상관없이 여섯 가지 게임 모두에서 매우 높은 수준의 보상이 낮은 성과로 이어진 결과를 얻었을 때는 매우 당혹스러웠다. 우리는 사이먼 게임과 마지막 세 개의 숫자 맞추기처럼 보다

1부 직장에서 벌어지는 인간 행동에 관한 진실

높은 인지능력이 요구되는 게임의 경우 매우 높은 수준의 보상이 역효과를 불러일으킬 것으로 예상했다. 반면에 다트볼과 롤업 같은 기계적인 임무의 성격을 지닌 게임의 경우 높은 수준의 보상이 성과에 긍정적인 영향을 미칠 거라고 여겼다.

하지만 우리의 예상과는 다른 실험 결과가 나왔다. 그 이유는 무엇일까? 어쩌면 기계적인 임무와 보상의 관계에 대한 우리의 예상이 틀렸을 수도 있다. 그렇다면 기계적인 임무도 매우 높은 수준의 보상이 역효과를 일으킨다는 것일까? 우리는 낮은 수준의 인지능력만을 필요로 한다고 생각했던 임무들이 사실은 일정 수준 이상의 인지능력을 필요로 한다는 사실을 간과한 것인지도 모른다. 따라서 실험에 단지 기계적인 노력만 요하는 다른 임무를 생각해봤어야 한다.

그래서 우리는 어느 정도의 인지능력을 필요로 하는 임무(쉬운 수학문제를 푸는 일과 같은 임무)와 순수하게 기계적인 임무(컴퓨터 자판 두 개를 빠르게 누르는 일과 같은 임무)를 통해 추가적인 실험을 해보기로 했다. 실험대상자는 MIT의 학생들이었다. 우리는 이 실험을 통해 인지능력을 필요로 하는 임무와 순수하게 기계적인 임무에서 보너스의 크기와 성과 사이의 상관관계를 알아보고 싶었다.

그런데 문제는 연구 예산이 적어 인도에서처럼 평균적인 근로자들의 몇 개월 치 임금에 해당되는 보상을 학생들에게 제시할 수 없다는 점이었다. 그래서 우리는 학기가 끝날 때까지 기다렸다. 학기말이 되면 대다수의 학생들은 용돈이 떨어지기 때문이다. 학기말이 되었을 때, 우리는 돈이 궁해진 학생들에게 20분 정도의 실험에 참여하면 660달러를 벌 수 있다고 제안했다. 그 돈은 실험에 필요한 학생들을 모으기에 충분한 액수였다.

이번 실험은 네 번으로 나누어 실시했다. 우리는 실험참여자들을 네 번의 실험에 모두 참여시켰다. 우선 인지능력이 요구되는 임무를 두 번 수행해달라고 주문했다. 한 번은 낮은 보상 수준에서 임무를 수행하는 것이었고, 또 한 번은 높은 보상 수준에서 임무를 수행하는 것이었다. 그리고 기계적인 임무도 두 번 수행하게 했다. 낮은 보상 수준과 높은 보상 수준에서 임무를 수행하는 것이었다.

이 실험을 통해 우리는 무엇을 알아냈을까? 쉽게 예상할 수 있겠지만, 우리는 두 가지 유형의 임무에서 높은 수준의 보상이 서로 다른 효과를 만들어낸다는 것을 알게 되었다. 컴퓨터 자판을 누르는 것처럼 기계적인 임무에서는 높은 수준의 보상이 높은 성과로 이어졌다. 하지만 간단한 수학문제를 푸는 것처럼 인지능력을 필요로 하는 임무에서는 높은 수준의 보상이 오히려 낮은 성과로 이어졌다. 이는 인도에서 실시한 실험의 결과와 맥락을 같이했다.

이 실험을 통해 얻은 결론은 명확했다. 단순한 기계적인 임무를 수행하는 경우 사람들에게 높은 수준의 보너스를 지급하는 것이 높은 수준의 성과로 이어지지만, 두뇌를 사용하는 임무의 경우 그 반대의 상황이 나타난다는 것이었다.

높은 수준의 보너스를 제시받는 기업 경영자들의 임무는 본질적으로 두뇌를 사용해야 한다. 만약 기업 부사장들의 임무가 벽돌을 쌓는 것이라면 높은 수준의 보너스를 통해 동기를 부여하는 것이 옳은 선택이 될 수 있다. 하지만 인수합병전략을 수립하거나 투자전략을 수립하는 임무를 수행하는 사람들에게는 높은 수준의 보너스를 제시하는 것이 효과적인 동기부여 수단이 되기는커녕 오히려 부정적인 결과를 초래할 수도 있다.

이처럼 사람들에게 동기를 부여하는 수단으로서의 돈은 양날의 칼과 같다. 인지능력이 요구되는 임무의 경우, 어느 정도까지는 인센티브가 성과를 높이는 데 도움이 된다. 하지만 매우 높은 수준의 인센티브는 임무를 수행하는 사람의 관심을 분산시키고 집중력을 교란시킴으로써 오히려 스트레스를 높이고 성과를 저해하는 결과로 이어질 수 있다.

경제학자들 중에는 이와 같은 실험 결과가 경영자들의 보수와 관련해 실제 기업 현장에 그대로 적용될 수 없다고 주장하는 이들도 있다. 이들은 다음과 같이 말할지도 모른다.

"현실에서는 고용주나 이사회에서 낮은 성과가 나올 경우까지 고려하면서 보상 수준을 결정하고, 또 동기의식을 교란시킬 만큼 과도한 보너스가 지급되는 일이 없습니다. 따라서 그런 문제는 나타날 일이 없습니다."

이들은 또 이렇게 주장할 수 있다.

"고용주들은 완벽하게 합리적입니다. 그들은 어떤 인센티브가 성과향상에 도움이 되고, 어떤 인센티브가 성과향상에 도움이 되지 않는지 잘 압니다."[↑]

[↑] 사실 나는 기업의 합리성을 전적으로 믿는 경제학자들이야말로 실제 기업 현장에 단 하루도 나가보지 않은 사람들일 거라고 생각한다.

이들은 높은 보너스의 부정적인 효과를 직관적으로 알고 있고, 그래서 지나치게 높은 보너스라는 것은 애초에 지급되지 않을 수 있다. 하지만 우리가 행하는 많은 비이성적인 행동들과 마찬가지로 금전적인 보상을 포함한 인센티브의 실제 작용에 대해서도 우리는 정확하게 알지 못할 수도 있다.

우리는 높은 수준의 보너스가 어떠한 성과를 초래하는지에 관해 사람들이 얼마나 알고 있는지 알아보기로 했다. 먼저 스탠퍼드 대학에서 MBA 과정을 밟고 있는 다수의 학생들을 표본으로 뽑았다. 그들에게 인도에서 실시했던 실험을 설명한 뒤 낮은 수준의 보너스, 중간 수준의 보너스, 매우 높은 수준의 보너스 등 각각의 조건에서 성과가 어떻게 나타났을지를 예측해보도록 했다. 물론 실험 결과는 공개하지 않았다.

학생들은 보너스 수준이 높을수록 성과 역시 계속해서 높아질 거라고 예측했다. 낮은 수준의 보너스와 중간 수준의 보너스에 대해서는 이들의 예측이 맞았다. 하지만 이들은 매우 높은 수준의 보너스가 제시되는 경우에 가장 높은 수준의 성과가 나타났을 거라는 잘못된 예측을 했다.

이처럼 사람들은 높은 수준의 보너스가 유발하는 부정적인 효과에 대해 잘 모른다. 그래서 성과에 대한 보상은 직관적인 추론이 아니라 기존의 경험을 토대로 한 철저한 연구에 따라 제시되어야 한다.

그런데 연봉이나 보너스를 책정하는 사람들이 실제로 자신들의 직관을 한쪽으로 밀쳐두고 경험적인 데이터를 활용하고 있을까? 그럴 것 같지는 않다. 보너스와 관련해 우리가 얻은 자료를 기업 경영자들에게 설명하다 보면, 그들 가운데 상당수가 자신들이 사용하는 기존 보상설계의 효과에 대해 잘 모를 뿐만 아니라 그에 대해 생각해 본 적도 없으며, 또한 이를 개선하는 일에도 별로 관심이 없다는 걸 알게 된다.↑

CEO, 받은 만큼 일할까? ⫸

몇 년 전, 그러니까 2008년의 금융위기가 발생하기 전 나는 MIT 동문들의 한 모임에 강연자로 초청되었다. 모임은 뉴욕 시에 있는 어느 대형 투자회사의 멋진 회의실에서 열렸다. 훌륭한 음식과 와인이 제공되었고 회의실의 전망도 최고였다.

나는 그곳에 모인 사람들에게 높은 수준의 보너스와 관련된, 인도와 MIT에서 행한 실험을 비롯해 우리가 실시했던 여러 프로젝트를 소개했다. 참석자들은 높은 수준의 보너스가 역효과를 유발할 수 있다는 이론에 대체로 동조하는 분위기였다. 하지만 내가 그들에게도 이러한 역효과가 발생할 수 있다는 말을 하자마자 분위기는 돌변했다. 그들의 얼굴에는 기분 나쁜 표정이 역력했다. 어떤 이는 자신들이 받는 높은 보너스가 성과를 저해할 수 있다는 의견은 터무니없다고 말하기도 했다.

↑
그렇다고 그들을 비난하는 것은 아니다. 보상과 성과의 관계를 제대로 연구하고 파악하는 것은 결코 쉬운 일이 아니기 때문이다.

1장 높은 인센티브의 함정

그래서 나는 다른 식으로 접근해보기로 했다. 그 자리에 있던 어떤 사람에게 연말이 되면 회사의 업무 분위기가 어떻게 달라지는지 말해달라고 요청했다. 그러자 그는 이렇게 대답했다.

"11월과 12월에는 거의 일이 되지 않죠. 사람들은 주로 자신들이 받게 될 보너스와 그 돈으로 무엇을 살지 생각합니다."

이러한 대답을 들은 나는 그 자리에 모인 사람들에게 앞으로 받게 될 보너스에 관심을 집중하게 되면 성과에 부정적인 영향이 유발될 수 있지 않겠느냐고 물었다. 예상했던 대로 그들은 불쾌해했다. 내 질문에 대해 생각하는 것 자체를 거부하는 듯 보였다. 그날 제공되었던 술 때문이었는지 모르지만, 참석자들은 자신들이 받는 보너스가 지나치게 많은 것일 수도 있다는 점을 인정하려 들지 않았다.

저명한 언론인이자 여러 권의 책을 쓴 저자이기도 한 업턴 싱클레어Upton Sinclair는 이런 말을 했다.

"무언가를 이해하지 않는 일에 월급이 달려 있는 사람들에게 그것을 이해하도록 만드는 것은 어려운 일이지요."

그때 우리가 실시한 실험 결과를 제시하자, 그 자리에 있던 금융업 종사자들은 자신들이 대다수 사람들과 다른 매우 특별한 능력의 소유자이며 스트레스 상황에서도 좋은 성과를 낼 수 있다고 장담했다. 하지만 내가 보기에는 그들 역시 다른 사람들과 크게 다르지 않아 보였다.

그럼에도 나는 일단 그들의 말이 옳을 수도 있다는 점을 받아들이기로 했다. 그리고 그들을 연구실로 초청해 그들이 정말로 다른 사람들과 다른 특별한 사람들인지 알아보기 위한 실험을 하고 싶었다. 그러나 금융계에서 일하는 그들은 매우 바빴고, 그들의 막대한 연봉을 고려할 때 그들에게 의미 있는 수준의 실험 보너스를 제시한다는 것도 거의 불가능해 보였다.

금융업에 종사하는 그들을 실험에 참여시킬 수 없는 상황에서 이스라엘 벤구리온 대학의 라첼리 바르칸 Racheli Barkan 교수와 나는 높은 수준의 연봉을 받는 전문직 사람들이 커다란 압박을 받게 되면 어떤 식으로 임무를 수행하는지를 보여줄 다른 유형의 데이터를 찾기 시작했다.

농구에 문외한인 나와는 달리 농구 전문가였던 바르칸은 농구의 클러치 플레이어 clutch player들을 대상으로 데이터를 수집해보자고 제안했다. 농구의 '클러치 플레이어'란 경기 종료시간을 앞두고 큰 활약을 펼치는 선수를 가리킨다. 이들은 일반적으로 다른 선수들보다 훨씬 많은 연봉을 받는다. 왜냐하면 이들이 경기 중 압박을 가장 많이 받는 종료시간 직전에 결정적인 활약을 펼칠 거라고 믿기 때문이다.

우리는 듀크 대학의 남자농구팀 코치인 마이크 슈셉스키 Mike Krzyzewski 의 도움을 얻어 일련의 농구팀 코치들을 자문단으로 구성했다. 그리고 그들로부터 NBA의 클러치 플레이어들을 추천받았다. 자문단의 코치들이 다수 의견으로 클러치 플레이어라고 지목하는 선수들을 클러치 플레이어로 인정하는 방식이었다. 그런 다음 우리는 각각의 클러치 플레이어에게 가장 중요했던 경기 20개의 녹화된 영상을 시청했다. 우리는 경기 종료 직전에 양 팀의 점수 차이가 3점을 넘지 않았던 경기들을 가장 중요한 경기라고 규정했다.

이들 경기의 영상을 보면서 우리는 클러치 플레이어들이 각 경기의 2쿼터 종료를 남겨둔 5분 동안 몇 점을 냈는지 정리했다. 사실 이 때는 선수들이 받는 압박감이 상대적으로 적다. 그리고 그 다음 각 경기의 4쿼터 종료를 남겨둔 5분 동안 클러치 플레이어들이 몇 점을 냈는지 적었다. 경기의 승패가 결정되는 이때는 선수들이 받는 압박감도 최고조에 달한다. 마지막으로, 20개의 경기에서 클러치 플레이어가 아닌 다른 선수들이 어떤 식으로 득점을 했는지도 따로 정리했다.

그 결과, 클러치 플레이어가 아닌 농구선수들의 경우, 낮은 스트레스 상황과 높은 스트레스 상황 모두에서 대체로 비슷한 점수를 냈다. 반면 클러치 플레이어들은 스트레스가 가장 심한 경기 중의 마지막 5분 동안에 확연하게 높은 득점력을 나타냈다.

여기까지만 보면 클러치 플레이어들은 스트레스가 심한 상황에서 더 높은 성과를 나타낸다고 할 수 있고, 금융업 종사자들도 마찬가지일 수 있다는 추론을 할 수 있다. 매우 뛰어난 능력을 지닌 일부 사람들의 경우에는 심한 압박을 받는 상황에서도 더 나은 성과를 낼 수 있는 것이다.

하지만(당신도 이쯤에서 '하지만'이라는 말이 나올 차례라는 것을 짐작했을 것이다) 마지막 5분 동안에 더 많은 득점을 하는 방법은 두 가지가 있다. 슛의 성공률을 높이거나(능력을 더욱 높이는 것을 의미), 아니면 더 많은 슛을 날리는(능력의 개선 없이 시도의 횟수를 늘리는 것을 의미) 것이다. 그래서 우리는 클러치 플레이어들이 마지막 5분 동안에 슛의 정확도를 높이는 것인지, 아니면 단지 더 많은 슛을 날리는 것인지를 집중적으로 살폈다.

분석 결과, 클러치 플레이어들의 능력이 높아지는 것은 아니었다.

그들은 단지 더 많은 슛을 던졌을 뿐이었다. 그들의 필드 골 성공률이 마지막 5분 동안에 높아지는 것과 같은 일은 일어나지 않았으며(슛이 더 정확해진 게 아니라는 것을 의미), 클러치 플레이어가 아닌 선수들의 능력이 특별히 더 나빠지는 일도 없었다.

이쯤에서 어떤 사람들은 클러치 플레이어들이 경기 종료 직전에 집중방어를 받기 때문에 필드 골 성공률이 높아지지 않은 거라고 생각할 수도 있다. 정말로 그런 일이 일어나는지 확인하기 위해 우리는 클러치 플레이어들이 파울을 몇 회 당하고 프리스로^{free throw}(자유투)를 몇 회 던지는지 세어보았다. 그 결과, 이번에도 똑같은 패턴이 나타났다. 클러치 플레이어들은 경기 종료를 앞두고 마지막 5분 동안 집중방어를 당하면서 더 많은 파울을 당했고, 그로 인해 더 많은 프리스로를 던졌지만 프리스로 성공률 자체가 변하지는 않았다.

분명 클러치 플레이어들은 매우 훌륭한 선수들이다. 하지만 분석 결과, 사람들의 일반적인 믿음과는 달리 경기의 승부를 결정짓는 가장 중요한 시간에 그들이 더 나은 실력을 발휘하는 것은 아니었다.

물론 NBA 농구선수들이 금융계에서 종사하는 사람들과 같지는 않다. 미국 프로농구 NBA는 금융업보다 훨씬 더 선별적으로 선수들을 뽑는다. NBA에서 선수로 뛸 수 있는 사람들은 최고의 능력을 지닌 극소수의 농구선수들일 뿐이다. 게다가 앞에서 보았듯이 육체적인 능력을 요하는 일이 인지능력을 요하는 일보다 높은 수준의 보너스를 통해 더 나은 성과를 이끌어내기가 훨씬 쉽다. NBA 농구선수들은 인지능력과 육체적인 능력을 모두 활용하지만, 어쨌든 농구라는 것은 정신 활동이라기보다는 육체 활동에 더 가깝다. 금융업과 비

1장 높은 인센티브의 함정

교하면 그 차이가 더욱 확연하게 나타난다.

이와 같은 상황에서 업무의 본질이 육체능력이 아닌 인지능력을 필요로 하고, 또 업무를 통해 요구되는 것도 모호한 부분이 많은 금융업 종사자들의 경우 '클러치' 능력을 나타낼 거라고 기대하기 힘들다. 즉 NBA 농구선수들이 커다란 스트레스 상황에서 더 나은 실력을 발휘하지 못한다면, 금융업 종사자 역시 커다란 스트레스 상황에서 더 나은 성과를 나타내지 못할 거라고 추론할 수 있다.

● ● ●

거액의 보너스를 요구하는 이유를 묻다

지난 2004년, 금융전문지 〈아메리칸 뱅커*American Banker*〉의 연례행사가 뉴욕 팰리스 호텔에서 열렸다. 이날 강연자로 참석했던 미국 국회의원 바니 프랭크*Barney Frank*는 '거액의 보너스가 과연 윤리적인 것인가'에 대해 공개적으로 질문했다. 매사추세츠 주의 하원의원이었던 그는 당시 하원금융위원회에서 활동하고 있었다(현재 바니 프랭크는 하원금융위원회 위원장을 맡고 있다). 꽤 큰 규모의 행사에 초청을 받았지만 그는 남들이 다 하는 것처럼 "이 자리에 초청해주신 데 대해 감사를 드립니다."와 같은 입에 발린 말은 하지 않았다. 대신 그는 이렇게 연설을 시작했다.

"여러분은 은행을 경영하는 대가로 많은 연봉을 받고 있습니다. 그런데 무슨 이유로 보너스를 따로 요구하는지 모르겠습니다."

그의 질문에 그 행사에 참석했던 사람들은 무거운 침묵으로 일관했다. 그런데도 그는 아랑곳하지 않고 자신의 주장을 거침없이 펼쳤다.

1부 직장에서 벌어지는 인간 행동에 관한 진실

"여러분이 당연히 해야 하는 일을 하는데 우리가 뇌물을 주는 게 마땅한 겁니까? 저는 도저히 이해하지 못하겠습니다. 여러분이 일반 직원들에게 어떤 메시지를 던지고 있는지 생각해보십시오. 조직의 가장 높은 자리에서 가장 중요한 직책을 맡은 여러분은 연봉이 충분치 못하므로, 일을 제대로 하기 위해서는 별도의 인센티브가 주어져야 한다고 말하고 있는 셈입니다."

바니 프랭크의 연설은 두 가지 반응을 이끌어냈다. 어쩌면 아무런 반응도 이끌어내지 못한 것일 수도 있다. 그 이유로 두 가지를 들 수 있다. 첫째, 누구도 그의 질문에 대답하지 않았다. 둘째, 누구도 그의 연설에 기립박수를 보내지 않았다. 하지만 프랭크가 지적한 내용들은 매우 의미심장하다. 보너스는 결국 주주들의 돈으로 지급되지만, 거액의 보너스가 갖는 효과성은 명확하게 검증된 것이 없다.

지나친 부담감은 오히려 독이 된다

우리는 가장 중요한 임무를 수행할 때 오히려 허둥거리며 실패할 때가 많다. 대학수학능력평가를 치렀을 때를 생각해보라. 모의고사와 실제고사 중 언제 더 실력을 발휘했는가? 일부 예외도 있겠지만 대다수 사람은 모의고사에서 더 높은 점수를 받는다. 점수를 잘 받아야 한다는 압박감 때문에 실제고사에서 제 실력을 발휘하지 못하기 때문이다.

대중연설을 할 때도 마찬가지다. 집이나 사무실 같은 사적인 공간에서 연습할 때는 의도했던 대로 연설을 잘할 수 있다. 그러나 막상 연설 당일이 되어 수많은 사람들이 바라보는 연단에 서면 준비한 만큼의 실력이 발휘되지 않는다. 청중을 감동시켜야 한다는 압박감 때문에 긴장하게 되고 허둥거리게 된다.

교수가 직업인 나도 강연이나 발표할 때 반드시 잘해야 한다는 부담감 때문에 오히려 실수했던 적이 많다. 특히 처음 교수가 되었을 때는 그 정도가 매우 심각했다. 당시 나는 사람들 앞에서 강연이나 발표하는 일이 너무나 괴로웠다.

교수가 되고 얼마 지나지 않았을 때의 일이다. 어느 학술회의에 참석해 다른 교수들 앞에서 프레젠테이션을 해야 했다. 당시 프레젠테이션을 하면서 얼마나 떨었는지, 내가 사용하던 레이저포인터의 빨간 점이 자료화면 위에서 이리저리 춤을 췄다. 나는 레이저포인터가 오히려 프레젠테이션에 방해가 된다는 사실을 깨닫고 레이저포인터를 내려놓았다.

물론 이제는 경험이 쌓이면서 대중 앞에서 강연이나 발표를 꽤 능숙하게 하고 있지만 요즘에도 지나친 압박을 받으면 실수를 한다. 얼마 전, 나는 플로리다 주 올랜도에서 열렸던 한 콘퍼런스에 참석해 다른 교수들 앞에서 발표를 하게 되었다. 주제는 세 명의 동료들과 함께 분석한 '적응성adaptation'에 대한 최근 연구였다. 새로운 환경에 익숙해지는 과정에 관한 연구로, 이에 대해서는 6장에서 따로 다룰 것이다.

발표를 하면서 나는 먼저 어렸을 때 겪은 신체적 상해와 그 상황에 대한 적응과정을 소개하기로 마음먹었다. 그 전에도 몇 차례 사람들

앞에서 이에 관한 이야기를 한 적이 있었기에 어느 정도 익숙한 내용이었다. 그런데 그날의 발표는 평소와는 다르게 전개되었다. 전적으로 내 뜻대로 되지 않았던 것이다.

나는 차분한 어조로 발표 주제에 대해 설명하면서 이야기를 시작했다. 그런데 신체적 상해를 입고 병원에서 지냈던 경험을 말하다가 그만 감정에 복받쳐 눈물을 터뜨리고 말았다. 말을 계속할 수 없을 정도였다. 나는 청중을 제대로 쳐다보지도 못한 채 스스로를 진정시키기 위해 회의실 안을 천천히 걸어다녔다. 그러고는 다시 말을 이어가려 했지만, 쉽게 눈물이 멈추지 않았다. 눈물이 흐르는 동안 발표도 그만큼 지연되었다.

많은 사람들 앞에서 발표를 하고 있다는 사실이 기억으로부터 유발되는 감정을 더욱 증폭시켰던 것 같다. 나는 다시 사람들에게 집중하려 노력했고, 다행히 발표를 마칠 수 있었다. 이러한 일이 있은 후 나는 스트레스가 쌓이면 스스로의 감정을 제대로 통제하지 못하게 되며, 결국 그것이 성과에 부정적인 영향을 줄 수 있다는 점을 절실히 깨닫게 되었다.

이와 관련해 마자르, 그니지, 뢰벤스타인 등의 교수들과 나는 새로운 실험을 해보기로 했다. 실험의 목표는 '사회적 압박social pressure' 이라는 요소를 실험에 도입했을 때 무슨 일이 일어나는지 살펴보는 것이었다.

우리는 시카고 대학의 학생 여덟 명을 실험참여자로 섭외했고, 세 개의 애너그램anagram으로 구성된 열세 개의 문제를 주고 문제를 푸는 대가로 적절한 보상을 해주기로 했다. 애너그램이란 제시된 단어의 철자 배치를 바꿔 새로운 단어를 만들어내는 게임이다(독자들도 위에 제시된 애너그램 문제를 직접 풀어보라).↑

열세 개의 애너그램 문제 가운데 여덟 문제는 개인용 칸막이 안에서 풀게 했고, 나머지 다섯 문제는 강의실 앞에 있는 커다란 칠판에서 다른 실험참여자들이 지켜보는 가운데 풀도록 했다. 실험참여자들에게는 후자의 다섯 문제를 잘 푸는 것이 더욱 중요했을 것이다. 상금뿐 아니라(상금은 개인용 칸막이 안에서 문제를 푸는 경우와 똑같이 주어졌다) 다른 실험참여자들에게 인정도 받아야 했기 때문이다(다른 사람들 앞에서 실패하는 모습을 보이고 싶지는 않을 것이다).

↑

답은 다음과 같다. HOUSE, AUDIT, ANAGRAM.
재미삼아 다음의 구절에 대해서도 애너그램을 해보라(애너그램으로 만들어진 단어들이 합쳐지면서 다음 구절의 의미와 유사성을 가질 수도 있다).
OLD WEST ACTION _____
〔OLD WEST ACTION(고전 서부액션영화)을 애너그램으로 바꾸면 Clint Eastwood가 된다.〕

실험 결과는 어땠을까? 실험참여자들은 과연 다른 사람들 앞에서 문제를 더 잘 풀었을까, 아니면 개인용 칸막이 안에서 문제를 더 잘 풀었을까? 쉽게 예상할 수 있겠지만, 실험참여자들은 개인용 칸막이 안에서 애너그램 문제를 훨씬 더 잘 푸는 것으로 나타났다.

독일의 나치 강제수용소에서 살아남은 사람으로 유명한 정신과 의사 빅터 프랭클Viktor Frankl은 자신의 책《죽음의 수용소에서Man's Search for Meaning》에서 사회적 압박이 유발할 수 있는 영향에 관해 이야기한 바 있다. 그 책에서 그는 말 더듬는 증세를 가지고 있던 한 환자의 사례를 소개했다.

그 환자는 아무리 노력해도 말 더듬는 증세를 고칠 수 없었는데, 열두 살 때 딱 한 번 말을 더듬지 않았던 때가 있었다고 했다. 당시 그는 노면전차에 무임승차를 하다가 차장에게 들키자 말 더듬는 흉내를 냈다. 동정심을 유발해 풀려나고자 했지만 그는 실패하고 말았다. 이와 비슷한 사례로 프랭클은 땀 흘리는 것을 두려워하는 증세를 가진 한 환자에 대한 얘기도 했다.

"그 환자는 땀이 날 것 같다는 걱정 때문에 더 많은 땀을 흘렸다."

땀을 흘리지 말아야 한다는 사회적 압박감이 긴장을 유발해 더 많은 땀을 흘리는 요인이 되었다는 것이다. 이를 경제적으로 표현하면 사회적 압박감이 더 낮은 성과로 이어졌다고 할 수 있다.

사회적 압박감으로 인해 성과저하가 생기는 것은 비단 인간에게만 국한된 현상이 아니다. 지금까지 많은 연구자들은 다양한 동물을 대상으로 사회적 압박감이 동물들에게 어떤 영향을 미치는지 연구해왔다. 그 대상이 되었던 동물 중에는 바퀴벌레도 포함되어 있다.

1969년, 미국의 사회 심리학자 로버트 자이언스^{Robert Zajonc}, 알렉산더 하인가트너^{Alexander Heingartner}, 에드워드 허먼^{Edward Herman}은 두 가지 상황에서 바퀴벌레의 임무수행 속도가 어떻게 달라지는지 비교했다.

한 가지 상황은 바퀴벌레 한 마리가 다른 동료 없이 혼자 임무를 수행하도록 했고, 다른 상황은 동료 바퀴벌레 한 마리가 지켜보는 가운데 임무를 수행하도록 했다. 후자의 경우 관찰자인 동료 바퀴벌레는 플렉시 유리^{plexglas}로 나뉜 공간에 있었다. 이 때문에 두 바퀴벌레들은 서로 직접적인 접촉은 할 수 없었지만 후각과 시각으로 서로의 존재를 인지할 수 있었다.

바퀴벌레들이 수행했던 한 가지 임무는 직선형의 통로를 따라 달려가는 것으로, 비교적 쉬운 일이었다. 다른 한 가지는 복잡한 미로에서 목적지를 찾아가는 것으로, 이는 어려운 임무로 분류되었다.

실험 결과는 많은 사람들이 예상하는 대로 나왔다. 쉬운 임무의 경우 바퀴벌레들은 자신을 지켜보는 동료가 있을 때 훨씬 더 빠르게 임무를 수행했다. 다른 바퀴벌레의 존재가 동기를 높이고, 그 결과 더 높은 성과를 내도록 만든 것이다. 하지만 복잡한 미로에서는 상황이 달랐다. 바퀴벌레는 다른 바퀴벌레가 자신을 지켜보고 있으면 목적지를 찾아가는 데 훨씬 더 느렸다. 복잡한 미로에서는 혼자 있을 때 훨씬 더 빠르게 임무를 수행한 것이다. 사회적 압박감이 사람에게 작용하는 것과 마찬가지의 결과였다.

물론 이와 같은 공통점이 바퀴벌레에 대한 우리의 혐오감을 줄일 거라고 생각하지는 않는다. 하지만 어쨌든 동료들 앞에서 더욱 높은 성과를 내야 한다는 의식이 오히려 역효과를 내는 것은 사람이나 바퀴벌레에게나 공통적으로 나타나는 현상임이 분명했다. 이와 같은 공통점은 우리가 생각하는 것 이상으로 중요한 의미를 가지고 있는지도 모른다.

더 높은 성과를 내야 한다는 과도한 동기의식은 전기충격에 의해서도, 높은 수준의 보너스에 의해서도, 사회적 압박감에 의해서도 초래될 수 있다. 그리고 그러한 동기가 최대의 이익을 가져다주는 상황에서 오히려 낮은 성과를 나타낸다는 사실을 우리는 주시할 필요가 있다.

최적의 인센티브 조건 ⦆

보상과 성과에 관한 여러 연구에도 불구하고 최적의 인센티브 수준을 찾아내는 것은 결코 쉬운 일이 아니다. 여키스와 도슨이 처음 제안한 '역U자형 관계'의 개념은 일반적인 사회현상을 잘 나타낸다. 하지만 성과 차이를 만들어내는 데에는 다른 요인들도 작용할 것이다. 예를 들면 임무의 특성(임무가 얼마나 까다로운지), 개인의 특성(스트레스를 잘 참아낼 수 있는지), 임무와 관련된 개인의 경험(익숙한 일인지, 능숙하게 해오던 일인지) 등의 요인들을 들 수 있다.

분명한 사실은 두 가지다. 최적의 인센티브 구조를 만드는 것은 무척 어려운 일이라는 점과, 더 높은 인센티브가 언제나 더 높은 성과로 이어지는 것은 아니라는 점이다. 그렇다고 성과나 기여도에 따른 보너스를 아예 주지 말자는 이야기는 아니다. 다만 실험에서 보았듯이 보너스를 지급하는 방식이 의도하지 않은 부정적인 결과로 이어질 수도 있다는 것이다.

일반적으로 보상을 설계할 때 기업 인사부서에서는 두 가지 목표를 염두에 둔다. 직무에 가장 적합한 사람을 유인하는 일과 그들이 자신의 직무에서 최선을 다할 수 있도록 동기를 부여하는 일이다. 기업의 이러한 두 가지 목표는 매우 중요하며, 이 목표를 달성하는 데 급여는 매우 중요한 역할을 한다. 아울러 부가적인 이익, 자부심, 의미도 중요한 역할을 하는데, 이에 대해서는 뒤에서 따로 다룰 것이다.

다만 문제는 사람들이 받게 되는 보상의 유형이다. 앞에서도 언급했지만 높은 수준의 보너스는 사람들로 하여금 보너스 자체에 관심을 집중하게 만들면서 과도한 스트레스를 유발하고, 성과저하로 이어질 수 있다. 높은 수준의 보상이 어떤 식으로 사람의 행동을 바꾸고 성과에 영향을 미치게 되는지 다음의 사고실험 Thought Experiment(머릿속에서 생각으로 진행하는 실험. 실험에 필요한 장치와 조건을 단순하게 가정한 후 이론을 바탕으로 일어날 현상을 예측한다—옮긴이)을 통해 생각해보자.

만약 당신이 내 연구 프로젝트에 매우 창의적인 아이디어를 72시간 내로 제공하면 상당한 액수, 구체적으로 10만 달러를 주겠다고 약속했다고 가정하자. 당장 당신의 행동이 달라지지 않을까?

아마 당신은 일상적으로 해왔던 일들을 주위 사람들에게 해달라고 부탁할 것이다. 이메일이나 페이스북 방문자들을 확인하거나 잡지를 보는 것도 잠시 미룰 것이다. 커피를 잔뜩 마시면서 조금이라도 덜 자려고 하거나 아예 책상 앞에서 밤을 새우려 할지도 모른다. 이런 식으로 당신은 조금이라도 더 많은 시간을 투자해서 아이디어를 짜내려 하겠지만, 과연 이렇게 하는 것이 창의성을 높이는 데 도움이 될까?

이번에는 10만 달러가 걸린 72시간 동안, 당신이 창의성과 생산성을 높이기 위해 무엇을 할 수 있을지 생각해보자. 눈을 감고 집중력을 높이기 위해 애쓰겠는가? 정상에 오른 자신의 모습을 그려보겠는가? 입술을 꽉 깨물거나 심호흡을 하면서 명상을 하는 방법은 어떤가? 10만 달러라는 돈이 걸려 있는 상황에서 당신은 잡념을 더 쉽게 떨쳐버릴 수 있고, 타이핑을 더 빠르게 할 수 있고, 더욱 깊이 있는 사고를 할 수 있는가? 이와 같은 과정을 통해 더욱 높은 수준의 성과를 이끌어낼 수 있을지 생각해본다.

높은 보상을 떠올리며 더 많은 시간 동안 일할 수는 있겠지만(단순한 기계적 임무를 수행하는 경우 높은 수준의 보상이 그대로 높은 수준의 성과로 이어지게 된다), 그렇다고 그만큼 높은 창의력을 발휘할 수 있는 것은 아니다.

이는 간단한 사고실험을 통해서도 쉽게 알 수 있다. 금전적 인센티브는 두뇌 활동을 통한 성과를 높이는 데 별다른 도움이 되지 않으며, 오히려 일정 수준 이상의 금전적 인센티브는 역효과를 내기 쉽다. 거액의 보너스를 받고 싶은 욕구가 아무리 높아도 그 욕구가 정신 활동이라는 것을 효과적으로 통제할 수 있는지는 여전히 미지수다.

이번에는 당신이 심각한 병에 걸려 반드시 수술을 받아야 한다고 가정해보자. 당신의 수술을 담당하게 될 수술팀에게 거액의 보상을 약속하면 수술의 결과가 달라질까? 실제로 이런 일이 일어난다면, 집도의와 마취의는 당신을 수술하면서도 거액의 보너스로 요트를 구입할 생각에 빠질 수 있다.

물론 거액의 보너스가 제시된다면 의사들은 분명 수술을 더욱 잘하려고 노력할 것이다. 그런데 과연 이러한 노력이 더 나은 수술 결과로 이어질까? 그들이 모든 에너지를 당신의 수술에 집중하게 될까? 의사들이 미하이 칙센트미하이^{Mihaly Csikszentmihalyi}가 말한 '몰입의 상태^{state of flow}(모든 잡념을 떨쳐내고 자신의 임무에 완전하게 정신을 집중하는 상태)'에 이를 수 있을까? 하지만 거액의 보너스가 걸렸을 때 정신을 집중하고 깊은 사고를 하며 인지능력을 발휘해야 하는 중요한 임무에 완전하게 몰입하는 사람은 쉽게 찾기 힘들 것이다. 당신은 어떠한가?

보너스와 성과 사이의 균형점 찾기 ⋜

나를 비롯해 학자들이나 연구원들은 실험실 같은 특정 조건에서 실험을 하고 결론을 도출해낸다. 그리고 이러한 실험은 짧은 기간에 이루어지고 단순한 판단에 따라 진행되며 상대적으로 위험성이 낮다. 이런 이유로 기업 현장에서 활동하는 경제 전문가들은 대체로 나와 같은 사람들이 실험을 통해 이끌어낸 결론을 좋아하지 않는다. 실험실에서 도출해낸 결론이 현장에서도 유효한 것은 아니라는 것이다. 그들은 이렇게 말한다.

"판단이 중요하게 작용하는 일이나 위험성이 높은 일, 그리고 사람들이 더욱 진지하게 일을 한다면 결과는 실험 결과와 달리 나타날 것입니다."

병원 응급실에서는 사람의 목숨이 달려 있는 중요한 판단이 내려져야 하므로 언제나 최고 수준의 치료가 이루어질 것이라는 주장이 있다. 당신은 어떻게 생각하는가? 나는 이 주장에 동조하는 사람이 그리 많지 않을 거라 생각한다. 물론 실험실에서 도출된 결론에는 어떤 식으로든 실증적인 증거가 부족하다는 지적은 전적으로 인정한다. 어떤 결론에 대해 건전하게 의문을 제기하는 것은 의미 있는 일이다. 하지만 상대적으로 단순한 판단과 행동 기저에 있는 심리과정과 복잡하고 중요한 판단과 행동 기저에 있는 심리과정이 서로 다르다는 의견에 대해서는 선뜻 받아들이기 어렵다.

우리가 실시한 여러 실험들에서 도출된 결론에 따르면, 중요한 판단을 내려야 하는 상황일수록 오히려 사람들은 비이성적이면서 바람직하지 못한 방식으로 행동하는 경향을 보였다. 인도에서 실시한 실험의 경우, 실험참여자들은 제시된 보상 수준이 상대적으로 낮을 때는 제도권 경제학을 통해 충분히 예측 가능한 방식으로 행동했다. 하지만 제시된 보상 수준이 각자에게 중요한 의미를 부여할 만큼 높을 때, 실험참여자들이 보인 행동은 제도권 경제학을 통해 예측할 수 없는 것이었다.

집중력이 곧 실력이다!

숀 코너리$^{Sean\ Connery}$와 리처드 기어$^{Richard\ Gere}$가 주연한 영화 〈카멜롯의 전설$^{First\ Knight}$〉을 보면 집중력을 떨어뜨리는 잡념이 성과에 얼마나 부정적인 영향을 줄 수 있는지를 암시하는 장면이 나온다.

리처드 기어가 연기한 란셀롯이라는 인물은 처음에는 돈을 받고 검투시합을 하는 떠돌이 칼잡이였다. 그는 검술을 배우고자 찾아오는 사람들에게 돈을 받고 검술을 가르치기도 했다. 어느 날, 그는 사람들을 모아놓고 자신보다 칼싸움을 더 잘하는 사람도 있을 텐데, 만약 그 사람이 검투에서 자신을 이긴다면 가진 돈을 모두 주겠다는 제안을 한다.

여러 사람이 란셀롯과 대결에 나섰지만 어느 누구도 그를 이기지 못했다. 그러나 마지막에 등장한 마크라는 금발의 남자는 란셀롯과 대등한 실력을 보였다. 결국 란셀롯이 승리를 거두었지만 엄청나게 치열한 결투를 치러야 했다.

마크는 자신이 패한 사실에 대해 무척 혼란스러워했다. 그러면서 란셀롯에게 무슨 요술이라도 부린 것 아니냐고 물었다. 이에 란셀롯은 웃으며 요술 같은 것은 없었다고 대답한다. 굳이 비결을 말하자면 란셀롯 자신의 마음이라고 할 수 있다.

검투에서 진 마크는 란셀롯에게 칼싸움을 잘할 수 있는 방법을 알려달라고 부탁한다. 잠시 망설이던 란셀롯은 검투에서 승리할 수 있는 세 가지 방법을 알려준다. 첫째, 상대방의 움직임을 잘 지켜보고 그가 어떻게 생각하고 어떻게 움직이는지를 파악한다. 둘째, 결정적인 순간을 기다렸다가 기회가 오면 과감하게 공격한다.

여기까지 들은 마크는 좋은 가르침이라며 밝은 표정으로 고개를 끄덕였다. 하지만 란셀롯이 알려준 세 번째 방법은 마크에게 당혹스러운 것이었다. 경기에 임할 때 생사에 개의치 않는 것이 세 번째 방법이라고 말했던 것이다. 마크가 놀란 표정으로 쳐다보자 란셀롯은 의미심장한 미소를 지은 채 중세의 카우보이처럼 석양을 향해 뚜벅뚜벅 걸어간다.

란셀롯의 세 번째 조언을 통해 판단해 보건대, 란셀롯이 다른 사람들보다 검투를 잘할 수 있었던 것은 죽을 수도 있다는 스트레스 없이 결투에 임했기 때문이다. 생사를 초월함으로써 잡념이 생기지 않았고, 그 결과 자신의 실력을 최대한으로 발휘할 수 있었던 것이다. 순수한 집중력이 실력을 온전히 발휘할 수 있도록 한 셈이다.

이러한 사실들은 아이러니하게도 사람들이 더욱 열심히 노력할수록 비이성적인 방식으로 행동할 가능성이 높아진다는 점을 의미하는 것이 아닐까? 만약 이것이 사실이라면, 사람들을 과도하게 압박하지 않으면서 그들의 노력을 보상할 수 있는 가장 좋은 방법을 생각해봐야 한다.

한 가지 방법은 보너스의 수준을 낮게 가져가는 것이다. 물론 내가 만난 금융업 종사자들은 이를 찬성하지는 않을 테지만 말이다. 또 보너스를 연봉에 포함시켜서 매달 일정액씩 지급하는 방법도 생각해볼 수 있다. 그런데 이 방법은 보너스로 인한 과도한 압박감을 없애는 데는 효과가 있겠지만, 성과급이 유발하는 긍정적인 효과를 상당 부분 없앨 수도 있다.

성과급에서 동기를 촉진하는 요소는 유지하면서 과도한 압박감으로 생산성을 저해하는 요소를 배제할 수 있다면, 그것이 가장 좋은 방법일 것이다. 가령 직원들에게 소규모의 보너스를 자주 지급하는 방법, 또는 장기간에 걸친 성과, 즉 전년도의 성과를 기준으로 삼는 게 아니라 과거 5년 동안의 평균적인 성과를 기준으로 삼아 보너스를 지급하는 방법 등을 생각해볼 수 있다. 만약 과거 5년 동안의 평균적인 성과를 기준으로 보너스를 지급한다면, 직원들이 당해 연도의 보너스 때문에 압박을 과도하게 받는 일은 크게 줄어들 것이다.

성과를 극대화하기 위해 어떤 방법을 사용하든, 분명한 것은 우리가 보상과 동기의식, 스트레스와 성과의 상관관계에 대해 제대로 이해할 필요가 있다는 점이다. 그리고 그 과정에서 일어나는 사람들의 기이한 성향과 비이성적인 행동을 고려해야 할 것이다.

▶▶ PS

이번 장은 금융업에서 종사하는 친구들에게 바치고 싶다. 그들은 자신들의 연봉에 관한 내 견해를 여러 번 들어주었고, 지금도 계속해서 나와 대화를 나누고 있다.

일한다는 것의 의미

:

무엇이 우리에게
일하는 즐거움을 가져다줄까?

얼마 전, 캘리포니아에서 비행기를 탔을 때 일이다. 옆자리에 전문직 종사자처럼 보이는 30대의 한 남성이 앉았다. 그는 내게 미소를 지어 보였다. 우리는 갈수록 비행기 좌석이 좁아지고 있으며 항공사에서 승객들을 점점 더 불편하게 만들고 있다는 등 짧은 대화를 나누었다. 그러고는 이륙하기 전까지 각자의 아이폰^{iPhone}으로 새로 도착한 이메일을 확인했다. 비행기가 이륙한 뒤 우리의 대화는 계속되었다.

남자 아이폰, 어떤가요?

나 여러모로 정말 좋아요. 그런데 시도 때도 없이 이메일을 확인하게 되더군요. 운전 중 신호대기를 받을 때나 엘리베이터를 탔을 때도 이메일을 확인한답니다.

1부 직장에서 떨어지는 인간 행동에 관한 진실

남자 야, 저하고 비슷하네요. 저도 아이폰을 산 뒤로 이메일을 확인하는 데 시간을 훨씬 더 많이 쓰는 것 같아요.

나 그렇죠. 정말 이런 기술들이 우리의 생산성을 높여주는 건지, 아니면 오히려 낮추는 건지 모르겠습니다.

남자 그런데 어떤 일을 하시죠?

비행기를 탔을 때 옆자리 승객과 대화하게 되면 일상적인 대화를 나누기 전에 대부분 통성명을 하거나 서로의 직업을 밝히게 된다. 어쩌면 다른 나라보다 미국에서 이 같은 현상이 더욱 두드러지게 나타날 수도 있다. 어쨌든 경험에 따르면, 비행기를 탔을 때 대화를 나누었던 사람들은 취미나 가족, 정치적인 견해보다 직업에 대해 먼저 말을 꺼냈다.

캘리포니아에서 비행기를 탔을 때 내 옆자리에 앉았던 사람도 마찬가지였다. 그는 자신을 다국적기업 SAP의 세일즈 매니저라고 소개했다. SAP는 업무용 소프트웨어를 개발하고 판매하는 세계적 기업으로, 많은 기업들이 관리 및 지원업무에 SAP의 소프트웨어를 사용하고 있다(MIT에서 대학의 전산시스템을 SAP의 시스템으로 교체하면서 내 연구를 도와주던 대학원생도 이 시스템에 적응하느라 무척 고생했다).

나는 그들이 개발하고 판매하는 업무용 소프트웨어에 관해서는 별 관심이 없었다. 때문에 그에 대한 이야기는 더 이상 듣고 싶지 않았다. 하지만 그는 자신이 판매하는 소프트웨어에 관해 열정적으로 얘기했다. 그때 나는 그 사람에게 직업은 자신의 정체성을 구성하는 핵심 요소라는 것을 느꼈다. 그의 삶을 구성하는 수많은 요소들 가운데 그에게는 직업이 가장 중요한 요소였던 것이다.

대부분의 사람들은 어떤 사람의 정체성이 직업과 매우 밀접하게 연관되어 있음을 직관적으로 안다. 아이들 역시 앞으로 커서 어떤 사람이 되고 싶은지 물으면 자신의 장래 직업에 대해 소방관, 교사, 의사, 경제학자 등 씩씩하게 밝힌다(이때 아이들은 그런 일을 하는 사람이 얼마나 버는지에 대해서는 전혀 고려하지 않는다).

그런가 하면 미국의 성인들 사이에서 "어떤 일을 하시죠?"라는 말은 이제 잘 모르는 사람들 간의 첫인사로 자리 잡은 느낌이다. 이는 직업이 단순히 생계를 꾸려나가기 위해 필요한 돈을 버는 수단일 뿐 아니라 한 개인의 정체성을 대변하는 주요한 요소 가운데 하나가 되었음을 뜻한다. 오늘날 많은 사람들은 직업을 통해 자부심과 삶의 의미를 찾고 있다.

노동과 정체성 사이의 이러한 관계와는 달리, 일반적으로 노동과 관련된 기본적인 경제 모델은 노동자들을 미로 속의 생쥐 정도로 취급한다. 사람들은 노동을 싫어할 뿐만 아니라 최소한의 노력으로 미로를 빠져나가 음식을 얻는 것을 원하며, 배가 부른 상태로 오래 쉴 수 있기를 바란다.

그렇다면 노동을 통해 삶의 의미를 찾는 사람들, 노동하기를 바라는 사람들은 어떻게 설명해야 할까? 그리고 동기의식, 개인적 의미, 생산성 사이의 관계는 어떻게 설명해야 할까?

왜 일하는가? ⫩

2005년 한 학술간행물 출판사로부터 부탁받은 논문에 대한 리뷰 작업을 할 때였다.⫩ 누군가가 내 연구실 문을 노크했다. 갈색머리에 염소수염을 기른 약간 통통한 얼굴의 젊은이였다. 정확하게 어디서 봤는지는 기억이 나지 않았지만, 낯익은 얼굴이었다.

나는 그에게 자리에 앉으라고 권했고, 약간의 시간이 지난 뒤에야 비로소 그가 누구인지를 기억해냈다. 그는 몇 년 전에 내 수업을 들었던 데이비드라는 학생이었다. 사려 깊고 똑똑했던 그를 다시 보니 반가운 마음이 들었다. 무슨 일로 학교를 방문했냐고 묻는 나에게 그는 이렇게 대답했다.

"직원 채용을 하려고요. 우리 회사 신입직원들이요."

데이비드는 뉴욕의 한 투자은행에 입사해 높은 연봉과 환상적인 복지혜택을 누리고 있었다. 심지어 그의 회사에서는 직원들 빨래까지 해주었다. 뉴욕이라는 멋진 도시에서의 생활에도 만족한다는 그는 2주 전부터 어떤 여자와 사귀기 시작했는데, 그의 설명대로라면 그 여자는 원더우먼과 마사 스튜어트 Martha Stewart를 합쳐놓은 인물임에 틀림없었다.

⫩

논문을 작성한 사람이 학술간행물 출판사에 자신의 논문을 제출하면 출판사에서는 익명의 학자들에게 논문에 대한 리뷰를 부탁한다. 이때 리뷰를 부탁받은 사람들은 해당 논문에 문제점은 없는지, 출간할 가치가 있는지 등을 판단해 의견을 제시한다. 그래서 논문의 리뷰는 기본적으로 비판적일 수밖에 없는데, 이러한 비판은 연구를 하고 논문을 작성하는 것을 업으로 삼고 있는 학자들에게는 피할 수 없는 고통이 된다. 이 고통이 학자라는 직업에서 의미를 찾는 데 주된 장애물이 된다.

이런저런 이야기를 나누던 데이비드가 문득 말했다.

"드리고 싶은 말씀이 있어요. 몇 주 전에 어떤 일을 겪었는데, 교수님의 행동경제학 수업이 생각나더군요."

데이비드는 회사에서 어떤 합병 건에 관계된 일을 맡았고, 그 해 연초부터 무려 10주 동안이나 그 일과 관련된 프레젠테이션 자료를 만드는 데 매달렸다고 한다. 그는 열심히 데이터를 분석해 그래프를 작성했고, 파워포인트 자료를 멋지게 만드느라 퇴근시간은 자정을 넘기기 일쑤였다. 연일 야근을 하며 고생한 끝에 멋진 자료를 만들어낸 데이비드는 뿌듯해하며 상사에게 이메일을 보냈다. 그가 맡고 있는 합병 건에 대한 프레젠테이션은 상사가 하기로 되어 있었다. 그는 아직 낮은 직급이어서 중요한 미팅에 직접 참석할 수 없었기 때문이다.

이메일을 보내고 몇 시간이 지나자 상사로부터 답변 메일이 왔다.

"미안하네, 데이비드. 그 합병 건이 어제 무산되었다네. 자네가 보낸 프레젠테이션 자료는 정말 잘 만들었더군. 매우 인상적이었어. 수고 많았어."

그제야 데이비드는 자신이 만든 자료가 쓸모없게 되어버렸다는 사실을 알았다. 물론 그것은 누구의 잘못도 아니었다. 그는 자신의 상사가 인사치레로 칭찬하는 사람이 아니라는 걸 알고 있었다. 상사의 칭찬은 자신의 수고를 제대로 인정하는 것이었다. 하지만 상사의 칭찬에도 그는 실망감을 감출 수가 없었다. 그렇게 노력하고도 조직에 아무런 기여를 하지 못한다는 사실이 그 전까지 그가 직장에 대해 가지고 있던 생각을 완전히 바꿔놓았다.

갑자기 데이비드는 자신이 맡고 있던 프로젝트들에 흥미를 잃고 말았다. '아무런 성과도 없는 노동'은 데이비드에게 커다란 충격을 주었고, 그런 경험을 겪게 한 회사가 과연 좋은 직장인가 하는 생각까지 들었다. 그때까지 그는 자신이 상당히 가치 있는 인재라고 생각했고 직업에 대한 만족도도 컸다. 하지만 그 일이 있은 뒤부터는 직장에 불만을 갖게 되었을 뿐 아니라 자신의 노력이 별 의미가 없는 것이라는 생각까지 들었다. 그는 이렇게 말했다.

"정말 이상한 게 뭔지 아세요? 저는 열심히 일해서 훌륭한 프레젠테이션 자료를 만들어냈습니다. 그리고 제 상사는 제가 만들어낸 결과물을 보고 만족스러워했죠. 저는 분명 좋은 평가를 받아 더 많은 연봉을 받게 될 겁니다. 단순히 기능적으로만 본다면 저는 분명히 행복해야 합니다. 하지만 제가 하는 일이 아무런 의미도 없는 일이라는 생각을 떨쳐버릴 수가 없어요. 또다시 제가 맡고 있는 프로젝트가 갑자기 취소되어 제 노력이 물거품이 된다면, 그때는 어떡하죠?"

그는 나에게 다음과 같은 사고실험을 제시했다.

"상상해보세요. 교수님께서 어떤 회사에서 일을 하면서 파워포인트 자료를 만드시는 겁니다. 그런데 파워포인트 자료를 완성할 때마다 교수님의 상사가 그 자료를 그냥 폐기해버리는 겁니다. 교수님께서 만드시는 파워포인트 자료는 활용되지는 않지만, 회사에서는 계속해서 교수님에게 높은 연봉과 최고 수준의 복지혜택을 제공합니다. 심지어 교수님의 세탁까지 알아서 해주죠. 만약 교수님이 이와 같은 상황에 놓여 있다면, 교수님의 직업에 대해 얼마만큼 만족하게 될까요?"

나는 데이비드의 심정을 십분 이해했다. 그래서 그를 위로하는 차원에서 내 친구 데브라의 이야기를 들려주었다. 상당한 영향력을 가진 한 대학출판사의 에디터인 데브라는 자신의 직업을 매우 만족스러워했다. 그러던 그녀가 얼마 전 편집을 끝낸 역사책이 출간되지 않을 거라는 말을 상사로부터 들었다. 데이비드의 경우와 마찬가지로 기능적인 관점에서만 본다면 이번 일도 아무런 문제가 없었다. 하지만 데브라는 자신이 그토록 많은 시간과 정성을 쏟아부은 책이 출간되지 않을 거라는 사실에 크게 실망했다.

나는 데이비드에게 데브라의 이야기를 들려주며, 그런 일을 겪는 사람은 의외로 많다고 말해주고 싶었다. 데브라에 대한 이야기를 다 들은 데이비드는 잠시 뭔가를 생각하는 듯하더니 이렇게 말했다.

"그거 아세요? 여기에는 더 큰 문제가 있을 수도 있다는 생각이 들어요. 헛수고만 하게 되는 일, 불필요한 일 같은 것 말입니다. 교수님께서 한번 연구를 해보시죠."

멋진 생각이었다. 나는 곧바로 연구에 돌입했다. 이와 관련된 내용은 다음 장에서 소개하려 한다. 그보다 먼저 앵무새와 쥐와 콘트라프리로딩contrafreeloading이라는 개념을 잠깐 살펴보자.

공짜먹이보다 찾아 먹는 먹이가 좋다

나는 열여섯 살 때 이스라엘 민병대에 자원해 입대했다. 그곳에서 나는 구식 러시아제 소총으로 사격하는 법을 배웠고, 도로를 봉쇄하는 법을 비롯해 내가 살고 있는 지역을 지키는 데 필요한 여러 가지 것들을 배웠다. 어른들이 전쟁터에 나가면 우리 같은 십대들이 마을을 지켜야 했는데, 그때 필요한 지식과 기술들을 배웠던 것이다.

당시 나는 민병대 훈련에 참가하면 학교에 가지 않아도 되었기 때문에 그런 선택을 했던 것 같다. 이스라엘에서는 고등학교에서 수학여행을 가면 총을 쏠 줄 아는 학생들이 다른 학생들에 대한 보안임무를 맡도록 했다. 그리고 민병대 훈련에 참가하면 학교수업 대신 교외 지역에서 야영생활을 할 수 있었다. 때문에 나는 민병대 훈련이 있으면 항상 빠지지 않으려 했다. 심지어 민병대 훈련을 위해 학교 시험을 포기한 적도 있었다.[↑]

한번은 고등학교 수학여행을 갔다가 한 여학생에게 마음을 빼앗겨버렸다. 그런데 그 여학생은 나보다 한 학년 아래여서 수업을 같이 들을 수도 없었고, 그 아이가 나를 어떻게 생각하는지 알 길도 없었다. 나는 어떻게 해서든 그 여학생과 함께 시간을 보내고 싶었다. 그래서 그 여학생의 관심사가 무엇인지, 학교생활 외에 어떤 활동을 하는지 알아보았다. 그 여학생이 하는 활동에 나도 동참하기 위해서였다.

우리 마을에서 1.6킬로미터쯤 떨어진 곳에 '버드맨'[Birdman](새아저씨)이라는 별명을 가진 남자가 살고 있었다. 그는 제2차 세계대전 당시 나치에 의해 자행된 홀로코스트[Holocaust]의 생존자 가운데 한 명이었다. 나치의 유대인 학살을 피해 동유럽의 숲속에 숨어 있었던 그는 그곳에서 새들을 비롯한 숲속 동물들의 위로를 받으며 힘겨운 시간을 견

[↑] 지금은 이스라엘 고등학교에서 수학여행을 가게 되면 학생들이 아닌 성인 민병대 대원들이 학생들에 대한 보안임무를 수행하고 있다.

려냈다. 전쟁이 끝나고 이스라엘에 정착한 그는 마을 아이들에게 자신의 행복한 경험을 전해주기 위해 전 세계의 새들을 모아 새동물원을 만든 뒤 사람들에게 개방했다.

내가 좋아하게 된 그 여학생은 바로 그 버드맨이 만든 새동물원에서 자원봉사를 하고 있었다. 그래서 나도 새동물원에 자원봉사를 신청했다. 동물원 청소를 하고, 새들에게 모이를 주고, 동물원 방문객들에게 새들에 관해 설명해주는 일을 하게 된 것이다.

자원봉사를 하면서 나는 새들이 알에서 부화하고, 성장하고, 새들끼리 교류하고, 방문객들과 상호작용을 하는 과정을 지켜봤다. 참 놀라운 경험이었다. 그러나 정작 그 여학생과는 사귀지 못했다. 그럼에도 새들과 보내는 시간은 정말 즐거웠다. 나는 그 여학생을 포기한 후에도 한동안 그곳에서 자원봉사를 했다.

그로부터 얼마 지나지 않아 나는 온몸에 화상을 입는 큰 사고를 당했다. 오랫동안 병원 신세를 지며 치료를 받던 나는 앵무새 한 마리를 키워야겠다고 마음먹었다. 그래서 앵무새 가운데 덩치가 조금 크고 매우 영리한 밀리아마존 암컷 앵무새를 골라 '장 폴Jean Paul'이라는 이름을 지어주었다(암컷 앵무새에게 프랑스 남자 이름을 지어준 데에는 이유가 있었다). 장 폴은 아주 잘생긴 앵무새였다. 온몸은 초록색 깃털로 덮여 있었고, 날개 끝에는 밝은 파랑, 노랑, 빨강 깃털이 나 있었다.

장 폴과 지내는 시간은 즐거웠다. 장 폴은 자신의 새장 근처로 다가오는 사람들을 놀리고 사람들에게 얘기하는 것을 좋아했다. 내가 다가가면 쓰다듬어달라는 투로 머리를 숙이곤 했다. 그러면 나는 장 폴에게 말을 걸며 녀석의 뒷목을 만져주었다. 내가 샤워를 할 때도 장 폴은 욕실에 들어와 나를 구경하곤 했는데, 물방울을 튕기며 장난을 하기도 했다.

　장 폴은 매우 사회적인 앵무새였다. 아무도 놀아주는 사람 없이 새장 속에 혼자 있게 되면 녀석은 무척 심심해하면서 자신의 깃털을 뽑아댔다. 그때 나는 앵무새들이 어느 정도의 지적 활동을 하기를 바란다는 사실을 알게 되었다. 그래서 장 폴을 위해 몇 가지 장난감들을 구입했다. 그 가운데 '시커트리트ˢᵉᵉᵏᵃᵀʳᵉᵃᵗ'라는 장난감도 있었다.

　시커트리트는 여러 가지 색깔의 나뭇조각들을 피라미드 형태로 쌓아올린 다음 가운데 부분을 끈으로 묶어 연결해놓은 일종의 퍼즐이다. 각각의 나뭇조각에는 1.3센티미터 정도의 홈이 파여 있어 그 속에 앵무새가 좋아하는 작은 먹이를 숨겨두도록 되어 있었다. 장 폴은 시커트리트에 숨겨진 먹이를 먹기 위해 나뭇조각을 옆으로 돌리거나 위로 들어야 했다. 그것은 결코 쉬운 일이 아니었다. 그런데도 장 폴은 호기심을 자극하는 여러 가지 장난감들을 가지고 놀면서 즐겁고도 행복한 나날을 보냈다.

　당시 나는 시커트리트에 중요한 개념이 숨어 있는 걸 몰랐다. 콘트라프리로딩이라는 개념이 숨어 있었던 것이다. 콘트라프리로딩이란 아무 때나 먹을 수 있는 먹이보다 자신이 직접 찾아서 먹는 먹이를 더 좋아하는 동물들의 성향을 나타내는 용어로, 동물심리학자인 글렌 젠슨ᴳˡᵉⁿ ᴶᵉⁿˢᵉⁿ이 만들었다.

　1960년대에 젠슨은 흰쥐를 이용해 동물들이 노동에 대해 어떻게 반응하는지 실험했다. 당신이 젠슨의 실험에 참여하게 된 흰쥐라고 상상해보라. 당신과 동료 흰쥐들은 상자처럼 생긴 평범한 집에서 일상적인 삶을 살고 있다. 벌써 열흘째 정확히 낮 12시가 되면 흰색 가운을 입은 친절한 남자가 다가와서 퓨리나 사료를 주고 간다(흰쥐인 당신은 시간 개념은 없지만 그 남자가 항상 같은 시간에 와서 먹이를 준다는 것을 인지하게 되었다). 이렇게 며칠이 더 지나자 먹이를 주는 남자가 올 시간이 되면 당신의 배에서 꼬르륵 소리가 난다. 젠슨이 실험 대상 흰쥐들에게 바라는 상태에 도달하게 된 것이다.

당신이 정오에 퓨리나 사료를 먹는 데 적응하는 순간, 갑자기 실험 환경이 달라진다. 정오가 지났는데도 남자가 오지 않는 것이다. 한 시간이 지나자 흰색 가운을 입은 그 남자가 다가와서 당신을 깨끗한 스키너 상자Skinner Box에 옮겨놓는다. 당신은 지금 너무나도 배가 고프다.

스키너 상자는 미국의 저명한 심리학자인 벌허스 프레더릭 스키너Burrhus Frederic Skinner가 고안한 실험장치로, 외관은 당신이 지난 십수 일 동안 살았던 상자와 비슷하지만 두 가지 특별한 장치가 부착되어 있다. 그중 하나는 먹이를 공급해주는 작은 문이고, 다른 하나는 단순하게 생긴 조종막대다. 이 조종막대는 실험 시작 단계에서 철판으로 가려져 있다.

처음에 당신은 철판으로 가려진 조종막대에는 별다른 관심을 갖지 않는다. 대신 먹이를 공급해주는 문 앞에서 대부분의 시간을 보낸다. 첫째 날에는 25분마다 먹이공급장치에서 자동으로 먹이가 나오고, 당신은 50개의 사료를 먹는다. 그런 다음 원래의 집으로 옮겨지고, 그곳에서 먹이를 추가로 공급받는다.

다음날에도 낮 12시에는 아무런 먹이가 공급되지 않고, 오후 1시가 되어 전날처럼 스키너 상자로 옮겨진다. 그런데 이번에는 시간이 지나도 먹이공급장치에서 아무런 먹이도 나오지 않는다. 이제 당신은 배가 고프고 슬슬 짜증이 난다. 이거 어떻게 해야 하지?

당신은 스키너 상자 안을 이리저리 돌아다니다 오늘은 조종막대를 덮고 있던 철판이 사라졌다는 사실을 알게 된다. 당신은 조종막대를 쳐다보다가 그것을 한번 눌러본다. 그랬더니 먹이공급장치에서 먹이가 나온다. 좋았어! 당신은 조종막대를 계속해서 누르고 행복해하며 먹이를 먹는다. 그런데 먹이공급장치에 켜져 있던 전등이 꺼지자 조종막대를 눌러도 먹이가 나오지 않는다. 이제 당신은 전등이 꺼져 있으면 아무리 조종막대를 눌러도 먹이가 나오지 않는다는 것을 알게 된다.

바로 그때 흰색 가운을 입은 남자가 다가와서 스키너 상자 한쪽 옆에 컵 하나를 놓는다(흰쥐인 당신은 아직 모르지만, 그 컵에는 먹이가 가득 들어 있다). 이번에도 당신은 그 컵에 별다른 관심을 두지 않는다. 다만 먹이공급장치가 제대로 작동하기만을 바랄 뿐이다. 조종막대를 계속 눌러보지만, 전등이 꺼져 있는 상태에서는 먹이가 공급되지 않는다. 당신은 씩씩거리며 상자 안을 이리저리 돌아다니다 우연히 그컵에 먹이가 잔뜩 들어 있다는 것을 알게 된다. 그 순간 당신은 이렇게 말하고 싶을 것이다.

"오, 이런! 먹이가 잔뜩 들어 있잖아! 그냥 먹으면 되네!"

당신은 컵에 있는 먹이를 먹기 시작한다. 그런데 얼마 후에 다시 전등에 불이 들어왔다. 이제 당신이 먹이를 먹을 수 있는 방법은 두가지다. 컵에 놓인 먹이를 마음대로 먹을 수도 있고, 조종막대를 눌러 먹이를 먹을 수도 있다. 만약 당신이 이 흰쥐라면 어느 쪽을 선택하겠는가?

간단하게 생각해도 컵에 들어 있는 먹이를 먹는 게 훨씬 더 편리해 보인다. 하지만 젠슨이 실험에 이용한 200마리의 흰쥐들과 당신이 다르지 않다면, 당신은 컵에 있는 먹이만 먹는 게 아니라 조종막대를 눌러서도 먹이를 먹을 것이다. 특히 젠슨이 실험에 이용한 44퍼센트의 흰쥐들과 같다면 당신은 절반 이상의 먹이를 조종막대를 눌러 얻게 될 것이다. 컵에서 손쉽게 먹이를 구할 수 있는데도 당신은 조종막대를 누르는 것을 금세 멈추지 않을 것이다.

젠슨은 물고기와 새, 게르빌루스쥐, 흰쥐, 생쥐, 원숭이, 침팬지 등

많은 동물들이 즉각적이면서 직접적인 방식으로 먹이를 얻는 것보다 오래 걸리면서 간접적인 방식으로 먹이를 얻는 편을 선호한다는 걸 알게 되었다(이는 나중에 이루어진 여러 실험들을 통해 확인했다).[*] 물고기와 새, 게르빌루스쥐, 흰쥐, 생쥐, 원숭이, 침팬지 같은 동물들이 쉽게 먹이를 구할 수 있는 방법이 있었는데도 일을 통해 먹이를 얻는 편을 선호했던 것이다. 지금까지 이와 관련된 실험에서 게으른 방식으로 먹이를 얻는 편을 선호했던 동물은 고양이가 유일했다. 어쩌면 고양이야말로 가장 합리적인 동물일지도 모른다.

이제 다시 앵무새 장 폴에게로 돌아가보자. 만약 장 폴이 경제적으로 합리적인 동물이고 최소한의 노력으로 먹이를 얻고자 한다면 모이그릇에 놓인 먹이를 먹으면서 시커트리트는 그냥 무시해버릴 것이다. 하지만 장 폴은 시커트리트를 비롯한 여러 가지 장난감에 들어 있는 먹이를 먹는 데 몇 시간씩 투입하곤 했다. 공짜먹이만을 원한 게 아니라 뭔가 일을 하면서 먹이를 찾는 일을 좋아했던 것이다. 장 폴은 단순히 존재했던 게 아니라 뭔가를 이루어내고자 했다. 즉 일을 함으로써 자신의 먹이를 찾아 먹으려 했다.[**]

콘트라프리로딩이라는 개념은 생물체는 언제나 최소한의 노력으

---

[*] 부모로서 어린 자녀들이 밥을 더 잘 먹을 수 있도록 하는 방법을 여기서 찾을 수 있을 것도 같지만, 아직은 그 방법이 무엇인지 분명하게 떠오르지 않는다.

[**] 이와 같은 장 폴의 행태는 내가 직접 요리를 할 때의 행태와 상당히 유사하다. 객관적으로 보면 내가 직접 요리를 할 때보다는 음식점에서 사먹을 때 보다 저렴한 비용으로 더 맛있는 음식을 먹을 수 있다. 하지만 나는 직접 요리를 함으로써 더 큰 의미와 즐거움을 발견한다.

로 최대한의 에너지를 얻으려 한다는 가장 기본적인 경제개념과 모순되는 것이다. 후자의 관점에 따르면, 먹이를 얻기 위해 사용하는 에너지는 비용으로 볼 수 있다. 그렇다면 생물체가 자발적으로 더 많은 에너지를 사용하는 것은 불합리한 행동이다. 똑같은 먹이를, 게다가 훨씬 더 많은 양의 먹이를 별다른 노력 없이 먹을 수 있는 상황에서 왜 굳이 일을 한단 말인가?

내 친구들 중에는 합리적이고 똑똑한 경제학자들이 많다. 그 친구들 중 한 명에게 콘트라프리로딩의 개념을 얘기하자, 그는 젠슨의 실험이 표준적인 경제학 이론을 부정하는 것은 아니라고 반박했다. 그와 같은 실험으로 경제학의 질문들에 대한 답을 찾는 것은 적절하지 못하다는 것이다. 아울러 마치 어린아이를 타이르는 듯 친절하게 설명해주었다.

"있잖아, 경제학이란 인간의 행동에 관한 거야. 흰쥐나 앵무새의 행동에 관한 것이 아니라고. 흰쥐들의 두뇌는 매우 작아. 신피질도 거의 없고.[*] 그런 동물들이 자기가 일을 안 해도 먹이를 얻을 수 있다는 사실을 인식할 리가 없잖아. 그 동물들은 그냥 아무렇게나 행동했던 거라고."

그는 계속해서 말했다.

"자네가 일반인을 대상으로 젠슨의 실험을 한다면 콘트라프리로딩은 나타나지 않을 걸세. 더욱이 경제학자들을 대상으로 그 실험을

_____

[*] 신피질은 두뇌의 진화과정에서 가장 최근에 일어난 진화의 결과물이고, 인간의 두뇌와 포유동물의 두뇌를 구분하는 가장 중요한 차이점 가운데 하나다.

한다면, 불필요하게 일하는 사람은 단 한 명도 볼 수 없을 거야! 나는 100퍼센트 확신할 수 있네."

그의 말에도 일리는 있었다. 이러한 동물실험을 통해 얻은 결과를 일반화해 인간에게 적용하는 것도 가능한 일이지만, 인간을 대상으로 직접 콘트라프리로딩에 관한 실험을 하는 것도 괜찮겠다는 생각이 들었다. 다만 경제학자들을 실험 대상으로 삼아서는 안 되겠다는 점은 분명하게 알 수 있었다.

당신은 어떻게 생각하는가? 인간도 콘트라프리로딩의 성향을 나타낼까, 아니면 언제나 최소한의 노력으로 최대한의 것을 취하려는 합리적인 성향을 나타낼까? 스스로 생각하기에 당신은 어느 쪽에 가까운가?

작은 의미가 일하게 만든다 ⋛

데이비드와 헤어진 후 나는 그와 데브라가 느꼈을 실망감에 대해 생각해보았다. 자신들이 일한 결과가 폐기처분되면서 그들은 일에 대한 욕구를 잃어버렸다.

사람들이 일에 의미를 부여하는 것으로 급여 이외에 무엇이 있을까? 뭔가에 몰입함으로써 얻을 수 있는 작은 만족은 어떤가? 아니면 장 폴의 경우처럼 뭔가에 도전함으로써 얻게 되는 성취감은 어떤가? 나는 이러한 것들을 '작은 의미'로 분류한다.

사람들 중에는 뭔가 큰 결과를 이루어냈을 때만 의미를 느끼는 이들도 있고, 소중한 누군가로부터 인정받을 때 의미를 느끼는 이들도 있다. 또한 자신이 행한 일이 언젠가는 많은 사람들에게 도움이 될 거라는 생각을 하며 의미를 느끼는 이들도 있다. 대체적으로 자신의 일이 커다란 가치를 창출한다는 인식이 일에 대해 의미를 부여해주는 것이다. 나는 이런 경우를 '큰 의미'로 분류한다.

대부분의 사람들은 큰 의미가 강한 동기를 부여할 거라고 예상할 것이다. 하지만 작은 의미도 충분히 사람들의 행동을 이끌어낼 수 있다. 어쨌든 우리의 자아상과 연관이 있는 무언가를 하는 한, 그것이 더 큰 동기부여로 이어질 수 있고 이를 통해 더 열심히 일을 할 수 있다.

예를 들어 글 쓰는 일을 생각해보자. 예전에 보다 높은 직급에 오르기 위해 학술논문을 쓰던 시절에도 나는 승진만을 생각하며 쓴 건 아니었다. 내가 쓰는 논문이 세상에 어떤 영향을 주기를 바랐다. 그런 마음은 지금도 마찬가지다. 만약 내 논문을 읽는 사람이 극소수에 불과하다는 사실이 처음부터 정해져 있다면, 나는 과연 논문 쓰는 일을 열심히 할 수 있을까? 내가 논문을 쓰더라도 어느 누구도 읽지 않을 거라는 사실이 처음부터 정해져 있다면 어떻게 될까? 그런데도 나는 논문을 계속해서 쓰려고 할까?

나는 진심으로 연구하는 것을 좋아한다. 연구가 재밌다. 지금도 즐겁다. 지난 20년 동안 내가 연구한 모든 것을 담기 위해 이 책을 쓰는 시간이 기쁘고 고맙다. 아마 이 책이 출간되면 어머니는 반드시 이 책을 사서 읽으실 것이다.[*] 다른 독자들도 이 책을 사서 읽을 것이다.

하지만 이 책이 출간되지 않을 게 분명하고, 그 사실을 내가 알고 있다면 어떻게 될까? 가령 이 책을 출간하는 하퍼콜린스^{HarperCollins}가 내게 원고료만 지급하고 출간은 하지 않기로 결정했다면 어떻게 될까? 그래도 나는 밤늦도록 원고를 쓰고 있을까?

단언하건대, 나는 원고 쓰는 일을 포기할 것이다. 블로그에 올리는 포스트든, 신문사에 기고하는 칼럼이든, 이와 같은 책이든, 내가 즐거운 마음으로 열심히 글을 쓰는 것은 누군가가 내가 쓴 글들을 읽을 것이라는 기대감 때문이다. 그런 기대감이 내 집필에 의미를 부여하고, 보다 잘 쓰고자 하는 열정으로 이어진다. 누구도 내 글을 읽지 않는다면 나는 지금처럼 열심히 글을 쓰지 않을 것이다.

● ● ●

사람들이 블로그에 글을 올리는 이유

인터넷 블로그에 대해 생각해보자. 사실 인터넷에 개설된 블로그는 엄청 많다. 세상의 거의 모든 사람들이 이미 블로그를 운영하고 있거나, 조만간 시작할 것처럼 보인다.

블로그가 이토록 인기 있는 이유는 무엇일까? 그들 모두가 글을 쓰고자 하는 욕구를 가지고 있기 때문일까? 이것만으로는 사람들이 블로그를 하는 이유를 모두 설명할 수 없다. 어쨌거나 사람들은 블로그라는 것이 발명되기 전에도 글을 써왔다. 하지만 블로그가 발명된 이후 글을 쓰는 횟

↑
언젠가 어머니가 주관적 확률과 객관적 확률에 대해 알려달라고 부탁했다. 그런데 10분도 안 돼 조시는 어머니를 보며 나는 아주 조금 상처를 받았다. 하지만 어머니는 내 책을 사서 읽어보실 거라고 믿는다.

수가 획기적으로 늘어났다.

블로그가 이토록 인기를 끄는 것은 블로그의 두 가지 특성 때문이다.

첫째, 누군가가 자신의 글을 읽어줄 거라는 기대 혹은 환상 때문이다. 블로그에 올린 글은 전 세계의 누구라도 읽을 수 있다. 모든 사람들이 인터넷에 접속해 있다고 말해도 과언이 아닌 오늘날, 자신의 블로그에 올린 글을 누군가가 읽을지도 모른다는 기대감은 그리 허황된 것이 아니다. 특히 블로그에는 방문자 수가 기록되는데, 이는 여러 사람이 블로그의 글을 읽었다는 뿌듯함으로 연결되면서 더 많은 글을 포스팅하도록 만든다.

둘째, 방문자들도 자신의 생각을 적극적으로 표출할 수 있기 때문이다. 방문자는 블로거의 글에 댓글을 달아 자신의 생각을 다른 사람에게 보여줄 수 있다. 물론 대다수 블로거들은 매우 제한적인 독자만을 가지고 있다. 즉 블로거의 어머니나 친한 친구들 정도가 그 사람의 글을 읽어줄 것이다. 하지만 한 사람이라도 자신의 글을 읽어줄 거라는 기대감은 많은 블로거들로 하여금 계속해서 자신의 블로그에 포스트를 올리도록 만든다.

레고 만들기가 가르쳐준 것

데이비드를 만나고 몇 주가 지난 뒤 나는 시카고 대학의 에미르 카메니카Emir Kamenica 교수와 MIT의 드라젠 프렐렉Drazen Prelec 교수를 커피숍에서 만났다. 우리는 이런저런 연구 주제들을 놓고 토론하다가 업무에 대한 동기의식을 저하시키는 것에 관해 연구하기로 결정했다. 그리고 큰 의미가 유발하는 동기의식보다는 작은 의미가 유발하는 동기의식에 국한시켜 연구하기로 했다. 그것이 연구에 더 적합하다는 판단을 내렸기 때문이다.

여기서 말하는 큰 의미란 암 정복을 위해 연구하는 사람들, 가난한 사람들을 대상으로 사회사업을 하는 사람들, 거대한 다리를 건설하는 사람들, 지구를 구하기 위한 여러 가지 활동을 하는 사람들이 자신의 일에 스스로 부여하는 가치에 따라 측정될 수 있는 의미를 지칭한다. 이와 달리 작은 의미란 좀 더 일상적이고 평범한 쪽에 가까운 일을 하는 사람들이 자신의 일에 스스로 부여하는 가치에 따라 측정될 수 있는 의미를 지칭한다.

우리는 은행직원인 데이비드나 출판사 편집자인 데브라 같은 사람들의 일에서, 약간의 변화가 그들의 일에 대한 동기의식에 어떤 영향을 주게 되는지를 알아보고 싶었다. 그래서 실험참여자들에게 작은 의미를 주는 임무를 부여한 다음, 그 임무에서 조금씩 의미를 없애는 방법으로 실험을 진행했다.

어느 가을날, 하버드 대학 기계공학과 학생인 조가 학생회관 게시판을 쳐다보고 있었다. 그는 키가 크고 활기차 보였고 얼굴엔 여드름이 많이 나 있었다. 학생회관 게시판에는 콘서트와 특강, 집회 등에 대한 소식, 룸메이트를 구한다는 전단 등이 잔뜩 붙어 있었다. 그중의 전단 하나가 조의 눈길을 끌었다.

"레고 만들고 돈 버세요!"

나중에 엔지니어가 되겠다는 포부를 가지고 있던 조는 뭔가를 만드는 것을 매우 좋아했다. 그가 어렸을 때 가장 좋아하던 장난감 가운데 하나가 바로 레고[Lego]였다. 그는 어렸을 때부터 뭔가를 분해하거나 조립하는 것을 매우 좋아했다. 여섯 살 때는 아버지의 컴퓨터를 분해한 적이 있었고, 일곱 살 때는 거실의 오디오를 분해하기도 했다. 집 안의 물건들을 분해했다가 조립하는 조의 독특한 취미 덕분에 조의 부모님은 그가 청소년이 될 때까지 상당한 비용을 지출해야만 했다.

다행인 것은 그가 그런 자신의 열정을 쏟아부을 대학과 학과를 찾았다는 점이다. 그리고 이제는 그 대학에서 그토록 좋아하는 레고를 만들면서 돈까지 벌 수 있는 기회와 마주하게 되었다.

며칠 뒤 조는 우리의 실험에 참여하기 위해 약속시간에 나타났다. 우리는 기분이 좋아 보이는 그에게 작은 의미를 줄 수 있는 임무를 부여하기로 했다. 실험을 진행할 션이 조에게 인사를 건넨 다음 조를 자리로 안내했다.

션은 조에게 레고에서 생산하는 '바이오니클[Bionicle]' 시리즈를 준 다음 설명서대로 조립하면 된다고 설명했다. 바이오니클 시리즈는 작은 전투로봇 장난감으로, 우리가 조에게 준 것은 40개의 부품조각들로 이루어진 것이었다. 실험방법을 알려준 다음 션은 조에게 보상규정을 설명해주었다.

"바이오니클 하나를 만들 때마다 돈을 받을 텐데, 지급되는 돈의 액수는 단계적으로 줄어들 겁니다. 우선 첫 번째 바이오니클을 완성하면 2달러를 받게 될 겁니다. 첫 번째 바이오니클을 다 만들면 제가 당신에게 바이오니클 하나를 더 만들겠냐고 물어볼 겁니다. 만약 당신이 하나 더 만들겠다고 하면 두 번째 바이오니클을 주고 완성하면 보상으로 11센트가 줄어든 돈을 지급할 겁니다. 그러니까 두 번째 바이오니클을 완성하면 1달러 89센트가 지급되는 겁니다. 그런 다음 다시 바이오니클을 하나 더 만들겠냐고 물어볼 것이고, 당신이 원하면 계속해서 조립할 바이오니클을 줄 것입니다. 마찬가지로 추가로 만드는 바이오니클에 대해서는 계속해서 11센트씩 줄어든 금액으로 보상이 지급될 것이고요. 이 과정은 당신이 바이오니클의 조립을 그만두겠다고 말하는 순간까지 계속될 것입니다. 그리고 바로 그 순간에 당신이 받게 될 보상금이 한꺼번에 지급될 것입니다. 이번 실험에 시간 제한은 없습니다. 당신이 생각하기에 투입되는 노력보다 보상이 적다고 여겨질 때까지는 계속해서 바이오니클을 만들 수 있습니다."

조는 고개를 끄덕였다. 그의 표정과 행동에는 빨리 실험을 시작하고 싶다는 기색이 역력했다.

선은 실험에 대한 마지막 설명을 해주었다.

"여기 있는 바이오니클들은 다른 실험참여자들도 사용해야 합니다. 그래서 다른 실험참여자가 나타나기 전에 어느 시점이 되면 당신이 만든 바이오니클들을 모두 분해하여 여기 박스에 넣을 것입니다. 모두 이해하셨죠?"

여기까지 설명을 들은 조는 플라스틱 부품들이 들어 있는 첫 번째 박스를 연 다음 조립설명서를 훑어보고 첫 번째 바이오니클을 만들기 시작했다. 그는 레고 조립을 정말 좋아하는 것 같았고, 자신이 만든 완성품을 만족스럽게 쳐다보았다. 그러고는 자신이 만든 첫 번째 바이오니클 로봇을 전투자세로 바꾸어놓는 여유까지 보인 다음, 두 번째 바이오니클 부품을 달라고 했다.

선은 조에게 두 번째 바이오니클을 만들면 1달러 89센트의 보상이 지급될 거라고 말한 다음 두 번째 박스를 건네주었다. 조가 두 번째 바이오니클을 조립하기 시작하자 선은 그가 조립을 마친 첫 번째 바이오니클을 책상 아래에 있던 박스에 집어넣었다. 선은 이미 완성된 바이오니클은 다른 실험참여자들을 위해 곧바로 분해될 거라고 말한 바 있었다.

조는 계속해서 바이오니클을 만들었고, 선은 조가 만든 바이오니클을 책상 아래에 있던 박스에 집어넣었다. 하지만 아직까지 분해된 바이오니클은 없었다. 열 개의 바이오니클을 만든 조는 이제 충분히 많이 만들었다고 말했고, 15달러 5센트의 보상금을 받았다.

실험을 모두 마친 조에게 선은 레고가 여전히 좋은지, 이번 실험이 즐거웠는지 물어보았고, 이에 대해 조는 여전히 레고를 좋아하고 실험 역시 즐거웠다고 대답했다. 아울러 조는 그 실험을 친구들에게도 소개하고 싶다는 말을 덧붙였다.

다음 실험참여자는 채드라는 이름의 매우 활기차 보이는 학생이었다. 조와 달리 채드에게는 우리가 '시시포스의 상황Sisyphean'이라고 불렀던 실험조건이 부여되었다. 우리는 채드에게 부여된 실험조건에 주목했다.

● ● ●
시시포스의 전설 The myth of Sisyphus

'시시포스의 상황'은 말 그대로 시시포스 왕의 신화에서 따온 말이다.

신화 속에서 시시포스 왕은 탐욕에 빠져 신들을 속인 죄로 영원한 형벌, 즉 '시시포스의 형벌'을 받는다. 신화 속의 그는 여행자들과 손님들을 죽였고, 조카딸을 유혹했을 뿐만 아니라 자기 형의 왕위를 찬탈했고, 급기야 신들을 속이기까지 했다.

많은 죄를 지은 그는 죽음의 신이 자신을 찾아올 거라는 사실을 알고는, 아내에게 자신이 죽더라도 시신을 땅에 묻지 말고 장례식조차 치르지 말라고 일렀다.

결국 그는 지하세계를 관장하는 하데스 앞에 끌려가게 되었다. 그곳에서 그는 하데스의 아내인 페르세포네에게 아내가 자신의 장례식을 치르지 않고 있는데, 자신을 잠시 풀어주면 아내에게 가서 왜 장례식을 치르지 않고 있는지 따지고 오겠다고 말했다. 시시포스가 아내에게 장례식을 치르지 말라고 일러뒀던 사실을 몰랐던 페르세포네는 시시포스의 간청을 받아들였고, 시시포스는 마침내 지하세계를 빠져나올 수 있었다.

하지만 그는 약속했던 것과 달리 지하세계로 돌아가지 않았다. 대신 이승에서 장수를 누린 시시포스는 결국 신들에게 붙잡혔고, 화가 난 신들은 그에게 저 유명한 '시시포스의 형벌'을 내렸다. 그것은 거대한 바윗돌을 가파른 산 위에 굴려 올려놓는 형벌이었다. 하지만 산 위에 올려놓은 바윗돌은 다시 굴러 떨어졌기 때문에 그는 영원히 바윗돌을 굴리며 올려놓아야 하는 신세가 된 것이다.

물론 우리의 실험에 참여하는 사람들이 벌을 받을 만한 행동을 한 것은 아니었다. 다만 우리의 실험에 참여한 사람들 가운데 조금 운이 없는 사람들이 처하게 된 실험조건을 그렇게 불렀을 뿐이다.

이번에도 선은 조에게 했던 것과 마찬가지로 실험의 진행과정과 채드가 받게 될 보상금과 관련된 규정을 설명했다. 설명을 다 들은 채드는 곧바로 박스를 하나 집어들고 그 안의 부품들을 꺼낸 뒤 바이오니클 조립설명서를 펼쳐놓았다.

그는 조립설명서를 찬찬히 훑어보며 전략을 구상했다. 그러고는 조립순서대로 부품들을 분류한 뒤 빠른 손놀림으로 작업을 하기 시작했다. 그의 행동에는 활기가 넘쳤고, 불과 몇 분 만에 첫 번째 바이오니클을 완성해 지시받은 대로 선에게 넘겨주었다. 첫 번째 바이오니클을 받아든 선은 이렇게 말했다.

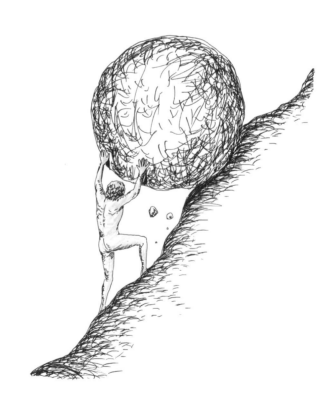

"2달러 벌었네요. 이번에는 1달러 89센트짜리 조립작업인데, 시작하겠습니까?"

채드는 재빨리 새로운 박스를 달라는 투로 고개를 끄덕인 뒤 곧바로 두 번째 조립작업에 들어갔다. 그는 첫 번째 바이오니클을 만든 것과 똑같은 방식으로 빠른 속도로 조립을 해나갔다.

채드가 서둘러 두 번째 조립작업을 하고 있을 때(여기부터 실험조건이 달라진다) 션은 자신이 건네받은 첫 번째 바이오니클을 천천히 분해해 부품들을 박스 안에 넣었다.

"왜 그걸 분해하세요?"

이렇게 물어보는 채드의 얼굴에는 당황하고 실망한 기색이 역력했다. 그의 표정을 본 션은 담담하게 설명했다.

"원래 이렇게 하는 거예요. 당신이 추가로 바이오니클을 조립할 경우를 대비해서 분해해두는 겁니다."

채드는 다시 조립작업으로 돌아갔지만, 확실히 이전에 비해 활력이나 흥미가 떨어진 듯 보였다. 두 번째 바이오니클의 조립을 마친 채드는 잠시 망설였다. 세 번째 바이오니클을 조립해야 하나, 말아야하나? 그는 션에게 바이오니클을 하나 더 달라고 말했다.

션은 채드에게 자신이 받아서 분해했던 첫 번째 바이오니클의 부품들이 들어 있는 박스를 건네주었고, 채드는 세 번째 조립작업에 들어갔다. 이번에는 두 번째보다 속도는 조금 빨라졌지만, 그가 당초에 세운 체계적인 조립방식을 더 이상 따르지 않았다. 어쩌면 그는 체계적인 전략의 필요성을 느끼지 못한 것일 수도 있고, 아니면 그렇게 열심히 조립할 필요가 없다고 생각했을 수도 있다.

채드가 세 번째 바이오니클을 조립하는 동안 션은 채드가 완성한 두 번째 바이오니클을 분해해 부품들을 두 번째 박스에 집어넣었다. 그리고는 채드가 세 번째 바이오니클을 완성하는 것을 지켜본 다음 두 번째 박스를 채드 앞에 밀어놓으며 이렇게 말했다.

"지금까지 5달러 67센트를 벌었습니다. 하나 더 만들겠습니까?"

채드는 휴대폰을 꺼내 뭔가를 확인하더니 잠시 머뭇거리다가 이렇게 말했다.

"좋아요, 하나 더 만들죠."

이번에도 역시 션이 두 번째 바이오니클을 분해한 박스를 건네주자, 채드는 그것을 받아서 조립하기 시작했다(이와 같은 실험조건이 주어진 실험참여자들은 모두 똑같은 두 개의 바이오니클을 두 번씩 만든 다음 조립작업을 그만하겠다고 말했다). 채드는 네 번째 바이오니클을 완성한 다음 조립작업을 그만하겠다고 말했고, 7달러 34센트의 보상금을 받아갔다.

보상금을 지급한 다음 션은 채드에게 레고를 좋아하는지, 이번 실험이 즐거웠는지 물었다. 이 같은 질문은 '시시포스의 상황'이 주어진 다른 실험참여자들에게도 모두 주어졌다. 션의 질문에 채드는 어깨를 으쓱하며 이렇게 답했다.

"뭐, 레고는 좋아합니다만 이번 실험은 그다지 즐겁진 않네요."

말을 마친 채드는 보상금을 지갑에 집어넣고는 서둘러 밖으로 나갔다.

이러한 결과는 무엇을 말하는 걸까? 작은 의미를 주는 실험조건 아래 조를 비롯한 다른 실험참여자들은 평균 10.6개의 바이오니클을 만들었고, 14달러 40센트의 보상금을 받아갔다. 실험참여자들은 바이오니클 한 개를 만드는 데 1달러도 안 되는 보상금이 주어지는 조건에서도(첫 번째 조립작업에 대해 주어졌던 보상금의 반도 안 되는 액수다) 65퍼센트의 사람들이 조립작업을 계속하겠다고 했다.

반면에 시시포스의 상황이 주어진 실험참여자들은 훨씬 더 빨리 작업을 그만두었다. 이들은 평균 7.2개의 바이오니클을 만들었고(작은 의미를 주는 실험조건이 주어진 실험참여자들의 68퍼센트에 불과한 수치였다), 보상금은 평균 11.52달러를 받아갔다. 시시포스의 상황이 주어진 실험참여자들 가운데 조립된 로봇 한 개당 1달러가 채 안 되는 보상금이 지급되는 조건에서 조립작업을 계속한 사람들은 20퍼센트에 불과했다.

우리는 단순히 서로 다른 실험조건에 놓인 실험참여자들이 조립한 바이오니클의 수를 비교하는 것뿐 아니라, 실험참여자들의 레고를 좋아하는 성향과 작업을 계속하려는 의지 사이의 상관관계도 알아보았다. 레고를 좋아할수록 조립작업을 계속하려는 의지를 보다 강력하게 나타낼 거라는 점은 쉽게 예상할 수 있었고, 실제로도 그렇게 나타났다(우리는 이러한 상관관계를 정량화하여 분석했다). 하지만 레고를 좋아하는 성향과 조립작업을 계속하려는 의지 사이의 상관관계는 두 가지 서로 다른 실험조건에서 매우 다르게 나타났다. 작은 의미를 주는 실험조건에서는 이러한 상관관계가 매우 높게 나타났던 반면에, 시시포스의 상황에서는 거의 없는 것으로 나타났던 것이다.

이 실험을 통해 우리는 다음과 같은 결론을 얻었다. 어떤 작업을 좋아하는 사람에게(어쨌든 우리의 실험에 참여한 학생들은 레고 만들기를 좋아했을 거라고 판단했다) 의미를 주는 작업조건을 부여한다면, 그 사람은 그 작업을 통해 즐거움을 얻는다. 아울러 그러한 즐거움이 그 사람으로 하여금 작업에 더 큰 노력을 기울이도록 만드는 주요한 원동력이 된다. 반면에 어떤 작업에 열정과 욕구를 가지고 있다 해도 아무런 의미도 없는 작업조건 아래 놓인다면, 그 작업으로부터 즐거움을 얻기 어렵다.

당신이 두 군데의 바이오니클 조립공장을 방문하게 된 컨설턴트라고 상상해보라. 첫 번째 공장의 작업조건은 시시포스의 상황과 흡사하다(안타깝게도 현실세계의 많은 회사들의 업무환경이 시시포스의 상황과 흡사하다). 그 공장 근로자들의 행동을 관찰한 당신은 근로자들이 레고를 별로 좋아하지 않는다는 결론을 내릴 것이다(아니면 근로자들이 바이오니클에 대해 특이한 반응을 보인다는 결론을 내릴 수도 있다). 또한 당신은 근로자들이 재미없는 일을 하면서 금전적 보상에 의지하고 있다는 점과, 금전적 보상이 일정 수준 이하로 낮아지면 근로자들이 얼마나 빨리 작업을 멈추는가를 알게 될 것이다.

그래서 공장을 운영하는 경영진들에게 당신은 이렇게 조언할 것이다. 단위생산량에 대한 보상 수준이 낮아지면 근로자들의 근로의욕이 크게 떨어지므로 공장의 생산성을 높이고자 한다면 근로자들에 대한 금전적 보상의 수준을 지속적으로 높여야 한다고 말이다.

다음으로 방문한 두 번째 공장의 작업조건은 작은 의미를 주는 실험조건과 흡사하다. 그 공장에서의 작업조건, 작업과정에서 근로자들이 얻게 될 즐거움, 근로자들로 하여금 작업을 지속하도록 만들기 위해 필요한 금전적 보상의 수준 등이 첫 번째 공장의 경우와 어떻게 달라질지 한번 생각해보라.

우리는 이번 실험의 참여자들에게 두 가지의 서로 다른 실험조건을 설명하고 어떤 경우에 생산성이 더 높게 나타날지를 물었다. 대다수 실험참여자들은 작은 의미를 주는 실험조건에서의 생산성이 시시포스의 상황에서의 생산성보다 더 높게 나타날 거라고 대답했다.

그러나 실험참여자들은 두 가지 조건에서의 생산성 차이에 대해서는 잘못된 예측을 했다. 그들은 시시포스의 상황에서보다 작은 의미를 주는 상황에서 한두 개의 바이오니클을 더 조립할 거라고 예측했다. 하지만 실제로는 후자의 실험조건이 부여된 실험참여자들이 전자의 실험조건이 부여된 실험참여자들보다 평균 3.5개의 바이오니클을 더 조립했다. 이는 대다수 사람들이 동기의식에 대한 작은 의미의 긍정적인 효과를 인식은 하지만 정확히 모른다는 것을 의미한다.

이러한 실험 결과를 토대로 현실세계의 상황에 대해 생각해보자. 조와 채드는 둘 다 레고 만들기를 좋아했고, 둘 다 똑같은 수준의 보상을 제시받았다. 그리고 둘 다 자신이 조립한 로봇이 곧바로 분해될 거라는 점을 알고 있었다. 다만 조는 자신의 작업이 의미가 있을 거라는 막연한 기대감을 품고 즐겁게 작업했던 반면에, 채드는 바로 눈앞에서 자신의 작업이 무의미해지는 광경을 지켜보았을 뿐이다.↑

↑
나는 '오리의 판단기준(어떤 생물이 오리처럼 생겼고, 오리처럼 헤엄치고, 오리처럼 꽥꽥거린다면 그 생물은 오리라고 봐야 한다는 판단기준)'이라는 것이 작업에서의 의미를 규정하는 가장 좋은 방법이 아닐까 생각한다. 더욱이 우리의 실험에서 중요했던 것은 의미의 절대적인 수준이 아니라 실험조건 사이에 발생한 의미의 차이였다.

이번 실험에서 실험참여자들은 모두 자신이 하는 일이 그리 큰 의미가 있는 일이 아니라는 사실을 알고 있었다. 새로운 댐을 설계하거나, 한 생명을 살리거나, 신약을 개발하는 일이 아니라 단지 레고라는 장난감을 조립하는 일이라는 점을 그들은 인지하고 있었다. 하지만 채드처럼 자신의 작업물이 바로 눈앞에서 분해되는 광경을 지켜본 실험참여자들은 커다란 의욕상실을 겪었다. 이는 데이비드나 데브라가 겪었던 상실감과 매우 유사한 경험이었다.

우리는 이번 실험을 통해 어떤 작업에 대한 선호도가 노동의욕으로 전환되는 것은 그 작업에 얼마나 의미를 부여할 수 있느냐에 따라 달라진다는 걸 알게 되었다.

바이오니클 조립실험에서 실험참여자들 중 절반은 유년시절의 즐거웠던 기억을 망쳤을지도 모르겠다. 하지만 이번에는 유사한 실험을 다른 접근법으로 시도해보았다. 데이비드의 경험에 더욱 근접한 실험조건을 부여하기로 한 것이다. 이번 실험에서 우리는 실험참여자들에게 이전과 다른 작업을 제시하면서 실험조건도 세 가지로 늘렸다.

우선 종이 한 장에 알파벳을 무작위로 나열하고, 실험참여자들에게 알파벳 'S'가 연달아 나오는 경우를 모두 찾으라고 주문했다. 알파벳은 무작위로 나열되어 있었지만, 우리는 'S'가 연달아 나오는 경우를 10개가 되도록 만들었고, 실험참여자들에게도 10개의 'SS'를 다 찾아야 한 번의 작업이 끝나는 거라고 말했다.

보상은 첫 번째 작업에 대해서는 55센트, 두 번째 작업에 대해서는

50센트, 세 번째 작업에 대해서는 45센트, 이런 방식으로 순차적으로 보상의 규모가 줄어들도록 설계했다(따라서 열두 번째의 작업에 대해서는 아무런 보상이 주어지지 않았다).

첫 번째 실험조건에서(우리는 첫 번째 실험조건을 '인정조건'이라고 불렀다) 우리는 실험참여자들이 작업 내용이 기재된 종이 위에 이름을 먼저 쓴 다음에 'SS'를 찾도록 했다. 그리고 실험참여자들이 하나의 작업을 마치고 작업종이를 제출하면 실험진행자는 긍정적인 표정과 태도로 작업종이를 훑어보면서 고개를 끄덕인 다음, 그것을 실험참여자 앞에 반듯하게 쌓아두었다.

두 번째 실험조건에서는(우리는 두 번째 실험조건을 '무시조건'이라고 불렀다) 실험참여자들이 작업종이에 이름을 쓰지 않고 'SS'를 찾도록 했다. 그리고 실험참여자들이 하나의 작업을 마치고 작업종이를 제출하면 실험진행자는 그 종이를 쳐다보지도 않은 채 곧바로 책상에 쌓아두었다.

마지막 세 번째 실험조건에서는(우리는 세 번째 실험조건을 '파기조건'이라고 불렀다) 실험참여자들이 하나의 작업을 마치고 작업종이를 제출하면 실험진행자는 그 자리에서 작업종이를 제대로 보지도 않은 채 문서파쇄기에 넣고 파기해버렸다.

실험 결과, 우리는 인정조건이 만들어내는 높은 생산성에 깊은 인상을 받았다. 이미 바이오니클 실험에서 경험한 바 있기에 인정조건 아래서 가장 높은 생산성이 나타날 거라는 짐작은 했지만, 인정조건과 파기조건의 생산성 차이는 예상보다 훨씬 더 크게 나타났다.

한 번의 작업에 대해 10센트 이하의 보상이 주어지는 열 번째 작업

이후에도 계속 작업을 수행하려는 사람들의 비중이 인정조건 아래서는 49퍼센트에 달했던 반면에, 파기조건 아래서는 17퍼센트에 불과했던 것이다. 분명 어떤 사람에게는(자신의 작업을 인정받았던 사람) 연달아 나오는 'S'를 찾는 작업이 즐거웠던 반면에, 어떤 사람에게는(자신의 작업이 눈앞에서 바로 파기되었던 사람) 그 작업이 고통스러웠을 거라고 생각된다.

그렇다면 무시조건 아래서 작업을 했던 사람들은 어떻게 되었을까? 자신들의 작업이 눈앞에서 바로 파기되지는 않았지만, 이들 역시 작업을 하며 긍정적인 피드백을 받지 못했다. 이런 상황에서 이들은 어느 정도의 작업을 수행했을까? 이들이 수행한 작업량은 인정조건 아래서 실험에 참여한 사람들의 작업량에 근접했을까? 아니면 파기조건 아래서 실험에 참여한 사람들의 작업량에 근접했을까? 그것도 아니면 그냥 중간 정도의 작업량을 나타냈을까?

실험 결과, 인정조건 아래서 실험에 참여한 사람들은 평균 9.03장의 작업을 수행했고, 파기조건 아래서 실험에 참여한 사람들은 평균 6.34장의 작업을 수행했다. 그리고 무시조건 아래서 실험에 참여한 사람들은 평균 6.77장의 작업을 수행했다(열 번째 작업을 넘어서도 계속 작업을 수행하려는 사람들의 비중은 18퍼센트였다). 무시조건 아래서 실험에 참여한 사람들의 작업량은 파기조건 아래서 실험에 참여한 사람들의 작업량과 별 차이가 나지 않았다. 두 실험조건의 작업량이 비슷하게 나타났던 것이다.

이 실험은 업무 현장에서 근로자가 수행하는 노동의 의미를 박탈하는 것이 얼마나 다른 결과를 가져오는지를 잘 보여주고 있다. 만약 당신이 부하직원들의 의욕을 꺾고 싶다면 그들이 수행한 업무를 그들의 눈앞에서 파기하라. 또는 조금 교묘한 방법으로 부하직원들의 의욕을 꺾고자 한다면 그들이 수행한 업무를 무시하라. 반면에 부하직원들의 의욕을 높이고자 한다면 그들의 노력과 결과물에 관심을 보이고 인정을 하라.

이번 실험을 통해 우리는 또 하나 중요한 것을 발견했다. 파기조건이 부여된 실험참여자들은 쉽게 부정행위를 저지를 수 있다는 사실이다. 만약 실험참여자들이 보상금 자체를 가장 중요하게 생각했다면, 파기조건이 주어진 실험참여자들이 가장 많은 작업을 수행했을 것이다. 누구도 자신들의 작업종이를 살펴보지 않았기 때문에 아무렇게나 작업해서 제출해도 가장 많은 보상금을 받아갈 수 있었다.

하지만 앞에서도 언급했듯이 가장 많은 양의 작업을 수행한 사람들은 인정조건이 부여된 실험참여자들이었고, 파기조건이 부여된 실험참여자들은 가장 적은 양의 작업을 수행했다. 이는 사람들에게 일에 대한 동기를 부여하는 일이 상당히 복잡하게 작용한다는 것을 의미한다. 단순히 금전적 보상만으로는 사람들에게 노동에 대한 충분히 높은 수준의 동기를 부여하기가 어렵다. 노동이 주는 의미가 유발하는, 또는 노동의 의미를 박탈하는 것의 효과는 우리가 생각하는 것보다 훨씬 더 강력할 수 있다.

지나친 분업이 가져다주는 소외감

앞의 두 실험의 결과는 일관성을 가지고 있었고, 작업이 주는 의미의 변화는 우리의 예상보다 훨씬 더 큰 차이를 만들어냈다. 나는 시시포스의 상황에 놓인 사람들이 장난감을 만들면서도 자신들의 작업에 대해 아무런 흥미도 느끼지 못했다는 사실에 크게 당황했다. 또한 데이비드와 데브라, 그리고 다른 사람들이 겪었던 상황을 떠올려 보다가 나중에는 내 조교가 겪었던 상황에까지 생각이 미쳤다.

MIT 시절의 조교였던 제이는 해야 할 일이 명확하게 정해져 있었다. 우선 내 연구비 계좌를 관리하고, 실험참여자들에게 보상금을 지불하고, 연구자재를 관리하고, 내 출장 스케줄을 관리했다. 그런데 제이가 사용해야 했던 대학의 관리시스템이 그의 업무를 시시포스의 형벌로 만들고 있었다.

MIT에서 새롭게 도입했던 SAP의 회계관리시스템은 제이 같은 실무 담당 조교들이 정해진 전자문서양식에 많은 숫자들을 써넣은 다음, 다른 사람들에게 해당 문서양식을 전송하도록 설계되어 있었다. 그럼 그 문서양식을 전송받은 사람들도 정해진 방식에 따라 전자문서양식에 여러 숫자들을 써넣은 다음 그것을 다른 사람에게 전송해야 했다. 이렇게 여러 단계를 거친 다음에 전자문서들은 비용결재를 책임지는 사람들에게 전송되었고, 비용지출에 대한 결재가 이루어지면 따로 정해진 담당자가 전체 전자문서들을 정리했다.

SAP의 시스템을 사용하면서 제이는 상대적으로 의미가 적은 업무를 반복적으로 수행할 수밖에 없었고, 게다가 자신의 업무를 수행한 결과는 살펴볼 수 없었다. 그렇다면 MIT와 SAP의 담당자들은 왜 이런 방식으로 학교의 관리시스템을 설계했던 것일까? 그들은 왜 업무를 잘게 쪼개 개별 담당자들로 하여금 단지 일부분의 업무만을 수행하도록 하고 업무를 완성한 결과는 살펴보지 못하도록 만든 것일까?

나는 이 모든 것이 애덤 스미스^{Adam Smith}가 제시한 효율성의 문제와 관련되어 있을 거라고 생각한다. 애덤 스미스는 1776년에 출간된 《국부론^{The Wealth of Nations}》에서 분업이야말로 생산과정에서 가장 높은 효율성을 거둘 수 있는 방식이라고 주장했다. 다음은 그가 핀을 만드는 공장을 관찰하면서 쓴 글이다.

······핀 제조업에서의 분업은 많은 관심을 받아오고 있다. 핀 만드는 일을 교육받지 못했거나(분업이라는 방식으로 인해 핀 제조업은 오늘날 두드러진 사업 분야가 되어 있다), 핀 만드는 데 사용되는 기계에 익숙하지 못한 작업자는(어쩌면 분업은 이러한 기계의 발명을 촉발한 요인 가운데 하나일지도 모른다) 아무리 열심히 일해도 하루에 겨우 한 개의 핀을 만들거나, 많아도 스무 개 이상의 핀을 만들지는 못한다.

하지만 오늘날 핀의 제조업은 전체 작업이 다수의 부분적인 작업들로 분할되어 이루어지고 있다. 핀을 만드는 전체 작업도 고유한 작업이지만, 그것을 구성하는 부분 작업들 가운데 상당수 역시 고유한 작업들이다. 한 작업자는 철사를 잡아 빼고, 다른 작업자는 철사를 똑바로 펴고, 세 번째 작업자는 그것을 절단하고, 네 번째 작업자는 절단된 철사의 한쪽을 뾰족하게 만들고, 다섯 번째 작업자는 헤드를 붙이기 위해 절단된 철사의 다른 한쪽을 간다. 핀의 헤드를 만드는 것도 둘이나 셋의 고유한 부분 작업들로 이루어져 있고, 핀을 하얗게 만들거나 그것을 종이에 넣는 등의 작업도 고유한 부분 작업이라 할 수 있다.

이와 같은 방식으로 핀을 만드는 일은 약 열여덟 가지의 고유한 부분 작업들로 구성된다. 각각의 고유한 부분 작업을 담당하는 사람들은 서로 구분되어 있지만, 사정에 따라 어떤 제조공장들의 경우 같은 작업자가 두세 가지의 부분 작업들을 담당하기도 한다.

나는 이와 같은 유형의 작은 공장을 본 적이 있다. 그 공장에는 열 명의 작업자들이 일하고 있었고, 작업자들 가운데 일부는 두세 가지의 부분 작업들을 연달아 수행하고 있었다. 그 공장은 매우 영세해서 필요한 기계도 제대로 갖추지 못했지만, 열심히 일하면 작업자들은 하루에 대략 12파운드의 핀을 만들 수 있었다. 핀 1파운드면 중간 사이즈 핀을 기준으로 4,000개까지 들어가니까, 열 명의 작업자들은 하루에 4만 8,000개까지 핀을 만들 수 있는 것이다.[1]

어떤 작업을 작은 부분으로 나누면 지엽적으로는 효율성을 높일 수 있다. 작업담당자들의 숙련도가 높아지기 때문이다(헨리 포드Henry Ford와 프레더릭 테일러Frederick Taylor는 분업의 개념을 확장시켜 어셈블리 라인을 작업 현장에 도입했다. 이러한 접근법을 통해 불량률이 낮아지고 생산성이 높아지면서 자동차를 비롯한 여러 가지 제품들의 대량생산이 가능해졌다).

하지만 우리는 '분업'이 또 다른 비용을 초래할 수 있다는 점을 종종 인식하지 못한다. 1844년에 칼 마르크스Karl Marx는 '노동자의 소외The Alienation of Labor'라는 개념을 제시한 바 있다. 노동자들이 자신의 활동, 자신이 행하는 노동의 목표, 재화의 생산과정 등으로부터 소외되어간다는 개념이다. 이렇게 되면 노동자에게 노동은 껍데기일 뿐이고, 노동자들은 자신이 하는 노동으로부터 정체성이나 의미를 찾기 어려워진다.

나는 마르크스주의자와는 거리가 멀지만(학자들은 모두 마르크스주의자라고 생각하는 이들도 적지 않다), 노동 현장에서 그의 사상이 어떤 역할을 하고 있는지를 두고 그의 사상을 무조건 폄하해서는 안 된다. 사실 나는 노동자의 소외라는 개념은 마르크스가 살던 시대에는 그다지 어울리지 않았던 개념이라고 생각한다. 당시의 노동자들은 아무리 노력한다 해도 노동으로부터 어떤 의미를 찾기가 어려웠기 때문이다.

하지만 상상력과 창의력, 정신노동, 24시간 교대작업 등을 요구하는 오늘날의 경제체제에서는 노동자의 소외라는 개념이 중요한 의미를 갖게 되었다. 그런가 하면 애덤 스미스가 주창했던 '분업을 통한 효율성의 제고'는 지식경제가 주도하는 오늘날보다는 노동이 대부분 단순한 생산작업을 의미했던 시절에 더욱 적절한 개념이었을 것이다.

이러한 관점에서 나는 업무용 관리시스템이 지나치게 분업을 추구하는 것은 오히려 단점으로 작용할 수 있다고 생각한다. 오늘날 업무용 관리시스템은 전체 작업을 너무 잘게 분할해 직원들로 하여금 지극히 좁은 범위의 업무만을 수행하도록 요구한다. 때문에 직원들은 큰 그림을 보지 못할 뿐만 아니라 목적의식을 상실하고 성취감을 느끼지 못할 위험이 크다. 만약 직원들이 기계라면 고도의 분업화가 효율성의 제고로 이어질 것이다.

그러나 인간은 동기의식과 일의 의미가 일하고자 하는 욕구와 생산성에 커다란 영향을 미치기 때문에 분업화는 오히려 역효과를 초래할 수 있다. 자신의 일에서 의미를 발견하지 못하는 지식노동자들은 찰리 채플린^{Charles Chaplin}의 영화 〈모던 타임스^{Modern Times}〉에 나오는 주인공과 같은 감정을 갖게 될 가능성이 크다. 자신을 커다란 기계를 구성하는 톱니바퀴로 인식하면서, 자신의 일에 혼신의 힘을 다하고자 하는 의지를 잃게 되는 것이다.

도와주거나 혹은 가만두거나

비록 의도한 바는 아니겠지만, 기업들은 여러 가지 방법으로 직원들의 동기의식을 쉽게 없애버릴 수 있다. 당장 당신이 속한 회사를 떠올려보라. 직원들의 동기의식을 없애고 있는 몇 가지 사례들이 머릿속에서 맴돌 것이다. 이러한 인식은 상당한 실망감을 안겨주지만, 그렇다고 낙관론을 펼칠 수 있는 여지가 전혀 없는 것은 아니다. 직업은 우리의 삶에서 중추적인 역할을 하기에 직업으로부터 아무리 단순하고 작은 의미라 하더라도 어떤 의미를 찾기를 바라는 것은 지극히 자연스러운 일이다.

레고 실험과 연달아 나오는 'S' 찾기 실험은 사람들의 동기의식을 높일 수 있는 방법이 무엇인지에 대한 실마리를 보여주고 있으며, 아울러 사람들로 하여금 자신이 뭔가에 기여하고 있다는 느낌을 없애는 것이 얼마나 위험한지를 보여주고 있다.

기업이 직원들의 생산성을 더욱 높이고자 한다면 직원들이 일에서 의미를 찾을 수 있도록 동기부여를 해야 한다. 단순히 경영진의 입장에서 비전만을 제시할 것이 아니라 직원들이 자신이 이루어낸 성과에서 성취감을 얻고 그에 대한 적절한 보상을 받도록 해야 하는 것이다. 결국 이러한 요소들이 직원들의 만족도와 기업의 생산성에 커다란 영향을 주게 된다.

연구 동료인 조지 뢰벤스타인 교수는 등산에 관한 여러 연구논문들을 분석해 일의 의미와 성취감의 중요성에 관해 정리한 바 있다. 뢰벤스타인은 대다수의 사람들에게 산을 오르는 일은 '처음부터 끝까지 고통스러운 일'이지만, 등산을 하는 사람들에게는 커다란 성취감을 준다는 결론을 내렸다(또한 어느 산에 올랐다는 것은 가족이나 친구들 사이에서 좋은 화젯거리가 된다). 어떤 목표를 이루고자 하는 욕구는 우리 인간의 본성에 내재되어 있다. 물고기와 게르빌루스쥐, 흰쥐, 생쥐, 원숭이, 침팬지, 그리고 시커트리트를 가지고 노는 앵무새들과 마찬가지로 말이다. 다음은 뢰벤스타인이 쓴 글의 일부다.

나는 목표달성과 그를 통한 성취감이 서로 강력하게 연결되어 있다고 믿는다. 모든 동물들, 심지어 식물들과 마찬가지로 우리 인간의 신체 내부에는 몸의 상태를 평형으로 유지하려는 메커니즘이 작동하고 있다. 즉 항상성을 가지고 있는 것이다. 등산이 초래하는 여러 고통, 즉 배고픔, 갈증, 통증 등도 우리 몸의 항상성 메커니즘이 작동하면서 초래된다. 그리고 이러한 메커니즘이 작동해야 우리의 생존 가능성도 더욱 높아진다.

…… 목표달성에 대한 본능적인 욕구는 문제를 대하는 생물체의 성향이 표출되는 또 하나의 방식이다. 생물체는 동기부여가 된 행동을 행하려 한다.[2]

나는 지극히 제한적인 범위의 일을 하고 있는 조교 제이에게 의미 있는 일을 하도록 조치해야겠다고 마음먹었다. 그래서 매주 그에게 우리가 하고 있는 실험의 내용과 그 실험을 하는 이유, 그리고 실험을 통해 무엇을 알아냈는지를 설명해주었다. 제이는 나와 이러한 대화를 하는 걸 좋아했고, 종종 실험에 대해 토론을 벌이기도 했다.

하지만 몇 달이 지난 뒤 제이는 언론학 석사학위를 받겠다면서 MIT를 떠났다. 이로 인해 그간의 내 노력이 어떤 성과가 있었는지 알 길이 없어졌다. 다만 나는 나와 함께 일하는 다른 사람들에게도 이와 같은 접근법을 사용하기로 했다. 지금 내 오른팔 격인 메건 호거티 Megan Hogerty 역시 예외는 아니다.

여러 실험들을 통해 알아낸 바에 따르면, 어떤 업무가 주는 작은 의미라 할지라도 매우 큰 효과를 나타냈다. 기업의 관리자들이(남편이나 아내, 교사, 부모 등도 마찬가지다) 직원들이 하는 업무에 특별히 더 큰 의미를 부여할 필요는 없을 수도 있다. 그렇다고 기업 내에 정신적인 사보타주를 행하는 것과 같은 언행을 취할 필요도 없다. 고대 그리스의 의사 히포크라테스Hippocrates는 "도움을 주든지, 아니면 적어도 해를 끼치지는 말라."고 했다. 기업의 관리자들 역시 기업의 업무에 적어도 해가 되어서는 곤란하다.

이케아 효과

:

사람들은 왜 자기가 만든 것을
과대평가할까?

이케아^{IKEA} (조립식 가구, 침구류, 주방용품, 욕실
용품 등을 만드는 브랜드―옮긴이) 매장에 들어설 때마다 내 머릿속은 우
리 집을 어떻게 더 멋지게 꾸밀까 하는 생각으로 가득 차게 된다. 저
렴한 가구와 인테리어 용품들로 가득한 이케아 매장은 그야말로 어
른들의 장난감 궁전이다.

나는 다양하게 전시된 이케아의 제품들을 둘러보면서 책상과 스
탠드, 책장 같은 것들을 우리 집에 들여놓으면 어떨까 하는 상상을
한다. 침실에 놓는 저렴한 가격의 화장대도 좋고, 식기들과 다양한
주방용품을 구경하는 것도 좋다. 나는 저렴한 가격과 다양한 상품을
자랑하는 이케아 매장에 갈 때마다 가구와 주방용품과 생활용품을
한 차 가득 채울 만큼 사고 싶은 충동을 느낀다. 물론 그러한 구매충
동을 이겨내지 못하는 것은 아니지만, 어쨌거나 나는 뭔가 필요한 것

1부 직장에서 발어지는 인간 행동에 관한 진실

이 생각나면 이케아 매장을 자주 찾는다.

한번은 집 안에 온통 흩어져 있는 아이들의 장난감들을 정리하기 위해 이케아 매장에서 조립식 장난감정리함을 사온 적이 있다. 나는 박스를 연 다음 조립설명서를 보면서 부품들을 하나하나 맞추기 시작했다(나는 뭔가를 조립하는 데는 서툴지만, 그래도 뭔가를 만든다는 느낌을 좋아한다. 어쩌면 이것은 어렸을 때 좋아했던 레고 만들기의 버릇인지도 모르겠다).

그런데 조립설명서의 내용이 내가 기대했던 것만큼 그렇게 자세하게 설명되어 있지 않았다. 특히 중요한 부분의 조립 설명이 제대로 되어 있지 않았다. 더욱이 내 인생의 다른 많은 일들과 마찬가지로 이케아의 장난감정리함을 조립하는 일에도 '머피의 법칙'이 작용했다. 부품이나 나사가 들어가야 할 자리를 적당히 추정해서 끼우다 보면 여지없이 잘못된 결과로 이어졌다. 조립이 잘못되었다는 것을 금세 알아채는 경우는 그래도 나았다. 작업이 한참이나 진행되고 나서야 실수를 알아채면 그때까지 조립한 부품들을 몽땅 분해한 다음 처음부터 다시 조립해야 했다.

그래도 퍼즐 맞추기를 좋아하는 나는 이렇게 같은 작업을 반복하는 일을 커다란 지그소 퍼즐Jigsaw Puzzle 맞추기라고 생각하면서 묵묵히 조립해나갔다. 하지만 똑같은 나사들을 다시 뺐다가 끼웠다 하는 과정은 정말 지루하고 힘들었다. 때문에 긍정적인 마음가짐을 계속 유지하기가 쉽지 않았고, 전체 작업시간은 예상보다 훨씬 더 길어졌다.

우여곡절을 거쳐 장난감정리함의 조립작업이 끝나자, 내 눈앞에 이케아 매장에서 보았던 그 장난감정리함이 완성되어 있었다. 나는 흩어져 있는 아이들의 장난감들을 모아 조심스럽게 정리함에 집어 넣으며 매우 뿌듯해했다. 작업을 마치고도 몇 주 동안이나 나도 모르게 미소를 지을 만큼 장난감정리함이 자랑스러웠다.

객관적으로 봤을 때 그 장난감정리함은 그리 고품질은 아니었다. 약간의 돈을 더 지불하면 그보다 훨씬 좋은 품질의 제품을 완성된 상태로 구입할 수도 있었다. 내가 설계한 물건도 아니고 조립하는 과정에서 측정을 하거나 톱질이며 못질을 한 것도 아닌, 그저 몇 시간 동안 내 손으로 직접 조립하면서 그 제품과 좀 더 친밀한 감정을 갖게 된 것뿐이었는데도 장난감정리함에 대한 내 만족감은 상당했다. 나는 우리 집의 어떤 가구들보다 내가 직접 조립한 장난감정리함에 더 큰 애착을 갖는다. 그리고 장난감정리함 역시 우리 집의 어떤 가구들보다 나를 더 좋아해줄 거라고 상상한다.

완제품보다 반제품을 선호하는 이유

자신이 직접 만든 것에 자부심을 갖는 성향은 인간의 내면 깊숙이 흐르고 있다. 직접 요리를 하거나 책장을 만들었을 때 우리는 스스로를 대견해하며 이렇게 말한다.

"내가 이런 걸 다 만들다니, 정말 대단해!"

그런데 뭔가를 직접 만들었다고 해서 항상 자부심을 갖는 것은 아니다. 왜 그런 차이가 날까?

요리를 예로 들어보자. 단순히 포장을 뜯어서 데우기만 하면 되는 인스턴트 식품일 경우에는 직접 요리를 했다 하더라도 자부심을 갖지 못한다. 적어도 내 경우는 그렇다. 인스턴트 식품은 특별한 조리법을 요하는 것도 아니고, 별다른 노력이 필요한 것도 아니기 때문이다. 그냥 슈퍼마켓에 가서 물건을 고른 뒤 값을 지불하고, 집으로 가져와 포장을 뜯은 다음 그릇에 넣어 끓이기만 하면 된다. 이런 정도의 노력으로 자부심을 갖기는 어렵다.

반면에 할머니에게서 전수받은 요리법을 사용해 다양한 재료를 넣어 직접 만든 치킨누들수프, 파프리카에 고기와 채소를 채워넣은 요리, 직접 구워낸 피핀애플파이 같은 요리들에 대해서는 충분히 자부심을 가질 만하다.

그렇다면 지금 예로 든 요리들의 중간에 위치한 요리들은 어떨까? 슈퍼마켓에서 구입한 파스타소스에 정원에서 직접 재배한 허브를 넣고, 여기에 따로 구입한 파르미지아노 레지아노^{Parmigiano Reggiano} 치즈를 넣어 만든 요리는 어떤 느낌일까? 여기에 고추를 조금 넣으면 어떨까? 그 고추를 슈퍼마켓에서 구입한 경우와 직접 정원에서 재배한 경우 요리에 대한 자부심은 어떻게 달라질까? 우리는 얼마만큼의 시간과 노력을 투입해야 자부심을 가질 수 있을까?

반조리식품의 역사를 돌아보는 것이 이러한 질문에 대한 답을 찾는 데 도움이 될지도 모르겠다. 빵이나 쿠키 등을 손쉽게 만들 수 있는 베이킹믹스가 처음 나온 것은 1940년대 후반의 일이다. 그때부터 다양한 종류의 베이킹믹스가 나오면서 큰 인기를 끌었다. 그렇다고 모든 종류의 베이킹믹스가 인기를 끌었던 것은 아니다. 물만 부어서 케이크를 구울 수 있는 케이크믹스의 경우 주부들 사이에서 별로 인기가 없었다.

이에 대해 한 시장전문가는 케이크믹스가 너무 달아서 인기가 없는 것이라는 진단을 내놓기도 했고, 다른 시장전문가는 케이크믹스에 인공향료가 너무 많이 들어 있어서 인기가 없는 것이라는 진단을 내놓기도 했다. 하지만 똑같이 물만 부어서 구울 수 있는 파이믹스나 비스킷믹스의 경우 매우 인기가 좋았다. 따라서 이러한 설명은 제대로 납득이 되지 않는다. 왜 주부들은 파이는 파이믹스의 포장을 뜯어 물만 부어 구우면서 케이크에 대해서는 그렇게 하지 않았던 걸까?

이에 대한 한 가지 가능한 이론은 지나치게 간편하게 만들어진 케이크에 대해서는 주부들이 비스킷이나 쿠키의 경우와 달리 자신이 직접 만든 게 아니라는 느낌을 훨씬 더 강하게 가졌을 거라는 점이다. 음식에 대한 책을 주로 썼던 로라 샤피로Laura Shapiro는 자신의 책《오븐에서 구워낸 무엇Something from the Oven》에서 비스킷이나 파이도 중요한 요리이기는 하지만, 이러한 것들은 간식이나 디저트 따위로 제공될 뿐 메인 요리는 아니라고 말한다.[3]

주부들은 자신이 상당한 수고를 들여 만든 요리 가운데 시중에서 구입해 간편하게 만든 요리가 일부 포함되어 있더라도 요리가 훌륭하다는 칭찬을 듣는 것을 좋아한다. 하지만 케이크의 경우는 다르다. 케이크는 중심이 되는 요리이고, 케이크가 그날의 유일한 요리가 되는 경우도 종종 있다. 그리고 무엇보다 케이크는 특별한 일을 기념하기 위해 중요한 의미를 지니고 식탁에 오르는 경우가 많다.[4]

누군가를 위해 생일 케이크를 굽겠다는 계획을 가지고 있는 사람 중에 케이크믹스를 사다가 구워야겠다고 생각하는 이는 거의 없을 것이다. 그리고 케이크믹스를 사다가 케이크를 구웠다 해도 그 사실을 기꺼이 공개하려 하지는 않을 것이다. 만약 누군가를 위한 생일 케이크를 케이크믹스를 사용해 구워냈다는 사실이 공개되면 케이크를 구워낸 당사자는 민망해하거나 몹시 미안해할지도 모른다. 그리고 손님들은 자신이 특별한 대접을 받지 못했다고 생각하며 실망감을 갖게 될 것이다.

이미 오래전에 심리학자이자 마케팅 전문가인 에른스트 디히터Ernest Dichter는 주부들로 하여금 반조리식품에 몇 가지 재료들을 직접 넣도록 함으로써 이러한 문제를 해결할 수 있다고 생각했다.[↟↟] 디히터의 생각은 나중에 '달걀이론'으로 발전하는데, 실제로 식품회사 필스베리Pillsbury는 자신들의 케이크믹스에서 건조달걀을 빼는 대신 주부들로 하여금 신선한 달걀과 우유와 오일을 직접 첨가하도록 함으로써 매출을 크게 늘릴 수 있었다. 슈퍼마켓에서 구입한 케이크믹스에 달걀과 한두 가지의 재료를 추가하는 것은 특별히 수고로운 일이 아니었다. 1950년대의 주부들에게는 그것이 자신이 직접 만든 케이크와 슈퍼마켓에서 사다가 손쉽게 구워낸 케이크를 애써 구분짓는 행위였다.

[↟]
우리는 어떤 경험을 평가할 때 그 경험의 맨 마지막 단계에 집중하는 경우가 많다. 이러한 관점에서 봤을 때 전체 식사과정의 마지막에 나오는 케이크는 더욱 중요한 의미를 갖는다고 할 수 있다.

[↟↟]
여기서 '주부'라는 용어를 사용하는 이유는 이 내용이 1940년대와 1950년대를 배경으로 하고 있고, 당시에는 전업주부가 가족이나 손님들을 위한 요리를 도맡아서 하는 것이 일반적이었기 때문이다.

자신이 직접 요리를 했다는 자부심을 가지면서도 편리하게 요리를 하고 싶다는 주부들의 욕구를 영리하게 파고든 제너럴 밀즈General Mills의 식재료 브랜드인 베티 크로커Betty Crocker는 "당신과 베티 크로커가 누군가를 행복하게 만들어줍니다."라는 광고 문구를 앞세워 달걀이론을 이용한 베이킹믹스 제품들을 다양하게 선보이기도 했다. 베이킹믹스를 이용해 시간과 수고를 아끼지만, 맛있는 빵이나 쿠키를 구워내는 것은 분명 주부인 당신이라는 것이다. 당신도 그렇게 생각하는가?

자신이 직접 요리를 했다는 자부심을 갖고자 하는 욕구와 요리에 너무 많은 시간을 쓰고 싶지 않다는 바람 사이의 미묘한 균형에 대해 산드라 리Sandra Lee만큼 제대로 이해하는 사람도 드물 것이다. 산드라 리는 '세미 홈메이드Semi Homemade' 열풍을 일으킨 장본인으로, 이 문제에 대한 균형점을 찾아 '70/30 세미 홈메이드 원리'를 만들어 특허까지 냈다.

그녀에 따르면, 전체 요리과정의 70퍼센트는 이미 만들어진 반조리식품을 이용하고(슈퍼마켓에서 쉽게 구입할 수 있는 케이크믹스, 다진 마늘, 마리나라 소스 같은 반조리식품들) 나머지 30퍼센트를 '신선하고 창의적인' 재료를 이용한다면(케이크에 벌꿀이나 바닐라를 넣거나 마리나라 소스에 신선한 바질을 첨가하는 방식으로) 요리의 즐거움을 느끼면서도 요리에 사용되는 시간을 절약할 수 있다고 한다.

미식가나 식도락가들에게는 실망스러운 일이겠지만, 반조리식품과 신선한 재료를 적절히 섞어 직접 요리를 했다는 자부심을 갖도록 해주는 그녀의 원리는 대다수 사람들에게 만족스러운 방법이었다. 여기서 산드라 리의 초콜릿 트뤼플 만드는 법을 살펴보자.[4]

조리시간: 15분
난이도: 쉬움
분량: 대략 36개의 트뤼플

재료:
16온스 분량의 초콜릿 프로스팅
체로 친 3/4컵 분량의 설탕
바닐라 향료 1티스푼
무가당 코코아 분말 1/2컵

만드는 법:
쿠키시트 두 개에 유산지를 깐다. 초콜릿 프로스팅, 체로 친 설탕, 바닐라를 커다란 볼에 넣은 다음 핸드믹서로 재료들이 부드러워질 때까지 믹싱을 한다. 테이블스푼을 사용해…… 쿠키시트에 동그란 형태로 모양을 만들어 올린다. 트뤼플 위에 코코아 분말을 뿌려준 다음 덮개를 씌워 적당하게 굳을 때까지 냉장고에 넣어둔다.

산드라 리는 자신의 열광적인 추종자들에게 최소한의 노력으로 반조리식품을 자신만의 요리로 바꾸는 다양한 방법들을 제시함으로써 달걀이론을 완성한 셈이다. 그녀가 출연한 텔레비전 프로그램과 집필한 책들, 그리고 그녀를 소개한 잡지들이 그토록 잘 팔렸던 것을 보면 사람들이 요리를 할 때 직접 만들었다는 느낌을 얼마나 중요하게 생각하는지를 짐작할 수 있다.

뭔가를 직접 만들었다는 인식에서 생겨나는 자부심은 비단 주부들과 주방에만 국한되는 일이 아니다. 미국의 자동차회사 로컬 모터스Local Motors는 달걀이론을 주방 바깥으로 확장시킨 경우로, 특히 남자

들이 로컬 모터스의 자동차에 많은 관심을 보이고 있다.

이 작은 자동차회사는 고객이 직접 자신의 자동차를 디자인하고, 심지어 나흘 동안 자동차 제작과정에도 직접 참여할 수 있도록 한다. 로컬 모터스에 자동차를 주문하는 고객들은 기본 디자인을 직접 선택하고, 자신의 취향과 거주 지역의 지형과 기후 등을 고려해 세부 디자인을 바꿀 수 있다. 물론 이 모든 것을 고객 혼자서 하는 것은 아니다. 고객은 로컬 모터스 전문가들의 도움을 받아 이러한 과정을 진행해나간다.

자신만의 자동차 탄생을 직접 경험한 고객은 자동차에 대해 더욱 깊은 유대감을 갖게 되고 보다 소중하게 여기게 된다. 그렇지 않아도 많은 남자들이 자신의 자동차를 '마이 베이비my baby'라고 부르고 있는 상황에서 이러한 사업전략은 매우 기발하다는 생각이 든다. 고객들로 하여금 자신만의 자동차를 제작하는 과정에 직접 노력과 시간을 투입하도록 하여 자신의 자동차를 더욱 애지중지하도록 만들고 있기 때문이다.

물론 대상에 가치를 부여하는 것이 지나치면 집착으로 이어질 수도 있다. J.R.R. 톨킨John Ronald Reuel Tolkien의 소설 《반지의 제왕The Lord of the Rings》에 나오는 골룸이 그랬던 것처럼 말이다. 마법의 반지든, 직접 만든 자동차든, 새로 산 융단이든, 어떤 사물에 지나치게 집착하면 그것 때문에 인생이 소모될 수도 있다는 점을 기억하라. 만약 당신이 어떤 대상에 과도하게 집착해 여러 가지 문제들이 발생했다면 이렇게 중얼거려 보기 바란다.

"이건 그냥 자동차(융단, 책, 가구……)일 뿐이야."

창조자와 비창조자의 인식 차이 ⟨

더 많은 노력을 투입할수록 더 큰 애착을 갖는다는 개념은 새로운 것이 아니다. 지난 수십 년 동안 이에 관한 많은 연구들이 행해졌고, 서로 다른 많은 분야에서 이러한 개념이 유효하다는 것이 밝혀졌다 (2장에서 말했듯이 심지어 동물들도 공짜먹이보다는 어떤 식으로든 일을 해서 먹는 것을 더 좋아한다).

예를 들면 어떤 사회단체의 정식회원으로 인정받는 과정이 더 길고, 더 고통스럽고, 더 많은 인내를 요구할수록 사람들은 그 사회단체의 정식회원이라는 지위를 보다 가치 있게 여긴다. 조금 전에 소개한 로컬 모터스의 고객들도 마찬가지다. 그들은 자동차 값으로 5만 달러라는 거액을 지불하면서도 자동차를 직접 디자인하고 제작과정에도 참여한다. 그들은 이렇게 말할지도 모른다.

"이 차는 내가 정성 들여 만든 차야. 나는 정말, 정말로 이 차를 사랑해. 앞으로 영원히 이 차를 잘 관리하고 아끼면서 탈 거야."

나는 이케아의 장난감정리함에 관한 경험을 하버드 대학 마이크 노턴Mike Norton 교수와 캘리포니아 대학에서 포스트닥터 과정을 밟고 있던 대니얼 모촌Daniel Mochon 등의 동료들에게 말했다. 그리고 이 과정을 통해 우리 모두 비슷한 경험을 했다는 사실을 알게 되었다.

당신도 이런 경험이 있을 것이다. 가령 당신이 오랜만에 이모 집에 놀러갔다고 해보자. 이모의 이름은 에바다. 에바 이모 집을 가보니 직접 그린 듯한 엉성한 그림들이 액자에 넣어져 벽에 잔뜩 걸려 있다. 어떤 그림은 그릇과 과일을 그린 정물화인데 과일 모양이 이상하고, 어떤 그림은 호숫가와 나무를 그린 수채화인데 색감이 이상하고, 또 어떤 그림은 사람을 그린 인물화인데 사람의 형태가 명확하지 않다. 이런 그림들이 벽면을 가득 채우고 있다.

예술성을 찾아보기 힘든 그 그림들을 보면서 당신은 왜 이모가 이런 그림들을 벽에 걸어놓았는지 의아해할 것이다. 그러다 그림을 바짝 들여다보니 그림 아래쪽에 상당히 멋을 부린 '에바'라는 서명이 씌어 있다. 다른 그림들에도 이모의 서명이 씌어 있다. 이를 보고 당신은 에바 이모가 그림에 대해 괴상한 취향을 가지고 있는 게 아니라는 사실을 알아챘다. 벽에 걸린 그림들은 이모가 직접 그린 것들이다. 그제야 상황파악을 한 당신은 이모 쪽으로 얼굴을 돌려 이렇게 말을 한다.

"와아, 이 그림 정말 좋은데요. 직접 그리신 거예요? 이건 뭐랄까…… 상당히 오묘해요!"

칭찬을 듣고 기분이 좋아진 이모는 곧바로 당신에게 아주 잘 구워진 건포도 오트밀 쿠키와 음료를 내줄 것이다.

노턴과 모촌과 나는 자신이 직접 만든 뭔가에 대해 애착을 갖는 사람들의 성향을 연구해볼 가치가 있다는 판단을 내렸다. 우리는 특히 더 많은 수고를 들인 대상에 더 큰 애착을 갖게 되는 일반적인 프로세스를 이해하고 싶었다.

이번 프로젝트를 진행하는 첫 번째 단계로 우리는 실험 주제에 코드명을 붙이기로 했다. 중요한 연구 프로젝트에 대해 언제나 그러는 것처럼 말이다. 우리는 이번 실험의 계기가 된 이케아의 장난감정리함을 기리는 의미에서 코드명을 '이케아 효과The IKEA effect'라고 부르기로 했다. 그리고 이케아 효과와 관련된 상황을 정리하는 데서 그치지 않고 좀 더 근원적인 메커니즘에 접근하고자 했다. 즉 이케아 효과로부터 발생하는 더 큰 가치인식이 당사자의 감정적인 애착에 기반을 둔 것인지("내가 직접 만든 이 책장은 조금 비뚤어져 있고 삐걱대는 소리도 나지만, 어쨌든 이건 내가 만든 책장이라고!"), 아니면 당사자의 자기기만에 기반을 둔 것인지를 확인하고 싶었던 것이다("내가 직접 만든 이 책장은 고급 가구점에서 파는 500달러짜리만큼이나 근사한걸!").

우리는 먼저 실험재료를 찾기 위해 가까운 미술용품점에 갔다. 점토공예품이나 그림을 이용하면 실험이 너무 복잡해질 것 같아 종이접기를 이용하기로 했다.

며칠 후 우리는 하버드 대학 학생회관에 종이접기 부스를 설치하고, 원하는 학생들에게 종이로 개구리나 학을 접을 수 있는 기회를 주었다(종이개구리나 종이학은 난이도 면에서 비슷하다). 또한 실험에 참여하는 학생들에게 완성된 종이작품은 일단 우리의 소유가 되지만, 학생들은 경매방식을 통해 자신이 만든 종이작품을 구입할 수 있다는 점을 알려주었다. 그리고 실험참여자들에게 종이접기를 마친 다음에 이루어지는 경매는 베커 드구르트 마르샥^{Becker-DeGroot-Marschak}법이라고 불리는 특별한 경매방식을 이용할 것이고, 경매는 컴퓨터로 진행될 거라고 말했다.

덧붙여 우리는 경매방식에 대해서도 설명해주었다. 간단히 말해 실험참여자가 자신이 만든 종이작품에 대해 가격을 정하면 컴퓨터가 무작위로 숫자를 추출해 제시한다. 이때 실험참여자가 정한 금액이 컴퓨터가 제시한 숫자보다 크면 그 사람은 컴퓨터에 제시된 가격을 지불하고 자신이 만든 종이작품을 가져갈 수 있다. 반대로 실험참여자가 정한 금액이 컴퓨터가 제시한 숫자보다 작으면 그 사람은 종이작품을 가져갈 수 없다.

우리가 이와 같은 방법을 이용했던 이유는 실험참여자들로 하여금 종이작품에 대해 자신이 생각하는 합리적인 수준에서 가장 높은 가격을 제시하도록 유도하기 위해서였다. 쉽게 말하면 우리는 실험참여자들이 의도적으로 자신의 종이작품에 대해 낮은 가격을 부르는 것을 막고자 했다.↟

우리가 만든 종이접기 부스를 가장 먼저 찾은 학생은 정치학과 3학년 학생인 스콧이었다. 실험 진행과정과 경매방법을 설명한 다음, 우리는 종이학과 종이개구리를 접는 법이 그려진 설명서를 스콧에게 주었다(다음에 나오는 그림과 같은 설명서였다). 당신도 관심이 있다면 직접 종이학이나 종이개구리를 접어보라.

스콧은 설명서를 보면서 신중하게 종이접기 작업을 했다. 우리는 스콧을 '창조자'로 분류했다. 그렇게 얼마의 시간이 지난 후, 스콧은 꽤 괜찮은 종이개구리를 완성해 내밀었다. 우리는 스콧에게 그 종이작품에 대해 (베커 드구르트 마르샥법을 이용해) 얼마의 가격을 정하겠느냐고 물었다. 그는 잠시 생각하더니 25센트를 불렀다. 스콧처럼 '창조자'로 분류된 실험참여자들, 즉 종이작품을 직접 만든 실험참여자

↟ 베커 드구르트 마르샥법은 두 번째로 높은 입찰가격이 낙찰가격이 되는 차점가격 봉인경매와 유사한 경매법이다.

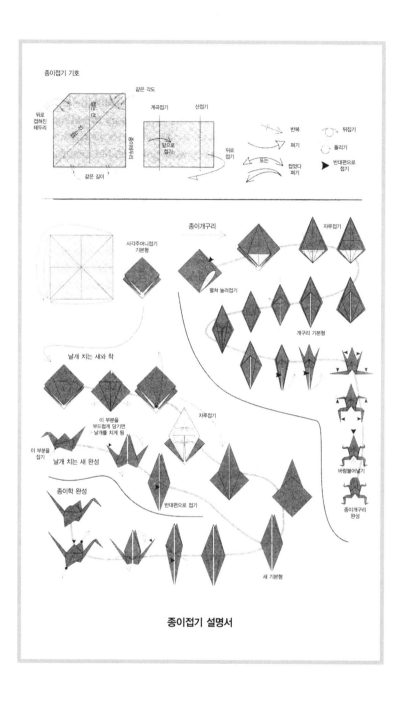

종이접기 기호

같은 각도

뒤로
접혀진
테두리

계곡접기   산접기

같은 길이

앞으로
접기

뒤로
접기

반복   뒤집기

펴기   돌리기

또는

접었다
펴기   반대편으로
접기

종이개구리   자루접기

사각주머니접기
기본형

멸쳐 눌러접기

개구리 기본형

날개 치는 새와 학

이 부분을
부드럽게 당기면
날개를 치게 됨

자루접기

바람불어넣기

종이개구리
완성

이 부분을
잡기   날개 치는 새 완성

종이학 완성

반대편으로 접기

새 기본형

종이접기 설명서

들은 자신의 작업물에 대해 평균 23센트의 가격을 매겼다.

스콧이 실험부스를 떠난 직후 제이슨이라는 학생이 들어오더니 스콧이 만든 종이작품을 쳐다보았다. 실험진행자가 그에게 물었다.

"이 종이개구리를 경매에 붙인다면 얼마에 입찰하겠습니까?"

우리는 제이슨처럼 종이작품을 직접 만들지 않은 실험참여자들을 '비창조자'로 분류했다. 우리가 이들에게 요구했던 것은 창조자들이 만든 종이작품들에 대해 단지 가격을 매기는 것뿐이었다.

제이슨은 머리 쪽은 깔끔하게 만들어졌지만 다리 쪽은 균형이 맞지 않는 스콧의 종이개구리를 이리저리 살펴보았고, 심지어 종이개구리의 엉덩이를 손으로 눌러 점프를 시켜보기도 했다. 그러고는 5센트의 가격을 불렀다. 이번 실험에서 비창조자로 분류된 사람들은 창조자로 분류된 사람들의 종이작품들에 대해 평균 5센트의 가격을 매겼다.

실험을 마치고 데이터를 분석해보니, 종이작품들에 대한 가치평가에서 창조자들과 비창조자들 사이에 분명한 차이가 나타났다. 제이슨과 같은 비창조자들은 창조자들이 만든 종이작품들을 매우 조악하고 아마추어적 작품으로 보았다. 그들의 눈에는 창조자들의 작품들이 음침한 지하실험실에서 사악한 과학자가 탄생시킨 돌연변이 괴생명체 정도로 보였을지도 모르겠다. 하지만 스콧과 같은 창조자들은 비뚤비뚤 만들어진 자신들의 작품들에 대해 상당한 가치를 부여했다.

이와 같은 차이가 나타난 이유는 무엇일까? 창조자들은 종이작품들을 좋아하는 반면에 비창조자들은(종이접기를 할 기회가 주어지지 않았던 사람들은) 종이작품들을 대수롭지 않게 생각했기 때문일까? 아니면 창조자들과 비창조자들 모두 종이작품에 대한 일반적인 관심도는 비슷했지만, 창조자들의 경우 자신이 직접 만든 작품이기 때문에 더 큰 가치를 부여했던 것일까? 스콧을 비롯해 창조자로 분류된 실험참여자들은 종이접기 자체를 더 좋아했던 것일까, 아니면 자신이 만든 특정 종이작품에 대해서만 애착을 갖게 되었던 것일까?

이러한 의문에 대한 답을 구하기 위해 우리는 두 명의 종이접기 전문가를 섭외해 종이개구리와 종이학을 만들어달라고 부탁했다. 그런 다음 새로 섭외한 일련의 '비창조자들'에게 종이접기 전문가들이 세심하게 만든 작품들에 대해 경매방식으로 가격을 매겨줄 것을 요청했다.

'비창조자들'은 평균 27센트의 가격을 매겼다. 이는 첫 번째 실험에서 스콧과 같이 창조자로 분류된 실험참여자들이 만든 종이작품에 대해 스스로 매겼던 가격의 평균치(23센트)와 비슷한 수치였고, 비창조자들이 아마추어 창조자들이 만든 종이작품들에 대해 매겼던 가격(평균 5센트)보다는 훨씬 더 높은 수치였다.

실험 결과, 창조자들은 자신이 직접 만든 작업물을 평가할 때 매우 후한 것으로 나타났다. 비창조자들은 조악하게 만들어진 아마추어 창조자들의 종이작품들은 거의 쓸모없는 것으로 평가했지만, 전문적인 창조자들의 멋진 종이작품들에 대해서는 매우 후한 평가를 내렸다. 반면에 아마추어 창조자들은 자신의 작업물을 전문적인 창조자들의 작품만큼이나 가치 있는 것으로 평가했다.

첫 번째 실험에서 창조자들과 비창조자들 사이의 종이작품들에 대한 가치인식이 크게 차이가 난 것은 종이접기에 대한 선호도가 달랐기 때문이 아니라, 창조자들이 직접 만든 종이작품에 스스로 애착을 가졌기 때문이라고 볼 수 있다. 우리는 뭔가 직접 만들면 사랑이 듬뿍 담긴 눈으로 바라보는 성향이 있다. 이번 실험을 통해 그러한 사실을 확실히 알았다. 아랍 속담에도 이런 말이 있지 않은가.

"원숭이도 그 어미의 눈에는 뿔영양처럼 보인다."

맞춤형 상품으로 진화하기

대형 산업인 자동차 산업이 막 탄생된 시점에 헨리 포드는 이렇게 말했다.

"어떤 고객이든 자신이 원하는 색깔의 모델 T$^{Model\,T}$ 자동차를 가질 수 있습니다. 원하는 색깔이 검은색이라면 말이죠."

단 한 가지 색깔의 자동차 모델을 생산함으로써 포드는 생산비를 크게 낮출 수 있었고, 자동차를 싸게 팔 수 있었고, 전보다 더 많은 사람들이 자동차를 살 수 있게 만들었다. 또한 제조기술이 발전하면서 포드는 생산비를 크게 늘리지 않으면서도 자동차의 모델과 사양을 점차 늘려나갈 수 있었다.

시간을 빠르게 돌려 오늘날로 돌아와보자. 오늘날의 시장에는 당신의 취향을 충족시켜줄 수백만 가지의 제품들이 존재하고 있다. 뉴욕 5번가를 걷다 보면 쇼윈도에 전시되어 있는 형형색색의 여성용 구두들의 다양성에 놀라지 않을 수 없다. 많은 기업들은 제품의 설계

3장 이게이 효과

및 디자인에 고객들을 참여시키면서 갈수록 이러한 사업 모델을 더욱 진화시키고 있다. 인터넷 기술과 생산자동화 기술의 발전 덕분에 기업들이 아예 고객 개개인의 취향에 꼭 들어맞는 제품을 창조하고 있는 것이다.

일례로 컨버스닷컴converse.com이라는 웹사이트에 접속하면 당신은 당신만의 스니커즈를 디자인하고 주문할 수 있다. 당신이 원하는 스니커즈의 기본 유형을 고른 다음(기본형, 로탑, 하이탑, 엑스트라 하이탑), 재질을 고르고(캔버스, 가죽, 스웨이드), 여러 가지 색상을 고른다. 특히 컨버스닷컴은 당신이 선택할 수 있는 색상과 무늬가 매우 다양하다. 당신은 취향에 따라 스니커즈의 각 부분에(신발 내피, 고무 사이드월, 신발끈 등) 색상과 무늬를 다르게 적용시켜 꾸밀 수 있다. 이와 같은 사업 모델을 통해 컨버스닷컴은 고객들에게 자신만의 스니커즈를 가질 수 있는 기회를 주고 있다.

갈수록 많은 기업들이 고객들에게 맞춤형 상품을 제공하고 있다. 고객들이 직접 주방가구와 자동차를 설계할 수 있고, 신발을 디자인할 수 있다. 이 밖에도 많은 분야에서 고객이 직접 자신만의 상품을 설계하고 주문할 수 있다. 그런데 어떤 사람들은 이왕 맞춤형 상품을 제공할 거면 좀 더 쉬운 시스템을 활용할 수는 없을까 하고 생각할 것이다. 고객들이 최소한의 노력으로 손쉽게 자신에게 맞는 이상적인 스니커즈를 주문할 수 있도록 말이다.

언뜻 생각하면 이것도 꽤 그럴듯한 제안으로 들린다. 하지만 맞춤형 상품을 주문하는 매우 효율적인 시스템은 이케아 효과를 유발하지 못할 가능성이 크다. 이케아 효과를 유발하여 고객들로 하여금 구입한 상품에 대해 더 많은 애착을 갖도록 하기 위해서는 고객들이 맞춤형 상품을 갖는 과정에서 더 많은 고민과 노력을 하도록 유도할 필요가 있다.

그렇다면 기업들은 모든 상품의 설계와 제작과정에 고객들을 참여시켜야 할까? 물론 그렇게까지 할 필요는 없다. 기업 경영자들은 이와 관련된 '미묘한 균형'을 이해할 필요가 있다. 상품을 구입하는 과정에서 고객들에게 너무 많은 노력을 요구한다면 고객들은 그냥 떠나버릴 것이다. 반면에 너무 쉽게 상품을 구입할 수 있게 한다면 이케아 효과는 나타나지 않을 것이다. 기업들은 고객들이 직접 수행하는 작업의 중요성과 투입하는 시간을 고려해 미묘하면서도 안정적인 균형을 찾아야 한다.

내 경우는 스니커즈의 색상을 숫자로 선택하도록 하고, 장난감정리함의 조립을 다소 까다롭게 설계한 두 기업의 판단이 적절했다고 생각한다. 이보다 더 쉽게 상품을 가질 수 있었다면 내게 이케아 효과는 없었을 것이고, 반대로 이보다 더 어려웠다면 나는 상품을 갖는 것을 포기했을 것이다.

기업들은 이제 고객들에게 맞춤형 상품을 제공함으로써 얻을 수 있는 이익에 대해 이해하기 시작했다. 따라서 앞으로는 기업들이 고객들로 하여금 자기 자신을 표현하고 더 큰 가치와 즐거움을 누릴 수 있는 상품들을 더 많이 시장에 내놓게 될 것이다.↑

↑
나는 《상식 밖의 경제학》에서 맞춤형 상품의 위험과 직접 만든 상품에 대해 지나친 애착을 갖게 될 위험을 언급한 바 있다.

우리는 개별 고객에게 특화된 상품이 아니더라도 자신이 직접 시간과 노력을 들여 만든 상품이라면, 여전히 고객들이 더 큰 애착을 갖게 되는지 확인하고 싶었다. 그래서 새로운 실험을 실시했다.

먼저 실험참여자들에게 시중에서 구입할 수 있는 레고 제품들을 주고, 조립설명서에 나와 있는 대로 새, 오리, 개, 헬리콥터 같은 것들을 만들라고 주문했다. 실험참여자들은 조립설명서에 나와 있는 대로 레고를 만들었다. 따라서 개인에게 특화된 특별한 레고를 만들 수는 없었으며 모두 똑같이 생긴 레고를 만들었다. 그런데도 실험참여자들은 자신이 만든 레고에 대해 훨씬 더 높은 가격을 매겼다.

이와 같은 실험 결과는 상품의 제작과정에 대한 직접적인 참여가 상품에 대한 애착을 높이는 핵심 요소라는 점을 시사한다. 개별 고객에게 특화된 상품 특성이 상품에 대한 고객의 애착을 더욱 높이는 효과를 유발할 수는 있지만, 이러한 상품 특성이 없어도 단지 상품의 제작과정에 직접 참여하는 것만으로도 상품에 대한 고객의 애착을 높일 수 있다.

내 아이가 더 똑똑해 보이는 이유 ⟨

앞에서 소개한 종이접기 실험과 레고 실험은 우리가 뭔가를 만드는 과정에 직접 참여하면, 그것에 대해 애착을 갖게 될 뿐만 아니라 그 가치를 더욱 높게 평가한다는 점을 보여주었다. 그렇다면 우리는 자신의 창조물에 애착을 갖고 그것에 대해 더 높은 가치를 부여하는 자신의 성향을 인식하고 있을까? 나는 이것이 궁금해졌다.

가령 당신의 자녀에 대해 생각해보라. 당신이 다른 대다수 부모들과 다르지 않다면, 당신의 자녀에 대해 매우 높은 평가를 내리고 있을 것이다. 적어도 자녀가 청소년기의 반항아가 되기 전까지 대다수 부모들은 이와 같은 성향을 보인다. 그런데 이러한 부모 입장의 성향을 인식하지 못한다면 당신은 다른 사람들 역시 당신의 자녀를 사랑스럽게 보면서 매우 똑똑하고 재능이 많다는 평가를 내릴 거라고 믿을 것이다.

그러나 이와 같은 믿음은 근거 없는 잘못된 믿음일 가능성이 크다. 하지만 당신이 이러한 부모 입장의 성향을 인식한다면, 다른 사람들은 당신의 자녀를 당신과 같은 시각으로 보지 않는다는 점을 인정할 것이다. 설령 그것을 인정하는 것이 고통스러울지라도 말이다.

해외 출장이 잦은 나는 비행기 옆 좌석에 앉은 사람과 자녀들 사진을 교환해 보는 것을 즐긴다. 그때마다 나는 부모들이 자기 자녀를 과대평가한다는 사실을 절감한다. 일단 비행기가 고도 3만 피트에 올라 기체가 안정되면 나는 노트북을 켜고 거기에 저장된 내 아이들의 사진과 동영상을 보곤 한다. 그러면 옆 좌석에 앉은 사람이 내 아이들의 사진과 동영상을 흘끔거리게 되는데, 그때마다 나는 이 세상에서 가장 사랑스러운 내 아이들의 사진을 슬라이드쇼 기능을 이용해 보여준다. 그리고 옆 좌석에 앉은 사람이 내 아이들이 얼마나 예쁘고 뛰어난지, 미소는 얼마나 사랑스러운지, 할로윈 복장을 한 모습이 얼마나 귀여운지 등에 대해 감탄할 거라고 생각한다.

그런데 가끔은 옆 좌석에 앉은 사람이 자기 아이들의 사진을 봐달

라고 말하는 경우가 있다. 나는 예의상 그들이 보여주는 사진을 보기는 하는데, 조금만 시간이 지나도 이런 생각을 하게 된다.

'이 사람, 왜 이러는 거지? 내가 왜 알지도 못하는 이상한 아이들의 사진을 보고 있어야 하는 거지? 나는 할 일이 있다고! 아, 이 망할 비행기는 언제 착륙하는 거야?'

자기 자녀들에게 완전히 맹목적인 부모들은 거의 없겠지만, 어쨌든 대다수 부모들은 자신이 자기 자녀들을 실제보다 높게 평가하고 있다는 점을 제대로 인식하지 못한다. 말하자면 부모들은 자기 자녀들이 이 세상에서 가장 귀엽다고 생각할 뿐 아니라 다른 사람들 역시 그렇게 생각해줄 거라고 믿는다.

이와 같은 부모 입장의 성향을 생각해보면 오 헨리^{O. Henry}가 쓴 단편 〈붉은 추장의 몸값^{The Ransom of Red Chief}〉의 스토리는 꽤나 충격적이다. 두 명의 납치범들이 앨라배마 지역에서 상당한 부자로 알려진 사람의 아들을 납치해 몸값으로 2,000달러를 요구한다. 하지만 아버지는 아들의 몸값을 지불하기를 거부하고 납치범들에게 아들을 그냥 데리고 가라고 말한다. 게다가 그 아들은(별명이 '붉은 추장'이다) 오히려 납치범들과 함께 지내는 것을 즐거워한다.

알고 보니 그 아들은 최악의 말썽쟁이로, 끊임없이 말썽을 일으키면서 납치범들을 곤경에 빠뜨릴 뿐이다. 붉은 추장이라 불리는 아이가 계속 말썽을 일으키자 납치범들은 아버지에게 연락을 해서 몸값을 낮추지만, 아버지는 여전히 몸값 지불을 거부하면서 오히려 250달러를 내면 아들을 받아주기는 하겠다고 제안한다. 이에 납치범들이 붉은 추장을 집으로 돌려보내려 하자 붉은 추장은 집으로 돌아가지 않으려 한다. 결국 납치범들은 붉은 추장을 남겨두고 도망을 가버린다.

　당신이 또 다른 종이접기 실험에 참여한 실험참여자라고 상상해보라. 종이학 혹은 종이개구리를 만든 당신은 이제 자신이 만든 종이작품에 대한 경매에 참여한다. 그리고 당신은 자신의 작품에 대해 확실히 높은 가격을 매긴다. 이와 같은 상황에서 당신은 다른 사람들 역시 당신의 작품에 대해 높은 가격을 매겨줄 거라고 생각하는가? 아니면 다른 사람들은 당신의 작품에 대해 그리 높은 가격을 매겨주지 않을 거라고 생각하는가?

　이에 대해 알아보기 위해 우리는 최고가격 봉인경매와 차점가격 봉인경매의 두 가지 방식을 이용해 그 결과를 비교해보았다. 이 두 가지 경매방식에 대한 설명은 따로 하지 않겠다.[*] 차점가격 봉인경매방식을 이용할 때 당신은 오직 자신의 종이작품에 대해 스스로 생각하는 가치를 토대로 가격을 정하게 된다.[**] 반면에 최고가격 봉인경매방식을 이용할 때에는 당신의 종이작품에 대해 당신이 생각하는 가치뿐만 아니라 다른 사람들이 어느 정도 가치를 매길지까지 함께 고려해야 한다.

[*]
이 두 가지 경매방식의 차이를 구분하는 것은 매우 복잡하고 난해한 일이다. 심지어 윌리엄 비크리 William Vickrey는 이와 관련된 연구로 1996년에 노벨 경제학상을 받았을 정도다.

[**]
이 방식은 이베이에서 활용되고 있는 경매방식과 유사하며, 앞에서 소개한 베커 드구르트 마르샥법과도 유사하다.

이와 같은 비교과정을 거치는 논리는 다음과 같다. 만약 창조자들이 만든 종이개구리와 종이학에 대해 오직 자신들만이 높은 가치를 매긴다는 점을 인식한다면, 그들은 최고가격 봉인경매(다른 사람들이 생각하는 가치를 고려해야 함)보다 차점가격 봉인경매(자신의 작품에 대해 자신이 생각하는 가치만을 고려하면 됨)에서 자신들의 작품에 대해 더 높은 가격을 매길 것이다.

반면에 창조자들이 만든 종이개구리와 종이학에 대해 높은 가치를 매기는 것은 자신들밖에 없다는 점을 인식하지 못한다면, 그들은 최고가격 봉인경매와 차점가격 봉인경매에서 모두 비슷하게 자신들의 작품에 대해 높은 가격을 매길 것이다. 그렇다면 아마추어 종이접기 창조자들은 자신들이 만든 작품에 대해 다른 사람들이 그리 높은 평가를 내리지 않을 거라는 점을 알고 있었을까?

이번 실험에서 창조자들은 최고가격 봉인경매와 차점가격 봉인경매에서 자신들의 작품에 대해 모두 비슷한 가격을 매겼다. 이와 같은 실험 결과는 사람들이 직접 만든 뭔가를 높게 평가하는 경향을 가지고 있음과 동시에 그러한 경향을 제대로 인식하지 못한다는 점을 시사한다. 즉 우리는 다른 사람들이 우리가 만든 뭔가를 우리만큼이나 높게 평가하고 사랑해줄 거라고 잘못 생각하고 있다는 것이다.

완성품과 미완성품의 애착 정도 ⩦

이와 같은 실험에 대해 논하다 보니, 내가 병원에서 지내던 시절에 배웠던 기술이 생각난다. 3도 화상을 입고 병원에 장기간 입원했던 시절, 나는 아침 6시 기상 직후의 혈액검사와 악몽과도 같았던 붕대교환 등 고통스럽고 힘든 치료를 매일같이 참아내야 했다. 따분하기는 했지만 그나마 덜 괴로웠던 치료가 작업 치료였다. 몇 개월 동안 작업 치료사는 나를 테이블에 앉혀놓고 100개의 나사를 다 끼우고, 벨크로로 된 나뭇조각들을 계속해서 붙였다 떼고, 구멍에 나무못들을 다 끼워놓는 등의 단순작업을 수행하도록 했다. 그 작업이 너무도 단순해서 작업 치료를 받다 보면 머리가 멍해지는 느낌이 들곤 했다.

작업 치료실 건너편에는 중증 발달장애를 가진 청소년들을 위한 재활센터가 있었는데, 그곳에서는 좀 더 실용적인 기술을 가르쳐주었다. 나는 나사를 돌려서 끼우는 것보다는 재활센터에서 가르쳐주는 것들이 좀 더 재미있겠다는 생각에 재활센터의 이런저런 강좌를 들었다.

몇 달 동안 재활센터를 들락거리며 재봉기술과 뜨개질, 목공술 따위를 배웠다. 화상 때문에 손을 제대로 쓰지 못했던 나에게 이런 작업은 결코 쉬운 일이 아니었다. 작업은 언제나 뜻대로 진행되지 않았지만, 나는 뭔가를 만들어내기 위해 열심히 노력했다.

반복적으로 100개에 달하는 나사못을 끼우는 작업 따위를 해야만 했던 작업 치료는 따분하고 지겨운 일이었던 반면에, 재활센터의 강좌는 즐거웠고 그 시간이 기다려졌다. 하지만 작업 치료사들은 나를 다시 따분한 단순작업으로 돌려보내려 했다. 물론 그들이 진행했던 작업 치료 역시 분명 높은 가치를 지니고 있었을 것이다. 그런데도 나는 뭔가를 직접 만드는 것에서 즐거움과 자부심을 느꼈다.

재활센터의 과정 가운데 가장 잘했던 것은 재봉틀을 다루는 일이었다. 나는 재봉틀을 이용해 베갯잇도 만들고 친구들을 위한 재미난 모양의 옷도 만들었다. 분명 내가 만든 베갯잇이나 옷은 아마추어 실험참여자들이 만든 종이작품들과 비슷한 수준의 것들이었다. 베갯잇의 모서리는 반듯하지 않았고, 셔츠들도 모양이 이상했다. 그런데도 그것들은 나에게 자부심을 갖게 해주었다. 특히 론 와이즈버그^{Ron Weisberg}라는 친구에게 만들어주었던 파란색과 하얀색이 섞여 있던 알로하 셔츠는 역작이었다. 나는 그 하와이 스타일의 셔츠를 만드는 데 엄청난 공을 들였다.

20년도 더 지난 일인데도 나는 그 셔츠를 어떻게 만들었는지, 셔츠의 모양이 어땠는지 아직도 기억이 생생하다. 얼마나 그 셔츠에 애착을 가졌는지 몇 년 전에 와이즈버그를 만났을 때에는 그 알로하 셔츠가 기억나느냐고 물어보기까지 했다. 하지만 나와는 달리 와이즈버그는 어렴풋이 기억할 뿐이었다.

재활센터에서 나는 카펫과 재킷, 심지어 나무를 깎아 체스말도 만들려고 시도했다. 나는 이러한 것들을 만들기 위해 의욕적으로 도전했고, 상당한 시간과 노력을 투입했다. 하지만 불행히도 내 능력 밖의 일이었다. 결국에는 중간에 모두 포기했다. 그런데 흥미롭게도 내가 완수하지 못했던 이러한 작업물들에 대해서는 별다른 애착을 느끼지 못했다. 그토록 많은 시간과 노력을 투입했는데도 말이다.

재활센터에서 직접 경험했던 이러한 일들을 떠올리면서 나는 직접 만든 뭔가에 애착을 갖고 그것을 높게 평가하기 위해서는 그 뭔가를 만드는 작업을 완수해야 하는 게 아닌가 하는 생각이 들었다. 다시 말해 이케아 효과를 유발하기 위해서는 수행 작업을 성공으로 이끌거나, 적어도 그 작업을 끝마쳐야 하는 게 아닌가 하는 생각을 갖게 된 것이다.

이케아 효과에 대해 알아보기 위해 실시한 실험에서는 더 많은 노력이 더 큰 애착과 더 높은 가치평가로 이어진다는 결론을 얻었다. 이것만 놓고 본다면, 자신이 뭔가를 직접 만드는 일에 더 많이 참여할수록 더 큰 자부심과 소유의식을 느낀다는 추론을 내릴 수 있다. 하지만 단순히 노력을 투입하는 것만으로는 충분치 못하다면 어떻게 되겠는가? 작업의 완수 역시 애착을 유발하는 중요한 요인이라면 어떻게 되겠는가?

이를 알아보기 위해서는 우리가 애착을 갖게 된 물건들만이 아니라, 만들다가 창고에 그대로 처박아둔 물건들에 대해서도 생각해볼 필요가 있다. 만들다가 만 선반, 잘못 그려서 중단한 그림, 한쪽으로 기울어진 도자기 같은 것들 말이다.

작업의 완수 여부가 뭔가에 대한 애착을 유발하는 중요한 요인인지를 확인하기 위해 노턴과 모촌과 나는 종이접기 실험에 약간의 변화를 주기로 했다. 그 실험에 실패라는 요소를 추가하기로 한 것이다. 우리는 원래의 종이접기 설명서에서 종이접기 기호에 대한 설명 부분을 뺐다. 내가 사용했던 이케아의 장난감정리함 조립설명서와 마찬가지인 셈이었다.

이번 실험에 대해 좀 더 체계적으로 이해하고자 한다면, 당신이 직접 우리가 실험참여자들에게 제시했던 다음의 설명서를 따라 종이

1부 직장에서 발어지는 인간 행동에 관한 진실

접기를 해보라. 일반적인 A4 용지를 정사각형으로 자른 뒤 다음 페이지에 제시된 설명서를 참고해 종이작품을 만들어보라.

당신이 설명서에 나와 있는 종이접기 기호의 의미를 몰라 종이개구리라고 만든 종이작품이 트럭에 깔린 아코디언 모양처럼 나왔다고 하더라도 실망하지 말기를 바란다. 종이접기 기호에 대한 정보가 제외된 설명서를 따라 종이작품을 만들었던 우리 실험의 참여자들 가운데 반수가 기괴한 모양의 종이작품을 만드는 데 그쳤고, 나머지 반수는 종이접기를 하던 중간에 포기하고 말았기 때문이다.

앞에서 소개했던 제대로 된 종이접기 설명서와 이번의 종이접기 설명서를 비교해보면, 어떤 정보가 빠져 있는지 쉽게 발견할 수 있을 것이다. 하지만 변형된 어려운 조건을 제시받은 실험참여자들은 여러 가지 모양의 화살표들이 정확히 무엇을 뜻하는지 모르는 상태에서 종이접기 작업을 수행해야 했다.

이번 실험까지 마친 다음에 우리는 실험에 참여했던 사람들을 세 개의 그룹으로 분류했다. 첫 번째 그룹은 쉬운 설명서를 제시받아 종이접기를 완성했던 사람들이었고, 두 번째 그룹은 까다로운 설명서를 제시받아 어렵게 종이접기를 완성했던 사람들이었다. 마지막 세 번째 그룹은 까다로운 설명서를 제시받아 종이접기를 완성하지 못했던 사람들이었다.

이제 생각해보자. 까다로운 조건이 제시되어 보다 어렵게 종이접기를 하고 이상하게 생긴 완성품을 갖게 된 사람들과, 상대적으로 쉽게 종이접기를 하고 보기 좋은 완성품을 갖게 된 사람들이 있을 때, 어떤 사람들이 자신의 작품에 대해 더 높은 가치를 부여할까? 그리

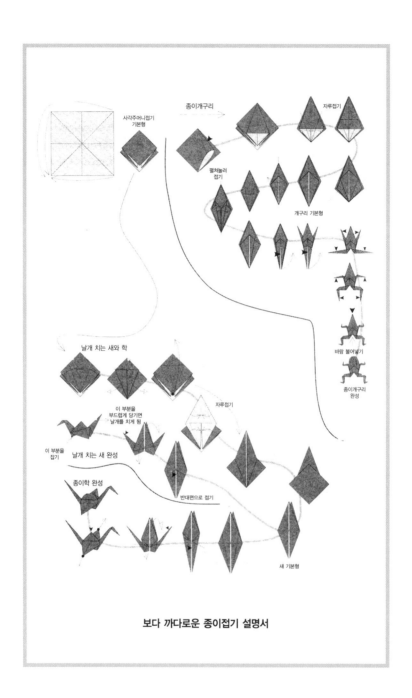

사각주머니접기
기본형

종이개구리

자루접기

펼쳐눌러
접기

개구리 기본형

바람 불어넣기

종이개구리
완성

날개 치는 새와 학

이 부분을
부드럽게 당기면
날개를 치게 됨

자루접기

이 부분을
접기

날개 치는 새 완성

반대편으로 접기

종이학 완성

새 기본형

보다 까다로운 종이접기 설명서

고 까다로운 조건에서 종이접기를 완성한 사람들과, 역시 까다로운 조건에서 종이접기를 완성하지 못한 사람들 사이에는 어떤 차이가 있을까?

우리가 관찰한 바에 따르면, 까다로운 조건에서 종이접기를 완성한 사람들이 자신의 작품에 대해 가장 높은 가치를 부여했다. 반면에 까다로운 조건에서 종이접기를 완성하지 못한 사람들은 자신의 작품에 대해 가장 낮은 가치를 부여했다.

이러한 실험 결과는 어떤 대상에 대해 더 많은 노력을 투입할수록 그 대상에 대해 더 큰 애착을 갖게 되며, 이는 그 대상에 대한 작업을 완수했을 때에 한정된다는 것을 의미한다. 노력으로부터 결실을 얻지 못하면 그러한 노력의 결과물에 대한 애착도 크게 떨어진다. 이러한 원리는 연인들 간의 사랑에도 그대로 적용된다. 사귀는 사람에게 마음을 쉽게 열지 않는다면 상대방은 당신과의 관계를 더욱 소중하게 생각할 것이다. 하지만 상대방에게 너무 가혹하게 굴고 계속해서 상대방을 거부하면 상대방은 단지 '친구 사이'로 남는 것도 거부할지 모른다.

모호한 조립설명서가 과연 쓸모 있을까? ⨓

어떤 대상에 대한 노력과 관련해 실험을 한 결과 다음과 같은 네 가지 원리가 도출되었다.

- 어떤 대상에 투입되는 우리의 노력은 그 대상에 대한 애착뿐만 아니라 그 대상을 평가하는 방식까지도 바꾼다.
- 어떤 대상에 대해 더 많은 노동을 투입할수록 그 대상에 대해 더 큰 애착을 갖는다.
- 우리는 자신이 직접 만든 것들에 대해 진심으로 높은 가치를 부여하기 때문에 다른 사람들 역시 높게 평가해줄 것으로 기대한다.
- 아무리 많은 노력을 투입했다 하더라도 완성하지 못한 물건에 대해서는 그리 큰 애착을 갖지 않는다.

이러한 원리를 기반으로 노동과 휴식에 대한 사람들의 일반적인 관념에 대해 생각해보자. 노동에 대한 단순한 경제 모델들은 우리 인간을 미로 속의 생쥐 정도로 취급한다. 그 어떤 노동이리 해도 우리가 행하는 노동은 달갑지 않으며, 불만과 스트레스의 원인이 되고, 우리를 편안한 상태에서 더욱 멀어지도록 만든다는 것이다.

이러한 경제 모델들을 받아들인다는 것은 일을 회피하고 쉬는 시간을 늘릴수록 인생의 즐거움이 극대화된다는 관념을 받아들이는 것과 같다. 실제로도 많은 사람들이 이상적인 휴가란 이국적인 해변에 길게 누워 모히토 같은 음료를 마시며 보내는 휴가라고 생각한다. 여전히 많은 사람들은 이러한 경제 모델들을 받아들인다.

마찬가지로 우리는 직접 가구를 조립하는 것을 싫어할 거라고 생각하고는 완성된 형태의 가구를 구입한다. 거실에서 서라운드 사운드로 영화를 보고 싶지만, 직접 복잡한 스피커 배선을 하면 많은 스트레스를 받을 거라고 생각하고는 누군가에게 돈을 주고 스피커 배선을 대신 해줄 것을 부탁한다.

우리는 정원에 앉아 휴식을 취하는 것을 좋아하지만, 직접 꽃을 심거나 잔디를 깎으면 온몸이 땀과 흙으로 범벅이 되어 불쾌해질 거라고 생각한다. 그래서 돈을 주고 다른 사람들을 불러 대신 해달라고 부탁한다.

우리는 맛있는 음식을 먹고 싶어하지만, 식재료를 구입하고 조리를 하는 과정은 너무 번거롭다고 생각한다. 그래서 밖에 나가 음식을 사먹거나, 아니면 즉석 조리식품의 포장을 뜯어 전자레인지 속으로 집어넣는다.

이처럼 직접 노동을 하지 않음으로써 우리는 휴식을 취할 수는 있다. 하지만 편리함에 대한 대가로 진정한 즐거움은 포기하고 있는지도 모른다. 장기적인 관점에서 우리는 종종 뭔가를 직접 행함으로써 진정한 만족을 얻을 수 있기 때문이다. 물론 다른 사람들이 우리보다 스피커 배선이나 정원 가꾸기를 더 잘할 수도 있다. 내 경우만 보더라도 그렇다. 하지만 스스로에게 이렇게 물어보라.

"내가 직접 작업을 한다면 새로운 텔레비전, 스피커 시스템, 정원, 요리 같은 것들을 얼마나 더 많이 좋아하게 될까?"

실험 결과에서 알 수 있듯이 당신이 어떤 일을 직접 작업하고 완수해내면 그 대상에 대해 더 큰 애착을 갖게 될 가능성이 크다. 이케아의 경우를 생각해보라. 분명 이케아의 가구들은 조립하기 어려울 때가 종종 있다. 조립설명서가 누구나 쉽게 따라할 만큼 충분히 쉬운 것이 아니기 때문이다. 하지만 '세미 홈메이드' 방식을 높게 평가하는 나는 시간과 노력을 기꺼이 투입해 가구를 직접 조립했다. 다음번에도 반조립품 책장을 사다가 집에서 직접 조립하면 여전히 힘이 들고 스트레스를 받을 것이다. 하지만 나는 내가 조립한 가구에 더욱 애착을 갖게 될 테고, 오랫동안 그 가구를 보며 큰 즐거움을 얻게 될 것이다.

개인주의 바이러스

:

내 아이디어가
네 아이디어보다 낫다?

내가 연구한 것들을 주제로 기업 경영자들에게 프레젠테이션을 할 기회가 있었다. 나는 연구 결과를 활용하여 그들이 더 나은 제품을 만들어내기를 바랐다. 한편으로는 그들이 내가 제안한 아이디어를 활용했을 때 어떤 결과가 나왔는지도 알고 싶었다.

한번은 은행 경영자들을 만나 고객들에게 급여를 받자마자 다 써버리도록 유도하는 게 아니라 미래를 위해 더 많이 저축하도록 유도해야 한다고 강조하면서, 그것과 관련된 몇 가지 방법들을 제안했다.

당시 나는 돈의 기회비용을 계산하는 것이 상당히 까다로운 일이 될 수 있다는 점을 지적했다. 이를테면 내가 오늘 새 차를 산다면 미래에 무엇을 못하게 될지 생각해보도록 했다. 그러면서 은행 측에서 고객들에게 지금 돈을 써버리는 것과 내일을 위해 저축을 하는 것 사이에 어떤 차이가 있는지를 구체적으로 보여주는 데 활용할 수 있는 몇 가지 방법들을 소개했다. 이를 통해 고객들이 돈과 관련해 더욱 효과적인 의사결정을 내리게 되면, 결국은 은행의 고객 기반이 강화되고 은행에 대한 고객들의 충성도가 높아질 거라는 게 나의 생각이었다.

하지만 안타깝게도 그 자리에 있던 은행 경영자들은 나의 프레젠테이션 내용에 별다른 관심을 보이지 않았다. 나는 그들의 관심을 끌기 위해 프레젠테이션 도중 마크 트웨인Mark Twain이 쓴 수필 〈몇 가지 국가적인 바보 행위들Some National Stupidities〉을 소개했다. 이 수필에서 트웨인은 독일산 스토브를 칭찬하면서 크고, 못생기고, 불을 때는 동안에는 옆에서 사람이 계속 지켜봐야 하는 나무스토브를 고수하는 미국인들을 안타까워했다.

우리가 살고 있는 이 세계의 어느 한 분야에서 다른 분야의 값진 아이디어를 느리게 수용하는 경향은 이해할 수 없으며 설명도 잘 되지 않는다. 이러한 바보 같은 모습은 어느 한 지역이나 어느 한 국가에 국한된 것이 아니다. 우리가 살고 있는 세상에서 보편적으로 나타나고 있다. 인류는 값진 아이디어를 빌려오는 일에 느린 것이 사실이다. 그리고 그러한 것을 빌려올까봐 저항하는 경우도 종종 있다.

일례로 독일산 스토브를 생각해보라. 하얀색 자기로 장식된 거대한 스토브가 어느 공간의 한쪽 구석에 높게 솟아 있는 것을 보면 근엄하고 매정한 느낌마저 들고, 죽음이나 무덤 같은 것이 연상되기도 한다. 그런데 이와 같은 것을 독일어를 사용하는 나라들을 제외하고 어느 곳에서 찾아볼 수 있단 말인가? 나는 독일어를 사용하는 나라 이외의 지역에서 독일산 스토브를 단 한 번도 본 적이 없다. 하지만 이것은 지금까지 발명된 스토브들 가운데 가장 편리하고 경제적인 최고의 스토브라고 자신 있게 말할 수 있다.[5]

당시의 미국인들은 직접 만든 게 아니라는 단순한 이유만으로 그토록 좋은 제품에 관심을 갖지 않았다는 것이 트웨인의 생각이었다.

이제 다시 무관심한 표정들로 가득한 회의실에서 홀로 강단 앞에 서 있는 나에게로 돌아와보자. 나는 그 자리에 있던 은행 경영자들에게 좋은 아이디어를 제시했다. 그것도 뜬구름 잡는 아이디어가 아니라 분명한 자료가 뒷받침되어 있던 아이디어였다. 하지만 그들은 어떠한 반응도 보이지 않았고, 그 아이디어에 어떤 기회가 있는지 알아보려고도 하지 않았다.

나는 그들이 내 아이디어에 그토록 흥미를 갖지 못하는 이유는 그 아이디어가 그들의 것이 아니라 내 것이기 때문이 아닐까 하는 생각이 들었다. 만약 그렇다면 나는 그 자리에 있던 은행 경영자들이 내 아이디어를 그들 자신의 것으로 생각하도록 만들었어야 하는 게 아닐까? 적어도 일부만이라도 말이다. 만약 그렇게 했다면 그들은 내 아이디어에 더 많은 관심을 표하지 않았을까?

당시의 일을 생각하면 오래전에 만들어졌던 페덱스[FedEx]의 텔레비전 광고가 떠오른다. 타이와 셔츠 차림을 한 직원들이 회의실 탁자에 둘러앉아 있고, 그들 앞에 사장으로 보이는 사람이 나와 앞으로는 기업의 비용을 줄여야 한다고 말한다. 그때 약간 우울해 보이고 곱슬머리를 한 직원이 다음과 같이 제안한다.

"일단 페덱스의 온라인 시스템을 이용하면 운송비를 10퍼센트는 줄일 수 있습니다."

그러자 나머지 직원들은 조용히 사장만을 바라보며 숨을 죽인다. 사장은 두 손으로 턱을 괸 채 가만히 있을 뿐이다. 그러다 갑자기 허공에 대고 손을 흔들면서 우울해 보이던 직원이 했던 말을 똑같이 따라하고, 나머지 직원들은 알랑거리며 그런 사장의 말에 환호한다. 그러자 우울해 보이던 직원은 사장의 말은 자신이 방금 했던 말이 아니냐고 따져 묻는다. 이에 사장은 여전히 허공에다 손을 흔들어대면서 이렇게 답한다.

"하지만 자네는 이런 손동작을 하지는 않았잖아."

페덱스의 광고는 단순히 유머 광고가 아니었다. 사람들이 자신의 아이디어와 타인의 아이디어를 어떻게 대하는지를 보여주는 아주 좋은 예였다. 사람들이 어떤 아이디어를 값진 것으로 여기기 위해서는 그 아이디어를 직접 내놓거나, 적어도 그 아이디어가 자신이 내놓은 거라고 믿어야 한다는 게 내 생각이다.

자신의 아이디어를 더욱 가치 있게 여긴다는 것은 비즈니스 세계의 일반적인 통념이며, 비즈니스 세계의 다른 중요한 관념들과 마찬가지로 여기에도 비공식적인 용어가 부여되어 있다. 그것은 바로 NIH^{Not Invented Here} 신드롬이다. NIH 신드롬이란 자신이 만들어낸 것이 아니라면 그것은 그다지 큰 가치가 없다고 생각하는 사고방식을 의미한다.

내 것이라면 무조건 좋아

자신이 직접 만든 물리적인 제품에 대한 애착을 이해한 뒤(3장에서 소개한 이케아 효과의 내용이 그것이다) 나는 그러한 애착의 과정이 물리적인 실체가 없는 아이디어에 대해서도 적용되는지 알고 싶었다.

이번 실험은 이스라엘 벤구리온 대학의 라첼리 바르칸 교수와 듀크 대학 박사과정에 있던 스티븐 스필러Stephen Spiller 등과 함께 진행했다. 우리는 이 실험에서 자기만의 아이디어를 만들어내는 것과 자기만의 장난감정리함을 만드는 것 사이에 어떤 유사성이 있는지를 확인하고자 했다.

우리는 미래학자이면서 〈뉴욕타임스The New Times〉에서 과학 칼럼니스트로 활동하는 존 티어니John Tierney에게 그의 블로그에 우리의 실험을 소개해달라고 부탁했다. 그의 블로그 방문자들 중에서 실험참여자들을 찾을 생각이었던 것이다.[6]

수많은 사람들이 티어니의 블로그를 통해 실험에 참여하겠다는 의사를 표했다. 우리는 그 사람들에게 범지구적인 몇 가지 문제들을 제시하고, 그 해법에 대해 평가해달라고 요청했다. 서로 다른 실험조건에 따라 일부 실험참여자들은 자신만의 해법을 제안한 다음 그 해법에 대해 평가를 하게 되었고, 나머지 실험참여자들은 바르칸과 스필러와 내가 제안한 해법에 대해 평가를 하게 되었다.

첫 번째 실험에서 우리는 일부의 실험참여자들에게 다음 세 가지 문제에 대한 각각의 해법을 제안해달라고 요청했다. 우리는 이와 같은 실험조건을 '창조조건'이라고 지칭했다.

- **문제 1:** 어떻게 하면 지역사회가 강력한 규제 없이도 물 사용량을 줄일 수 있겠습니까?
- **문제 2:** 개인들이 우리나라의 GNH^Gross National Happiness(국민총행복) 지수를 높이는 데 기여할 수 있는 방법으로는 무엇이 있겠습니까?
- **문제 3:** 자명종시계를 더욱 효과적으로 만들 수 있는 혁신적인 방법으로는 무엇이 있겠습니까?

창조조건 아래 실험에 참여한 사람들에게 이 문제들에 대한 해법을 제안하도록 한 다음, 우리는 그들에게 해법의 성공 가능성과 실용성에 대해 스스로 평가해줄 것을 부탁했다. 그리고 자신의 해법을 실제로 추진하는 경우 얼마의 시간과 돈을 기부할 의향이 있는지도 물어보았다.

우리는 이번 실험에서도 비창조조건을 만들어 제시했다. 비창조조건 아래 실험에 참여한 사람들에게는 각각의 문제들에 대해 자신만의 해법을 제안해줄 것을 요청하지 않았다. 대신 각각의 문제들에 대해 바르칸과 스필러와 내가 미리 해법을 제시한 다음, 실험참여자들에게 그것의 성공 가능성과 실용성에 대해 평가해줄 것을 부탁했다. 그리고 우리가 제시한 해법을 실제로 추진하는 경우 얼마의 시간과 돈을 기부할 의향이 있는지도 물어보았다.

모든 경우에서 실험참여자들은 자신이 직접 제안한 해법이 훨씬 실용적이고 더 높은 성공 가능성을 지니고 있다는 평가를 내렸다. 또한 바르칸과 스필러와 내가 제시한 해법을 추진할 때보다 자신들이 직접 제안한 해법을 추진할 때 더 많은 시간과 돈을 기부하겠다는 응답을 했다.

우리는 사람들의 NIH 성향에 대한 실증을 얻게 되어 기뻤다. 하지만 실험참여자들이 그와 같은 응답을 하게 된 정확한 이유까지 알게 된 것은 아니었다. 어쩌면 객관적으로 평가하더라도 우리가 제시한 해법보다 실험참여자들이 직접 제안한 해법들이 정말로 더 나은 것이었을 수도 있다. 아니면 그들의 아이디어들이 우리가 제시한 아이디어들보다 더 낫지는 않더라도, 그들의 독특한 세계관을 통해 본다면 자신의 아이디어들이 더 좋게 보였을 수도 있다.

극단적인 경우를 예로 들면, "개인들이 우리나라의 GNH 지수를 높이는 데 기여할 수 있는 방법으로는 무엇이 있겠습니까?"라는 질문에 열성적인 종교인은 "모든 사람이 종교모임에 매일같이 참석해야 합니다."라는 답을 했다. 어쩌면 그 사람은 그 답이 절대적으로 옳다고 믿었을 것이다. 반대로 확고한 무신론자는 똑같은 질문에 대해 "모든 사람이 종교를 포기하고, 대신에 올바른 식사와 운동을 하는 데 관심을 기울여야 합니다."라고 답했다. 사람들은 자신이 제안한 아이디어가 자신의 독특한 믿음이나 성향에 부합되기 때문에 더욱 가치 있는 것으로 여길 수도 있다.

우리는 첫 번째 실험의 결과를 더욱 심도 있게 고찰할 필요가 있다는 판단을 내렸다. 실험참여자들이 자신의 아이디어를 더욱 높게 평가한 원인이 정말 객관적으로 더 나았기 때문인지, 아니면 그들의 독특한 세계관 때문인지, 그것도 아니면 단지 자신이 직접 아이디어를 (적어도 아이디어 가운데 일부라도) 내어놓았기 때문인지 아직은 확신할 수 없었다.

일단 우리는 NIH 성향에 따른 자신의 아이디어에 대한 애착에 초점을 맞추어 아이디어의 객관적인 우수성이나 실험참여자의 독특한 세계관이 별다른 영향을 끼치지 않는 실험조건을 만들어냈다. 그렇다고 이 두 가지 요인들이 현실세계에서 작용하지 않는다는 의미는 아니다. 이 두 가지 요인들은 현실세계에서 분명히 작용한다. 다만 우리는 어떤 아이디어를 자신이 직접 제안했다는 것만으로도 과대평가의 요인이 되는지를 확인하고자 했을 뿐이다.

우리는 이러한 목표를 가지고 새로운 실험조건을 만들었다. 이번에는 실험참여자들에게 여섯 가지 문제를 제시했다. 세 가지는 첫 번째 실험에서 사용했던 것들이고, 나머지 세 가지는 두 번째 실험을 위해 새로 만든 것들이었다. 다음에 나와 있는 여섯 가지 문제와 각각의 문제에 대해 우리가 제시한 해법을 읽어보기 바란다.

- **문제 1:** 어떻게 하면 지역사회가 강력한 규제 없이도 물 사용량을 줄일 수 있겠습니까?

  제안한 해법: 잔디에 물을 줄 때 가정폐수를 정화한 중수도를 이용한다.
- **문제 2:** 개인들이 우리나라의 GNH 지수를 높이는 데 기여할 수 있는 방법으로는 무엇이 있겠습니까?

  제안한 해법: 불특정 다수를 대상으로 자주 친절을 베푼다.
- **문제 3:** 자명종시계를 더욱 효과적으로 만들 수 있는 혁신적인 방법으로는 무엇이 있겠습니까?

  제안한 해법: 사용자가 자명종시계의 스누즈 버튼을 누르면 그가 늦잠을 자고 있다는 사실이 회사 동료들에게 이메일로 전달되는 기능을

추가한다.

- **문제 4:** 어떻게 하면 소셜 네트워크 사이트들이 정보의 흐름을 제한하지 않으면서 사용자의 개인정보를 보호할 수 있겠습니까?

  제안한 해법: 기본적으로는 개인정보 디폴트 세팅과 관련된 규정을 엄격하게 적용하되, 사용자가 필요로 하는 경우 그것을 공개할 수 있도록 허용한다.

- **문제 5:** 선거운동과정에서 낭비된 돈을 회수할 수 있는 방법으로는 무엇이 있겠습니까?

  제안한 해법: 후보들에게 홍보에 사용하는 돈에 비례해 자선 활동에 돈을 기부할 것을 요구한다.

- **문제 6:** 은퇴에 대비해 미국인들이 더 많은 저축을 하도록 유도할 수 있는 방법으로는 무엇이 있겠습니까?

  제안한 해법: 회사 내 음료수자판기 주변에서 동료들과 은퇴에 대비한 저축에 관해 대화를 나눈다.

두 번째 실험에서 우리는 실험참여자들을 창조자들과 비창조자들로 구분하지 않고 모두 '반창조자'로 만들었다. 각각의 실험참여자들에게 세 가지 문제에 대해서는 우리가 제시한 해법을 평가해줄 것을 요청하면서(이 경우 실험참여자들은 비창조자가 된다), 나머지 세 가지의 문제에 대해서는 실험참여자들에게 직접 해법을 제안하고 그것을 스스로 평가해줄 것을 요청했던 것이다(이 경우 실험참여자들은 창조자가 된다).↑

두 번째 실험은 기본적으로 첫 번째 실험과 동일하게 진행했다. 다만 사람들의 NIH 성향을 더욱 분명하게 확인하기 위해 몇 가지 중요한 실험조건들을 만들었다. 즉 실험참여자들이 자신만의 해법을 제안함으로써 애착을 갖도록 하되, 그들이 제안하는 해법이 우리가 미리 제시하는 해법과 상당히 유사하도록 한 것이다. 이를 통해 우리는 실험참여자들이 객관적으로 더 나은 해법을 제시하거나 그들의 독특한 세계관이 평가에 작용하는 가능성을 사전에 차단하려 했다. 어떻게 우리가 이러한 실험목표를 달성할 수 있었을까?

두 번째 실험의 진행과정을 논하기에 앞서 우리가 실험참여자들에게 제시했던 여섯 가지 문제와 그에 대한 해법을 읽어보기 바란다. 실험참여자들은 여섯 가지 문제 가운데 무작위로 선택된 세 가지 문제는 우리의 해법과 함께 제시받았고, 나머지 세 가지 문제는 문제만을 제시받았다.

실험참여자들이 직접 해법을 제안한 세 문제를 제시할 때는 우리가 건네준 리스트에 있는 50개의 단어만을 사용하도록 요구했다. 우리는 50개의 단어 리스트를 각각의 문제에 대해 하나씩 만들면서 리스트마다 우리가 미리 제안한 해법에 나오는 단어들 및 그 단어들과 유사한 단어들을 포함시켰다. 이와 같은 조건에서는 실험참여자들이 자신만의 해법을 제안한다 해도 그 해법은 우리가 제안한 해법과 상당히 유사한 것이 될 터였다.

다음에 예시된 단어 리스트를 보라. 이 단어 리스트는 "어떻게 하면 지역사회가 강력한 규제 없이도 물 사용량을 줄일 수 있겠습니까?"

↑
실험참여자들에게 제시되는 문제들의 순서는 매번 무작위로 결정되었다.

라는 문제와 함께 실험참여자들에게 제시된 것이다. 우리는 이러한 단어 리스트에 또 하나의 장치를 숨겨두었다. 바로 맨 위의 두 줄에 우리가 미리 제안한 해법(잔디에 물을 줄 때 가정폐수를 정화한 중수도를 이용한다)을 구성하는 단어들을 배치함으로써 실험참여자들이 만들어내는 해법과 우리가 제안한 해법이 최대한 일치하도록 유도했던 것이다.

이번 실험에서 우리가 제시한 해법들과 실험참여자들이 직접 제안한 해법들에 대해 실험참여자들이 내린 평가를 비교해보았다. 이번에도 역시 실험참여자들은 자신들이 직접 제안한 해법들에 더 높은 평가를 내렸다.

water	recycled	lawns	household
using	treated	recovered	drains
from	gray	watering	on
shower	gardens	crops	to
used	mostly	semi	down
dirty	instead	clean	the
domestic	consumption	set	home
an	already	irrigation	reuse
partly	partially	then	by
system	activities	clarify	a
sprinkler	use	purify	recycle
other	in	wash	for
an	of		

이번 실험에서는 각각의 문제에 대해 실험참여자들이 직접 제안한 해법들과 우리가 제시한 해법들이 상당히 비슷했기 때문에 아이디어의 객관적인 우수성이나 실험참여자 개인의 독특한 세계관이 작용할 여지는 거의 없었다. 그런데도 이와 같은 실험 결과가 나타난 이유는 실험참여자들 사이에서 NIH 성향이 강력하게 작용했기 때문이라고 말할 수 있다. 또한 이번 실험을 통해 우리가 어떤 아이디어를 창조했다는 인식을 갖게 되면, 아이디어에 애착을 갖게 될 뿐만 아니라 아이디어의 유용성과 중요성을 더욱 높게 평가한다는 결론을 내렸다.

사실 우리가 실험참여자들에게 요구한, 50개의 단어를 이용해 어떤 아이디어를 만들어내는 일은 어느 정도의 노력이 필요한 작업이다. 여기서 우리는 그리 큰 노력을 투입하지 않은 아이디어에 사람들이 정말 애착을 갖게 되는지 궁금해졌다. 아이디어의 영역에서도 산드라 리의 세미 홈메이드 효과가 발생하는지 알고 싶어진 것이다.

실험참여자들에게 우리의 해법을 제시하면서 문법적으로 틀린 해법을 제시하면 어떨까? 문제에 대한 해법의 문법을 바로잡는 간단한 노력만으로도 사람들은 그렇게 해서 나오는 해법에 대해 애착을 갖게 되고, 결국 그 가치를 더 높게 평가하게 될까? 일례로 우리가 실험참여자들에게 제시했던 다음과 같은 문제를 생각해보자.

- **문제 1**: 어떻게 하면 지역사회가 강력한 규제 없이도 물 사용량을 줄일 수 있겠습니까?

존 티어니의 블로그를 통해 우리의 실험에 참여하게 된 사람들에게 우리는 문법적으로 옳은 해법을 제시한 뒤 평가해줄 것을 요구했다. 그때 그들은 어떤 평가를 내리게 될까? 만약 우리가 문법적으로 잘못된 해법을 제시한 다음, 실험참여자들에게 옳은 문장으로 바꾸라고 요구한다면 어떤 일이 일어날까?

다음은 우리가 제시했던, 문법적으로 옳은 해법이다.

- **문법적으로 옳은 해법:** 잔디에 물을 줄 때 가정폐수를 정화한 중수도를 이용한다.

다음은 우리가 제시했던, 문법적으로 잘못된 해법이다.

- **문법적으로 잘못된 해법:** 잔디 가정폐수 중수도 이용 정화 물

실험참여자들이 이렇게 뒤죽박죽인 단어들을 이용해 해법을 제시하라는 요구를 받았을 때 어떤 일이 일어났을까? 쉽게 예상할 수 있는 일이 일어났다. 뒤섞여 있는 단어들을 이용해 해법을 만들어내는 것만으로도 실험참여자들은 자신이 만들어낸 해법에 대해 애착을 갖게 되었고 그에 대해 우리가 제시했던, 문법적으로 옳은 해법보다 더 높은 가치를 부여했다.

이번에도 우리는 마크 트웨인의 생각이 옳았다는 것을 확인할 수 있었다.

발명왕 에디슨의 집착

여기까지 이르면 다음과 같은 의문이 드는 분들도 있을 것이다.

"자신의 아이디어에 애착을 갖는 성향이 배제되는 분야는 정말로 없단 말인가? 이를테면 과학연구 분야 같은 것 말이다. 한 사람의 아이디어가 객관적으로 판단되는 분야는 정말 존재하지 않을까?"

대학에서 연구를 하고 있는 학자로서 나는 순수하고 객관적인 과학의 세계에서 학자가 자신의 아이디어에 애착을 갖는 일은 결코 일어나지 않는다고 말하고 싶다. 그리고 과학자들은 증거와 데이터를 가장 중시하며, 자존심이나 편견에 휘둘리지 않고, 지식의 발전이라는 공동 목표를 향해 서로 협력한다고 생각하고 싶다.

하지만 엄밀히 말해 과학연구도 인간에 의해 행해지고 있다. 과학연구를 하는 사람들도 시간당 20와트의 전력을 소모하면서 계산하는 작은 컴퓨터(사람의 두뇌)에 의해 조종을 받고 있으며, 다른 사람들과 마찬가지로 자기 자신의 창조물에 애착을 갖는 성향을 가지고 있다.

과학자들은 자신들의 NIH 성향을 '칫솔이론'으로 설명하기도 한다. 모두가 칫솔을 필요로 하고 다들 하나씩 가지고 있지만, 어느 누구도 다른 사람의 칫솔은 사용하기를 원하지 않는다는 것이다. 이에 대해 당신은 이렇게 주장할지도 모른다.

"잠깐만요, 과학자들이 자신의 이론에 대해 애착을 갖는 것은 아주 좋은 일이 아닌가요? 이러한 애착이 과학자들로 하여금 비좁은 연구실이나 지하실에서 몇 주 혹은 몇 달 동안 지루하고도 반복적인 연구 활동을 계속하도록 하는 동기로 작용하니까요."

물론 틀린 말은 아니다. 사람들의 NIH 성향은 자신의 일에 깊이 몰입하거나, 자신의 아이디어를(혹은 자신의 것이라고 생각하게 된 아이디어를) 계속해서 추구하는 원동력으로 작용할 수 있다. 하지만 당신도 NIH 성향이 지닌 어두운 면을 짐작할 수 있을 것이다. 자신의 아이디어에 지나치게 집착하게 된 나머지 엄청난 비용을 치른 유명한 사례가 있다. 바로 발명가 토머스 에디슨^{Thomas Edison}의 사례다. 자카리 쇼어^{Zachary Shore}는 자신의 책《생각의 함정 *Blunder*》에서 에디슨이 직류전기에 지나치게 집착한 나머지 교류전기가 주는 기회를 상실했던 사례를 소개하고 있다.

당시 에디슨의 회사에서 일했던 세르비아 출신의 발명가 니콜라 테슬라^{Nikola Tesla}는 교류전기를 개발하면서 직류전기는 전구 정도의 기기를 밝힐 수 있을 뿐이지만, 자신이 개발한 교류전기는 똑같은 전력망을 사용하면서도 거대한 산업기계를 움직일 수 있다고 주장했다. 테슬라는 현대사회는 직류전기가 아닌 교류전기를 필요로 하고 있다는 점을 지적한 셈이다. 그리고 그의 지적은 옳았다. 현대사회에서 요구하는 엄청난 양의 전력은 오직 교류전기방식을 통해서만 공급될 수 있기 때문이다.

하지만 자신의 발명에 애착을 가지고 있던 에디슨은 테슬라의 아이디어를 가차없이 폄하했다.[7]

"언뜻 들으면 그럴싸하지만 완전히 비현실적인 이야기다."

에디슨은 교류전기에 대한 특허를 가질 수도 있었다. 테슬라가 그의 회사 직원이었기 때문이다. 하지만 에디슨은 직류전기에 대한 애착이 너무나도 컸다. 그래서 교류전기의 가치를 폄하했을 뿐 아니라 그 위험성을 널리 알림으로써 사람들이 교류전기를 두려워하도록 만들려 했다.

실제로 직류전기가 흐르는 전선을 만진 사람들은 강력한 전기충격을 받기는 하지만 생명에 위협을 받을 만큼은 아니다. 반면에 교류전기가 흐르는 전선을 만진 사람들은 즉사할 수도 있다. 초기의 교류전력 시스템, 즉 19세기 뉴욕 시의 교류전력망은 체계적이지 못해 여기저기 복잡하게 설치되어 있었고, 안전장치도 마련되지 않은 상태였다. 혹시라도 전선이 끊어지면 전선수리공들은 적절한 안전장치도 없이(오늘날의 전력 시스템은 이러한 것들을 갖추고 있다) 전신주에 올라가 끊어진 전선을 이어야 했다. 그러다가 종종 감전사고를 당해 사망하는 경우도 있었다.

이러한 끔찍한 사고는 1889년 10월 11일에도 일어났다. 맨해튼 시내 복잡한 교차로 위의 전신주에서 끊어진 전선을 복구하던 수리공 존 피크스John Feeks가 작업 도중에 감전사고를 당했던 것이다. 강력한 전기충격을 받은 그는 복잡하게 얽혀 있던 전선들 위로 떨어졌고, 전선들 위에서 또다시 전기에 휩싸인 그의 발과 입과 코에서는 파란 불꽃이 튀었다. 지나가던 사람들은 전선에 걸린 채 피를 흘리는 피크스에게서 시선을 떼지 못했다. 교류전기에 의한 이러한 사고는 교류전기의 위험성을 지적하며 직류전기의 우수성을 알리고자 했던 에디슨에게는 좋은 선전도구가 되어주었다.

경쟁을 회피하지 않는 발명가로서 에디슨은 자신이 애착을 가졌던 직류전기의 미래를 단지 운에 맡기려 하지 않았다. 그는 교류전기의 치명성을 알림으로써 사람들 사이에 교류전기에 대한 공포심을 유발하고, 사람들로 하여금 직류전기를 선택하도록 유도하려 했다.

에디슨은 처음에는 자기 회사의 기술자들에게 떠돌이 고양이들과 떠돌이 개들을 교류전기로 충격을 준 뒤 사살하도록 지시했다. 이러한 캠페인을 벌임으로써 교류전기의 잠재적인 위험성을 보여주려 했던 것이다. 그러다 나중에는 흉악범들의 사형에 사용될, 교류전기를 이용한 전기의자 개발에 투자하기에 이르렀다. 이렇게 해서 개발된 전기의자에 앉아 사형을 당한 최초의 범죄자는 윌리엄 케믈러 William Kemmler로, 그의 몸은 산 채로 서서히 타들어갔다.

당시 이와 같은 에디슨의 노력은 상당한 효과를 거두었다. 사람들이 교류전기의 위험성에 공포심을 갖게 되었던 것이다. 하지만 에디슨의 노력에도 불구하고 결국 교류전기가 직류전기를 압도하게 되었다.

에디슨의 사례에서 보듯이 우리가 자신의 아이디어에 지나치게 집착하게 되었을 때 얼마나 큰 문제가 발생할 수 있는지를 극명하게 알 수 있다. 에디슨은 자신의 직류전기만을 생각했지만, 교류전기가 훨씬 더 큰 잠재력을 가지고 있었다. 우리가 자신의 아이디어에 지나치게 집착한다고 해서 에디슨이 입었던 손실만큼 피해를 입는 일은 일어나지 않을 것이다. 그러나 자신의 아이디어에 비이성적으로 집착하는 것은 위험한 일이다.

물론 NIH 성향의 부정적인 영향은 개인들에게만 해당되는 것은 아니다. 일반적으로 기업들은 신념이나 언어, 프로세스, 제품 등을 중심으로 기업문화를 창조해간다. 기업 조직 내의 사람들이 이러한 조직문화에 흡수되면 조직 내부에서 만들어진 아이디어를 조직 외부의 것보다 더욱 유용하고 중요한 것으로 인식한다.[↑]

만약 조직문화가 NIH 성향을 유발하는 중요한 요소라고 한다면, 특정 기업이나 직업 내에서만 사용되는 업무용 두문자어頭文字語(낱말의 머릿글자를 모아서 만든 약어—옮긴이)의 활용 정도를 통해 그 기업이나 직업의 NIH 성향이 얼마나 강한지를 가늠해보는 것도 가능하다.

여기서 말하는 업무용 두문자어는 예를 들면 혁신적 고객관계관리를 나타내는 ICRM, 핵심성과지표를 나타내는 KPI, 타인의 물자를 나타내는 OPR, 품질과 서비스와 청결을 나타내는 QSC, 일반회계원칙을 나타내는 GAAP, 서비스로서의 소프트웨어를 나타내는 SAAS, 총소유비용을 나타내는 TCO 등이 있다. 이와 같은 두문자어들은 일종의 내부 기밀정보가 되기도 하고, 사람들이 아이디어를 빠르게 주고받는 방편이 되기도 한다. 외부인들은 잘 모르는 두문자어를 사용하면, 자기들끼리만 알고 있는 어떤 아이디어가 더욱 중요하게 인식되는 경향이 있으며, 그 결과 외부의 아이디어가 내부로 유입되는 것을 차단할 수 있다.

두문자어 자체가 위험하다는 말은 아니다. 그러나 기업들이 자신들이 만든 신화에 집착하고 편협한 내부의 관점만을 수용하려 한다면 그때부터 문제가 생기게 된다. 그동안 여러 혁신적인 제품들, 즉

↑
여기에도 몇몇 예외는 있다. 외부의 아이디어를 수용하고 그것을 활용해 매우 성공적인 제품을 만들어내는 데 뛰어난 기업들이 있는 것이다. 일례로 애플Apple의 경우 제록스연구소에서 창조해낸 많은 아이디어들을 활용해 새로운 제품을 만들어냈고, 마이크로소프트Microsoft는 그런 애플의 아이디어들을 참고해왔다.

트랜지스터 라디오, 워크맨, 트리니트론^{trinitron} 수상관 등을 창조해냄으로써 시장에서 큰 성공을 거두었던 소니^{Sony}를 생각해보라. 오랜 성공의 역사를 가진 소니는 자신들의 창조물에 지나치게 집착했다.

소니의 이러한 성향을 제임스 서로위키^{James Surowiecki}는 〈더 뉴요커^{The New Yorker}〉에 "소니에서 만들어진 것이 아니면 그들은 아무것도 활용하려 하지 않았다."라고 쓰기도 했다. 심지어 소니의 최고경영자 하워드 스트링거^{Howard Stringer}마저도 소니는 엔지니어들의 NIH 성향으로 인해 상당한 손해를 입어왔다고 말한 바 있다. 다른 경쟁자들이 아이팟^{iPod}이나 엑스박스^{X-Box} 같은 차세대 제품을 개발하고 상품화하는 동안에도 소니 사람들은 그것보다 자신들의 것이 더 좋다고 믿었다.

결국 소니는 가장 대중화된 메모리기기들과 호환되지 않는 디지털 카메라처럼 사람들이 선호하지 않는 제품들을 개발하는 데 시간과 노력을 허비한 나머지, mp3플레이어나 평판텔레비전 같은 새로운 제품들을 만들 좋은 기회를 놓쳐버리고 말았다.[8]

꼭 자사 제품만 애용해야 할까? ⸜

이케아 효과를 확인하기 위한 실험은 우리가 뭔가를 직접 만들면 그것의 가치를 더욱 높게 평가한다는 점을 보여주었다. 그리고 NIH 성향을 확인하기 위한 실험은 물리적인 실체가 없는 아이디어와 관련해서도 똑같은 상황이 벌어진다는 점을 알려주었다. 우리가 만들어내는 것이 장난감정리함이든, 송전방식이든, 새로운 수학법칙이든 자신의 창조물이라는 사실은 우리에게 매우 중요한 의미를 갖는다. 객관적으로 보았을 때 비슷한 것이라 해도 자신이 만든 것이 다른 사람의 것보다 더 유용하고 중요하다고 여긴다.

행동경제학이 밝혀낸 다른 많은 것들과 마찬가지로 인간의 이러한 성향은 어떻게 사용하느냐에 따라 유익한 것이 될 수도 있고 유해한 것이 될 수도 있다. 이러한 성향을 긍정적으로 사용하는 경우를 생각해보자. 어떤 프로젝트나 아이디어에 직접 시간과 노력을 투입했을 때 생기는 애착과 자부심을 이해하고 있다면, 당신은 자신이나 다른 사람으로 하여금 어떤 일에 대해 더욱 헌신적인 태도와 커다란 흥미를 갖도록 동기부여를 할 수 있다.

어떤 것을 자신의 것으로 인식하도록 만드는 것은 그리 어려운 일이 아니다. 다음에 어떤 제품을 구입하게 되거든 그 제품의 태그를 한번 살펴보라. 거기서 그 제품을 만들었다는 직원의 이름을 발견하게 될 것이다. 제품 태그에 생산책임자의 이름을 넣어주는 것만으로도 기업은 직원들의 주인의식과 제품에 대한 애착을 높일 수 있다.

아니면 당신의 자녀들에게 직접 채소를 심어보라고 해보라. 아이들이 어려워하면 당신이 조금 도와줄 수도 있다. 아이들로 하여금 직접 양상추와 토마토, 오이 등을 재배하도록 하고, 엄마와 아빠를 도와 식탁에 오를 샐러드를 만들라고 해보라. 평소 채소를 잘 안 먹던 아이들도 그렇게 해서 만들어진 샐러드는 먹게 될 것이다.

마찬가지로 내가 은행 경영자들을 대상으로 프레젠테이션을 했을 때도 강의 형식이 아니라 세미나 형식에 가깝게 진행했다면, 그래서 질문을 통해 그들이 스스로 생각하도록 만들었다면, 그들은 스스로 생각해낸 아이디어에 애착을 갖고 그것을 마음속 깊이 받아들였을 지도 모른다.

물론 NIH 성향은 부정적으로 사용될 수도 있다. 스스로 만든 뭔가에 대해 애착을 갖는 사람들의 성향을 잘 이해하고 있다면 자신의 이익을 위해 다른 사람을 이용하는 것도 가능하다. 예를 들어 내가 연구실에서 박사과정에 있는 학생들을 통해 연구에 필요한 데이터를 얻고 싶다고 해보자. 이 경우 나는 그들로 하여금 어떤 아이디어를 그들이 제안해낸 것이라고 믿도록 만들고, 그러한 아이디어를 검증하기 위한 실험을 실시하도록 한 뒤 실험 결과를 분석하도록 할 수 있다. 그런 다음 그 데이터를 가로채는 것이다.

에디슨의 경우와 마찬가지로 자신의 아이디어에 대한 애착은 과도한 집착으로 이어지기 쉽다. 자신의 아이디어에 집착하면 유연한 사고를 하지 못하며(대부분 뭔가를 끝까지 고수하는 것은 나쁜 결과로 이어진다), 자신의 아이디어보다 더 나은 사람의 아이디어를 비이성적으로 배척할 위험이 있다.

흥미로우면서도 별난 인간 본성의 다른 많은 측면들과 마찬가지로, 자신의 창조물을 더욱 가치 있게 여기는 성향은 긍정적인 면과 부정적인 면을 동시에 가지고 있다. 이런 상황에서 우리가 할 일은 인간의 이러한 성향의 긍정적인 면을 최대한 활용하면서 부정적인 면을 최소화하는 것이다.

이번 장을 마치면서 괜찮다면 다음에 나오는 단어들의 순서를 바로잡아 적절한 문장으로 만들고, 그 문장이 전하는 아이디어가 얼마나 중요한지 0부터 10까지의 수치로 평가해보기 바란다.

---

a basic important part and ourselves of irrationality is.

나는 이 아이디어가 0부터(전혀 중요하지 않다) 10까지의(매우 중요하다) 수치 가운데 _____ 정도의 중요성을 갖는다고 생각한다.

복수의 정당화

:

복수에 집착하는 사람들에게
정의란 무엇인가?

알렉상드르 뒤마 Alexandre Dumas의 소설《몽테크리스토 백작 Le Count de Monte-Cristo》을 보면 주인공인 에드몽 당테스가 억울하게 누명을 쓰고 십수 년 동안 감옥에 갇히는 장면이 나온다. 하지만 당테스는 탈옥한 뒤, 감옥에서 친하게 지냈던 동료가 알려준 숨겨진 보물을 찾아 몽테크리스토 백작으로 신분을 바꿔 새로운 인생을 시작한다. 그러면서 수중에 거머쥔 막대한 부를 이용해 자신으로 하여금 억울한 옥살이를 하게 만든 사람들과 그들의 가족을 상대로 철저한 복수를 한다. 하지만 결국에는 자신이 복수에 대한 욕망에 너무 깊이 빠져들었다는 사실을 자각하게 된다.

　우리들 대다수는 억울한 일을 당했거나 손해를 본 일에 대해 복수할 기회가 생기면 행복감 이상의 감정을 가질 것이다. 에드몽 당테스가 그랬던 것처럼 치밀하고도 철저하게 복수를 하는 경우는 거의 없겠지만 말이다. 복수심은 인간 내면의 깊숙한 곳에 자리 잡고 있는 본성이다. 역사를 보면 복수라는 행위 때문에 수많은 생명이 사라져갔고 엄청난 양의 피가 흩뿌려졌다. 결과적으로는 자신에게 심각한 손해가 발생한다 하더라도 사람들은 복수심을 쉽게 누그러뜨리지 못했다.

다음과 같은 시나리오를 상상해보라. 당신과 나는 2000년 전의 어느 고대 사막 지역에 살고 있다. 그런데 나한테 잘생기고 힘 좋은 당나귀가 한 마리 있는데, 당신은 그 당나귀가 탐이 나 훔치고 싶다. 이와 같은 상황에서 당신이 나를 이성적인 의사결정자로 판단한다면 스스로에게 이렇게 말할 것이다.

"댄 애리얼리, 그 친구가 열흘 동안 우물 파는 일을 하면 그 정도의 당나귀는 사고도 남지. 내가 그 친구의 당나귀를 훔쳐서 아주 멀리 도망간다면, 그 친구는 나를 쫓아오느라 많은 날들을 허비하지는 않을 거야. 대신에 우물을 파겠지. 그 돈으로 새 당나귀를 사는 편이 더 나을 테니까."

하지만 당신이 나를 비이성적인 의사결정자이자 앞뒤 안 가리고 복수를 하는 타입으로 판단한다면 이와 다르게 생각할 것이다. 만약 내 당나귀를 훔치면 지구 끝까지라도 쫓아가서 당나귀를 찾아올 뿐만 아니라 당신의 신체에 상당한 위해를 가하고 당신 소유의 염소까지 몽땅 빼앗아올 게 분명해 보인다면, 당신은 당나귀를 훔치려고 할까? 아마 당신은 당나귀를 훔치려는 계획을 포기할 것이다.

이러한 관점에서 봤을 때, 복수에 따르는 모든 해악에도 불구하고 (연인과 안 좋은 일로 헤어지거나 이혼한 경험이 있는 사람들은 내가 무슨 말을 하는지 잘 알 것이다), 복수를 당할 수 있다는, 즉 상대가 상당한 손해를 감수하고서라도 복수를 할 수 있다는 위협은 사회적 협력과 질서를 유지하는 강력한 동인 가운데 하나라고 할 수 있다. 그렇다고 내가 "눈에는 눈, 이에는 이"와 같은 방식의 보복을 옹호하는 것은 아니지만, 보복으로부터의 위협은 그것만의 유효성을 가질 수 있다고 생각한다.↑

그렇다면 복수라는 인간의 원초적인 충동 이면에 있는 역학관계와 동기는 정확히 무엇일까? 사람들은 어떤 상황에 처했을 때 복수를 생각할까? 자기 자신의 시간과 돈과 노력과 심지어 신체의 위험을 감수하면서까지 타인에게 고통을 주고자 하는 이유는 무엇일까?

복수는 나의 것? ⟨

복수에 대한 욕망이 인간의 본성에 얼마나 깊숙이 자리 잡고 있는지를 이해하는 데 도움이 되는 실험이 있다. 에른스트 페르Ernst Fehr 교수가 이끄는 스위스 학자들은 트러스트 게임Trust Game(신뢰 게임)을 이용해 복수의 본질을 알아내려 했다. 우선 이 실험에 참여하는 사람들은 다음과 같은 실험방법에 대해 자세히 설명을 듣게 된다.

↑

사실 복수는 행동경제학에서 다루고 있는 많은 주제들과 연관되어 있다. 복수를 하고자 하는 인간의 본능이 이성적인 것이 아닐 수는 있다. 하지만 그것은 분별 없는 사고의 결과물이 아니며 종종 유용한 경우도 있다.

실험참여자들은 다른 사람과 짝을 이루어, 서로 상대방이 누구인지 모르는 상태에서 각자 다른 방에 들어가 10달러씩 받게 된다. 이제 실험참여자들은 10달러를 자신이 가질지, 아니면 짝을 이루게 된 상대방에게 줄지를 결정해야 한다. 만약 두 사람 가운데 먼저 행동을 취하게 된 실험참여자가 10달러를 자신이 갖기로 결정하면, 두 사람 모두 10달러를 갖고 게임은 거기서 끝나게 된다.

하지만 먼저 행동을 취하게 된 실험참여자가 자신의 10달러를 짝은 이룬 상대방에게 주기로 결정하면, 실험진행자는 그 돈의 네 배를 상대방에게 전해준다. 짝을 이룬 상대방은 원래 가지고 있던 10달러에 40달러를 더한 50달러를 갖게 되는 것이다. 이제 상대방은 다음과 같은 두 가지 행동 가운데 하나를 선택해야 한다.

- 50달러를 모두 자신이 갖는다. 이렇게 되면 자신에게 돈을 주기로 결정한 짝은 한 푼도 갖지 못한 상태에서 게임이 끝난다.
- 50달러의 절반인 25달러를, 자신에게 돈을 주기로 결정한 짝에게 준다. 이 경우에는 두 사람 모두 25달러를 가진 상태에서 게임이 끝난다.↑

여기서 문제는 먼저 행동을 취하게 되는 실험참여자가 자신의 짝을 믿을 수 있느냐 하는 점이다. 당신 같으면 아무런 금전적 보상도 없이 게임을 마칠 수도 있는데, 자신의 짝을 믿고 돈을 줄 수 있는

↑
트러스트 게임은 게임의 규칙이나 돈의 액수가 변하는 식으로 다양하게 변형되어 여러 가지 실험에 이용되고 있다. 다만 기본적인 원리는 여기서 소개한 게임과 같다.

가? 그리고 당신의 짝은 당신의 신뢰에 응답해 자신이 갖게 된 돈을 반으로 나누려고 할까?

이성적인 경제학을 통해 생각해보면 누구도 자신이 갖게 된 50달러를 다른 사람과 나누려 하지 않을 것이다. 이와 같은 행동은 쉽게 예상할 수 있기 때문에 게임의 시작 단계부터 누구도 자신의 10달러를 짝을 이룬 상대방에게 주지 않을 거라고 예상할 수 있다.

그런데 이번 실험에서는 기본적인 경제학의 이론들을 바탕으로 내린 예상이 틀린 것으로 판명되었다. 실험참여자들이 상대방을 신뢰했고, 자신이 갖게 된 이익을 상대방과 나누었던 것이다. 다시 말해 많은 실험참여자들이 자신의 짝에게 10달러를 건네주었고, 50달러를 갖게 된 짝은 자신의 몫 가운데 25달러를 떼어 상대방에게 전해주었다.

하지만 페르 교수의 실험은 기본적인 트러스트 게임에 한 단계의 과정이 더해져 있었다. 50달러를 갖게 된 실험참여자가 그 돈을 모두 갖기로 결정하는 경우, 그에게 10달러를 건네준 실험참여자는 자신의 돈을 사용해 배신자를 응징할 수 있었던 것이다.

먼저 행동을 취해 자신의 짝에게 10달러를 준 실험참여자가 배신을 당하는 경우, 그는 지갑에서 자신의 돈을 꺼내 실험진행자에게 준다. 그럼 실험진행자는 그 돈의 두 배를 배신한 실험참여자가 갖게 된 돈에서 빼앗을 수가 있다. 즉 배신을 당한 실험참여자가 25달러를 실험진행자에게 주면 배신한 실험참여자는 자신이 가지려 했던 50달러를 모두 내어놓아야 했다.

만약 당신이 10달러를 짝에게 주었는데 짝이 당신을 배신했다면,

당신은 당신의 돈을 쓰면서까지 복수를 하겠는가? 당신은 배신자에게 고통을 주기 위해 당신의 돈을 쓸 용의가 있는가? 만약 돈을 쓸 용의가 있다면 얼마를 지불할 수 있는가?

이번 실험에서 자신을 배신한 사람을 응징할 수 있는 기회가 주어졌던 사람들은 상당수가 배신자를 응징했다. 그것도 철저하게 응징했다. 그런데 이번 실험에서 가장 흥미로웠던 부분은 여기가 아니었다. 실험을 진행하는 동안 실험진행자들은 실험참여자들의 두뇌를 양전자방출단층촬영, 즉 PET 방식으로 촬영해 두뇌 활동을 관찰했다. 그 결과, 배신자를 응징하는 실험참여자들 사이에서 '선조체[striatum]'라는 뇌 부위의 활동이 두드러지게 증가하는 모습이 나타났다. 선조체란 어떤 일을 통해 보상받는다는 느낌을 가질 때 특히 활성화되는 두뇌의 부분이다.

이러한 실험 결과를 보면 우리는 누군가에게 복수할 때 기쁨을 얻는다는 해석이 가능하다. 더욱이 이번 실험에서 배신자에 대한 응징을 최대한으로 한 사람들일수록 선조체가 크게 활성화된 것으로 나타났다. 페르 교수의 실험은 배신자에 대한 복수는 비록 그것이 자기 자신에게 어느 정도의 손해를 유발한다 하더라도 상당한 즐거움을 주는 일이며(혹은 적어도 즐거움에 준하는 감정을 일으키는 일이며), 생물학적 증거로도 뒷받침된다는 점을 보여준다.

복수에 대한 충동은 다른 동물들에게도 존재한다. 독일 라이프치히의 진화인류학연구소에서 키스 옌센[Keith Jensen], 조셉 콜[Josep Call], 마이클 토마셀로[Michael Tomasello] 등의 학자들은 침팬지들도 공정한 관계에 대한 욕구가 있는지를 확인하기 위한 연구를 행한 바 있다.

이들은 두 개의 침팬지 우리를 준비한 다음, 우리 한가운데에 음식이 가득 차려진 테이블을 하나 가져다놓았다. 침팬지들은 손으로 테이블을 잡아당겨 음식을 먹을 수 있었다. 그리고 테이블의 다리에는 양쪽으로 로프가 묶여 있었는데, 만약 침팬지들이 이 로프를 잡아당긴다면 테이블이 넘어지면서 음식은 바닥으로 쏟아지도록 되어 있었다.

처음에 실험진행자들은 하나의 우리에만 침팬지를 집어넣었고, 나머지 우리는 그냥 비워두었다. 이와 같은 상황에서 침팬지는 음식이 놓인 테이블을 자기 쪽으로 잡아당겨 만족스럽게 음식을 먹었고, 로프를 잡아당겨 테이블을 넘어뜨리는 일은 벌어지지 않았다.

하지만 두 번째 침팬지를 나머지 우리에 집어넣자 상황은 완전히 달라졌다. 서로 다른 우리에 있는 두 마리의 침팬지들이 공평하게 음식을 나누어먹는 경우에는 아무런 일도 일어나지 않았다. 그러나 한 마리의 침팬지가 테이블을 자기 쪽으로 잡아당겨 혼자서만 음식을 먹는 경우에는 다른 한 마리의 침팬지가 로프를 잡아당겨 테이블을 넘어뜨렸다. 뿐만 아니라 어느 한 마리가 테이블을 자기 쪽으로 잡아당겨 혼자서만 음식을 먹는 경우 음식을 못 먹게 된 다른 한 마리는 괴성을 지르며 분노를 표출하기까지 했다.

진화인류학연구소의 실험은 인간과 침팬지 모두 공정한 관계를 바라고 있고, 인간과 침팬지 모두 자신의 손해를 감수하더라도 복수를 하며, 복수에 대한 위협이 사회질서를 유지하는 데 중요한 역할을 하고 있다는 점을 확인해준 셈이다.

하지만 복수는 누구에게 앙갚음을 함으로써 억울함을 달래는 것 이상의 의미를 가지고 있다. 복수와 신뢰라는 것은 동전의 양면에 존재하는 그 무엇이라고 할 수 있다. 트러스트 게임을 이용한 실험에서도 나타났듯이 사람들은 자신이 잘 알지도 못하고 앞으로 만날 일도 없는 사람들에 대해서도 신뢰를 가지려는 경향을 보인다. 일반적인 경제학의 관점에서 보면, 이와 같은 맹목적인 신뢰는 비이성적인 것이지만 말이다.

신뢰를 바탕으로 성립된 사회계약이 깨어졌을 때, 우리가 크게 분노하게 되는 것도 바로 이러한 경향 때문이다. 또한 우리가 사회계약을 깨뜨린 사람들에 대해 시간과 돈을 소비하고, 심지어 신체적 위험을 감수하면서까지 복수를 하려고 하는 이유는 이때의 분노가 너무나 크기 때문이다. 사회구성원들끼리 서로 신뢰할 수 있는 사회는 그렇지 못한 사회보다 엄청난 이점을 갖게 된다. 따라서 우리는 본능적으로 자신이 살고 있는 사회에서 높은 수준의 신뢰를 구축하려 노력한다.

●●●
한 국회의원의 분노

다음은 '오픈 레프트Open Left'라는, 정치적으로 진보 성향을 띤 한 웹사이트에 올려진 익명의 미국 국회의원이 썼다는 편지에서 발췌한 글이다. 이 편지는 2008년에 미국 금융회사들의 구제금융에 대한 수많은 미국인들의 분노를 잘 대변하고 있다.[9]

헨리 폴슨^{Henry Paulson} 재무장관과 공화당 소속 의원들, 또는 구제금융에 대해 찬성표를 던졌던 몇몇 의원들은(이들 가운데 자신들이 마련한 법안으로 인한 결과에 대해 책임을 지려는 사람들은 거의 없을 것이다) 그동안 '추가적인 지원' 또는 '추가적인 입법'은 있을 수 없는 일이라고 말해왔다. 하지만 입닥치라고 해라. 나 역시 전 세계적인 경기침체가 일어나는 것을 원치 않지만('전 세계적인 경기침체'라는 말은 단순한 과장법이 아니라 정말로 일어날 가능성이 크다), 그렇다고 지금 상황의 원흉이라 할 수 있는 그 빌어먹을 인간들을 위해 7,000억 달러어치의 백지수표를 내놓는 일에는 찬성할 수가 없다.

낸시 펠로시^{Nancy Pelosi} 하원의장은 부시 행정부와 공화당 소속 의원들이 반대했던 두 번째 경기부양책을 이번에 통과시키기를 바란다는 말을 했다. 하지만 나는 지구상 최고의 냉혈한이라 할 수 있는 그자들을 구제하기 위해 7,000억 달러라는 돈을 써버리는 데 찬성할 수가 없다. 나는 금융산업의 개혁과 이번 위기의 원인을 제공한 자들에 대한 최대한의 응징을 바란다.

헨리 왁스먼^{Henry Waxman} 하원의원은 이번 금융위기를 겪으면서 기업의 지배구조, 최고경영자의 보수체계 등을 크게 바꿀 것을 제안했다. …… 몇몇 하원의원들은 파산자들이 속출하고 있는 상황에서 모기지대출에 대한 조정을 공개적으로 제안했고, 하원 사법위원회에서는 이러한 제안을 진지하게 받아들이고 있다. 이와 관련된 법안이 마련될 가능성이 있는 것이다.

하원에서 지난 11월에 통과시킨 모기지대출 관련 법안에 들어 있는 금융산업에 대한 지원책들을 나는 전부 취소해야 한다고 생각한다. 그 법안은 아직 상원의 예산심의를 거치지 않은 상태인데, 지금이라도 법안을 수정해야 한다. 지금 그와 관련된 여러 가지 방안들이 논의 중이며, 다음 주 전까지는 하원에서도 상당한 논쟁이 벌어질 것이다.

내 경우는 금융산업에 대해 모욕을 가하는 것 이상의 유용한 목적은 없는 그런 법안을 지금 만들고 있다. 모기지 관련 증권을 재무부에 팔려고 하는 금융회사의 CEO, CFO, 이사회 멤버들은 자신들의 회사가 대출을 하는 과정에서 규정을 잘 따랐는지를 설명할 의무를 가진다는 내용의 법안을 만들고 있는 것이다. 지금 파산을 신청하는 금융 소비자들은 대부분 가족의 중병으로 인한 의료비 지출 때문에 파산을 신청하고 있는데, 그 과정에서 금융회사들로부터 상당한 굴욕을 당하고 있다.

지금 시점에서 내가 금융회사들의 경영자들과 이사들에게 모욕을 주기 위한 법안을 만드는 것은 쩨쩨하고 유치한 짓이라고 말하는 이들도 있겠지만, 나는 그러한 비난을 전적으로 수용할 준비가 되어 있다. 나는 그들에게 모욕을 줄 수 있는 추가적인 아이디어들을 계속 찾고 있으며, 누군가가 나서서 그 망할 자식들을 붙잡고 있으면 그 자식들을 흠씬 두들겨 패주고 싶은 심정이다.

세금보다는 썩은 토마토가 제격 ⚡

지난 2008년에 미국 정부에서 실시한 금융위기의 대응책들을 보면서 많은 사람들이 분노했다. MBS시장, 즉 모기지담보부증권시장이 붕괴되면서 수많은 금융회사들이 연쇄적으로 부도위기에 몰리게 되었다.

2008년 5월에는 베어스턴스Bear Stearns가 JP모건 체이스JP Morgan Chase에 인수되었고, 같은 해 9월에는 모기지론을 전문으로 취급하던 페니메이

^{Fannie Mae}와 프레디맥^{Freddie Mac}의 파산을 막기 위해 정부에서 구제책을 시행했다. 9월 14일에는 메릴린치^{Merrill Lynch}가 뱅크 오브 아메리카^{Bank of America}에 인수되었고, 9월 15일에는 리먼 브러더스^{Lehman Brothers}가 파산보호를 신청했으며, 9월 16일에는 파산위기에 처한 AIG를 구제하기 위해 연방준비은행에서 직접 자금을 지원했다. 9월 25일에는 워싱턴 뮤추얼^{Washington Mutual}의 은행 자회사들이 JP모건 체이스에 인수되었고, 바로 다음날에는 워싱턴 뮤추얼 및 나머지 자회사들이 파산보호를 신청했다.

9월 29일 월요일, 미 의회는 조지 부시^{George W. Bush} 전 대통령에 의해 제안된 구제금융법안을 부결시켰고, 그 여파로 다우존스산업평균지수는 무려 778포인트나 폭락을 했다. 그리고 부시 행정부에서 의회 통과가 가능한 수준으로 구제금융법안을 조정하는 사이 와코비아^{Wachovia} 은행은 씨티그룹^{Citigroup}, 웰스 파고^{Wells Fargo} 등의 은행들과 인수협상에 들어갔다. 결국 와코비아는 웰스 파고가 인수하는 것으로 결정되었다.

금융회사들을 위해 마련된 7,000억 달러의 돈과 여러 가지 지원 방안들이 포함되는 이번 구제금융법안에 대한 미국인들의 반응을 보면, 자신의 눈앞에 금융회사 경영자들이 나타나는 즉시 얼굴이라도 한 대 칠 만큼 격앙된 상태였다. 많은 사람들이 금융회사의 경영자들 때문에 자신의 투자 포트폴리오가 바닥으로 곤두박질쳤다고 생각하고 있는 것이다. 망가진 투자만 생각하면 발작상태에 이르는 내 친구는 원초적인 해법을 제안하기도 했다. 그 친구가 이런 말을 했다.

"의회는 그 탐욕스러운 인간들을 살리기 위한 법안으로 우리에게 세금을 부과해서는 안 돼. 그 대신 의회에서 그 인간들의 사지를 나무에 묶어두고 지나가는 사람들이 썩은 토마토를 던질 수 있도록 하는 법안을 만들었으면 좋겠어. 토마토를 던지려면 돈을 내라고 해도 다들 돈을 내고 그 인간들에게 썩은 토마토를 던질 거야."

2008년에 불거진 금융위기를 트러스트 게임을 이용한 실험 결과의 관점에서 바라보자. 우리는 은퇴자금과 저축, 저당권 등을 금융회사 사람들을 믿고 맡겼다. 하지만 그들은 자신의 손에 쥐어진 50달러를 가지고 그냥 집으로 돌아가버렸다(현실에서의 그들이 집으로 가져간 돈은 50달러에 숫자 '0'을 몇 개는 더 붙여야 하지만 말이다). 결국 배신감을 느낀 우리는 그들에게 어떤 식으로든 대가를 치르도록 만들고 싶다.

극도로 불안해진 경제를 안정시키기 위해 세계 각국의 중앙은행들은 엄청난 액수의 돈을 시장에 쏟아붓는 정책을 시행하고 있다. 은행들에 대해 단기자금을 대출해주고, 유동성을 높이고, 모기지담보부증권을 매입하고, 회계기준을 완화해주고 있다. 하지만 이러한 비정상적인 조치들은 본래 의도했던 효과를 제대로 발휘하지 못하고 있는 실정이다. 특히 경기회복이라는 관점에서 보면 단기간에 막대한 돈을 시장에 투입한 것치고는 그 성과가 너무도 미미하고,↟ 사회적 신뢰를 재건한다는 핵심적인 문제가 무시되고 있는 사실에 대중은 여전히 분노하고 있다.

↟
각국 정부와 중앙은행들이 행한 구제조치들은 분명 많은 은행들을 위험에서 구해냈다. 그 덕분에 은행들은 다시 수익을 내기 시작했고, 최고경영자들은 엄청난 보너스를 받게 되었다. 하지만 경제 전반적으로는 이러한 일이 일어나지 않고 있다.

이번 금융위기의 극복과정에서 대중이 가지고 있던 사회적 신뢰
는 다음과 같은 세 가지 원인들로 인해 더욱 무너지게 되었다는 게
내 생각이다. 원칙 없이 행해진 구제조치들(금융위기의 극복과는 무관한
세금감면이 무분별하게 이루어지는 방식으로), 금융산업 종사자들에게 지
급되었던 막대한 규모의 보너스, 하나도 변하지 않은 월스트리트의
태도 등이 그것이다.

고객을 약 올리는 고객서비스센터 ⟨

나의 큰아들 아미트가 세 살이었고, 둘째아이 네타의 출산예정일
이 얼마 남지 않았을 무렵, 나와 아내 수미는 가족을 위해 새 차를 사
기로 했고, 차종은 아우디^Audi의 소형차로 결정했다. 비록 미니밴 차종
은 아니었지만, 빨간색에다(가장 안전하다는 자동차 색이다) 해치백이었
다(차를 다양하게 사용할 수 있다). 더욱이 아우디는 고객서비스가 훌륭
하다고 평판이 난 데다 구매조건에는 4년 동안 엔진오일을 무료로
교환해준다는 내용도 포함되어 있었다.

우리는 그 차가 매우 마음에 들었다. 가속력도 좋았고, 스타일도
좋았고, 핸들링도 좋았다. 당시 우리는 뉴저지 주 프린스턴에 살고
있었는데, 집과 사무실까지는 400미터 이내였으며, 아미트가 다니는
보육원까지는 200미터가 채 되지 않았다. 그래서 운전할 일이 많지
않았다. 나는 식료품을 사러 대형마트에 갈 때와 두 달에 한 번씩 매
사추세츠 주 케임브리지에 있는 MIT에 갈 때 정도만 운전을 했다.

특히 MIT에 가야 할 날이 되면 다른 차들이 별로 없는 시간대인 밤 8시 무렵에 MIT로 출발했다. 그때 출발하면 MIT에는 자정이 조금 넘어 도착하게 되고, 집으로 돌아올 때도 마찬가지로 MIT에서 밤 8시에 출발하는 식으로 일정을 잡았다.

한번은 MIT에서 집으로 돌아오면서 동료 레너드 리 Leonard Lee와 동승한 일이 있었다. 그 친구도 마침 보스턴에 들를 일이 있었던 것이다. 서로 대화를 나눈 지 꽤 되어서 리와 나는 차 안에서 이런저런 밀린 얘기들을 나누었다. 그렇게 운전을 한 지 한 시간쯤 되었을 때 갑자기 차가 이상해졌다. 고속도로 1차선을 시속 110킬로미터가량으로 달리고 있었는데 가속페달을 밟아도 주행속도가 올라가지 않았던 것이다. 나는 재차 가속페달을 밟았지만, 엔진에서 요란한 소리가 날 뿐 속도는 올라가지 않았다. 차는 그저 관성에 의해서만 움직일 뿐이었다.

차는 빠르게 속도를 잃어갔고, 나는 서둘러 우측방향 지시등을 켠 다음 오른쪽 뒤편으로 다른 차가 오는지 살펴보았다. 마침 두 대의 대형 화물트럭이 나란히 달려오고 있었는데, 그들은 내 신호에 신경을 쓰지 않고 그대로 지나쳐 갔다. 그런 차들 앞으로 끼어들기를 할 수는 없었다. 그래서 트럭 두 대가 지나간 다음 차를 오른쪽 차선으로 바꾸려 했지만, 다른 차들이 계속해서 좁은 간격을 유지한 채 빠른 속도로 달려오는 바람에 차선을 바꾸기가 쉽지 않았다.

조금 전까지 즐겁게 웃으며 나와 수다스럽게 대화를 나누던 리의 표정은 굳어 있었다. 내 차의 주행속도는 시속 50킬로미터까지 떨어졌다. 그제야 나는 오른쪽 차선으로 차를 이동시킬 수 있었다. 그리고 다행히 속도가 완전히 떨어지기 전에 고속도로 갓길에 정차할 수 있었다. 갓길로 들어서자마자 내 차의 왼쪽 바퀴들은 멈추고 말았다.

나는 시동을 껐다가 몇 분을 기다린 다음 다시 시동을 걸었다. 구동장치가 제대로 작동하지 않아 후드를 열고 엔진룸을 살펴보았다. 과거에는 차의 후드만 열면 엔진이 제대로 작동하고 있는지 살펴볼 수 있었다. 카뷰레터, 피스톤, 스파크 플러그, 이런저런 호스와 벨트 같은 것들이 드러나 있었기 때문이다. 하지만 새로 산 아우디의 엔진룸은 커다란 덮개로 덮여 있어서 내부장치들을 살펴볼 수 없었다. 하는 수 없이 나는 견인차를 불러 차를 보스턴의 정비소로 끌고 갔다.

다음날 아침, 나는 아우디의 고객서비스센터로 전화를 걸었다. 그리고 고객서비스 담당자에게 내가 겪었던 모든 일을 상세하게 들려주었다. 트럭들이 그대로 내 차를 지나쳐 갔던 일, 고속도로 위에서 느꼈던 공포감, 그 위험한 상황에 함께 타고 있던 동승자의 반응, 엔진이 제대로 작동되지 않는 차를 어렵게 갓길에 댔던 일 등을 말이다. 하지만 전화기 저편의 여직원은 무슨 대본을 읽듯이 말했다.

"불편하셨다니, 죄송합니다."

나는 여직원의 콧방귀 소리도 들은 것 같았다. 그녀의 의례적인 말투에 얼마나 화가 나는지 당장 그곳으로 달려가 멱살이라도 잡고 싶은 심정이었다. 나는 죽을 뻔했는데, 그것도 출고한 지 다섯 달밖에 안 된 새 차가 고장이 나서 갖은 고생을 했는데, 고작 한다는 말이 '불편하셨다니, 죄송하다'고? 나는 그녀가 전화를 받으며 손톱을 다듬고 있었던 게 틀림없다고 생각했다.

당시 그녀와 나누었던 대화를 옮겨보면 이렇다.

직원 지금 거주지에 계십니까?

나 아니요. 나는 뉴저지에서 살지만, 전화를 걸고 있는 곳은 매사추세츠입니다.

직원 이상하네요. 여기 고객정보를 보면 고객님은 매사추세츠에서 살고 계신 것으로 나오는데요.

나 전에는 매사추세츠에서 살았는데, 지금은 뉴저지에서 살아요. 게다가 내 차도 뉴저지에서 산 것이고요.

직원 저희는 고객님이 살고 계신 주 바깥에서 차에 문제가 발생했을 때는 집으로 돌아오실 수 있도록 항공요금이나 기차요금을 지급합니다. 하지만 저희의 고객정보에 따르면 고객님은 매사추세츠에서 살고 계신 것으로 나옵니다. 그래서 이 항목에 해당되지 않는군요.

나 (목소리가 커짐) 당신네 고객정보가 잘못 기록되어 있는 것이 내 탓이라는 말입니까? 내가 뉴저지에서 살고 있다는 증거를 얼마든지 댈 수 있는데도 말이지요.

직원 죄송합니다. 저희는 고객정보대로 처리할 수밖에 없습니다.

나 (자동차의 빠른 수리를 위해 이 문제는 일단 접어두기로 결정하고) 그럼 제 차는 어떻게 되는 거죠?

직원 딜러에게 연락을 해놓겠습니다. 고객님께 딜러가 연락할 것입니다.

그날 늦게 나는 딜러로부터 최소한 나흘이 지나야 차의 상태를 보러올 수 있다는 연락을 받았다. 나는 다른 차를 렌트했고, 리와 함께 그 차를 타고 집으로 돌아왔다. 집으로 돌아오는 동안 다행히 별 문제는 없었다.

그 후 나는 매주 두세 차례 아우디 고객서비스센터로 전화를 걸었고, 그곳에서 일하는 온갖 직급의 사람들과 통화를 했다. 그때마다 내 차의 상태에 대해 충분한 정보를 줄 것을 요구했으나 아무런 소용이 없었다. 그들과 통화할수록 나는 그들에 대해 점점 더 나쁜 감정을 갖게 되었다. 분명 내 차에서 뭔가 심각한 문제를 발견했을 텐데도 아우디의 고객서비스센터에서는 최소한의 책임만을 지려 했다. 이런 식으로 차와의 경험이 온갖 부정적인 감정으로 얼룩지자, 나는 좋은 기분으로 차를 운전할 수 없을 것 같은 느낌마저 들었다.

그때 매사추세츠 주에서 검사로 일하는 친구가 '레몬법Lemon Law'이라는 것을 알려주었다.[*] 용기를 얻은 나는 다시 아우디 고객서비스센터로 전화를 걸었다. 전화를 받은 직원은 그런 법이 있다는 사실 자체에 놀라는 눈치였다. 그러더니 법적 절차를 밟기를 원하는 경우, 내가 해야 할 일에 대해 알려주었다. 그 순간 나는 "지루하면서도 돈이 많이 드는 법적 절차를 원한다면, 우리 법무팀 변호사들이 기꺼이 상대해줄 겁니다."라고 말하고 싶어하며 미소를 띠고 있는 그 직원의 얼굴이 떠올랐다.

하지만 법적 절차를 밟는 것은 내게 그리 좋은 방법은 아니었다. 변호사를 고용해 문제를 해결하는 것은 수리된 차를 팔고 다른 차를 사는 것보다 훨씬 더 많은 비용이 들 터였다. 결국 수리된 차를 받은 것은 차에 문제가 발생한 지 한 달이 지나서였다. 나는 렌트했던 차

---

[*] 레몬법은 품질 및 성능 기준을 일정 수준 이상 충족시키지 못한 새 차를 구매하게 된 소비자들을 보호하기 위한 법이다.

를 보스턴으로 몰고 간 다음, 수리가 끝난 내 차를 몰고 다시 프린스턴으로 돌아왔다. 그리 유쾌한 기분은 아니었다.

이 모든 과정을 겪으면서 나는 무력감과 좌절감을 느꼈다. 물론 새로 산 차가 큰 고장을 일으켰다는 사실 자체가 실망스러운 일이었지만, 차도 기계인 만큼 때때로 고장 날 수도 있다는 점은 십분 이해했다. 이는 어떻게 해볼 수 있는 일도 아니었다. 결함이 있는 차를 사게 된 것이 나로서는 불운했을 따름이다. 다만 내가 그토록 화가 났던 이유는 아우디 고객서비스센터에서 나를 대했던 태도 때문이었다. 그들은 내가 겪었던 위험에는 관심조차 없었고, 고객을 지치게 만드는 소모전 전략으로 나를 대했을 뿐이었다. 그 일을 겪은 후 나는 아우디 사람들 역시 나와 같은 마음고생을 하게 되기를 바랐다.

작은 무례에도 발동하는 복수심 ⟨

나중에 나는 절친한 친구인 아예렛 그니지Ayelet Gneezy 캘리포니아 대학 교수와 함께 '고객의 복수'를 주제로 실험을 했다. 내 아우디 차에 대한 이야기를 들은 그니지가 그런 상황에서 고객이 느끼는 심리현상에 대해 알아볼 것을 제안했던 것이다. 우리는 실험을 통해 고객의 복수에 대한 욕구와 그러한 욕구로부터 출발한 행동을 더욱 잘 이해할 수 있기를 바랐다.

우리가 가장 먼저 했던 일은 실험참여자들로 하여금 우리에게 복수하고 싶다는 마음이 들도록 하는 실험조건을 설계하는 일이었다.

그리 바람직한 일은 아니었지만, 이번 실험을 위해서는 꼭 필요한 일이었다. 실험을 제대로 하기 위해서는 내가 아우디 고객서비스센터에서 겪었던 경험을 그대로 재현하면 될 일이었지만, 아우디 고객서비스센터 측에서 실험을 도와주겠다고 나설 리는 만무했다. 그들은 분명 내 화를 돋웠지만 말이다. 어쨌든 우리는 실험참여자들이 고객의 입장에서 화를 내게 되는 상황을 구상했다.

그렇지만 연구라는 좋은 목적으로 실험을 하다가 누군가가 피를 흘리거나 감옥에 가게 되는 상황을 만들고 싶지는 않았다. 이런 실험에서 피를 흘린다면 그것은 아마 우리의 피가 될 터였다. 또한 복수심에 관해 연구한다면서 실험참여자들에게 지나친 복수심을 심어주는 일도 옳은 일 같지는 않았다.

우리는 실험참여자들에게 낮은 수준의 분노를 유발하는 실험조건을 설계했다. 그런 조건에서 실험을 한 다음, 실험 결과를 토대로 현실의 상황을 추정하는 것도 얼마든지 가능했기 때문이다. 사실 현실에서는 사람들의 분노와 복수심을 유발하는 행위의 정도가 심각하고, 보복행위의 정도 역시 훨씬 심각한 양상으로 벌어진다.

우리는 사람들의 분노와 복수심을 유발할 수 있는 여러 가지 방법을 구상했다. 실험진행자가 마늘을 먹은 다음 실험참여자들에게 입김을 내쉬는 방법, 실험참여자들의 옷에 뭔가를 쏟는 방법, 실험참여자들의 발을 밟는 방법 등을 생각해냈다. 그러다 최종적으로 선택한 방법은 실험참여자들에게 뭔가를 설명하는 중에 실험진행자가 전화를 받고, 얼마간 통화를 하다가 사과를 하지 않은 채 다시 설명하는 식으로 실험참여자들의 화를 돋우는 방법이었다. 우리는 이 방법이 실험참여자들에 대해 지나치게 공격적이지 않으면서도 위생적으로도 문제가 없을 거라고 판단했다.

다음은 실험참여자들로 하여금 우리에게 복수할 수 있는 방법과, 그들의 보복 수준을 수치로 정량화할 수 있는 방법을 찾을 차례였다. 우리는 보복행위를 '약한 보복행위'와 '강한 보복행위' 두 가지로 분류했다.

여기서 약한 보복행위란 법률적, 도덕적으로 문제의 소지가 없는 보복행위를 지칭한다. 가령 아우디 고객서비스센터에서의 불쾌했던 경험에 대해 내 이웃들과 친구들에게(그리고 독자 여러분에게) 불평하는 것 정도는 아무런 문제가 되지 않는 일이다. 내 경험과 생각을 표출하는 것이 잘못된 일이라고 말하는 사람은 아무도 없을 것이기 때문이다.

반면에 강한 보복행위란 자신에게 분노를 유발한 상대측에게 명백히 위해를 가하거나 손실을 입히는 보복행위를 지칭한다. 예를 들면 상대측 사무실의 유리창을 부수거나, 상대방의 신체에 물리적 상해를 입히거나, 상대측의 금품을 횡령하는 행위 등을 들 수 있다. 우리는 이번 실험에서 실험참여자들로 하여금 강한 보복행위를 하도록 유도할 예정이었다.

그리고 이번 실험을 진행해줄 사람으로 대니얼 버거 존스^{Daniel Berger-Jones}라는 학생을 섭외했다. 스무 살의 존스는 영리했고, 다재다능했으며, 잘생겼다. 그는 키가 컸고, 검은머리에 떡 벌어진 어깨와 왼쪽 뺨에는 길게 흉터까지 있었다. 보스턴 대학에서 연기를 공부하는 그는 이번 실험의 진행자로 안성맞춤이었다.

우리는 그에게 여름방학 동안 보스턴 시내에 있는 여러 커피숍들을 돌아다니며 손님들 가운데 우리 실험에 참여하기를 희망하는 사람들에게 불쾌감을 유발해줄 것을 주문했다. 재능 있는 연기자로서 그는 태연한 표정으로 사람들의 불쾌감을 샀는데, 실험이 반복적인데도 충실하게 잘 수행해주었다.

우선 존스는 커피숍에 들어가 자리를 잡고 앉아 그곳에 들어오는 사람들 가운데 혼자 들어오는 사람을 주시했다. 그리고 그 사람이 음료를 가지고 자리에 앉으면 다가가 이렇게 말을 걸었다.

"실례합니다. 저희가 지금 실험을 진행하고 있는데요, 5분 동안 실험에 참여해주시면 5달러를 드릴 것입니다. 저희 실험에 참여해주실 수 있나요?"

대다수 사람들은 기꺼이 실험에 참여하겠다고 대답했다. 5달러라면 자신이 방금 구입한 커피값을 상쇄하고도 조금 남는 돈이었기 때문이다. 사람들이 실험에 참여하겠다고 동의하면 존스는 그들에게 알파벳이 무작위로 나열된 종이 열 장을 주었다(2장에서 소개했던 노동의 의미에 관한 실험에서 우리가 사용했던 것과 같은 작업종이였다). 그런 다음 사람들에게 다음과 같이 설명했다.

"알파벳 S가 연달아 나오는 경우를 전부 찾아서 동그라미를 치시면 됩니다. 한 장의 작업을 마치면 바로 다음 장 작업을 하시면 됩니다. 그리고 5분이 지나면 제가 돌아와서 작업이 끝난 종이를 회수하며 5달러를 드릴 것입니다. 혹시 궁금한 점이 있으신가요?"

존스는 말한 대로 5분 후에 실험참여자에게 다가가 작업종이를 회수하고 1달러짜리 지폐들을 보상금으로 지급했다. 그리고 다음과 같은 내용의 영수증을 제시하며 서명해달라고 요구했다.

> 본인(실험참가자의 이름)은 실험 참가에 대한 보상으로
> 5달러의 돈을 영수함.
>
> 서명: _____ 날짜: _____

존스는 보상금과 영수증을 테이블에 올려놓으며 다음과 같이 말하고는 곧바로 자리를 떴다.

"돈은 잘 세어보세요. 그리고 여기 영수증에 서명하시고 테이블에 놓아두세요. 조금 있다가 제가 가지러 오겠습니다."

여기까지가 이번 프로젝트에서 우리가 '일반 조건'이라고 불렀던 실험의 진행과정이었다.

그런가 하면 우리가 '불쾌감 조건'이라고 불렀던 실험에 참여하게 된 사람들은 지금까지와는 조금 다른 존스를 만났다. 불쾌감 조건의 실험에서 존스는 실험참여자에게 실험에 대한 설명을 하다가 말고 마치 자신에게 전화가 걸려온 것처럼 연기를 했다. 미리 휴대폰에서 진동이 울리도록 조작해놓은 다음, 진동이 울리면 실험참여자에게 설명을 중단하고 바지주머니에서 휴대폰을 꺼내 큰 소리로 말하기 시작했다.

"어, 안녕, 마이크. 웬일로?"

그러고는 잠시 수화기 저쪽 상대방의 말을 듣는 척하다가 더욱 목

청을 높여 말했다.

"8시 30분에 피자모임. 우리 집, 아니면 너희 집?"

그런 다음 "그래, 이따가 보자."라는 인사로 마무리하며 전화를 끊었다.

이 가짜 통화는 12초 정도가 소요되었다. 실험에 참여하겠다고 말한 사람들은 12초 동안 그가 통화하는 모습을 가만히 지켜봐야 했다. 존스는 12초 동안의 가짜 통화 후에 휴대폰을 주머니에 도로 집어넣고 하던 설명을 이어나갔다. 아무런 사과도 없이 말이다. 이후의 일은 '일반 조건'의 실험과 동일하게 진행되었다.

'불쾌감 조건'의 실험에 참여하는 사람들이 상당히 불쾌해하며 보복하고자 하는 욕구를 갖게 될 거라는 점은 쉽게 예상할 수 있었다. 그런데 보복행위에 대한 욕구를 어떻게 정량화해 나타낼 수 있을까? 존스는 1달러짜리 지폐 여러 장을 실험참여자들에게 주면서 이렇게 말했다.

"여기 5달러의 보상금입니다. 돈은 잘 세어보시고요, 여기 영수증에 서명하신 뒤 테이블에 놓아두세요."

하지만 존스는 언제나 실수를 가장해 5달러를 초과하는 돈을 보상금으로 지급했다. 1달러짜리 지폐를 6장, 또는 7장, 또는 9장, 이런 식으로 실험참여자들에게 지급했던 것이다.

우리는 실험진행자의 의도적인 실수로 더 많은 돈을 받게 된 실험참여자들 가운데 사회적 규범을 어기는 방식으로 보복행위를 하는(초과 지급된 돈을 자신의 주머니에 넣는) 사람들과, 초과 지급된 돈을 우리에게 돌려주는 사람들의 비중이 어떻게 되는지 살펴보았다. 일반

조건과 불쾌감 조건의 실험에서 나타나는 수치를 통해 사람들의 보복행위에 대한 욕구를 정량화하려 했던 것이다. 우리가 이와 같은 방식을 채택한 이유는 이것이 실제 생활에서 흔히 경험하는 보복행위와 유사했기 때문이다.

당신이 어느 음식점에서 식사를 하고 현금으로 음식값을 냈는데, 음식점에서 실수로 거스름돈을 더 많이 주었다고 상상해보라. 당신은 그 사실을 알리고 돈을 돌려주겠는가, 아니면 그 돈을 그냥 갖고 가겠는가? 만약 음식점에서 매우 불쾌한 일을 겪었다면 어떻게 하겠는가? 불쾌한 기분에도 기꺼이 더 받은 돈을 돌려주려 하겠는가?

이와 유사한 상황에서 우리의 실험참여자들은 어떻게 행동했을까? 우선 실험참여자들에게 초과 지급된 돈의 액수 차이(1달러, 2달러, 4달러 등)는 실험참여자들의 행동변화에 별다른 영향을 끼치지 않는 것으로 나타났다. 반면에 실험 설명 중에 이루어진 존스의 통화는 실험참여자들의 행동변화에 큰 영향을 끼친 것으로 나타났다. 일반 조건의 실험에서는 45퍼센트의 사람들이 자신에게 초과 지급된 돈을 돌려주었지만, 불쾌감 조건의 실험에서는 14퍼센트에 불과했던 것이다.

아무런 불쾌감을 갖지 않은 사람들 중에도 실수로 초과 지급된 돈을 그대로 가져간 사람들이 55퍼센트나 되었다. 이 사실도 놀라웠지만, 정말 놀라웠던 것은 12초의 짧은 통화가 유발한 불쾌감이 잘못 지급된 돈을 돌려준 사람들의 비율을 45퍼센트에서 14퍼센트로 대폭 낮추어놓았다는 점이었다. 이 정도의 불쾌감에서 사회적 규범을 지킨 사람들은(잘못 지급된 돈을 돌려준 사람들은) 그야말로 소수에 불과했다.

정의를 부르짖는 사람들 ⨯

　고객으로서 잘못된 대우를 받아 복수심을 갖게 된 것이 비단 나 혼자만이 아니라는 사실을 이 책을 쓰기 위해 자료를 수집하면서 알게 되었다.

　우선 톰 파머^{Tom Farmer}와 셰인 애치슨^{Shane Atchison}이라는 두 비즈니스맨의 사례를 살펴보자. 지금 이들 두 사람의 이름으로 포털사이트에서 검색을 해보면 "당신네는 매우 나쁜 호텔이야^{Yours Is a Very Bad Hotel}"라는 제목의 재미난 프레젠테이션 자료를 볼 수 있을 것이다.[10] 이들이 파워포인트로 만든 프레젠테이션 자료는 휴스턴에 있는 더블트리 클럽^{Doubletree Club}이라는 호텔의 잘못된 운영방식에 대해 불만을 토로하는 내용으로 구성되어 있다.

　이들 두 사람이 더블트리 클럽을 찾은 것은 2001년의 어느 추운 겨울 밤이었다. 이들은 전화로 방을 예약했고, 확인까지 받은 상태였다. 하지만 막상 호텔에 도착하자 호텔 측에서는 이미 방이 다 나가버렸고, 하나 남아 있는 방은 공조장치와 배관에 문제가 생겨 수리 중이라고 말했다.

　이와 같은 소식을 듣는 것도 상당히 불쾌한 일이었지만, 파머와 애치슨을 정말 화나게 만든 것은 그날 그들을 응대했던 마이크라는 직원의 태도였다. 마이크는 혹시 남는 방이 있는지 찾아보려고도 하지 않았고, 낭패를 당한 두 손님에게 어떤 식으로든 도움을 주려고도 하지 않았다. 뿐만 아니라 그의 고압적이고 무례하고 귀찮아하는 듯한 행동은 파머와 애치슨의 분노를 자아냈다. 마이크가 서비스 분야에서 일하는 사람답게 친절한 행동과 미안함을 내보였다면 예약 확인을 받은 방을 못 받았더라도 파머와 애치슨은 그토록 화가 나지는 않았을 것이다.

하지만 너무나도 화가 난 그들은 자신들의 파워포인트 실력을 발휘했다. 그들은 그 호텔에서 있었던 일을 시간 순서대로 정리했고, 마이크가 했던 말도 파워포인트 자료에 집어넣었다. 뿐만 아니라 자신들이 앞으로 더블트리 클럽을 다시 찾을 가능성과 마이크의 부적절한 행동이 그 호텔 체인 전체에 끼치게 될 잠재적인 손실까지 계산해 제시하기도 했다. 예를 들어 그들이 만든 파워포인트 자료 15페이지를 보면 "우리가 더블트리 클럽 휴스턴을 다시 찾을 가능성은 극도로 낮다We Are Very Unlikely to Return to the Doubletree Club Houston" 와 같은 제목의 자료가 나온다. 거기에는 자신들이 더블트리 클럽 휴스턴을 다시 찾을 가능성을 다음과 같이 나타냈다.

파머와 애치슨은 이렇게 만든 파워포인트 자료를 더블트리 클럽 호텔 체인의 총지배인과 휴스턴에 거주하면서 자신들과 업무관계에 있는 사람들에게 이메일로 전송했다. 이후 이들이 만든 자료는 비공식적인 경로를 통해 사람들 사이에 빠르게 확산되었고, 나중에는 더블트리 클럽 측에서 이들 두 사람에게 보상서비스를 제공하겠다고 제안했다. 하지만 파머와 애치슨이 이러한 제안을 받아들일 리 없었다. 그들은 더블트리 클럽 측에게 고객서비스의 문제점을 해결할 필요가 있다고 조언했고, 더블트리 클럽 측에서는 그러한 문제점을 고치려는 노력을 시작했다.

우리가 더블트리 클럽 휴스턴을 다시 찾을 가능성은 극도로 낮다

■ 욕조 안에서 죽을 가능성: 10,455분의 1(국가안전보장회의 발표)

■ 지구를 지나쳐가는 별의 인력에 의해 지구가 태양계에서 이탈하게 될
  가능성: 2,200,000분의 1(미시건 대학)

■ UK 로터리 복권에 당첨될 확률: 13,983,816분의 1(UK 로터리)

■ 우리가 더블트리 클럽 휴스턴을 다시 찾을 확률: 위의 세 가지 확률보
  다 더 낮음(그렇다면 더블트리 클럽 휴스턴에서 우리에게 방을 내줄 확률은
  얼마나 될까?)

애플의 아이팟과 관련해 겪었던 문제를 동영상으로 만들어 보복을 했던 니스탯Neistat 형제의 이야기도 있다. 이들 중 한 명은 가지고 있던 애플 아이팟의 배터리가 수명을 다하자, 애플 고객서비스센터에 전화를 걸어 배터리 교체를 요청했다.

이에 애플의 고객서비스센터 담당자는 고객이 아이팟을 보유한 기간이 보증기간인 1년을 초과했기 때문에 255달러의 수리비에 배송비를 추가로 지불해야 배터리 교체가 가능하다고 답변했다. 이러한 답변을 들은 그는 이렇게 말할 수밖에 없었다.

"그 돈이면 차라리 아이팟을 새로 사겠습니다!"

애플의 정책에 화가 난 니스탯 형제는 뉴욕 시에서 자신들의 눈에 띄는 아이팟 광고판마다 "교체할 수 없는 아이팟 내장 배터리의 수명

은 18개월이다."라는 글을 썼을 뿐만 아니라 '아이팟의 더러운 비밀'이라는 동영상을 제작해 유튜브^{YouTube}와 여러 웹사이트에 올려놓았다. 이런 일이 벌어지자 애플은 배터리 교체에 대한 정책을 수정하기에 이르렀다.↑ 하지만 애플은 여전히 아이팟과 아이폰의 배터리를 내장 방식으로 만들어 사용자들이 교체하기 어렵게 만들고 있다.

분노를 자아내는 고객서비스를 말할 때 비행기 여행도 빼놓을 수 없다. 많은 사람들이 비행기 여행을 하는 과정에서 한두 번은 불쾌감을 겪었을 것이다. 보안검색만 하더라도 부담스러울 정도로 철저하게 스캐닝을 당하고, 고관절 치환술이라도 받은 사람들은 추가적인 정밀검색을 당하게 된다. 검색대 앞에서는 신발을 벗어야 하고, 화장품을 비롯한 액체 물품들은 용량 제한을 넘지 않도록 하되 투명한 가방에 별도로 담아두어야 한다. 길게 늘어선 대기줄, 불편하고 좁은 좌석, 연착 문제도 짜증이나 불쾌감을 유발하기 일쑤다.

최근 몇 년 사이 항공사들은 온갖 서비스에 대해 별도의 비용을 청구하기 시작했다. 어떤 항공사들은 승객의 짐, 기내에서 제공되는 물이나 스낵 등에 대해서도 따로 돈을 받고 있을 정도다. 그리고 더 많은 승객들을 태우기 위해 좌석 간격을 좁혀놓는 바람에 덩치가 작은 어린이들을 제외하고는 기내에서 편안함을 누릴 수가 없게 되었다. 극도의 효율성을 추구하는 항공사들은 비행기들이 지상에 머무

↑ 니스탯 형제의 보복은 '강한 보복행위'로 볼 수 있다. 그들은 애플의 광고판을 훼손했는데, 이는 애플의 자산에 손상을 입히는 엄연한 범법행위이기 때문이다.

는 시간을 최소화하면서 더 많은 비행기들을 공중에 띄우고 있다. 그 결과 어떤 일이 일어나고 있는가?

　당신도 이미 알고 있을 것이다. 어느 한 공항에서 날씨 때문에 연착이 발생하면 그로 인한 파급은 다른 수많은 공항들로 연쇄적으로 확산된다. 하지만 항공사들은 "저희의 잘못은 아닙니다."라는 말만 반복할 뿐이다. 이와 같은 일들 때문에 많은 비행기 여행자들이 불쾌감이나 모욕감을 느끼고, 그에 대해 분노하고 적개심을 갖게 된다. 그리고 그러한 분노나 적개심을 온갖 방법으로 표출하게 된다. 문제는 그렇게 표출된 분노나 적개심이 종종 무고한 사람들에게 부정적인 영향을 끼치게 된다는 점이다. 나 역시 그와 같은 일 때문에 기분이 상했던 적이 있다.

　비행기를 타고 시카고에서 보스턴으로 갔을 때의 일이다. 내 자리는 17B라는 가운데 좌석이었고, 양옆으로는 덩치가 큰 사람 둘이 앉아 있었다. 나는 비행기가 이륙하자마자 잡지를 보기 위해 앞에 놓인 좌석주머니로 손을 뻗었다. 그런데 손에 뭔가 축축하고 차가운 덩어리가 만져졌다. 아무리 잘 봐줘야 누군가가 남긴 음식찌꺼기였다. 찝찝한 기분이 든 나는 덩치가 큰 옆 사람에게 양해를 구하고 끙끙거리며 자리를 빠져나가 화장실로 향했다. 손을 닦기 위해서였다.

　하지만 화장실 바닥에는 소변으로 축축하게 젖은 화장지가 무더기로 널려 있었고, 액체비누가 담겨 있어야 할 디스펜서dispenser는 빈 상태였다. 내 자리에 앉아 있던 사람을 포함해 바로 전에 그 비행기를 타고 있던 사람들이 뭔가에 단단히 화가 났던 것이 분명했다. 게다가 기내 청소를 담당했던 직원들도 뭔가에 화가 난 게 틀림없었다.

분명 앞의 좌석주머니에 음식찌꺼기로 추정되는 뭔가를 넣은 사람이나 화장실을 엉망으로 만든 사람이 나를 알고 있거나 나에게 원한을 갖고 있던 사람은 아니었을 것이다. 그들은 항공사에 화가 났던 것이지만, 그들의 보복행위는 다른 사람들에게 불쾌감이 전가되는 결과로 이어졌다. 그리고 그것은 또 다른 연쇄적인 보복행위로 이어질 수도 있었다.

　당신이 요즘 겪고 있는 일을 생각해보라. 기업이나 기관에서 뭔가 불쾌한 일을 겪고, 그로 인해 생긴 복수심을 불특정 다수에게 해소하는 사람들, 혹은 그들의 보복행위로 인한 결과를 종종 접하고 있지는 않은가? 가게, 비행기, 렌터카 대리점 등의 장소에서 점점 더 많은 무례와 무시와 냉담과 적개심을 경험해본 적은 없는가?

　어디서부터 잘못되었고 누가 먼저 시작했는지는 나도 알 수 없다. 하지만 불쾌감을 주는 고객서비스를 소비자들이 더 많이 겪을수록 더 큰 분노를 갖게 되고, 그러한 분노는 다른 누군가에게로 전가된다. 설령 그 누군가가 우리의 불쾌한 경험에 아무런 책임도 없는 사람이라 해도 말이다.

　우리의 보복행위 때문에 불쾌감을 갖게 된 그 누군가는 그러한 불쾌감을 또 다른 누군가에게 해소하게 된다. 이와 같은 식으로 사람들의 분노와 좌절과 복수심은 다른 누군가에게 전가되고, 이런 일이 반복되면서 분노와 좌절과 복수심의 크기는 더욱 증폭되는 경향을 나타낸다.

주인과 대리인의 차이

하루는 그니지와 함께 점심을 먹으러 갔다. 존스라는 학생을 고용해 진행했던 실험에 관해 의견을 나누기 위해서였다. 자리를 잡은 우리에게 이제 갓 십대 티를 벗은 웨이트리스가 주문을 받으려고 다가왔다. 그런데 그녀의 표정이 좋지가 않았다. 뭔가 고민이 있는 듯 복잡한 표정이었다. 어쨌든 우리는 주문을 했다. 그니지는 참치 샌드위치를, 나는 그리스 샐러드를 주문했다.

몇 분 후에 웨이트리스가 음식을 들고 나타났다. 시저 샐러드와 칠면조 샌드위치였다. 그니지와 나는 서로를 잠시 쳐다보고는 웨이트리스에게 말했다.

"우리가 주문한 음식이 아닌데요."

"아, 죄송합니다. 다시 가져갈게요."

그러나 그니지는 배가 많이 고픈 상태였다. 그녀는 나를 쳐다보았고, 나는 어깨를 으쓱해 보였다. 곧바로 그니지는 웨이트리스에게 이렇게 말했다.

"괜찮아요. 그냥 먹을게요."

웨이트리스의 표정은 더욱 안 좋아 보였다.

"죄송합니다."

웨이트리스는 이렇게 말하고는 바로 사라졌다.

"저 웨이트리스가 계산서도 잘못 작성해서 우리에게 돈을 적게 받으면 어떡하지? 그러면 그 얘기를 해주고 돈을 돌려줄까, 아니면 그냥 모른 체하고 나갈까?"

그니지가 나에게 물었다.

이 질문은 우리의 실험과 관련이 있기는 했지만, 사실 당시의 상황은 우리 실험의 실험조건과 중요한 차이가 있었다. 그니지의 질문이 웨이트리스가 받게 될 팁의 액수에 관한 것이라면 문제는 간단하다. 그녀가 우리에게 실망감을 주었기 때문에(주문하지 않은 음식을 가져옴으로써), 그에 대한 보복으로 우리는 그녀에게 팁을 적게 줄 수 있다. 하지만 잘못 작성된 계산서라면 그로 인한 피해는 웨이트리스가 아닌 음식점 사장이 떠안게 된다. 팁이 아닌 계산서인 경우, 웨이트리스는 주인이 아닌 대리인이 되기 때문이다. 실제보다 적게 청구된 계산서를 보고도 웨이트리스의 서비스에 불만을 느낀 우리가 모른 체 그대로 지불하고 나가버린다면 대리인의 실수에 대한 보복행위는 대리인이 아닌 음식점 사장에게 가해지는 셈이 된다.

대리인이 실수를 범한 상황에서 대리인이 아닌 주인에 대해 보복행위를 하는 것이 과연 정당한 일일까? 우리는 서로에게 물었다.

"만약에 저 웨이트리스가 이 음식점의 사장이라면?"

이 경우 그녀는 주인이면서 대리인이 된다. 정말로 웨이트리스가 음식점의 사장이라면, 우리가 실제보다 더 적은 음식값을 지불하고 그대로 음식점을 나가버릴 가능성이 높아질까?

우리는 짧은 토론을 통해 그녀가 단지 대리인일 뿐이라면, 우리가 음식값을 적게 지불하는 식의 보복행위를 할 가능성은 크게 낮아질 것이고, 만약 그녀가 주인이라면 음식값이 적게 청구되었다는 사실을 그녀에게 알려주지 않을 가능성이 크게 높아질 거라는 결론을 내렸다.

사실 그러한 토론을 하기는 했지만 음식값은 정확하게 청구되었다. 그리고 웨이트리스의 서비스에 만족하지 못했음에도 우리는 그녀에게 음식값의 15퍼센트를 팁으로 주었다. 보복행위를 할 때 대리인인지 주인인지를 구분하는 것은 우리에게는 상당히 중요한 것으로 여겨졌다. 그래서 음식점을 나온 우리는 대리인과 주인을 구분하는 요소를 실험에 넣기로 했다.

우리가 행한 실험의 진행과정과 그 결과에 대해 말하기에 앞서 어느 기업이 운영하고 있는 의류대리점에 들어갔다가 매우 불친절한 판매원을 만났다고 가정해보자.

그 판매원은 카운터 뒤에서 다른 판매원과 함께 어젯밤에 본 〈아메리칸 아이돌American Idol〉이라는 텔레비전 프로그램에 대해 수다를 떨고 있다. 당신은 그녀가 당신에게 관심을 보여주기를 바라지만, 그녀는 당신에게 전혀 신경을 쓰지 않는다. 이러한 상황에 화가 난 당신은 곧바로 그 매장을 떠나고 싶지만, 정말로 마음에 드는 셔츠와 스웨터를 발견한 탓에 그대로 남아 있다. 결국 당신은 그 셔츠와 스웨터를 집어들고 카운터로 간다. 그런데 계산하는 과정에서 판매원이 당신이 고른 스웨터를 바코드스캐너로 찍는 것을 잊어버리고 그냥 봉투에 담아주었다.

당신은 스웨터 값을 지불하지 않고 그대로 매장을 나가버리는 것은 불친절한 판매원(대리인)에게 보복하는 것이 아니라 그 매장을 운영하는 기업(주인)에 보복하는 것이라는 점을 알고 있다. 이러한 상황에서 당신은 공짜 스웨터를 가지고 조용히 매장을 나가버리겠는가, 아니면 스웨터가 계산되지 않았다는 사실을 판매원에게 알려주겠는가?

이번에는 조금 다른 상황이다. 당신은 주인이 직접 운영하며 판매도 하는 의류매장에 들어갔다. 판매원인 주인은 불친절했다. 그런데 이번에도 당신은 '공짜' 스웨터를 가질 수 있는 기회를 얻게 되었다. 이번 경우에는 주인과 대리인이 동일하기 때문에 스웨터를 바코드 스캐너로 찍지 않았다는 말을 하지 않는다면, 주인과 대리인을 동시에 응징하는 셈이 된다. 이 경우 당신은 어떻게 하겠는가? 당신의 보복행위로 피해를 입게 되는 사람이 당신의 분노에 대해 책임 있는 사람인 경우, 당신은 전과는 다른 결정을 내리게 될까?

우리는 존스로 하여금 커피숍에서 새로운 조건의 실험을 진행하도록 했다. 우선 커피숍을 찾은 사람들 가운데 일부에게 다음과 같이 자기소개를 하게 했다.

"안녕하세요, 저는 지금 MIT 대학 교수님의 프로젝트를 돕고 있습니다."

존스가 대리인의 신분임을 밝히는 것이다. 만약 존스의 행동에 화가 난 실험참여자가 초과로 지급된 보상금을 그대로 가져간다면 그 사람은 결과적으로 대리인(존스)이 아닌 주인(나)에게 보복하는 것이 된다. 그리고 또 다른 사람들에게는 이렇게 자기소개를 하게 했다.

"안녕하세요, 저는 지금 논문을 준비하고 있는 대학생입니다. 실험에 참여하면 제 돈으로 보상금을 드릴 것입니다."

이렇게 소개함으로써 존스는 이제 주인의 신분이 된다. 이 경우 그의 행동 때문에 화가 난 실험참여자들이 그에게 보복행위를 하는 빈도는 더 높아지게 될까? 존스의 신분이 대리인인 경우와 주인인 경우 그의 무례한 행동에 대한 실험참여자들의 보복 빈도에는 차이가 발생할까?

이와 같은 새로운 조건의 실험 결과는 그니지와 나의 통념을 깼다. 우선 앞의 실험에서는 존스의 전화통화 때문에 화가 난 실험참여자들이 그렇지 않은 실험참여자들보다 초과 지급된 보상금을 그대로 가져가는 빈도가 훨씬 더 높게 나타났다. 하지만 존스의 신분이 대리인인 경우와 주인인 경우에는 그 차이가 나타나지 않았다.

이러한 실험 결과를 보면서 우리는 톰 파머와 셰인 애치슨을 떠올렸다. 사실 그들은 마이크라는 직원(대리인) 때문에 화가 났음에도 더블트리 클럽(주인)을 보복행위의 표적으로 삼았다. 사람들이 뭔가에 분노를 일으켜 보복을 해야겠다고 마음먹게 되면 보복의 대상이 누구인지는 별로 신경을 안 쓴다는 것이 이번 실험을 통해 드러났다. 주인이든 대리인이든 자신의 분노에 대한 대가를 치르면 될 뿐이었다. 오늘날의 시장에서는 주인과 대리인이 분명하게 구분되어 있고, 더욱이 아웃소싱이 점차 확산되는 상황에서(주인과 대리인의 분화는 더욱 심화되고 있다), 이와 같은 실험 결과는 상당히 우려스러운 일이라고 할 수 있겠다.

고객의 복수심에 무지한 기업들

우리는 상대적으로 단순한 도발이나 무례도 복수심을 유발할 수 있다는 것을 알게 되었다. 그리고 일단 복수심이 생기면 보복행위의 대상이 누구든 상관하지 않는다는 것도 알게 되었다.

이는 고객서비스나 고객지원 부문에서 말과 행동이 다른 기업들에게는 매우 안 좋은 소식이다. 사실 고객들이 행하는 보복행위의 실상을 최고경영자들이 알기는 어렵다. 그리고 너무나도 화가 나서 강한 보복행위를 하는 고객들은 보복행위로 인한 결과가 잘 드러나지 않도록 감추기까지 한다. 분명 아우디, 더블트리, 애플, 그리고 많은 항공사들은 자신들의 무신경한 고객서비스가 고객들의 보복행위를 유발하고, 그로 인한 피해가 상당하다는 사실을 제대로 인식하고 못하고 있는 것 같다.

내 경우 아우디에 대한 분노를 어떤 식으로 표출했을까? 나는 유튜브를 통해 분노를 표출하는 사람들도 많이 봐왔지만, 일단 그 방식은 나와 맞지 않았다. 그 대신 저명한 논문저널인 〈하버드 비즈니스 리뷰Harvard Business Review〉에 가상의 사례연구를 기고하는 방법을 선택했다. 톰 자카렐리Tom Zacharelli라는 가상의 인물이 가상의 브랜드인 아티다Atida의 새 차를 구입한 뒤 겪은 부정적인 경험을 토대로 작성된 사례연구였다(아티다는 아우디를 지칭한 것이고, 톰은 톰 파머에서 따온 것이고, 자카렐리는 내 이름 애리얼리에서 딴 것이다). 아래 내용은 내 사례연구의 일부로, 톰 자카렐리가 아티다의 CEO에게 보낸 가상의 편지다.

안녕하세요, 텀Turm 씨

저는 오래전부터 아티다의 자동차들을 애용해오고 있었습니다만, 지금은 아티다로 인해 절망감에 빠져 있는 사람입니다. 몇 달 전에도 아티다의 신모델 안드로메다 XL을 구입했습니다. 그 차는 가속력도 좋았고,

스타일도 좋았고, 핸들링도 좋았습니다. 저는 그 차를 정말로 좋아했죠.

그런데 지난 9월 20일, LA에 있는 집으로 차를 몰고 돌아오는 길에 그 차가 가속페달에 반응을 하지 않는 문제가 발생했습니다. 가속페달을 아무리 밟아도 속도는 계속해서 떨어지기만 했습니다. 이에 우측 차선으로 차를 대려고 오른쪽 뒤편으로 다른 차가 오는지 살펴보았는데, 오른쪽 뒤로 두 대의 대형 화물트럭들이 빠르게 다가오고 있었습니다. 그들은 내 신호를 무시한 채 그대로 지나쳐 갔죠. 나중에 겨우 도로의 오른쪽에 차를 댈 수 있었지만, 지금까지 살아오면서 그때만큼 공포를 느꼈던 적이 없습니다.

뿐만 아니라 그 문제를 해결하는 과정에서 아티다의 고객서비스로 인해 저는 아티다에 대해 더욱 안 좋은 감정을 갖게 되었습니다. 그들은 무례했고, 친절하지도 않았고, 규정에 따라 저에게 지급했어야 할 비용도 지급하지 않았습니다. 그 일이 있은 한 달이 지나 수리가 끝난 차를 받게 되었지만, 저는 지금 무척 화가 나 있습니다. 어떻게 하면 제가 받았던 고통을 귀사에 되돌려줄까 고민하고 있습니다. 귀사에 대해 복수심을 가지고 있는 거지요.

저는 지금 아티다의 자동차 및 고객서비스의 문제를 꼬집는 동영상을 제작해 유튜브에 올릴까 하는 생각을 진지하게 하고 있습니다. 그러면 귀사도 상당히 난처해질 거라고 생각합니다.

톰 자카렐리 드림

〈하버드 비즈니스 리뷰〉에 기고한 사례연구에서 내가 제시했던 핵심 질문은 다음과 같은 것이었다. 톰의 분노에 대해 아티다 자동차는 어떻게 대응할까? 물론 아티다가 톰에 대해 법적 의무를 지는지는 명확하지 않고, 이에 아티다의 경영자들은 톰을 무시해야 하는지, 아니면 톰을 달래주어야 하는지 판단을 내리지 못하고 있다. 이와 같은 상황에서 아티다의 경영자들 사이에서는 정말로 톰이 굳이 시간과 노력을 허비하면서까지 아티다를 비방하는 내용의 동영상을 만들지 의견이 분분했다.

자기 차의 문제를 해결하는 과정에서 톰은 아직 충분히 많은 시간을 사용하지 않은 걸까? 톰은 별로 할 일이 없는 사람인가? 이미 아티다에서는 톰에 대해 더는 해줄 것이 없다는 점을 밝힌 상황이다. 그럼에도 톰은 무의미할 수도 있는 복수를 하기 위해 정말로 자신의 시간을 쓰려고 할까?

〈하버드 비즈니스 리뷰〉의 에디터인 브로닌 프라이어Bronwyn Fryer는 네 명의 전문가들에게 이번 사례에 대해 검토해줄 것을 부탁했다. 그리고 네 명의 전문가들 가운데 한 명은 바로 더블트리의 부적절한 서비스에 대해 분노를 했던 톰 파머였다. 그는 아티다의 대응이 부적절했다고 지적하면서 톰 자카렐리의 편을 들어주었다. 그러면서 다음과 같은 말을 덧붙였다.

"아티다가 인식하든 인식하지 않든, 아티다는 서비스를 부가적으로 제공하는 자동차 제조회사가 아니라 자동차를 판매하는 서비스 회사입니다."

네 명의 전문가들 모두 아티다의 톰에 대한 대응이 부적절했고, 만약 톰이 정말로 아티다를 비방하는 동영상을 만들면 아티다는 상당한 피해를 입을 수 있다는 의견을 주었다. 그러면서 그들은 상당한 근거를 가진 고객의 분노를 적절한 방식으로 해결함으로써 잠재적으로 얻는 이득은 그로 인한 비용을 넘어선다는 의견도 주었다.

이번 사례연구가 실린 〈하버드 비즈니스 리뷰〉는 2007년 12월에 출간되었고, 나는 그 책을 아우디의 고객서비스 책임자에게 우송했다. 그리고 이번 사례연구는 아우디에서 겪었던 나의 경험을 토대로 작성되었다는 내용의 메모도 첨부했다. 이에 대해 나는 아무런 응답을 받지는 못했지만, 어쨌든 내 기분은 한결 좋아졌다. 기분이 좋아진 이유가 내 나름의 보복행위를 해서인지, 아니면 단지 그 사건을 겪은 뒤로 많은 시간이 흘렀기 때문인지는 잘 모르겠지만 말이다.

사과는 떠난 고객도 돌아오게 한다

수리가 끝났다는 소식을 듣고 내 아우디 자동차를 찾으러 가자 수리담당자가 열쇠를 건네주었다. 그런데 차를 몰고 출발하려는 순간, 수리담당자가 이렇게 말했다.

"죄송합니다. 하지만 자동차들은 가끔 고장이 나요."

참으로 단순한 사실이었지만, 그의 말을 듣자 놀랍게도 그토록 분노에 차 있던 내 기분은 많이 누그러졌다. 그때 나는 혼잣말로 이렇게 중얼거렸다.

'그렇지, 자동차는 언제든지 고장이 날 수 있지. 절대로 일어날 수 없는 일도 아니고, 그에 대해 그렇게 화를 낼 이유도 없어. 프린터에 종이가 걸렸다고 해서 화를 내지 않는 것처럼 말이야.'

그렇다면 나는 왜 그토록 화가 났을까? 만약 고객서비스센터에서 처음 전화를 받았던 직원이 "죄송합니다. 하지만 자동차들은 가끔 고장이 날 수 있습니다."라고 말하면서 내가 겪었던 놀라움과 공포를 이해한다는 식으로 대꾸해주었다면, 이번 일은 전혀 다른 식으로 전개되었을 것이다. 그렇다면 사과는 사람들 간의 상호작용을 더 좋게 만들고 복수심을 누그러뜨리는 효과가 있을까?

일단 개인적인 경험을 토대로 말하자면, 내 사랑하는 아내 수미에게 사과를 하면 상황이 훨씬 더 부드럽게 해결되곤 한다. 그런가 하면 내 연구 파트너인 그니지의 경우 거의 성인군자이기 때문에 누구에게 사과할 일은 아예 하지 않는다. 이번에 그니지와 나는 사람들 사이에서 사과의 힘이 얼마나 강력하게 작용하는지를 알아보기 위해 실험을 하기로 했다.

이번 실험의 기본 설계는 맨 처음 실험과 비슷했다. 이번에도 우리는 존스를 커피숍으로 보냈고, 존스는 커피숍을 찾은 사람들에게 다가가 5달러를 줄 테니 실험에 참여하지 않겠느냐고 물었다. 하지만 이번에는 실험조건을 세 가지로 구분했다.

첫 번째 실험조건에서 존스는 실험참여자들에게 아무런 결례를 범하지 않고 실험을 진행했다. 사람들에게 다가가 5달러의 보상금을 받을 수 있는 간단한 실험에 참여하지 않겠느냐고 물어보고, 동의하는 사람들에게는 작업종이를 주고 방법을 설명해주었다. 작업시간은 5분이었다. 5분이 지난 다음에는 작업종이를 회수하면서 실수를 가장해 보상금으로 9달러를 지급했고(1달러짜리 4장과 5달러짜리 1장을 지급했다), 5달러짜리 영수증을 한 장 써달라고 했다.

두 번째 실험은 첫 번째와 동일하게 진행되었지만, 존스가 작업방법을 설명하던 도중에 가짜통화를 했다는 점만 달랐다.

세 번째 실험은 두 번째와 동일하게 진행되었지만, 존스가 결례를 범한 실험참여자들에게 사과를 했다는 점이 달랐다. 그는 4달러가 초과된 보상금을 지급하고 영수증을 써줄 것을 부탁하면서 자신이 결례를 범한 실험참여자들에게 이렇게 말했다.

"전화통화 건에 대해 사과드립니다. 전화를 받지 말았어야 하는데 말입니다."

최초의 실험 결과를 토대로 우리는 화가 난 실험참여자들이 초과 지급된 보상금을 돌려주는 빈도는 크게 낮을 거라고 예상했고, 실제의 실험 결과도 그렇게 나타났다. 하지만 세 번째 실험은 어떻게 되었을까? 놀랍게도 존스의 사과는 실험참여자들의 분노에 대한 완벽한 치료제가 되었다. 존스의 통화로 화가 났지만 존스로부터 사과를 받은 실험참여자들은 첫 번째 실험의 실험참여자들과 비슷한 빈도로 초과 지급된 보상금을 돌려주었다. "사과드립니다."라는 짧은 말이 그야말로 놀라운 효과를 만들어낸 것이다.

이를 간단하게 공식으로 표현하면 다음과 같다.

분노 1 + 사과 1 = 분노 0

이번 실험을 통해 우리는 사과라는 것이 적어도 일시적인 효과가 있다는 걸 알게 되었다. 그런데 다른 사람들에게 곧바로 사과만 하면

모든 게 해결될 거라고 생각하는 사람들은 유의할 점이 하나 있다. 바로 우리 실험에서 존스와 실험참여자인 커피숍 손님들 간의 만남은 일회성이었다는 점이다.

만약 존스와 실험참여자들 간의 만남이 연속적으로 이루어지고, 존스가 결례를 범한 다음 사과하는 일이 반복적으로 일어났다면 실험 결과가 어떻게 나타났을지는 확신할 수 없다. 다만 우리가 어렸을 적에 〈양치기 소년과 늑대〉라는 우화를 통해 배운 것을 적용해본다면 반복적으로 사용되는 "죄송합니다."라는 말은 그 힘을 잃을 가능성이 크다.

이번 실험에 참여한 실험참여자들의 분노에 대한 치료제로 우리가 찾아낸 것이 또 하나 있다. 존스의 예의에 어긋난 통화와 실험참여자들이 복수할 수 있는 기회(존스가 보상금을 지급하고 영수증을 써줄 것을 요청하는 때) 사이의 시간이 15분 정도로 길어지면 초과 지급된 보상금을 돌려주는 빈도가 높아지는 것으로 나타났던 것이다. 그 시간 동안 복수심이 상당 부분 누그러졌기 때문이다. 그런데 여기에도 예외는 있어 보인다. 예를 들어 분노의 크기가 매우 큰 경우에는 약간의 시간이 흘렀다고 해서 복수심이 사라질 것 같지는 않다.

복수심을 다스리는 몇 가지 처방들 ⸝

그동안 많은 현자들이 복수의 역효과에 대해 말해왔다. 마크 트웨인은 이렇게 말했다.

"복수에는 흠이 있으며, 이는 우리 모두가 알고 있다. 복수를 통해 얻게 되는 것은 즐거움이 아닌 고통이다. 복수의 끝에서는 언제나 고통을 맛보게 된다."

그런가 하면 월터 웨클러Walter Weckler는 "감정의 갈증에 대한 복수 효과는 몸의 갈증에 대한 바닷물의 효과와 다를 게 없다."라고 말했다. 알베르트 슈바이처Albert Schweitzer는 "복수는 구르는 돌과 같다. 어떤 사람이 그 돌을 언덕 위에 올려놓는 데 성공하더라도 그것은 더 큰 파괴력으로 굴러떨어져 그것을 올려놓은 근육의 뼈를 바스러뜨려놓을 것이다."라고 일갈했다.

그런데 복수를 해서 좋을 게 없다는 훌륭한 조언을 듣는다고 해서 우리가 복수심을 억제할 수 있을까? 복수에 대한 욕구는 인간의 가장 기본적인 욕구이며, 타인을 신뢰하는 인간의 비이성적인 성향에 연결되어 있다. 그리고 그것은 본능의 일부이기 때문에 극복하기가 무척 어렵다. 동양의 선 사상을 인생의 길잡이로 삼을 수도 있고, 아니면 언제나 장기적인 관점에서 상황을 해석할 수도 있고, 그것도 아니면 화가 누그러질 때까지 열의 수 혹은 천만의 수를 셀 수도 있다. 하지만 복수심에 대한 이와 같은 방법들의 효과는 제한적일 뿐이다 (10장에서 복수와 같은 인간 감정의 어두운 일면을 추가로 고찰할 것이다).

복수하고자 하는 욕구를 완전하게 억누를 수 없다면, 부정적인 결과를 초래하지 않으면서 분노를 표출하는 방법을 찾는 것도 생각해 볼 수 있는 대안이다. 예를 들면 종이판의 한 면에 큰 글씨로 "좋은 하루 보내세요!"라는 인사말을 적고 다른 면에는 잘 보이지 않는 작은 글씨로 "f**k you"라는 욕설을 적은 다음 그 종이판을 자동차 안에 비치하고 다닌다. 그러다가 다른 자동차가 너무 위험하게 당신의 차를 추월하거나, 끼어들기를 하거나, 다른 식으로 당신을 위험하게 만드는 경우 종이판의 내용을 해당 차에 대고 흔드는 것이다.

아니면 우리를 분노하게 만든 상대방의 행동을 꼬집는 유머 글을 작성해 웹사이트에 익명으로 올리거나, 주변 친구들에게 하소연을 하거나, 파워포인트 자료를 만들어 아는 사람들에게 전송을 하거나, 〈하버드 비즈니스 리뷰〉에 관련 사례연구를 기고하는 등의 방법을 생각해볼 수도 있다.

의사들의 사과

어떤 사람들은 그렇게 생각하지 않지만, 사실 의사들도 인간이고 종종 실수를 한다. 그런데 실수를 하는 경우, 의사들은 어떻게 해야 할까? 실수를 인정하고 사과하는 게 나을까, 아니면 실수를 부인해야 할까?

후자의 선택에는 분명한 이유가 있다. 소송이 빈번한 사회에서 자신의 실수를 솔직하게 인정하는 의사들은 소송을 당할 경우 법정싸움에서 패할 가능성이 크다. 하지만 어떤 사람들은 의사의 사과가 환자들의 분노를 누그러뜨리고, 결과적으로 소송을 당할 가능성을 크게 낮추는 효과가 있다고 말한다.

겸손하고 붙임성 있는 태도와 계산적이고 법에 의존하려는 태도 사이에 무엇이 더 좋은 문제해결법인지에 대한 논쟁이 계속되고 있다. 이러한 상황에서 "미안합니다."라는 말의 힘이 새로 부각되고 있다.

실제로 존스 홉킨스 블룸버그 공중보건대학원에서 이와 관련된 실험을 하면서 실험참여자들에게 의료과실을 범한 의사들의 동영상을 보여주었다. 이때 실험참여자들은 자신의 의료과실에 대해 사과하고 책임을 치려는 모습을 보이는 의사들에게 매우 높은 평가를 내린 바 있다.[11]

그리고 매사추세츠 대학 의학대학원에서 행한 실험에서는 자신의 실수를 사과하고, 책임을 지려 하고, 앞으로는 실수를 하지 않기 위한 조치를 취하려는 의사들에 대해서는 사람들이 소송을 더 적게 하는 경향을 보이는 것으로 나타났다.[12]

당신이 만약 어떤 환자의 멀쩡한 무릎을 수술했거나, 수술환자의 몸속에 수술도구를 놓아둔 채로 수술부위를 봉합한 의사라면, 사과를 하는 것이 옳은 선택일 수도 있다. 사과를 받은 환자의 분노가 사그라지면서 의료과실로 피해를 입은 환자가 당신의 사무실로 쳐들어오거나, 당신에게 폭력을 행사하거나, 당신에게 중요한 서류를 창밖으로 내던질 가능성이 크게 줄어들기 때문이다.

사과는 당신을 훨씬 더 인간적으로 만들면서 피소를 당할 가능성을 줄여줄 수 있다. 최근에 이루어진 여러 연구들을 토대로 많은 의료계 전문가들은 의사들에게 실수를 할 경우, 자신의 실수를 인정하고 사과할 것을 제안하고 있다. 하지만 자신의 실수를 부인하고 다른 사람에게 문제의 원인을 전가하는 것은 어쩔 수 없는 인간의 성향이기도 하다. 이러한 성향이 타인의 분노를 키우고 복수의 악순환을 만들어내기는 하지만 말이다.

복수를 전화위복의 기회로

자동차 고장으로 고속도로에서 죽을 뻔했지만, 아우디로 인한 경험은 결국 나에게 도움이 되었다. 그 일은 나에게 복수의 현상에 대해 생각해보도록 했고, 덕분에 몇 개의 실험을 하게 되었다. 또한 그 때의 경험을 토대로 사례연구도 발표하고 이렇게 책도 쓰고 있다.

이와 같이 복수심이 동기가 되어 긍정적인 결과를 낳은 사례는 주변에서 어렵지 않게 찾아볼 수 있다. 대체로 이러한 사례의 주인공은 자신의 존재가치를 일에서 찾는 사업가나 경영자들이 많다. 이들은 어떤 상황으로 인해 기존의 자리를 빼앗기게 되면 복수를 자기 인생의 목표로 삼고 더욱 열정적으로 일에 매진한다. 그 결과, 기존의 자리를 되찾거나, 자신을 나락으로 내몬 개인이나 집단을 위협하는 더욱 강력한 경쟁자가 되어 그들 앞에 나타난다.

19세기 말에 액세서리 트랜지트 컴퍼니Accessory Transit Company라는 증기선 회사를 소유하고 있던 코넬리어스 밴더빌트Cornelius Vanderbilt의 사례는 이와 관련해 매우 인상적인 메시지를 전한다.

장기 휴가를 계획하고 유럽으로 요트여행을 떠나기 전까지 그의 사업은 순조로웠다. 하지만 그가 요트여행을 떠난 사이 다른 두 명의 공동경영자가 밴더빌트의 지분을 자신들이 인수하는 식으로 회사를 빼앗아버렸다. 휴가에서 돌아와 그 사실을 알게 된 밴더빌트는 두 명의 배신자들에게 다음과 같은 짧은 글이 담긴 편지를 보냈다.

"당신들이 나에게 사기를 쳤지만, 나는 당신들을 고소하지 않겠어. 법은 너무 느리니까. 그 대신 내가 직접 당신들을 파멸시켜주지."

그는 곧바로 자신의 요트를 여객선으로 개조해 사업을 재개하고 자신을 배신한 자들과 경쟁하기 시작했다. 밴더빌트의 새 선박회사는 빠르게 성장했고, 결국은 원래 자신의 소유였던 회사의 경영권까지 되찾았다. 자신을 배신했던 자들에게 직접 복수를 하고 모든 것을 정상으로 되돌려놓았던 것이다.[13]

월트 디즈니Walt Disney에서 부당하게 해고된 제프리 카젠버그Jeffery Katzenberg와 그의 드림웍스DreamWorks의 이야기도 잘 알려져 있다.[14] 회사의 성공에 크게 기여했음에도 월트 디즈니에서 밀려나게 된 카젠버그는 드림웍스를 공동으로 설립한 후 〈슈렉Shrek〉이라는 애니메이션 영화를 제작함으로써 2억 8,000만 달러의 흥행수익까지 올리는 대성공을 거두었다.

〈슈렉〉의 이야기는 철저히 디즈니 동화의 세계관을 조롱하고 있을 뿐 아니라, 〈슈렉〉에 나오는 악역은 카젠버그를 밀어낸 마이클 아이즈너Michael Eisner 전 디즈니 CEO를 패러디했다는 얘기도 있다. 드림웍스의 〈슈렉〉과 관련된 이와 같은 뒷이야기를 모르고 있었다면 다시 한 번 그 영화를 볼 것을 추천한다. 새로운 즐거움을 느끼면서 동시에 복수심이 어떤 건설적인 결과를 만들어낼 수 있는지 확인할 수 있을 것이다.

THE UPSIDE OF IRRATIONALITY

가정에서 벌어지는
인간 행동에 관한 진실

적응과 행복의 비밀

:

쉽게 익숙해지는 것과
그렇지 못한 것의 결정적 차이

19세기 말은 개구리와 벌레 따위의 작은 동물들에게 전에 없이 혹독한 시기였을 것이다. 유럽과 미국에서 생리학이 꽃을 피우면서(상당 부분 찰스 다윈의 영향 덕분이다) 많은 과학자들이 작은 동물들의 다리와 날개를 자르고, 몸을 해부하고, 서식환경에 변화를 주는 실험을 했기 때문이다.

뿐만 아니라 환경변화에 어디까지 적응하는지를 확인하기 위해 개구리에 열을 가하는 실험이 행해졌다는 이야기도 있다. 개구리를 물이 담긴 그릇에 넣고 서서히 가열하는 실험 이야기는 이미 널리 알려져 있다. 처음부터 뜨거운 물에 넣는다면 개구리가 깜짝 놀라서 그릇 밖으로 뛰쳐나가지만 실온의 물에 넣는다면 그대로 머무른다. 그리고 물그릇을 서서히 가열하면서 온도를 올리더라도 개구리는 별다른 움직임을 보이지 않는다. 개구리가 올라가는 온도에 익숙해지기 때문이다. 하지만 결국은 뜨거운 물속에서 죽음을 맞게 된다.

나는 개구리 실험을 실제로 해본 적이 없기 때문에 정말로 이와 같은 일이 일어난다고 단언할 수는 없다. 사실 나는 물그릇에 열을 서서히 가한다 해도 일정 온도가 되면 개구리가 뛰쳐나가지 않을까 하는 생각도 든다.

이 실험은 적응^{adaptation}이나 안주에 관한 이야기를 할 때면 심심치 않게 인용되곤 한다. 인간이든 동물이든 시간이 지나면 어떤 상황에든 적응하게 된다는 것을 전제하고 있는 까닭이다. 또한 강연이나 연설에서 문제 상황을 더 분명하게 인식시켜주기 위해 자주 인용된다.

앨 고어$^{Al\ Gore}$는 지구온난화에 대한 사람들의 무관심을 꼬집기 위해 종종 개구리 실험 얘기를 꺼내곤 한다. 어떤 사람들은 시민의 자유가 서서히 침식당하고 있다는 점을 경고하기 위해 개구리 실험 얘기를 인용한다. 마케팅 전문가들은 제품이나 서비스나 가격인상과 같은 정책의 변화는 점진적으로 이루어져야 소비자가 자연스럽게(가급적 변화를 인지하지 못하고) 적응할 수 있다는 점을 알려주기 위해 개구리 실험 얘기를 인용한다.

그런가 하면 시사지 〈디 애틀랜틱$^{The\ Atlantic}$〉의 제임스 팰로스$^{James\ Fallows}$는 여기저기서 너무나도 많이 인용되는 개구리 실험 이야기를 "삶은 개구리에 관한 기록보관소$^{Boiled-frog\ Archives}$"라는 제목의 웹 칼럼을 통해 다음과 같이 꼬집고 있다.

"개구리들은 줄어드는 습지와 오염된 물 때문에 충분히 힘든 시간을 보내고 있다. 정치적 수사 역시 그것만의 문제를 가지고 있다. 개구리들을 위해, 그리고 대중연설의 수준을 높이기 위해 이 바보 같은 개구리 이야기는 이제 그만 은퇴시키도록 하자."[15]

분명 개구리는 적응력이 매우 뛰어난 동물이다. 개구리는 물에서도 땅에서도 살 수 있고, 주위 환경에 따라 몸의 색깔을 자유자재로 바꿀 수 있으며, 어떤 것들은 포식자들을 겁주기 위해 독이 있는 자신의 사촌들을 흉내내기도 한다. 환경에 대한 인간의 적응력 역시 매우 뛰어나다. 추운 북극이나 비가 거의 내리지 않는 사막에서도 사람들이 살고 있는 사실을 보더라도 이를 잘 알 수 있다. 인류가 지닌 가장 특징적인 능력 가운데 하나는 바로 신체 적응력이다.

인간의 놀라운 신체 적응력을 이해하려면 눈의 기능에 대해 살펴보는 것도 도움이 된다. 낮에 어두운 극장에 있다가 햇볕이 내리쬐는 주차장으로 걸어나오면 잠시 동안 사물을 제대로 볼 수 없지만 이내 괜찮아진다. 눈은 변화된 환경에 비교적 빠르게 적응한다. 이와 관련해 우리는 두 가지를 생각해볼 수 있다.

첫째, 우리 눈은 매우 높은 광도에서 효과적으로 기능한다. 한낮의 햇볕 아래에서부터(광도는 10만 럭스까지 높아질 수 있다) 해가 진 후까지(광도는 1럭스까지 낮아질 수 있다) 사물을 제대로 인식할 수 있으며, 심지어 어두운 밤에 별빛 아래서도(광도는 0.001럭스까지 낮아질 수 있다) 어느 정도 사물을 인식할 수 있다.

둘째, 우리 눈은 변화된 환경에 매우 민첩하게 적응한다. 어두운 데 있다가 갑자기 밝은 곳으로 나왔을 때처럼 광도의 변화가 매우 큰 상황에서도 금세 눈부심을 견뎌내며 새로운 환경에 완벽하게 적응하는 것이다.

빛의 변화 외에도 우리 몸은 냄새와 질감, 온도, 소음 등의 변화에 놀라운 수준의 적응력을 보여준다. 변화를 감지하고 처음 얼마간은 이러한 변화를 분명하게 인지하지만, 약간의 시간이 지나면 금세 변화를 받아들이고 새로운 환경에 적응한다.

인간의 인지능력은 매우 제한적이기 때문에 주위의 모든 것을 인지하기에는 역부족이다. 이와 같은 상황에서 신체 적응력은 기회나 위기를 만들어내는 중요한 변화를 감지하는 일종의 필터가 될 수 있다. 그 덕분에 우리는 주위에서 발생하는 수많은 상황들 가운데 중요하지 않은 것들을 그대로 흘려보내고 중요한 변화에만 관심을 집중할 수 있다는 게 내 생각이다.

만약 공기 중의 냄새가 지난 다섯 시간 동안 변화하지 않았다면 코는 그 냄새를 인지하지 못한다. 하지만 갑자기 주방에서 가스가 새는 경우에는 소파에서 편안하게 앉아 책을 읽다가도 그 냄새를 곧바로 알아챈다. 이런 능력 덕분에 우리는 늦지 않게 비상조치를 취하고 가스회사에 전화를 걸 수 있는 것이다. 인간의 놀라운 신체 적응력은 다양한 변화를 감지하고 그에 대해 적절하게 대응하는 데 매우 유용한 능력이다.

고통에서 배운다 ⟨

우리 몸은 쾌락이나 고통에 대해서도 금세 적응한다. 잠시 눈을 감고 당신이 심각한 교통사고를 당해 하반신을 쓸 수 없게 되었다고 상상해보라. 이제 당신은 평생 휠체어를 타고 다녀야 하고, 걷거나 뛸 수도 없다. 앞으로 당신은 그때까지 일상적으로 즐기던 활동들의 상당 부분을 포기하며 힘들게 살아야 한다. 갑자기 하반신을 못 쓰게 된 당신은 이제까지 당신 앞에 놓여 있던 많은 기회들이 순식간에 사라져버렸으며, 남은 인생이 매우 비참해질 거라고 생각하게 된다.

이럴 때일수록 몸이 지닌 놀라운 적응력을 간과해서는 안 된다. 지금 당장은 상상조차 할 수 없겠지만 당신은 하반신을 쓸 수 없더라도 장애에 적응하고 새로운 삶의 방식에 익숙해질 것이다. 그리고 새로운 인생이 생각했던 것만큼 나쁘지 않으며, 그 속에서 생각지도 못했던 많은 즐거움을 찾을 수 있다는 사실을 알게 될 것이다.

그동안 실시된 수많은 실험들은 인간의 적응력이 우리가 상상하는 것보다 훨씬 크다는 사실을 말해주고 있다. 문제는 그것이 어떤 식으로 작용하고, 어느 정도의 쾌락이나 고통에 대해서까지 발휘될 수 있는가 하는 점이다.

텔아비브 대학 1학년 때 나는 고통에 적응하는 문제에 대해 공부할 기회를 얻었다.[*] 당시 나는 두뇌의 생리기능에 관한 강의를 수강했는데, 두뇌의 구조와 각 부분의 기능을 이해하는 것이 강의의 목표였다.

"배고픔과 간질, 기억 등은 어떤 식으로 작용하는 걸까요? 인간은

---

[*] 고통이라는 경험은 신체적 요인과 감각적 요인이 작용하는 것이다. 이런 이유에서 신체적 적응력(개구리가 점진적으로 뜨거워지는 물의 온도를 인지하지 못하는 것과 같은 문제)과 감각적 적응력(사람이 새 차 냄새에 둔감해지는 것과 같은 문제)을 연구하는 데 유용한 다리가 되어준다.

어떻게 언어를 배우고 구사할 수 있게 되었을까요?"

　강의를 담당했던 하난 프랭크^{Hanan Frenk} 교수는 우리에게 이런 질문들을 던졌다. 처음 수강 신청했을 때는 그리 큰 기대를 하지 않았지만, 이제는 내 대학시절에서 가장 기억에 남는 강의 가운데 하나가 되었다. 프랭크 교수는 학생들의 이해를 돕기 위해 자신의 경험을 자주 소개해주곤 했는데, 그 덕분에 나는 많은 것을 배웠다.

　네덜란드에서 태어난 프랭크 교수는 18세가 되던 1968년에 이스라엘로 이민을 왔다고 한다. 그는 이스라엘 군대에 입대해 복무했는데, 타고 있던 장갑차가 지뢰를 건드려 폭발하는 바람에 두 다리를 잃었다. 사고의 여파 때문인지 나중에 학자가 된 뒤에도 그는 '고통'이라는 주제에 특히 관심이 많았다. 내가 수강한 강의시간에도 고통에 대해 꽤 자세히 설명해주던 기억이 난다.

　나도 개인적으로 고통이라는 주제에 관심이 많았기 때문에 종종 프랭크 교수의 방에 들러 깊은 대화를 나누었다. 우리는 둘 다 사고로 극심한 고통을 겪은 경험이 있어서 대화는 사적인 범위와 학문적인 범위를 넘나들며 고르게 이루어졌다. 대화를 나누면서 우리는 고통과 상처를 치유하는 과정에서 적잖이 비슷한 경험들을 했다는 사실을 알게 되었다. 심지어 치료를 받았던 시기는 달랐지만 같은 재활센터에서 지낸 사실도 알게 되어, 서로가 알고 지낸 의사며 간호사며 물리치료사의 이름을 대면서 즐거운 시간을 보내기도 했다.

　그러던 어느 날 나는 프랭크 교수에게 얼마 전에 치과에서 겪은 일을 얘기했다. 드릴링 시술을 받으면서 국부마취제나 진통제를 쓰지 않았던 것이다.

"신기했어요. 꽤나 아픈 시술이었고 실제로도 시술과정이 느껴졌는데, 그렇게 아프지는 않았거든요."

놀랍게도 프랭크 교수도 두 다리를 잃은 후에는 치과에서 시술을 받더라도 국부마취제를 쓰지 않는다고 했다. 우리 두 사람에게 마조히즘 경향이 있는 것이 아니라면 극심한 고통에 오래 노출되었던 과거의 경험 때문에 드릴링 시술의 고통 정도는 별 무리 없이 견뎌낸 것 아닌가 하는 생각이 들었다. 그리고 최종적으로는 후자가 옳을 거라는 결론을 내렸다.

그로부터 일주일 뒤, 프랭크 교수가 자기 방으로 나를 불렀다. 그는 과거에 겪었던 극심한 고통의 경험 때문에 우리가 고통을 덜 느끼게 되었다는 가설이 옳은지 실증적으로 확인해보자고 제안했다. 내 생애 최초의 사회과학 분야의 연구는 그렇게 해서 시작되었다.

우리는 군복무 중에 다친 사람들을 치료할 목적으로 우리 지역에 설립된 병원에서 작은 규모로 실험을 진행하기로 했다. 실험 장소로 선정된 병원은 꽤 멋진 곳이었다. 그곳에서는 환자들이 휠체어 농구 경기를 할 수 있었고, 팔다리가 없는 사람들을 위한 수영교실도 운영되고 있었으며, 심지어 맹인들이 참여하는 농구경기도 벌어지고 있었다. 맹인들의 농구경기는 핸드볼과 매우 비슷하게 진행된다. 코트는 정규 코트를 그대로 사용하고, 공 안에 종이 들어 있어 소리가 난다. 내가 다니던 재활센터에서 나를 치료해주었던 모셰라는 물리치료사도 맹인으로 맹인농구팀에서 활동했는데, 나는 그가 속해 있던 팀의 경기를 재미있게 지켜보곤 했다.

우리는 실험 장소로 선정된 병원 곳곳에 다음과 같은 게시물을 붙여놓았다.

"짧고 재미있는 연구에 지원자들을 모집합니다."

얼마 후 그곳에서 치료 중이던 많은 사람들이 실험에 참여하겠다고 의사를 표시해왔다.

이 실험에서 우리는 가열장치와 온도조절장치가 부착되어 있는 물통을 이용했다. 우선 물의 온도를 섭씨 48도로 맞추어놓았다. 그런 다음 각각의 실험참여자에게(이 실험에 참여한 사람들은 모두 남성이었다) 한쪽 팔을 물속에 담그고 있다가 뜨겁다는 느낌이 고통스럽다는 느낌으로 바뀌는 시점을(우리는 이 시점을 '고통분계점'이라고 불렀다) 알려달라고 했다. 그리고 계속해서 팔을 섭씨 48도의 물에 담그고 있다가 고통을 더 이상 참기 어렵게 되면 그때 물속에서 팔을 빼달라고 했다.

우리는 타이머로 실험참여자가 고통스럽다는 느낌을 갖는 시점과 더 이상 고통을 참지 못하고 물에서 팔을 빼내는 시점을 측정했다. 이렇게 해서 측정된 시간을 '고통내성'이라고 불렀다. 그리고 1회의 실험이 끝나면 실험참여자의 다른 쪽 팔로 한 번 더 실험을 실시했다.

이와 같은 실험을 마친 뒤에는 실험참여자들에게 언제 어떤 부상을 당했는지, 과거부터 최근까지 어떤 치료과정을 겪었는지, 그때 어느 정도의 고통을 겪었는지 등에 대해 물어보았다. 이번 실험에 나선 실험참여자들이 처음 부상을 당했던 것은 평균 15년 전의 일이었다. 즉 그들은 평균적으로 15년 동안 치료를 받아오고 있었다. 시간이 조금 걸렸지만 우리는 40명가량의 실험참여자들에 관한 정보를 수집할 수 있었다.

　이렇게 실험 데이터를 얻은 다음에는 고통을 참아내는 실험참여자들의 능력이 부상을 입고 치료를 받는 과정에서 높아지게 되었는지를 확인할 차례였다. 새로운 통제집단을 섭외해 그들을 대상으로 고통분계점과 고통내성을 측정한 뒤 실험 데이터와 비교한다면 우리가 이번 실험을 통해 알아내고자 했던 것을 확인할 수 있을 터였다.

　처음에 우리는 심각한 부상을 당한 적이 없는 사람들을 섭외하려 했다. 그래서 학교나 대형 쇼핑센터에 가서 통제집단을 모집할 생각을 했다. 하지만 학교나 대형 쇼핑센터에서 통제집단을 모집하는 경우 여러 가지 요소들을 추가적으로 고려할 필요가 있었다. 예를 들어 학생들의 경우는 원래의 실험집단 사람들에 비해 나이가 너무 어리고, 대형 쇼핑센터에서 무작위로 선택된 사람들은 부상 경력, 치료 경력, 삶의 경험 등에서 서로 간에 너무나 큰 차이를 보일 가능성이 있었다.

　이에 우리는 새로운 접근법을 적용하기로 했다. 40명가량의 실험참여자들에게서 얻은 부상 및 치료에 관한 정보를 실험을 진행했던 병원에서 근무하던 한 명의 의사와 두 명의 간호사, 그리고 한 명의 물리치료사에게 보여주고, 그들로 하여금 실험참여자들을 경미한 부상자들과 심각한 부상자들의 두 집단으로 구분해줄 것을 요청했다. 그들은 우리의 요청에 흔쾌히 응했다.

　이렇게 해서 구분된 두 집단은 부상의 정도에만 차이가 있을 뿐 나머지 요소들에서는 매우 비슷한 특성을 보였다. 즉 그들은 모두 군복무를 했고 부상을 입었으며, 병원에서 치료를 받았고 같은 지역에 살면서 같은 퇴역군인회에 소속되어 있었다. 우리는 두 집단을 서로 비교함으로써 과거에 당했던 부상의 정도 차이가 오랜 세월이 지난 후에 고통내성의 차이로 이어지는지를 확인할 수 있을 것으로 기대했다.

두 집단 가운데 심각한 부상자들로 구성된 집단은 노암과 같은 사람들이 많았다. 노암은 군복무 시절 지뢰제거반에서 근무했는데, 작전 중에 지뢰가 폭발하면서 한쪽 눈과 한쪽 다리를 잃고 온몸에 지뢰 파편이 박히는 사고를 당했다. 반면에 경미한 부상자들로 구성된 집단은 예후다와 같은 사람들이 많았다. 예후다는 작전 중에 팔꿈치 부상을 입었는데, 팔꿈치 관절에 티타늄을 덧대는 수술을 받은 것을 제외하면 아주 건강한 몸이었다.

이번 실험에서 경미한 부상을 입었던 사람들은 4.5초 만에 뜨거운 물속에서 고통을 느꼈던 반면에(이들의 고통분계점은 4.5초였던 셈이다), 심각한 부상을 입었던 사람들은 10초 만에 고통을 느꼈다. 그리고 경미한 부상을 입었던 사람들은 27초 후에 고통을 참지 못하고 팔을 뜨거운 물에서 빼냈던 반면에(이들의 고통내성은 27초였던 셈이다), 심각한 부상을 입었던 사람들은 58초가 지나서야 고통을 참지 못하고 뜨거운 물에서 팔을 빼냈다.

이와 같은 실험 결과는 한편으로 매우 다행스러운 것이었다. 처음부터 우리는 이번 실험에서 누구도 화상을 입지 않기를 바랐고, 이에 60초가 초과되면 실험참여자들에게 뜨거운 물에서 팔을 빼달라고 요청할 생각이었기 때문이다. 이와 같은 계획을 실험참여자들에게 미리 말해두지는 않았지만, 실제로 60초가 초과되는 순간 그만 팔을 빼달라고 말했다. 쉽게 예상할 수 있겠지만, 경미한 부상을 입었던 사람들의 경우 이와 같은 규정에 대해 신경 쓸 필요가 없었다. 하지만 심각한 부상을 입었던 사람들의 경우 뜨거운 물에 팔을 담그고 있는 시간이 60초가 초과되지 않는지 세심하게 관찰해야 했다.

우리는 이번 실험 결과에 대해 만족했을까? 프랭크 교수와 나는 고통에 둔감한 우리가 그렇게 유별난 사람들이 아니라는 결론을 내렸다. 이번 실험을 통해 과거에 심각한 부상을 당했고 고통스러운 치료과정을 거친 사람들은 고통에 대해 내성을 갖게 된다는 사실을 확인할 수 있었던 것이다. 실험참여자들 가운데 심각한 부상을 당했고 고통스러운 치료과정을 참아냈던 사람들은 고통을 느끼는 감각의 변화를 겪었고, 이는 오랜 세월이 지난 후에도 계속 유지되었다. 이것이 이번 실험을 통해 우리가 얻은 결론이었다.

그런데 과거에 겪었던 부상이 고통에 대한 사람들의 내성을 더욱 높여주는 이유는 무엇일까? 우리는 이번 실험에 참여했던 두 사람으로부터 이 문제를 해결할 실마리를 찾을 수 있었다. 다른 실험참여자들이 신체에 물리적 부상을 당했던 것과는 달리 문제의 두 사람은 질병 치료를 받고 있었다. 한 사람은 암, 다른 한 사람은 심각한 장질환을 앓고 있었는데, 안타깝게도 둘 다 말기 판정을 받은 상태였다.

처음에 실험참여자들을 모집한다는 게시물을 작성하면서 우리는 신체적 부상을 당한 사람들만을 원한다는 별도의 조건을 달지 않았다. 이런 상황에서 두 사람이 실험을 도와주겠다고 나섰을 때 우리는 매우 당황스러웠다. 하지만 애써 도와주겠다고 나선 사람들을 그대로 돌려보낼 수 없어 이들도 실험에 참여시켰다. 다만 실험 데이터를 분석하는 과정에서 이들 두 사람의 데이터는 이용하지 않는 게 좋겠다고 판단했다.

실험을 마친 후 나는 이들의 데이터를 따로 살펴보다가 뜻밖에 매우 흥미로운 점을 발견했다. 고통에 대한 이들의 내성은 심각한 부상을 입었던 사람들보다 크게 낮았을 뿐 아니라(뜨거운 물속에서 훨씬 짧은 시간을 버텼을 뿐이다), 경미한 부상을 입었던 사람들보다 현저하게 낮게 나타났던 것이다.

단 두 사람의 데이터를 가지고 결론을 내리기는 어렵지만, 질병을 앓고 있던 그들이 겪은 고통의 유형과 나를 포함해 신체적 부상을 입었던 사람들이 겪은 고통의 유형 차이가, 사람마다 감내할 수 있는 내성이 다른 이유를 설명해주는 단서가 될 수 있겠다는 생각이 들었다. 나도 온몸에 화상을 입고 병원에서 치료를 받을 때 고통을 참아낼수록 고통의 느낌이 줄어드는 경험을 했다. 처음 수술을 받고 물리 치료와 목욕 치료를 받을 때에는 매우 고통스러웠다. 하지만 모든 상황이 점차 나아질 거라는 기대감을 갖고 견뎌냈다. 치료를 받으면서 별다른 효과를 보지 못해 절망감이 들 때도 있었지만, 결국은 모든 치료가 회복을 돕기 위한 과정이라고 생각했다.

치료과정에서 가장 힘들었던 것 중 하나는 피부 수축을 막는 일이었다. 당시 나는 온몸을 쭉 펴지 않은 상태로 한 시간만 지나도 화상 부위가 조금씩 수축하는 바람에 팔이나 다리를 곧게 펴지 못했다. 이를 막기 위해 나는 물리치료사의 도움을 받아 수축된 피부 부위를 넓혀야 했다. 그 치료는 피부가 찢어지는 듯한 고통을 안겨주었다. 치료를 게을리 하는 날이면 몸을 제대로 움직이지도 못했다. 증세가 심각해지면 수축되어 굳은 피부 대신에 새로운 피부를 이식하는 수술을 받아야 했고, 수술을 마치자마자 다시 피부 수축을 막기 위한 치료에 들어가야 했다.

피부 수축을 방지하는 데 가장 어려웠던 곳은 목 앞쪽이었다. 고개를 숙이거나 어깨에 힘을 빼고 조금만 지나도 목 앞쪽의 화상 부위가 곧바로 수축되기 시작했다. 이 때문에 물리치료사는 나에게 밤에는 매트리스 바닥에 등을 똑바로 댄 다음 머리를 매트리스 끝부분 너머로 넘겨서 고개가 뒤로 젖혀진 채로 자도록 했다. 그렇게 불편한 자세로 오랫동안 지내다 보니 목뼈에 문제가 생기기도 했다.

이와 같은 치료과정은 매우 고통스러운 것이었지만, 그것은 내 몸을 정상으로 돌려놓기 위한 과정이었다. 내가 그랬듯이 나와 같은 상해를 입은 사람들은 더 나은 결과가 있을 거라는 희망을 갖고 치료과정을 견뎌낸다. 나 역시 희망이 있었기에 치료과정의 공포를 견뎌낼 수 있었다. 하지만 실험에 참여했던 두 사람은 각각 암과 장질환의 말기 진단을 받았기에 자신의 상태가 호전될 거라는 희망을 갖기가 어려웠다. 아마도 그들은 치료의 고통을 견뎌내면서도 자신의 상태가 더욱 나빠지고 있고, 얼마 후에는 죽음에 이를 거라고 생각했을 가능성이 크다. 긍정적인 기대감의 부재 속에서 겪는 고통은 그들에게 더 크게 다가왔을 것이다.

이와 같은 생각은 헨리 비처^{Henry Beecher}라는 의사가 군인 환자들과 민간인 환자들을 치료하는 과정에서 고통에 관해 알아낸 것과 맥락을 같이한다. 제2차 세계대전 당시 비처는 연합군의 교두보가 된 이탈리아의 안치오라는 곳에 설치된 야전병원에서 201명의 부상당한 군인들을 치료했다. 그때 그에게 치료를 받던 군인들 가운데 4분의 3만이 진통제를 처방해줄 것을 요청했다. 대다수의 군인들이 관통상을 당하거나 연조직이 크게 훼손되었을 정도로 심각한 부상을 당했음에도 말이다.

비처는 이 수치를 자신이 치료했던 민간인 환자들의 그것과 비교해봤다. 그 결과, 일반적인 사고로 부상을 입은 민간인 환자들이 전투현장에서 부상을 입은 군인 환자들보다 진통제 처방을 요구하는 비율이 더 높게 나타났다.

이 사실을 발견하고 비처는 고통이란 매우 복잡한 과정의 결과물이라는 생각을 갖게 되었다. 사람들이 느끼는 고통의 크기는 부상의 심각성뿐만 아니라 고통을 느끼는 환경과 고통에 대한 환자의 해석에도 영향을 받는다는 것이다. 비처의 말처럼 나 또한 화상 치료를 받으면서 고통 그 자체만을 생각하지는 않았던 것 같다. 나는 고통을 좋아하지 않으며, 다른 사람들과 똑같이 고통을 느낀다. 하지만 고통스러운 치료과정을 상태가 나아지는 과정으로 해석하려 했다. 이러한 희망이 고통을 참아내고 고통에 수반되는 부정적인 감정을 이겨내는 데 커다란 도움이 되었다.

행복의 본질은 쾌락에 있다 <

지금까지 눈의 기능을 통해 우리의 신체 적응력과 고통에 대한 적응력을 살펴봤다. 이번에는 쾌락에 대한 적응을 알아보자. 우리가 살고 있는 지역, 우리 집, 배우자나 연인, 그밖에 우리의 일상을 구성하는 모든 것들에 익숙해지는 과정에 대해 이야기해보려 한다.

새 집을 사서 이사를 가면 처음에는 반짝반짝 빛나는 거실의 마루를 보면서 기쁨에 젖기도 하고, 라임색으로 꾸며져 있는 주방가구가 마음에 안 들어 화가 나기도 한다. 하지만 그렇게 몇 주가 지나면 이러한 감정은 익숙함의 뒤편으로 모습을 감추기 시작한다. 그리고 몇 달이 더 지나면 더 이상 주방가구의 색에 화가 나는 일도 없고, 마루의 색에 기뻐하지도 않는다. 이와 같은 감정의 평형화, 즉 처음에 가지고 있던 긍정적인 인식과 부정적인 인식이 사라지는 것을 우리는 '쾌락에 대한 적응' 이라고 부른다.

우리의 눈이 빛이나 환경의 변화에 빠르게 적응하는 것처럼 우리는 뭔가에 대한 기대치나 경험의 변화에도 빠르게 적응할 수 있다. 일례로 앤드루 클라크Andrew Clark는 영국 근로자들의 직업만족도가 임금의 수준보다 임금의 변화에 더 강력한 상관관계를 갖는다는 점을 밝힌 바 있다. 다시 말하면 사람들은 자신의 현재 임금 수준에 익숙해지고 그것을 당연한 것으로 받아들이는 경향이 있다. 또한 기존의 임금이 얼마인가는 상관없이 임금이 오르면 행복해하고 임금이 내리면 분노한다.

화상의 고통 vs 출산의 고통

대학 시절에 학습심리학 강의를 가르치던 아이나 와이너[Ina Weiner] 교수는 자녀를 출산해야 하는 여성이 남성보다 고통을 더 잘 참는다고 말했다. 이 주장은 일견 그럴듯하게 들리지만, 화상 치료를 받는 과정에서 내가 겪었던 일과는 맞아떨어지지 않는다.

내가 입원했던 병동에 달리아라는 50세쯤 되어 보이는 아주머니 한 분이 들어왔다. 그분은 요리를 하다가 졸도를 했는데, 하필이면 뜨거운 스토브 위로 넘어지는 바람에 왼팔에 화상을 입게 되었다고 한다.

의사는 그 아주머니에게 피부이식을 권했고, 시술 범위는 전체 피부 면적의 2퍼센트 정도였다(그 병동에 화상으로 입원해 있던 다른 환자들에 비하면 달리아 아주머니의 화상은 상대적으로 경미한 수준이었다). 달리아 아주머니도 다른 화상환자들과 마찬가지로 목욕 치료를 받거나 밴드를 떼어내는 과정을 매우 싫어했는데, 그녀는 내게 출산의 고통은 화상 치료의 고통에 비하면 아무것도 아니라고 말했다.

나는 달리아 아주머니의 얘기를 와이너 교수에게 전했지만 시큰둥한 반응을 보였다. 그래서 나는 당시 내가 학비를 벌기 위해 파트타임으로 일하는 컴퓨터 랩에서 그 전에 프랭크 교수와 했던 실험을 혼자서 하기로 결심했다.

나는 지나가는 학생들을 붙잡고 섭씨 48도의 뜨거운 물속에 손을 담그고 더 이상 고통을 참을 수 없을 때까지 견뎌줄 것을 부탁했다. 그런 다음 실험에 참여했던 학생들을 남녀로 구분해 고통내성을 측정했다. 결과는 명확하게 나타났다. 남학생들이 여학생들보다 뜨거운 물속에서 훨씬 더 오래 견뎌냈던 것이다.

실험 결과를 받고 그 다음 수업시간에 나는 손을 들어 와이너 교수와 다른 학생들에게 이 같은 사실을 말해주었다. 하지만 내 얘기가 끝나자마자 와이너 교수는 무관심한 표정으로 내 실험 결과는 남자들이 더 멍청하다는 점을 증명해 보였을 뿐이라고 말했다. 그리고 비웃는 듯한 표정을 지으며 이렇게 덧붙였다.

"그 학생들이 자네의 실험을 위해 뜨거운 물속에 손을 담그고 계속 있어야 할 이유가 뭐지? 만약 고통을 참아낼 만한 마땅한 이유가 있었다면 분명 여자들이 더 오래 참아냈을 거야."

그날 나는 과학과 여성들에 대한 중요한 교훈 몇 가지를 배웠다. 또한 누군가가 뭔가를 강력하게 믿고 있다면 그 믿음과 다른 뭔가를 받아들이도록 만드는 일이 매우 어렵다는 점도 배웠다.↑

쾌락에 대한 적응과 관련한 초기 연구들 중 하나로 필립 브릭먼[Philip Brickman]과 댄 코츠[Dan Coates], 로니 야노프 불먼[Ronnie Janoff-Bulman] 등이 대마비환자들, 복권당첨자들, 일반인들의 세 집단 사이의 전체적인 행복도를 비교하는 연구가 있다. 여기서 말하는 일반인이란 장애를 당한 적도 없고 복권에 당첨된 적도 없는 사람들을 뜻한다.

↑
남성과 여성 가운데 어느 쪽이 고통을 더 잘 참아내는지, 고통에 대한 내성은 출산과 관련이 있는지 등에 대한 논쟁은 사람들 사이에서 여전히 진행 중인 것으로 알고 있다.

만약 이들의 행복도를 측정하기 위한 데이터를 대마비환자들이 큰 사고를 당한 바로 다음날, 그리고 복권당첨자들이 복권에 당첨된 바로 다음날에 수집했다면 어떻게 될까? 결과는 대마비환자들은 일반인들보다 훨씬 더 불행한 것으로 나타났을 것이고, 복권당첨자들은 일반인들보다 훨씬 더 행복한 것으로 나타났을 것이다. 하지만 분석을 위한 데이터는 사고를 당해 두 다리를 쓰지 못하게 되거나 복권에 당첨된 지 1년이 지난 사람들을 대상으로 수집했다.

분석 결과, 세 집단의 전체적인 행복도가 조금씩 다르게 나타나기는 했지만, 사람들이 예상했던 것만큼 분명한 행복도의 차이를 보이지는 않았다. 대마비환자들은 일반인들보다 자신의 삶에 대해 조금 더 불만을 가지고 있었고, 복권당첨자들은 일반인들보다 자신의 삶에 대해 조금 더 만족하고 있었지만, 그 차이가 의미 있는 수준으로 나타나지는 않았다.

이와 같은 실험 결과를 해석하자면 심각한 사고를 당해 대마비환자가 되거나, 아니면 복권에 당첨되어 생각지도 않았던 큰돈을 갖게 되는 경우 처음에는 그러한 상황 때문에 크게 불행한 마음을 갖거나 크게 행복한 마음을 갖지만, 시간이 지날수록 이와 같은 효과는 사라져버린다고 할 수 있다.

지난 10년 동안 쾌락에 대한 적응과 관련해 수많은 연구들이 실시되었다. 그 결과, 사람들은 사는 동안 겪는 여러 가지 상황에 대해 불안정한 심리상태를 보이면서 행복하거나 불행한 감정을 품을 수 있지만, 시간이 지나면 그런 감정은 다시 안정적인 상태로 돌아간다는 점이 더욱 분명해지고 있다. 물론 우리가 살면서 겪는 모든 새로운 상황에 적응할 수 있는 것은 아니다. 하지만 새 집이나 새 차를 사는 것, 새로운 관계를 맺는 것, 뜻하지 않은 재해를 당하는 것, 새로운 직업을 구하는 것, 심지어 교도소에 수감되는 것 등 대다수의 새로운 상황에서 별다른 느낌을 갖지 않을 정도로 적응하게 된다.

전체적인 관점에서 보면 '적응'이라는 것은 인간이 가지고 있는 매우 유용한 특성이다. 하지만 우리는 쾌락에 대한 적응이라는 인간의 특성을 제대로 이해하지 못한 채 종종 잘못된 판단을 내리곤 한다. 대마비환자들과 복권당첨자들만 하더라도 그들 자신이나 가족 또는 친구들 모두 그들이 새로운 상황에 얼마나 빠르게 적응하게 될지 제대로 예측하지 못했다. 그리고 우리가 살면서 겪는 다른 많은 상황들, 다시 말해 연인과의 이별, 직장에서의 승진과 실패, 자신이 지지하는 후보의 선거 패배 등에서도 마찬가지다.

우리는 슬픈 일이 일어나면 삶이 아주 오랫동안 불행하게 진행될 거라고 예상하고, 기쁜 일이 일어나면 삶이 아주 오랫동안 행복하게 진행될 거라고 예상한다. 그러나 이와 같은 예상은 완전히 빗나가기 일쑤다.[*] 낮에 영화를 보고 어두운 극장에서 밖으로 걸어나오면 시각기관에 어떤 일이 일어나게 될지 우리는 정확하게 예상한다. 하지만 쾌락에 대한 적응과 관련해서는 제대로 예상하지 못한다. 행복한 기분이든 불행한 기분이든 마찬가지다. 아무리 좋은 일이 생겨도 얼

[*] 이와 관련된 내용에 대해 더욱 심도 있게 고찰해보고 싶다면 대니얼 길버트Daniel Gilbert의 《행복에 걸려 비틀거리다Stumbling on Happiness》를 읽어보기 바란다.

마쯤 시간이 지나면 그다지 기쁨을 느끼지 못하고, 아무리 나쁜 일이 일어나도 오래지 않아 슬픔을 극복하게 된다.

쾌락에 대한 적응과 관련해 올바른 예상을 하기가 어려운 한 가지 이유는 어떤 특별한 상황이 발생하더라도 인생은 계속될 뿐만 아니라 그 과정에서 발생한 다른 많은 상황들로부터(긍정적인 것이든 부정적인 것이든) 다양한 영향을 받기 때문이다.

예를 들어 당신이 클래식 음악 연주를 업으로 삼고 있는 프로 첼리스트라고 상상해보라. 클래식 음악은 당신의 생계를 지탱하는 수단이자 삶의 즐거움이다. 그런데 갑자기 교통사고를 당해 왼손에 영구적인 장애가 발생했다. 이제 더 이상 첼로를 연주할 수 없게 된 것이다. 이런 경우에 당신은 엄청난 절망감에 빠져 앞으로 남은 인생을 불행 속에서 살아가게 될 거라고 생각할 것이다. 인생 그 자체였던 음악을 더 이상 연주할 수 없기 때문이다. 하지만 당신은 자신의 인생이 앞으로 얼마나 다양하게 변화할 수 있는지 아직 모르고 있다.

• • •

절망감과 행복감에 대한 우리들의 예상

셰익스피어의 희곡 〈로미오와 줄리엣Romeo and Juliet〉에서 로미오가 처음 사랑한 사람은 로잘린이라는 여성이었다. 그녀가 자신의 사랑을 받아주지 않자 로미오는 세상이 다 끝난 것 같은 절망감에 빠지게 된다. 그는 밤에 잠도 제대로 이루지 못했고, 바깥 활동에도 의욕을 갖지 못했다. 로미오의 부모는 그런 아들을 보며 근심하고 마음을 졸였다.

하루는 로미오의 사촌이 찾아와 요즘 어떻게 지내느냐고 물었다. 이에 로미오는 자신의 사랑을 저버린 로잘린 때문에 살아갈 아무런 희망도 없다고 대답했다. 그리고 이렇게 덧붙였다.

"그녀가 했던 사랑의 맹세는 다 거짓이었어. 그 맹세 속에서 나는 죽은 것과 다름없이 살다가 이렇게 얘기를 하고 있지."

하지만 그날 밤에 로미오는 줄리엣을 만나게 되고, 로잘린에 대한 사랑은 순식간에 잊어버리고 만다.

현실세계에서 사랑하는 사람을 두고 이와 같이 변덕을 부리는 경우는 극히 드물겠지만, 상처받은 마음이 회복되는 속도는 우리가 생각하는 것보다 훨씬 더 빠르다.

이와 관련해 대학교수인 폴 이스트윅[Paul Eastwick], 엘리 핀켈[Eli Finkel], 타마르 크리슈나무르티[Tamar Krishnamurti], 조지 뢰벤스타인 등은 연인이 있는 대학생들을 대상으로 38주에 걸친 연구를 수행한 바 있다.

처음에 이들은 학생들에게 지금 사귀고 있는 연인과 이별하게 된다면 어떤 느낌이 들지 질문했고, 대부분의 학생들은 로잘린의 사랑을 얻지 못한 로미오와 같은 심정이 될 거라고 대답했다. 실험기간이었던 38주가 지난 후에 실제로 일부 학생들은 연인과 이별했다. 교수들은 그들에게 어떤 심정인지를 물어보았고, 이들로부터 얻은 대답을 실험 초기의 대답과 비교해보았다.

그 결과, 연인과의 이별은 학생들이 처음에 예상했던 것만큼 크게 절망적인 일도 아니었고, 이별로 인한 슬픈 감정의 유효기간도 예상보다 훨씬 더 짧은 것으로 나타났다. 이별의 슬픔이 분명 고통스럽기는 하지만, 극적일 정도로 괴롭지는 않다는 사실을 이 실험은 보여주고 있다. 아직 대학

2부 가정에서 벌어지는 인간 행동에 관한 진실

생이라면 감정의 기복이 심할 수 있지만(특히 연애문제에서는), 어떤 연령대의 사람들을 대상으로 이 같은 실험을 하더라도 결과는 비슷하게 나타날 것이다.

마찬가지로 행복감에서도 우리의 예상은 빗나가기 일쑤다. 이제 막 결혼식을 마치고 신혼여행의 달콤함을 맛보려는 부부에게 나중에 이혼하게 되면 어떤 기분이 들지 물어본다면 인생이 다 끝나버린 것 같은 절망적인 기분일 거라고 대답할 것이다. 이와 같은 예상이 대체로 맞기는 하지만, 사람들이 생각하는 것만큼 이혼이 심각하게 절망적이지는 않은 경우가 많다.

이러한 결론을 마음에 새겨둔 채로 결혼생활과 사회생활에 임하라고 제안하기는 어렵다. 하지만 어쨌든 연인이나 배우자와 결별할 수도 있는 미래에 대해 크게 걱정할 필요는 없다는 게 내 생각이다. 그런 일이 일어나더라도 우리는 새로운 상황에 빠르게 적응할 것이고 삶은 계속될 것이다. 또한 그러는 사이에 새로운 사랑이 시작될 것이다.

맹인작가로 잘 알려진 앤드루 포톡Andrew Potok의 이야기를 잠깐 살펴보자. 그는 꽤 재능 있는 화가였지만, 유전병으로 알려진 망막색소변성증으로 시력을 잃었다. 앞을 볼 수 없게 된 그는 크게 좌절하고 방황했지만, 물감으로 그림을 그렸던 것처럼 언어로도 그림을 그릴 수 있을 거라는 자각을 하게 되었다. 그러고는 시력을 잃어가던 자신의 경험을 책으로 써서 출간을 하기에 이르렀다.[16] 그는 그때의 심경을 이렇게 토로했다.

"한때는 나락으로 떨어지고 암흑 속을 헤매는 것 같았습니다. 하지만 마치 마법과도 같이 그런 기분으로부터 자유로워졌습니다. 하루는 잠을 자면서 제 입에서 단어들이 튀어나오는 꿈을 꾸었습니다. 파티용 피리에서 소리가 퍼져나가듯이 그렇게 단어들이 공중으로 퍼져나가는 것이었습니다. 그 단어들에는 아름다운 색이 칠해져 있었죠. 꿈에서 깨어난 저는 뭔가 새로운 일이 일어날 거라는 생각을 하게 되었습니다. 이렇게 유쾌한 뭔가가 저에게서 나올 수 있다는 생각에 제 마음은 한결 가벼워졌고, 놀랍게도 저에게서 나온 단어들은 다른 사람들을 행복하게 만들어주었습니다. 제 책이 출간되는 것을 보면서 저는 새로운 능력을 부여받았다는 자각을 하게 되었습니다."

아울러 그는 이렇게 덧붙였다.

"앞을 볼 수 없다는 것의 큰 문제점 가운데 하나는 모든 일에서 느려진다는 것입니다. 어디를 가면 주변에 뭐가 있나 분주하게 살펴야 하기 때문에 항상 신경이 곤두서게 됩니다. 모든 사람이 저를 빠르게 지나치는 것 같죠. 하지만 느리다는 것이 그렇게 나쁜 일만은 아니라는 걸 알았습니다. 그리고 주변에 대해 더 많이 살펴봄으로써 얻어지는 보상도 있고요. 그러다 보면 '느림의 미학In Praise of Slowness'과 같은 제목의 책도 쓰고 싶어집니다."

물론 포톡이 맹인이 되기를 바랐던 적은 없었을 것이다. 하지만 그에게 맹인이 되었다는 것은, 눈이 보였던 시절의 그였다면 상상조차 하지 못했을 새로운 세상으로 들어가는 여권을 발급받은 것과 같았다.

만약 당신이 교통사고를 당해 왼손의 기능을 영구적으로 잃어버린 첼리스트라고 상상해보라. 이제부터 당신은 삶의 방식을 바꾸고 이

전에는 하지 않았던 새로운 일들에 관심을 가질 수 있다. 당신은 새로운 친구들을 사귈 수도 있고, 당신이 사랑하는 사람들과 더 많은 시간을 보낼 수도 있다. 혹은 새로 음악사를 공부해 그 분야에서 새로운 직업을 구할 수도 있고, 남태평양의 타히티 같은 곳으로 장기여행을 떠날 수도 있다. 그리고 이와 같은 일들이 당신의 심리상태에 큰 영향을 미치면서 인생에 대한 당신의 자세까지 바꾸어놓을 것이다.

물론 당신은 당신의 왼손을 앗아간 교통사고에 대해 계속해서 아쉬운 마음을 가질 수 있다. 어쨌든 왼손을 제대로 쓰지 못하게 되었고, 첼리스트로 남았다면 성공을 거두었을지도 모르기 때문이다. 하지만 그런 아쉬움은 처음에 생각했던 것만큼 강하거나 지속적이지 않을 것이다. "모든 상처는 시간이 치유해준다."라는 말이 있다. 시간이 지나면서 당신은 자신에게 들이닥친 새로운 상황에 상당 부분 적응하게 될 것이다.

쾌락의 쳇바퀴

우리는 스스로가 쾌락에 대해 얼마나 빠르게 적응하는지 모른 채 계속해서 뭔가를 구입한다. 새로운 상품이 자신을 더욱 행복하게 만들어줄 거라는 기대를 가지고서 말이다. 실제로 새 차를 사면 기분이 정말 좋아진다. 하지만 안타깝게도 새 차가 주는 기쁨의 유효기간은 몇 달에 불과하다. 우리는 그 차에 금세 익숙해지고, 더 이상 그것으로부터 특별한 기쁨을 얻지 못하게 된다. 우리는 또다시 새로운 뭔가

6장 적응과 행복의 미밀

257

를 찾아나선다. 그것은 새로운 선글라스일 수도 있고, 새로운 컴퓨터일 수도 있고, 또 다른 새 차일 수도 있다.

이렇게 자신을 행복하게 만들어줄 거라고 기대하는 뭔가를 끊임없이 사들이는 것을 '쾌락의 쳇바퀴'라고 부른다. 우리는 돈을 주고 구입한 상품이 가져다주는 행복감의 유효기간이 얼마나 짧은지를 제대로 인식하지 못하는 까닭에 쾌락의 쳇바퀴에 쉽게 빠져들곤 한다. 우리는 자신에게 이렇게 속삭인다.

'저 상품을 구입하면 정말로 오랫동안 행복할 거야.'

쾌락에 대한 적응과 관련해 데이비드 슈케이드[David Schkade] 교수와 대니얼 카너먼 교수가 행한 연구가 있다. 이들은 기후가 좋은 캘리포니아에 살고 있는 사람들이—캘리포니아라고 해서 전부 다 기후가 좋은 것은 아니지만—미국 내의 다른 지역에 살고 있는 사람들보다 더 행복할 거라는 일반적인 믿음이 과연 옳은 것인지를 검증해보려 했다.[↑]

슈케이드 교수와 카너먼 교수는 조사를 통해 중서부 지역 사람들은 기후가 좋은 캘리포니아에 살고 있는 사람들이 자신들보다 더 행복할 거라고 생각하고, 캘리포니아 사람들은 길고 추운 겨울을 나야 하는 중서부 지역 사람들이 자신들보다 덜 행복할 거라고 생각한다는 사실을 확인했다. 그리고 중서부 지역 사람들과 캘리포니아 사람들 모두 시카고에 살고 있던 사람이 캘리포니아로 이사를 가면 이전보다 훨씬 더 행복할 것이고, 반대로 캘리포니아에 살고 있던 사람이 중서부 지역으로 이사를 가면 전보다 훨씬 덜 행복할 거라고 믿는다

[↑]
캘리포니아 안에서도 샌프란시스코 같은 지역의 기후는 그리 좋다고 할 수 없을 것이다.

는 사실도 확인했다.

이와 같은 생각과 믿음은 얼마나 정확한 것일까? 연구 결과, 이러한 생각은 일정 부분 맞는 것으로 나타났다. 캘리포니아로 이사를 간 사람들은 기후 때문에 자신들의 삶의 질이 크게 좋아졌고, 중서부 지역으로 이사를 간 사람들은 기후 때문에 자신들의 삶의 질이 크게 나빠졌다고 판단하는 것으로 확인되었기 때문이다. 하지만 다른 모든 경우와 마찬가지로 새로운 도시에 적응한 다음 느끼는 행복감의 정도는 이사 전과 비슷한 수준으로 돌아갔다. 어떤 것이 되었든 변화가

일어나면 처음에는 큰 행복이나 불행을 느낄 수 있지만, 어느 정도 시간이 지나면 그러한 감정은 다시 사라져버리게 된다는 것을 이번 실험을 통해 알게 되었다.

즐거움을 늘리고 괴로움을 줄이는 법 ⸂

쾌락에 대한 적응은 좋은 일에서도 이루어지고 안 좋은 일에서도 이루어진다. 이와 같은 적응을 우리의 인생에 좀 더 도움이 되는 방향으로 이용할 수 있을까? 나는 충분히 가능하다고 생각한다. 우리에게 도움이 되는 방향으로 적응이 이루어질 때는(영구적인 장애를 입은 상황에 적응하는 것처럼) 그 과정이 일어나도록 그대로 내버려두면 될 것이다. 하지만 그 과정이 일어나기를 바라지 않는 경우라면 어떨까? 새 차와 새로운 도시, 새로운 관계 같은 것들로부터 행복을 느끼는 기간을 연장하는 것이 가능할까?

레이프 넬슨[Leif Nelson]과 톰 메이비스[Tom Meyvis]는 뭔가에 대한 적응을 방해함으로써 전체적인 적응의 과정을 연장시키는 것이 가능하다는 사실을 실험을 통해 증명해 보인 바 있다. 이들은 작은 교란들이—넬슨과 메이비스는 이러한 작은 교란들을 '쾌락에 대한 방해'라고 불렀다—즐거운 경험으로부터 얻는 행복감이나 고통스러운 경험으로부터 생기는 불행한 기분에 얼마나 영향을 주는지를 알아보려 했다. 즉 즐거운 경험의 도중에 그것을 방해하는 일이 즐거운 경험으로부터 얻는 행복감을 더욱 크게 만들어주는지, 또 고통스러운 경험의 도중에 그것을 잠시 멈추는 일이 고통스런 기분을 더욱 크게 만들어주는지 확인하고자 했던 것이다.

넬슨과 메이비스의 실험과정 및 결과를 소개하기에 앞서 당신이 특히 하기 싫어하는 따분한 일 한 가지를 떠올려보기를 권한다. 세금신고서를 작성하는 일, 시험공부를 하는 일, 집에 있는 모든 유리창을 닦는 일, 지인들에게 수십 장의 연하장을 쓰는 일 등을 생각해보라. 당신이 이와 같은 일을 하기 위해 하루를 비워뒀다고 해보자. 이런 상황에서 당신은 따분하고 힘든 일을 쉬지 않고 단번에 끝내겠는가, 아니면 자주 쉬어가면서 하겠는가?

이번에는 따뜻한 욕조에 앉아 시원한 라즈베리 아이스티 마시기, 싱싱한 딸기 한 접시 먹기, 온돌 마사지 받기 등과 같은 즐거운 일을 떠올려보자. 만약 당신이 선택할 수 있다면 이러한 것들을 한꺼번에 경험하겠는가, 아니면 시간을 두고 하나씩 나누어 경험하겠는가?

넬슨과 메이비스는 일반적으로 사람들이 안 좋은 경험을 할 때는 중간에 자주 쉬려고 하고, 좋은 경험을 할 때는 중간에 아무런 교란이나 방해가 없기를 바란다는 사실을 알게 되었다. 하지만 적응이라는 문제를 통해 생각해보면 사람들의 이와 같은 성향은 완전히 잘못된 것이라는 답을 얻게 된다. 쾌락에 대한 적응을 고려했을 때, 고통스러운 경험의 경우는 중간에 아무런 교란 없이 단번에 겪는 편이 덜 고통스럽고, 즐거운 경험의 경우는 중간에 쉬어주는 편이 더 즐거울 수 있다.

어떤 경험이 중간에 끊어지면 그 경험에 적응하기까지의 시간이 더욱 오래 걸리게 된다. 따라서 이번 실험을 계획한 넬슨과 메이비스는 고통스러운 경험은 중간에 쉬지 않고 경험하는 편이 더 낫고, 즐거운 경험은 중간에 쉬어주는 편이 더 낫다고 생각했다.

넬슨과 메이비스는 먼저 고통스러운 경험에 대해 실험을 해보기로 했다. 그들은 실험참여자들로 하여금 이어폰을 사용해 시끄러운 진공청소기의 소음을 듣도록 했다. 가정용 진공청소기에서 나는 수준의 작은 소리가 아니라 커다란 기계에서 나는 소리와 같은 소음이었다.

이들은 실험참여자들을 세 그룹으로 나누어 실험을 진행했는데, 첫 번째 그룹에게는 커다란 소음을 단 5초만 들려주었다. 그리고 두 번째 그룹에게는 똑같은 소음을 40초간 들려주었다. 이는 객관적으로 보면 첫 번째 그룹에 비해 엄청난 스트레스를 주는 셈이었다. 마지막으로 세 번째 그룹에게는 커다란 소음을 40초간 들려준 다음, 잠시 정적 상태를 유지하다가 다시 5초간 커다란 소음을 들려주었다. 세 번째 그룹에게 가장 긴 시간 동안 소음을 들려준 것이다.

그렇다면 세 번째 그룹의 사람들이 가장 큰 고통을 느꼈을까? 당신도 이 실험의 결과를 간단하게 직접 검증해볼 수 있다. 우선 당신 집의 거실에 진공청소기를 놓고 그 옆에 얼굴을 대고 눕는다. 그리고 친구에게 이 실험의 세 가지 방식처럼 진공청소기를 켰다가 꺼줄 것을 부탁한다. 각 실험조건에서 마지막 5초 동안 당신이 느낀 고통을 생각해보고, 마지막 5초 동안 어떤 실험조건에서 가장 큰 고통을 느꼈는지 판단해보라.

넬슨과 메이비스는 실험참여자들에게 각 실험조건에서 소음을 들은 다음 마지막 5초 동안에 느낀 고통의 정도를 평가해달라고 요청했다. 이렇게 해서 얻은 데이터를 분석한 결과, 가장 짧은 시간 동안 소음을 들었던 첫 번째 그룹의 실험참여자들이 두 번째 그룹의 실험참여자들보다 훨씬 더 큰 고통을 느꼈다는 점을 알게 되었다. 이러한 결과로 볼 때 40초 동안 소음을 듣게 된 사람들은 고통스러운 경험에 적응하게 되어 마지막 5초 동안은 그리 큰 고통을 느끼지 못했을 거라는 해석을 내릴 수 있다.

그렇다면 중간에 소음으로부터 잠시 쉬게 했던 세 번째 그룹은 어땠을까? 이들은 정적 상태가 유지되었던 시간 동안 소음에 대한 적응을 상당 부분 잃어버렸고, 그래서 두 번째 그룹의 사람들보다 더

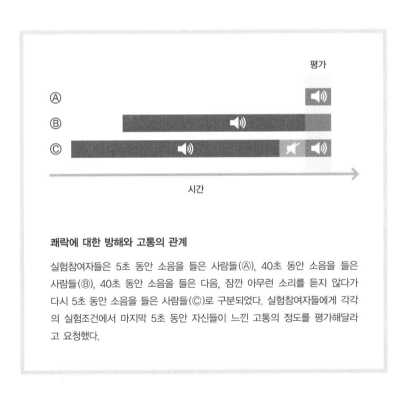

쾌락에 대한 방해와 고통의 관계

실험참여자들은 5초 동안 소음을 들은 사람들(Ⓐ), 40초 동안 소음을 들은 사람들(Ⓑ), 40초 동안 소음을 들은 다음, 잠깐 아무런 소리를 듣지 않다가 다시 5초 동안 소음을 들은 사람들(Ⓒ)로 구분되었다. 실험참여자들에게 각각의 실험조건에서 마지막 5초 동안 자신들이 느낀 고통의 정도를 평가해달라고 요청했다.

큰 고통을 느낀 것으로 나타났다.

이 실험의 결과가 말해주는 것은 무엇일까? 따분한 일을 하거나 고통스러운 경험을 할 때는 중간에 잠깐 쉬어주는 편이 더 좋을 거라고 생각하는 사람들이 많지만, 휴식은 그러한 일에 대한 적응을 방해함으로써 오히려 고통을 증가시킬 뿐이다. 다시 말해 대청소를 하거나 세금신고서를 작성할 때는 중간에 휴식 없이 계속해서 일을 하는 편이 오히려 더 낫다.

그렇다면 즐거운 경험은 어떨까? 넬슨과 메이비스는 실험참여자들을 두 그룹으로 나누어 전자동 마사지 의자에서 3분 동안 마사지를 받도록 했다. 명품 쇼핑몰 브룩스톤^Brookstone의 매장 앞에 가보면 사람들이 마사지 의자에 앉아보려고 길게 줄지어 서 있는데, 바로 그 마사지 의자를 이용했다.

첫 번째 그룹의 사람들은 3분 동안 계속해서 마사지를 받았다. 그리고 두 번째 그룹의 사람들은 80초 동안 마사지를 받다가 20초 동안 쉰 뒤 다시 80초 동안 마사지를 받았다. 첫 번째 그룹의 사람들보다 20초 적게 마사지를 받은 것이다.

마사지를 받은 후에 실험참여자들은 마사지의 만족도에 대해 평가해줄 것을 요청받았다. 그 결과, 마사지 중간에 잠시 휴식을 가졌던 두 번째 그룹의 사람들이 더 높은 만족을 느꼈다는 평가를 내렸을 뿐 아니라, 다음에 그 마사지 의자를 다시 이용하게 된다면 정해진 가격의 두 배를 지불할 용의가 있다는 응답을 했다.

분명 이와 같은 실험 결과는 우리의 예상과 반대되는 것이다. 복잡한 세금신고서를 작성하다가 잠시 휴식을 취하는 것처럼 달콤한 일이 또 어디 있을까? 단지 몇 분의 휴식이라도 말이다. 며칠 전부터 먹고 싶었던 달콤한 벤 앤드 제리 아이스크림을 먹게 되었는데, 중간에 스푼을 놓을 이유가 뭐란 말인가? 따뜻한 욕조에 앉아 음료를 즐기다가 다 마시게 되면 직접 음료를 가지러 가는 것보다는 다른 사람을 시켜 가져오도록 하는 편이 더 낫지 않을까?

하지만 고통스러운 일을 하는 도중에 취하는 휴식의 달콤함을 생각하기보다는 휴식을 취하다 다시 일로 돌아가야 하는 괴로움을 생각해보라. 마찬가지로 음료수 잔을 채우러(당신 연인의 음료수 잔일 수도 있다) 따뜻한 욕조에서 나오기가 귀찮다는 것을 생각하기보다는 다시 따뜻한 욕조로 들어갔을 때의 즐거움을 생각해보라. 게다가 욕

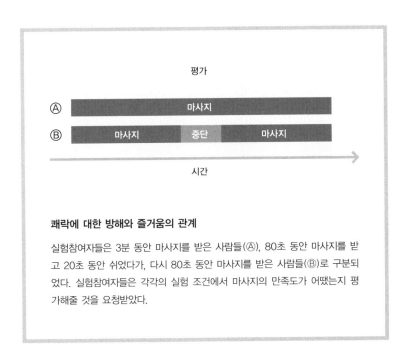

쾌락에 대한 방해와 즐거움의 관계

실험참여자들은 3분 동안 마사지를 받은 사람들(Ⓐ), 80초 동안 마사지를 받고 20초 동안 쉬었다가, 다시 80초 동안 마사지를 받은 사람들(Ⓑ)로 구분되었다. 실험참여자들은 각각의 실험 조건에서 마사지의 만족도가 어땠는지 평가해줄 것을 요청받았다.

조에서 나와 연인의 음료수 잔을 채워 다시 욕조로 간다면 연인은 당신의 '희생'에 감탄할 것이다.↑

우리는 왜 뭔가에 쉽게 익숙해질까? ⸜

적응이라는 것은 육체적, 심리적, 환경적 수준에서 일어나는 종합적인 반응과정이며, 우리 삶의 많은 부분에서 영향을 끼친다. 그런데 이것이 매우 광범위한 부분에서 일어나기 때문에 아직 그 메커니즘을 완전히 이해하기는 힘들다.

가령 우리는 새로운 환경에 놓이게 되면 그것에 완전하게 적응하는 것인지, 아니면 그것의 일부분에서만 적응하는 것인지 분명하게 알지 못한다. 또한 쾌락에 대한 적응이 어떤 식으로 이루어지는지, 쾌락에 대한 적응을 이루는 구체적인 방법이 있는지 등에 대해서도 아직 모르고 있다.

뭔가에 대한 적응을 이해하는 일이 얼마나 어려운지 내가 직접 겪었던 다음의 일화들을 보면 잘 알 수 있을 것이다.

↑
쾌락에 대한 방해가 텔레비전 시청의 재미에도 영향을 끼칠 수 있을지 생각해보라. 우리는 티보TiVo 같은 서비스를 이용해서라도 텔레비전의 중간광고를 배제시키려 한다. 하지만 중간광고가 없어지면 텔레비전 드라마가 더 재미있어질까? 레이프 넬슨, 톰 메이비스, 제프 갈락Jeff Galak 등은 이러한 점을 확인하기 위해 실험을 했다. 실험 결과, 그들은 중간광고가 없는 텔레비전 프로그램을 시청하는 사람들이 재미를 점점 더 잃어간다는 사실을 알게 되었다. 반면에 중간광고가 들어가는 텔레비전 프로그램을 시청하는 사람들은 더 큰 재미를 느끼는 것으로 나타났다.

열여덟 살 때 큰 화상을 입으면서 나는 보통 사람들과는 다른 상황에 놓이게 되었다. 나는 아직도 그런 상황에 완전하게 적응하지 못했다고 생각한다. 화상으로 생긴 흉터가 누구라도 볼 수 있을 정도로 컸던 까닭에(목, 얼굴, 다리, 팔, 손 같은 곳에 전부 흉터가 있다), 나는 화상 사고 직후부터 사람들의 시선을 의식했다. 그러다 보니 자주 우울한 기분이 들었다. 요즘은 새로운 사람들을 그리 많이 만나지 않기 때문에 남들 눈에 비칠 내 모습에 대해 그다지 예민하지는 않다.

간혹 큰 모임에 참석하거나 잘 모르는 사람들을 만날 때가 있기는 하다. 그럴 때면 어김없이 주위에서 번뜩이는 눈빛들에 적잖이 신경을 쓰면서 예민해지는 나를 발견하게 된다. 그리고 누군가와 처음 인사를 나눌라치면 거의 자동적으로 그 사람의 눈치를 보게 되고, 악수라도 해야 할 상황이 오면 흉터가 있는 오른손을 선뜻 내밀지 못하고 망설이기 일쑤다.

화상을 입은 지 그렇게 오래되었으면 그런 일 정도에는 익숙해져야 하는 게 아니냐고 생각하는 분들도 있을 것이다. 유감스럽지만 내 경우는 시간이 흘렀어도 여전히 익숙지 않다. 분명 초기에 비하면 흉터가 많이 나아진 상태인데도 그렇다(그동안 자연적으로 흉터가 많이 아물기도 했고, 수술도 여러 차례 받았기 때문이다).

나는 왜 다른 사람들의 시선에 대한 적응에 실패한 것일까? 어쩌면 넬슨과 메이비스의 소음실험 결과와 같은 일이 나에게도 일어났기 때문일지 모른다. 내 겉모습에 대한 낯선 이들의 반응을 접하는 일이 간헐적으로 일어났기 때문에 그런 상황에 익숙해지지 못했다고 추정할 수 있는 것이다.

내 자신의 상황에 완전하게 적응하지 못한 또 하나의 일화는 꿈에 관한 것이다. 화상사고 직후 내 꿈속에는 항상 화상을 당하기 전의 멀쩡했던 모습이 보였다. 이는 내가 외모의 변화를 받아들이지 못했거나 의식적으로 변화된 내 모습을 무시한 결과라고 생각한다. 하지만 사고 후 몇 달이 지나면서 약간의 변화가 일어났다. 치료를 받거나, 병원에서 생활하거나, 의료장비들에 둘러싸인 모습이 꿈에 보이기 시작한 것이다. 여전히 꿈속의 나는 화상흉터가 없는 예전의 건강했던 모습으로 나왔지만, 병원에서 검사를 받거나 치료를 받는 꿈도 꾸었다. 그럴 때면 조금 답답한 느낌도 들었다.

그러다 사고를 당한 지 1년쯤 지나자 예전의 모습은 더 이상 꿈에 나타나지 않았다. 꿈속에서 나는 그저 상황을 멀리서 지켜보는 관찰자일 뿐이었다. 꿈에서 깨어나 현실로 돌아오는 과정에서 괴로움을 느끼는 일은 사라졌지만(이것은 좋은 일이었다), 화상흉터가 넓게 퍼져 있는 내 모습에는 여전히 적응하지 못하고 있었던 셈이다(이것은 좋은 일이 아니었다). 꿈에서 내 모습이 분리되는 것은 나름대로 유용한 방식이었지만, 프로이트식의 꿈 해석에 따르자면 그것은 변화된 상황에 적응하지 못하고 있음을 암시하는 일이었다.

적응과 관련된 세 번째 일화는 학자인 내 직업에서 행복을 찾는 과정에 관한 것이다. 학자라는 직업은 몸이 괜찮을 때는 평상시보다 더 많이 일하고, 고통이 심할 때는 조금 덜 일할 수 있는, 다시 말해 나와 같은 사람에게는 매우 적합한 직업이다. 나는 내가 가진 한계를 고려해 적절한 직업을 선택했고 그에 적응해온 셈이다. 그리고 그 과정에서 적극적인 적응과정이 작용했다고 생각한다.

이와 같은 유형의 적응은 신체적 적응이나 쾌락에 대한 적응과는 다른 것이며, 오히려 진화론의 자연선택과 닮아 있다. 오랜 세월에 걸쳐 수많은 선택을 내리는 과정에서 조금씩 변화가 일어났으며, 그러한 일련의 변화는 지금의 상황과 한계를 고려했을 때 가장 적합한 결과가 나타난 것이라 할 수 있다.

어렸을 때 나는 학자가 되겠다는 꿈을 가져본 적이 없다. 하긴 어린 나이에 학자를 꿈꾼 이가 몇이나 되겠는가? 어쨌든 지금과 같은 직업을 선택하는 과정은 단계적으로 느릿느릿 이루어졌다.

고등학교 시절의 나는 외부에 드러나지 않는 학생이었다. 가끔 친구들과 장난을 치기는 했지만, 학생 토론회 같은 것에는 거의 참석해본 적이 없었다. 대학교 1학년 때는 잡스트 슈트^{Jobst suit}라는 치료복을 입고 다녔는데,[↑] 이 때문에 더욱 다양한 학생 활동에 참여하기가 어려웠다. 결국 공부밖에는 할 수 있는 게 없었다. 아마 초중고 시절의 담임선생님들은 내가 대학교에 가서 공부만 했다고 하면 좀처럼 믿지 않을 것이다.

그렇게 시간이 지나는 가운데 나는 점점 공부에 재미를 느꼈다. 내가 모르던 것들을 배우는 것이 즐거웠고, 사람들에게 적어도 나의 머리와 아이디어와 사고방식은 심각한 화상에도 불구하고 멀쩡하다는 사실을 증명해 보일 수 있어 좋았다.^{↑↑}

↑
잡스트 슈트^{Jobst suit}는 합성섬유로 만들어진 치료복이다. 나는 피부세포의 회복을 돕기 위해 머리부터 발끝까지 몸 전체를 잡스트 슈트로 감싸고 학교에 다녔다. 눈과 귀, 입 부분에만 구멍이 나 있는 잡스트 슈트를 입은 당시의 내 모습은 연주황색 복장의 스파이더맨과 은행 강도를 섞어놓은 듯한 모습이었던 것으로 기억한다.

차츰 내가 시간을 보내는 방식과 좋아하는 활동에 변화가 오기 시작했고, 어느 시점에 이르자 내 한계와 능력을 고려했을 때 학자라는 직업을 갖는 것이 가장 적절하겠다는 확신이 들었다. 이와 같은 확신은 어느 날 갑자기 생긴 것이 아니다. 그것은 긴 시간을 요하는 일련의 단계적인 과정 끝에 얻어진 결론을 토대로 만들어진 것이다. 내 인생은 그러한 단계적인 과정을 하나씩 통과하면서 지금에 이르렀고, 현재의 모습에 나는 매우 만족하고 있다.

화상을 입었던 시절을 돌아보면 심각함과 고통스러움밖에 기억나지 않는다. 치료과정도 매우 길었다. 그럼에도 이토록 만족스러운 인생을 살고 있다는 사실이 놀라울 따름이다. 나는 삶과 일에서 커다란 행복을 발견했다. 그리고 상처로 인한 고통은 점점 더 줄어들고 있다. 왜냐하면 고통에 익숙해졌을 뿐만 아니라 고통을 줄일 수 있는 여러 가지 방법들을 알게 되었기 때문이다.

그렇다면 나는 내가 놓이게 된 상황에 완전히 적응한 걸까? 그렇지는 않다. 다만 스무 살 때 내가 기대했던 것보다는 훨씬 더 잘 적응하고 있는 것만은 분명하다. 그리고 나는 지금의 내가 있도록 해준 놀라운 적응력에 진심으로 고마워하고 있다.

↑↑
화상을 입은 내 모습을 보는 사람들의 표정을 보면 내 지성도 손상을 입지는 않았을까 의심하는 듯한 느낌을 강하게 받곤 한다. 그러한 느낌 때문인지 나의 지성이 사고를 당하기 전과 마찬가지로 정상적으로 기능하고 있다는 사실을 확인시키는 일은 나에게 매우 중요한 일이었다.

행복을 극대화하는 적응전략 ⟨

지금까지 인간의 적응력과 관련된 여러 가지 사례들을 알아보았
다. 그렇다면 우리의 삶을 더 나은 방향으로 이끌어가는 데 이러한
적응력을 활용할 수 있을까?

먼저 대학교 졸업을 앞두고 있는 앤이라는 여대생의 삶을 상상해
보자. 지난 4년 동안 앤은 조그만 기숙사 방에서 살아왔다. 에어컨도
없고, 가구는 낡고 초라한데다가, 그마저도 다른 두 명의 친구들과
나누어 써야만 했다. 기숙사 방에서 앤은 2층침대의 위층을 사용했
다. 그리고 자신의 옷가지와 교재와 취미로 수집하는 미니어처 책들
을 놓아둘 공간이 부족해 언제나 어려움을 겪었다.

졸업식 한 달 전에 앤은 보스턴에서 아주 좋은 직업을 구하는 데
성공했다. 이제 곧 아파트로 이사를 가고 월급도 받게 될 것이다. 그
녀는 앞으로 사고 싶은 물건들의 리스트를 작성했다. 이런 상황에서
그녀는 어떤 식으로 구매결정을 내려야 장기적으로 자신의 행복감
을 극대화할 수 있을까?

월급을 받자마자(아파트 월세와 각종 공과금을 낸 다음에) 닥치는 대로
지출을 하는 경우를 생각해보자. 그녀는 자신의 아파트에 있는 낡은
가구들과 텔레비전을 버린 다음, 멋진 소파와 메모리폼을 넣었다는
침구와 넓은 화면의 평판 텔레비전을 살 수 있다. 그리고 대학시절
그토록 꿈꿔왔던 보스턴 셀틱스 농구팀의 시즌티켓을 살 수도 있다.
좁고 불편한 기숙사 방에서 4년 동안 살아온 앤은 자기 자신에게 이
렇게 말을 할지도 모른다.

"이제는 내 자신에게 선물을 줄 때야!"

하지만 한 번에 하나씩 천천히 새로운 물건을 사는 방법도 있다. 우선은 편안한 침대를 사고, 여섯 달 정도 있다가 평판 텔레비전을 사고, 또 여섯 달 정도 있다가 멋진 소파를 사는 식으로 말이다.

앤과 같은 상황에 놓인 사람들, 그러니까 학생 신분으로 이전까지는 한 번도 풍족한 생활을 하지 못하다가 처음으로 많은 돈을 벌게 된 사람들은 대부분의 경우 새로운 물품들을 이것저것 사들일 생각을 하면서 행복해한다. 하지만 인간의 적응 성향을 고려했을 때 더 큰 행복감을 얻는 방법은 오랜 기간을 두고 한 번에 하나씩 물건을 구입하는 것이다. 구매를 절제하고, 구매와 구매 사이의 간격을 띄우고, 적응과정의 속도를 늦춤으로써 앤은 같은 돈을 썼을 때의 행복감을 극대화할 수 있다.

내가 앤의 사례를 통해 독자들에게 말하고자 하는 것은 행복감을 얻는 속도를 늦추라는 것이다. 새로운 소파는 몇 달 동안 행복감을 줄 것이다. 그렇다면 새 텔레비전을 구입하는 일은 소파가 주는 행복감이 사그라질 때까지 미루도록 하라.

경제적으로 곤란을 겪으면서 소비를 줄일 필요가 있을 때도 적응의 원리를 이용할 수 있다. 좁은 아파트로 이사를 가고, 케이블방송을 끊고, 비싼 커피전문점 출입을 그만두는 등의 일을 한꺼번에 하는 것이다. 이렇게 하는 경우 처음 느껴지는 고통은 매우 크겠지만, 장기적인 관점에서 당신이 느끼는 고통의 크기는 최소화될 수 있다.

특정 품목에 대해 소비를 할 때 낮은 가격대의 제품들로 소비를 제한하는 것도 적은 비용으로 행복감을 극대화할 수 있는 방법이다. 이 방법이 적어도 주류제품의 소비에서는 효과가 있는 것 같다.

우리 대학원의 지도교수인 톰 윌스텐^{Tom Wallsten}은 와인을 즐기는 편인데, 그는 한 병에 15달러 이하 가격대의 와인에 대해 전문가가 되고 싶다는 말을 종종 했다. 자신이 한 병에 50달러 이상의 고급 와인을 마시기 시작하면 고급 와인의 맛에 익숙해져 더는 값싼 와인에서는 아무런 즐거움도 찾지 못할 거라면서 말이다.[▲] 그는 일단 50달러짜리 와인을 마시기 시작하면 나중에는 고급화된 입맛을 만족시키기 위해 80달러, 90달러, 100달러 식으로 와인 한 병에 쓰는 돈이 계속해서 올라가게 될 거라고 말했다. 그러면서 그는 만약 50달러짜리 와인을 마시지 않는다면 자신이 선호하는 가격대에 속한 와인들의 다양한 맛을 풍부하게 느낄 수 있는 입맛의 유지가 가능하고, 계속해서 저렴한 비용으로 큰 만족을 얻을 수 있다는 말도 덧붙였다.

이와 같은 식으로 윌스텐 교수는 쾌락에 대한 적응을 회피해왔고, 와인에 지출하는 비용을 일정 수준 이하로 유지하면서 15달러 이하의 와인에 대해 전문가가 되었다. 덕분에 그는 매우 행복하게 생활하고 있다.

같은 맥락에서 볼 때 우리에게 지속적인 경험을 제공하는 제품과 서비스에 돈을 쓰는 것보다는 일시적인 경험을 제공하는 제품과 서비스에 돈을 쓰는 편이 장기적인 관점에서 지출로부터 얻는 만족감을 극대화할 수가 있다. 예를 들면 오디오나 소파 같은 제품들은 우리

↑
사실 와인의 가격과 품질 사이에는 거의 상관관계가 없다. 여기서 이 문제에 관해 따로 다루지는 않을 것이다.

6장 적응과 행복의 비밀

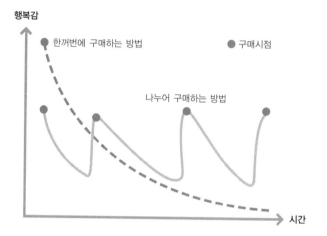

행복지수를 더욱 높이기 위한 구매법

위의 그래프는 앤이라는 사회초년생이 자신의 돈을 쓰는 데 선택할 수 있는 두 가지 방법들을 나타낸다. 점선으로 표시된 곡선의 아래 영역은 처음부터 사고 싶은 것들을 다 사는 방법을 선택했을 때 앤이 느끼게 되는 행복감의 크기를 나타낸다. 처음에 자신이 살 수 있는 것들을 한꺼번에 산 직후에 그녀는 매우 커다란 행복감을 갖게 되지만, 그러한 행복감은 새로 구입한 물건들에 대한 익숙함이 커지면서 빠르게 소멸되어간다.

실선으로 표시된 곡선의 아래 영역은 물건들을 오랜 기간에 걸쳐 나누어 사는 방법을 선택했을 때 앤이 느끼게 되는 행복감의 크기를 나타낸다. 이 경우 앤이 물건의 구매를 통해 느끼는 행복감의 최고치는 일정 수준 이하로 나타나지만, 행복감의 크기는 계속해서 회복되는 패턴을 보인다.

두 가지 방법 가운데 무엇이 더 나은 방법일까? 장기적인 관점에서 보았을 때 후자의 경우가 앤에게 더 큰 행복감을 만들어주는 방법이다.

에게 지속적인 경험을 제공하고, 우리는 이러한 제품들에 쉽게 적응하게 된다. 반면에 일시적인 경험들은(짧은 해외여행, 스쿠버다이빙 여행, 콘서트 같은) 일회성이면서 빠르게 지나가기 때문에 쉽게 적응할 수가 없다. 물론 집에 있는 소파를 팔고 스쿠버다이빙 여행을 떠나라는 말은 아니다. 다만 쉽게 적응하고 따분하게 여길 뭔가에 대한 지출과 쉽게 적응할 수 없는 뭔가에 대한 지출을 구분하고, 그러한 구분을 토대로 지출에 대한 판단을 내릴 필요는 있다고 생각한다.

만약 당신이 일시적인 경험을 제공하는 뭔가(스쿠버다이빙 여행)에 대한 지출과 지속적인 경험을 제공하는 뭔가(소파의 교체)에 대한 지출 사이에서 고민을 하고 있고, 당신의 전체적인 행복감에 대한 두 가지 선택으로부터의 영향이 비슷할 것으로 예상된다면 나는 일시적인 경험에 돈을 쓰라고 말할 것이다. 장기적인 관점에서 행복감에 대한 소파의 영향력은 당신이 예상하는 것보다 훨씬 더 낮을 가능성이 크다. 하지만 스쿠버다이빙 여행이 주는 즐거움과 추억은 당신이 생각하는 것보다 훨씬 더 오래도록 기억 속에 존재하면서 계속해서 행복감을 높여줄 가능성이 크다.

인생에서 느끼는 즐거움의 수준을 높이고자 한다면, 뜻밖의 일이나 예측할 수 없는 일을 자신의 인생에 가미하는 것도 한 가지 방법이다. 다음과 같은 점을 생각해보라.

당신은 자기 자신을 간질이는 것이 얼마나 어려운지 잘 알고 있을 것이다. 왜 그럴까? 자신의 몸을 간질일 때 우리는 손가락의 움직임이 어떻게 될지 정확하게 예측하게 되고, 이러한 예측이 간지럼의 느낌을 대부분 없애버리기 때문이다.

홍미로운 점은 오른손으로 오른쪽 겨드랑이를 간질이면 간지럽다는 느낌을 전혀 느끼지 못하는 반면에, 오른손으로 왼쪽 겨드랑이를 간질이면 간지럽다는 느낌을 미세하게나마 갖게 된다는 사실이다. 아마도 왼쪽의 신경계와 오른쪽의 신경계가 작용하는 미세한 시간 차이가 예측 가능성을 조금이나마 낮추고, 그로 인해 약간의 간지럼을 느끼게 되는 게 아닐까 싶다.

일상생활, 연인과의 사랑, 직장생활 등 그야말로 우리 삶의 모든 부분에서 예측할 수 없는 일을 가미하게 되면 긍정적인 효과를 볼 수 있다. 경제학자인 티보 시토브스키^{Tibor Scitovsky}가 자신의 책《따분한 경제^{The Joyless Economy}》에서 지적한 것처럼 우리에게는 안전하고 예측 가능한 방향으로 일을 하려는 성향이 있으며, 이러한 성향은 일상생활에서도 그대로 유지된다. 무엇이든 안정되고 믿음이 가는 행동을 하려고 하는 것이다. 그러나 시토브스키에 따르면, 진정한 발전과 진정한 즐거움은 리스크를 감수하고 그 전과는 다른 새로운 시도를 하는 과정에서 이루어진다.

그러므로 프레젠테이션을 해야 하거나, 누군가와 협업을 해야 하거나, 프로젝트를 선택해야 하는 경우 그 전과는 다른 시도를 해보도록 하라. 새로운 시도가 당장에는 실패로 나타날 수도 있지만 결국에는 긍정적인 변화로 이어질 가능성이 많다.

적응의 문제는 주위 사람들이 무엇을 가지고 있고 어떤 상황에 처해 있는가와도 관계가 있다. 다른 사람들이 당신이 갖고 있지 못한 뭔가를 가지고 있고 그로 인해 차이가 크게 느껴지면 당신은 처해 있는 상황에 쉽게 적응하지 못한다.

내 경우는 화상 치료를 위해 3년 동안 병원에 있었는데, 당시 내 주위에 있던 대다수 사람들이 환자들이었고 심한 화상으로 저하된 나의 신체 능력도 그곳에서는 그리 특별한 일이 아니었기 때문에 생활하는 것이 그렇게 힘들지는 않았다. 하지만 병원에서 나오자 나의 한계와 어려움이 극명하게 인식되었다. 그리고 그러한 인식은 나를 매우 힘들게 하고 의기소침하게 만들었다.

이번에는 좀 더 우리에게 익숙한 상황에 대해 생각해보자. 당신이 가지고 싶은 노트북 모델이 있는데, 그 모델의 가격이 너무 비싸서 선뜻 사지 못하고 있는 상황이다. 비용 때문에 저렴한 모델을 구입하여 사용한다 하더라도 시간이 흘러가면 익숙해지고 원래 사고 싶어 했던 비싼 모델에 대해서는 잊어버리게 된다.

하지만 바로 옆자리의 동료가 당신이 비싸서 포기했던 그 모델의 노트북을 구입해 사용하고 있다면 이야기는 달라진다. 이 경우 당신은 자신의 노트북과 동료의 노트북을 날마다 비교하면서 자신의 상황에 좀처럼 적응하지 못한다. 노트북과 관련된 행복감이 계속해서 낮은 상태를 유지하게 되는 것이다.

적응과정에 대해 생각할 때는 우리가 처하게 된 환경을 구성하는 다양한 요소들에 무엇이 있는지, 또 그러한 요소들이 어떤 식으로 적응력에 영향을 끼치는지 등에 대해 고려를 해야 한다. 그리 안 좋은 사실일지는 모르겠지만, 주위 사람들이 가진 뭔가를 가질 수 없는 현실은 우리의 행복감에 어느 정도 부정적인 영향을 끼친다. 다만 우리가 나쁜 감정을 갖고 있지 않은 사람들과의 비교는 불행감을 그리 크게 유발하지는 않는다. 그러므로 주위 사람들과의 관계를 좋게 유지하는 식으로 전체적인 행복감을 높이는 것이 중요하다.

마지막으로 강조하고 싶은 것은, 똑같은 경험을 한다고 해서 언제나 똑같은 수준의 적응으로 이어지는 것은 아니며, 또 모든 사람이 적응이라는 것에 똑같은 방식으로 반응하는 것은 아니라는 점이다. 때문에 각각의 상황에서 적응력을 최대한으로 활용하고자 한다면 적응과 관련된 당신 개인의 특성을 파악할 필요가 있다.

따지고 보면 우리는 뜨거운 물속의 개구리와 크게 다를 바 없다. 좋은 상황을 최대한 이용하고 나쁜 상황을 최대한 피하기 위해서는 적응에 대해 우리 자신이 어떤 식으로 반응하는지 이해해야 한다. 그러기 위해서는 자신을 둘러싸고 있는 물의 온도를 지속적으로 파악하는 것이 중요하다. 물이 뜨겁다고 느껴지면 곧바로 뛰쳐나가야 한다. 그런 다음 적당한 온도의 연못으로 들어가 삶의 즐거움을 찾고 즐기면 된다.

chapter

7

연애와 외모의 상관관계

:

용기 있는 추남은
미녀를 얻을 수 있을까?

간호사실 쪽에 있는 커다란 전신거울이
나를 비추고 있었다. 나는 몇 달 동안 거의 걷지 못했기 때문에 병실
에서 간호사실까지 걸어가는 것은 정말로 힘든 일이었다. 거기까지
걸어가는 동안 몇 년은 늙어버린 듯했다.

마침내 나는 모퉁이를 돌아섰고, 저 멀리 거울이 보였다. 그리고
발걸음을 옮길수록 거울 속의 내 모습이 점점 더 분명하게 보이기 시
작했다. 다리는 약간 구부러진 채 붕대로 칭칭 감겨져 있었고, 등은
앞으로 심하게 굽은데다 역시 붕대가 감겨진 팔은 마치 생명이 없는
듯 축 늘어져 있었다. 거울에 비친 나는 전신이 뒤틀려 있는 상태였
는데, 그것은 분명 내가 알던 나의 모습이 아니었다. 얼마 전까지 나
는 열여덟 살의 건강한 몸을 가지고 있었다. 때문에 지금 거울에 비
친 모습이 내 것일 리 없다는 생각이 들었다.

2부 가정에서 벌어지는 인간 행동에 관한 진실

가장 심각했던 것은 얼굴이었다. 얼굴의 오른쪽 절반은 노란색의 피부와 붉은색의 살갗이 뒤엉킨 형상이 마치 밀랍이 녹아내린 듯했다. 오른쪽 눈은 귀 쪽으로 심하게 틀어져 있었고 오른쪽 코와 입 부위, 그리고 귀는 까맣게 변색된데다 모양까지 뒤틀려 있었다.

　당시 거울에 비친 내 모습은 일일이 설명하기가 어려울 정도로 온전한 부분이 없었다. 나는 거울 앞에 선 채로 원래의 내 모습을 떠올려보려고 애썼다. 예전의 댄은 저 거울에 나타난 모습 뒤로 영영 묻혀버린 걸까? 그나마 멀쩡한 것은 왼쪽 눈 정도였다. 저 모습이 정말 나일까?

　당시 나는 거울 속의 내 모습을 이해할 수도, 믿을 수도 없었으며, 받아들이기는 더욱 힘들었다. 사실 다양한 치료를 받는 동안 나는 붕대를 벗겨낼 때마다 드러나는 상처를 보아온 터였기에, 내 몸의 상당 부분이 끔찍하게 변했다는 사실을 잘 알고 있었다. 직접 보지는 못했지만, 내 얼굴의 오른쪽이 매우 심하게 일그러졌다는 사실도 들어서 알고 있었다.

　하지만 거울 앞에 서기 전까지 변해버린 모습은 내게 분명하게 다가오지 않았다. 막상 거울 앞에 서서 완전하게 변해버린 내 모습을 보니 현실을 좀 더 분명하게 직시해야 할지, 아니면 현실을 무시하고 그대로 뒤돌아서야 할지 갈피가 안 잡혔다. 그런 나를 병실로 되돌린 것은 이내 다리 쪽으로 몰려온 극심한 통증이었다. 화상으로 인한 통증만으로도 나는 충분히 고통스러웠다. 그런 상황에서 흉하게 뒤틀린 내 얼굴을 받아들이는 것은 당시 십대였던 나에게는 매우 힘든 일이었다.

7장 연애와 외모의 상관관계

281

화상사고를 당하기 직전까지만 하더라도 나는 이제 곧 어른이 된다는 자각을 갖고 사회에서 내 자리를 찾기 위한 고민을 하고 있었다. 하지만 화상으로 나는 3년 동안 병원신세를 져야 했고, 또래의 친구들이 하는 많은 것들로부터 단절된 채 살아야 했다. 게다가 외모가 완전히 달라지면서 한 인간으로서 자기 자신을 규정하는 중요한 뭔가를 상실한 듯했다.

사랑에 외모가 그렇게 중요해? ⸗

화상사고를 당한 후 몇 년 동안 많은 친구들이 나를 찾아와주었다. 그들은 하나같이 건강하고 아름다웠으며, 한때는 나와 같이 학교를 다녔던 친구들이었다. 개중에는 더러 커플로 온 친구들도 있었는데, 서로 꼭 붙어 다니며 장난을 치다가 돌아갔다. 그들의 행동은 지극히 당연한 것이었다. 그들은 자신들의 관계에 충실했던 것뿐이다.

사고 전의 나는 사회 속에서 내가 속해 있는 곳이 어디인지 분명하게 알고 있었다. 그리고 병문안을 와준 친구들 중에는 나와 데이트하던 여자친구들도 몇 명 있었다. 예전의 나는 누가 내 데이트 신청을 받아주고 누가 받아주지 않을지 대체로 알고 있었다. 하지만 사고 후의 나는 어떤가? 여자친구와 데이트하는 장면에 내 자리는 있을까? 예전의 외모를 잃어버린 나는 분명 데이트 시장에서는 인기 없는 남자일 터였다.

예전에 데이트하던 여자친구들에게 다시 데이트 신청을 한다면 받아줄까? 그들은 분명 거부할 것이다. 그리고 그러한 선택은 그들 입장에서는 합리적인 것이다. 어쨌든 그들은 더 많은 선택권을 가지고 있었고, 나 역시 그들의 입장이 된다면 합리적인 선택을 따를 가능성이 컸다.

만약 매력적인 여성들에게 계속 거부를 당한다면 나는 장애가 있거나 나처럼 흉한 외모를 가진 여성과 결혼해야 하는 걸까? 나는 이러한 상황에 순응해야 하는 걸까? 데이트 시장에서 내 가치가 폭락했다는 사실을 받아들이고 연애 상대에 대한 취향을 완전히 폐기해야 하는 걸까? 어쩌면 아직은 희망이 남아 있는 게 아닐까? 언젠가는 내 화상흉터 너머의 나, 그러니까 내 두뇌와 유머감각과 요리 실력을 사랑해줄 그런 여자를 만날 수 있지 않을까?

연애 상대로서 나의 시장가치가 크게 떨어졌다는 사실을 부인할 수는 없었다. 하지만 한편으로 생각해보면 내가 잃은 것은 외모 한 가지뿐이었다. 나를 규정하는 의미 있는 많은 것들은 그대로 남아 있었다. 그 때문에 데이트 시장에서 내 가치가 폭락했다는 사실을 받아들이기란 내 입장에서 결코 쉽지 않았다.

정신과 육체의 우열 관계

화상의 후유증에 대해 잘 몰랐던 때에는 상처만 아물면 다시 예전의 생활로 돌아갈 수 있을 거라 생각했다. 그 전에도 여러 번 작은 화상을 입은 적이 있었고, 그때마다 몇 주가 지나면 가벼운 흉터를 제

외하고는 별다른 후유증 없이 다 나았기 때문이다. 하지만 열여덟 살 때 입었던 광범위하게 분포된 화상은 그 전의 화상들과는 차원이 달랐다. 오히려 상처가 아물기 시작하면서 진짜 문제들이 나타나기 시작했다. 심한 흉터와 신체능력의 저하에 대한 좌절감도 그 가운데 하나였다.

화상 상처가 아물면서 피부가 수축되었기 때문에 나는 피부가 수축된 채로 자리 잡지 않도록 잠시도 쉬지 않고 계속 피부를 펴주어야만 했다. 온몸을 감싸고 있는 압박붕대가 주는 느낌도 견디기 힘들었다. 무엇보다 구부러진 손가락을 펴고 목을 바로잡기 위해 부착해놓은 여러 장치들 때문에 흡사 에일리언이라도 된 듯했다. 이처럼 몸에 온갖 것들이 감겨 있거나 부착된 탓에 무엇을 하더라도 예전과는 다른 느낌이었다. 그러다가 어느 순간 내 몸이 나를 배신했다는 생각이 들면서 적개심이 일기 시작했다. 개구리왕자나 철가면처럼 누구도 나의 외모 뒤에 숨겨져 있는 진짜 모습을 알아보지 못할 거라는 절망감이 느껴졌다.[*]

나는 철학적인 문제에 대해 고민하는 유형은 아니었지만, 치료를 받으면서 정신과 육체의 분리에 대해 생각하게 되었고, 실제로 그것을 경험했다. 내 자신이 끔찍한 고통으로 가득한 육체 속에 갇혀 있다가 어느 순간 그러한 육체를 이겨내야겠다고 결심하게 된 것이다. 그

---

[*] 자신의 외모에 갇히게 된 인물들이 등장하는 이야기로는 〈미녀와 야수 The Beauty and the Beast〉, 〈자니 총을 얻다 Johnny Got His Gun〉, 〈잠수종과 나비 The Diving Bell and the Butterfly〉, 오비디우스의 〈변신이야기 Metamorphoses〉 등을 들 수 있다.

후 나는 피부 수축을 막기 위한 스트레칭을 매우 열심히 했고, 살을 에는 듯한 고통이 느껴지더라도 묵묵히 참아냈다. 나는 정신과 육체의 이원성을 굳게 믿었으며, 육체와 벌이는 싸움에서 승리하기 위해 최선을 다했다.

그 일환으로 내 모든 행동과 판단을 육체가 아닌 정신이 지배할 수 있도록 하겠다고 스스로에게 약속했다. 육체의 고통이 삶을 지배하도록 내버려두지 않겠다고 스스로에게 다짐한 것이다. 나는 육체로부터 오는 신호를 무시하는 법을 배우면서 정신적으로는 여전히 사고 전의 나로서 살아가겠다는 다짐도 했다. 이런 과정을 통해 육체를 완전하게 통제할 수 있다고 생각했던 것이다.

데이트 시장에서의 가치하락 문제는 여자들과 아예 데이트를 하지 않는 것으로 해결하기로 마음먹었다. 내가 육체를 완전하게 통제한다면 연애 욕구도 통제할 수 있을 것이다. 인생에서 연애라는 단어를 지워버린다면 '누가 나를 연애 상대로 원할까' 하는 문제로 더 이상 고민할 필요도 없어질 터였다. 모든 문제가 해결되는 것이다.

하지만 얼마 지나지 않아 무수히 많은 고행자들과 수도자들과 순수주의자들이 터득한 가르침을 나 역시도 터득하게 되었다. 정신이 육체를 지배한다는 것은 말처럼 쉬운 일이 아니었다.

당시 내게 가장 끔찍했던 것은 목욕 치료였다. 치료가 시작되면 나는 우선 소독제와 물을 섞어놓은 욕조에 들어가 몸과 붕대를 불린다. 그러면 간호사들이 내 몸에 감긴 붕대를 하나씩 떼어내고 죽은 피부를 긁어낸 다음, 상처 부위에 연고를 발라주고 다시 온몸에 붕대를 감아준다. 피부이식 수술을 받게 되면 그날부터 며칠 동안은 조금 다른 방식으로 목욕 치료가 진행되었다. 욕조 안에서 하는 목욕 대신에 간호사들이 내 몸을 스펀지로 닦아준 다음 붕대를 제거했다. 욕조의 물이 수술 부위의 상처를 감염시킬 위험이 있기 때문이다. 이 과정은 욕조 안에서 하는 목욕 치료보다 훨씬 더 고통스러웠다. 화상 부위와 붕대가 충분히 물에 불지 않았기 때문에 그야말로 살이 찢기는 고통을 감내해야 했다.

내가 받았던 수많은 피부이식 수술 가운데 또 한 번의 수술이 끝나고 스펀지 목욕 치료를 받던 어느 날이었다. 그날 내 치료를 담당했던 간호사는 타미라는 젊고 예쁜 간호사였다. 그녀는 정해진 순서에 따라 스펀지로 목욕을 시켜주고, 붕대를 제거하고, 소독약으로 내 몸을 씻겨주었다. 그런데 간호사가 내 배와 허벅지를 씻어주자 갑자기 내 몸 깊숙한 곳에서 지난 몇 달 동안 느껴보지 못했던 감각이 솟아나기 시작했다. 그리고 발기가 이루어졌다. 나는 너무나도 창피하고 당황스러웠지만, 타미는 웃으면서 이건 몸이 많이 좋아졌다는 신호라고 말해주었다. 하지만 그녀의 위로에도 내가 느낀 창피함은 좀처럼 누그러지지 않았다.

그날 밤, 혼자 병실에 누워 온갖 의료기기들이 내는 신호음들의 교향곡을 들으며 나는 낮에 있었던 일을 떠올렸다. 아직 십대인 내 몸에서 호르몬 활동은 당연한 것이었다. 호르몬들은 내 외모가 그 전과는 많이 달라졌다는 사실에도 아랑곳하지 않고 자신들의 역할을 수행하기 시작한 것뿐이었다. 육체를 잊어버리려 했던 나는 당황스러웠다. 여기까지 생각이 미치자 나는 내 정신이 육체를 강력하게 통제하고 있다는 이전까지의 느낌은 정확한 것이 아니었고, 정신과 육체의 조화 속에서 사는 법을 배울 필요가 있겠다고 생각하게 되었다.

그 후 나는 다시 정신적 욕구와 육체적 욕구가 동시에 작용하는 사람으로 돌아왔고, 사회에서 차지할 내 자리에 대해 고민하기 시작했다. 특히 신체능력이 회복되고 고통이 줄어들면서 인간관계와 그것에 영향을 미치는 것들에 관심이 많아졌다. 여전히 나는 대부분의 시간을 병실 침상에서 보냈고 실제로 할 수 있는 일도 없었지만, 나의 이성교제가 앞으로 어떤 식으로 전개될지에 대해 궁금해졌다. 그리고 그러한 생각이 깊어지고 분석적으로 변하면서 내 관심은 사람들의 연애라는 일반적인 주제로 확장되기에 이르렀다.

잘생긴 남자는 예쁜 여자와 결혼한다? ✂

끼리끼리 어울린다는 말이 있다. 새들의 세계에서도, 벌들의 세계에서도, 그리고 인간의 세계에서도 이 말은 자연스럽게 통용된다. 이러한 사실은 거리에만 나가봐도 누구라도 확인할 수 있을 것이다. 대체로 외모가 뛰어난 사람은 똑같이 외모가 뛰어난 사람과 데이트를 하며, '미적으로 부족한'↑ 사람은 자신과 비슷한 사람과 사귄다.

↑
'미적으로 부족한'이라는 표현을 쓴 이유는 마땅한 표현이 생각나지 않아서였다. 여기서 내가 말하고자 하는 바는 어떤 사람들은 매력적인 외모를 지니고 있는 반면에 어떤 사람들은 그렇지 못하다는 점이다.

사회과학자들은 이처럼 사람들이 끼리끼리 어울리는 현상을 오래 전부터 연구해왔으며, 이러한 현상을 '동류짝짓기assortative mating'라고 부른다. 물론 용감하거나, 재능이 뛰어나거나, 돈이 많거나, 권력을 가지고 있는 남성들 중에는 '미적으로 부족'함에도 불구하고 아름다운 여성과 결혼한 사례를 종종 찾아볼 수 있다. 예를 들면 우디 앨런Woody Allen과 미아 패로Mia Farrow 부부, 라일 로벳Lyle Lovett과 줄리아 로버츠Julia Roberts 부부, 록음악 뮤지션과 그의 모델 또는 여배우 아내 등을 들 수 있다. 이는 동류짝짓기의 기준이 단지 외모만이 아니기 때문이다. 돈, 권력, 심지어 유머감각도 사람의 매력을 높이는 요소다. 하지만 우리가 살고 있는 사회에서 물리적인 외모는 동류짝짓기를 결정하는 가장 영향력 있는 요소임에 틀림없다.

동류짝짓기 현상은 매력적인 외모를 가진 사람들에게는 좋은 소식이겠지만, 매력적인 외모를 갖지 못한 다수의 사람들에게는 슬픈 소식이 아닐 수 없다. 과연 외모가 떨어지는 사람들은 데이트 시장에서 자신이 낮은 위치에 있다는 사실을 고분고분 받아들여야 하는 걸까? '미적으로 부족한' 사람들은 자신과 비슷한 수준으로 생긴 사람들을 사랑하는 것으로 만족해야 할까?

레너드 리와 조지 뢰벤스타인과 나는 이 문제의 답을 알고 싶었다. 우리는 커피를 마시며 이에 대해 논의했는데, 뢰벤스타인은 다음과 같이 말했다. 물론 딱히 나를 염두에 두고 한 말은 아니었다.

"외모가 매력적이지 않은 사람에게 어떤 일이 일어날지 생각해보세요. 이런 사람은 자신과 비슷한 수준의 외모를 가진 사람과 데이트나 결혼을 하는 것이 일반적일 겁니다. 그리고 그 사람이 학자라는

289

직업을 가지고 있다면 그리 많은 돈을 벌지는 못할 테니까 돈으로 자신의 추한 외모를 보충할 수도 없을 겁니다."

뢰벤스타인은 계속해서 말했고, 그 말은 우리가 행하게 될 다음 실험의 핵심 주제가 되었다.

"그 사람은 앞으로 어떻게 될까요? 아침마다 일어나 자신의 옆에서 잠자고 있는 사람을 바라보며 '이것이 내가 할 수 있는 최선의 선택이었을까?'라고 고민할까요, 아니면 어떤 식으로든 현실에 적응하고 변화하면서, 결국은 자신이 현실과 타협했다는 사실조차 인식하지 못하게 될까요?"

● ● ●

동류짝짓기의 시범, 또는 이상한 파티에 대한 상상

당신이 이제 막 어떤 파티에 도착했다고 상상해보라. 파티장에 들어서자 파티 주최자가 당신 이마에 어떤 숫자를 적어준다. 그러면서 그는 거울을 봐도 안 되고 다른 사람들에게 당신 이마에 적혀 있는 숫자가 무엇인지 물어봐도 안 된다고 주의를 준다.

파티장을 둘러보니 그곳에 모인 남녀의 이마에는 모두 1부터 10까지 숫자가 적혀 있다. 그렇게 잠시 서 있는데, 파티 주최자가 이렇게 말한다.

"이제부터 당신의 목표는 최대한 높은 숫자가 적혀 있는 사람과 짝을 이루는 것입니다."

당신은 우선 10이라는 숫자가 적힌 사람에게 다가가 말을 걸어본다. 하지만 그 사람은 당신의 얼굴을 슬쩍 쳐다보더니 이내 다른 곳으로 걸어가버린다. 그 다음에 당신은 9나 8의 숫자가 적힌 사람들에게 다가가 말을 걸어본다. 하지만 그들 역시 당신을 받아주지 않는다. 그렇게 파티장을 헤매고 있는데, 이마에 4라는 숫자가 적혀 있는 사람이 다가와 말을 건다. 당신은 그 사람과 함께 술을 한잔 마시며 대화를 나누기 시작한다.

이 간단한 게임이 진행되는 과정은 동류짝짓기가 이루어지는 과정과 동일하다. 현실세계에서도 마찬가지다. 연애 상대를 선택할 때 높은 숫자를 가진 사람은 자신과 같이 높은 숫자를 가진 사람을 선택하고, 중간 수준의 숫자를 가진 사람은 자신과 같은 중간 수준의 숫자를 가진 사람과 짝을 이루며, 낮은 숫자를 가진 사람은 역시 낮은 숫자를 가진 사람과 맺어진다. 연애시장에서 각각의 사람은 저마다의 가치를 지니고 있다(이 파티장에서의 게임은 그 가치가 숫자로 명확하게 표시되었다). 우리는 다른 사람들의 반응을 통해 연애시장에서 자신의 사회적 위치가 어느 정도인지를 가늠할 수 있고, 그러한 반응을 접하면서 자신과 비슷한 매력을 지닌 사람과 짝을 이루게 된다.

'미적으로 부족한' 사람들이 자신의 한계에 적응하는 한 가지 방법은 소위 '신포도 전략sour grapes strategy'을 이용하는 것이다. 당신은 이솝우화에 나오는 여우와 포도 이야기를 알고 있을 것이다.

뜨거운 여름날, 들판을 걷던 여우가 포도나무에 높이 달려 있는 포도송이를 발견한다. 덥고 목이 말랐던 여우는 그 포도를 따먹기 위해 깡충깡충 뛰어보았지만 주둥이가 닿기에는 너무 높았다. 아무리 노력해도 번번이 실패할 뿐이었다. 결국 포도 따는 것을 포기한 여우는 발걸음을 옮기면서 이렇게 중얼거렸다.

"저 포도들은 분명 너무 시어서 맛이 없을 거야."

'신포도 전략'이란 이솝우화에서 따온 이름이며, 자신이 가질 수 없는 것에 대한 가치를 매우 낮게 평가하거나 심지어 경멸하는 것을 의미한다. 우리는 함께 데이트하기 어려운 매력적인 사람들(포도)에 대해서는 그들이 가진 매력을 폄하하는 식으로(포도맛이 매우 실 거라고 생각하는 것) 자신의 한계 상황에 적응하려 한다. 이는 종종 매우 놀라운 효과를 발휘한다.

그런데 우리의 적응력은 단지 세상을 바라보는 방식을 바꾸는 수준에서 그치지 않는다. 가질 수 없는 뭔가를 단순히 폄하하는 게 아니라, 아예 판단기준 자체를 바꾸는 심리작용을 행함으로써 자신의 현실에 적응하려 하는 것이다.

그렇다면 이러한 현실 적응을 위한 심리작용은 어떤 형태로 이루어질까? 한 가지는 미적으로 부족한 사람이 미적 이상형을 9점이나 10점에 두는 게 아니라 자신과 비슷한 낮은 점수에 두는 방법이다. 뭉뚝한 코, 대머리, 덧니 같은 특징을 매력적이라고 치부해버리는 것이다. 이렇게 자신의 현실에 적응한 사람들은 가령 할리 베리^{Halle Berry}나 올랜도 블룸^{Orlando Bloom} 같은 할리우드 스타들의 사진을 보여주면 시큰둥한 표정을 지으며 이렇게 말한다.

"뭐, 나는 그녀처럼 작고 오똑한 코를 가진 여자는 별로 좋아하지 않아."

혹은 이렇게 말할지도 모른다.

"에이, 나는 저렇게 어둡고 빛나는 머릿결을 가진 남자는 별로야."

외모가 그리 매력적이지 못한 사람들이 현실 적응을 위해 사용하는 또 다른 방법이 있다. 아름다움에 대한 판단기준은 그대로 둔 채 다른 특성들을 더욱 중시하는 것이다. 예를 들면 이상형을 고를 때 유머감각이나 친절함을 더욱 중시할 수도 있다. 만약 여우와 포도 이야기에서 포도를 먹지 못한 여우가 계속해서 길을 가다가 낮은 나무에 열린 산딸기를 발견한다면, 그리고 원래 산딸기가 포도보다 더 맛있다고 중얼거리며 산딸기를 따먹는다면, 이 경우 여우는 두 번째 방법을 써서 자신의 현실에 적응하는 셈이 된다.

이와 같은 방법들이 실제 데이트 시장에서는 어떤 식으로 작용할까? 몇 년 전에 데이트 사이트인 맷치닷컴Match.com을 통해 남편을 만난 내 친구가 있다. 그녀는 중년이었고 외모도 평범했는데, 자신의 남편에 대해 이렇게 말했다.

"사실 그 사람 외모는 별로야. 대머리에, 뚱뚱하고, 몸에는 털이 북슬북슬하지. 나보다 나이도 몇 살 더 많아. 하지만 이런 것들은 별로 중요하지 않다고 생각해. 나는 똑똑하고, 훌륭한 가치관을 가지고 있고, 유머감각이 뛰어난 사람을 원했는데, 남편은 이 모든 것을 갖추고 있지."

내 경험에 따르면, 소개팅이나 맞선을 주선하는 사람이 유머감각을 강조하면, 그것은 거의 예외 없이 소개팅이나 맞선 상대의 외모가 매력적이지 못하다는 것을 의미한다. 나처럼 미적으로 부족한 사람들은 그러한 현실에 적응하는 두 가지 방법을 가지고 있다. 아름다움에 대한 인식을 바꾸어 외모가 완벽하지 못한 사람에게 더 큰 가치를 부여하는 것, 또는 외모 이외의 다른 특성들을 더욱 중요하게 받아들이는 것 등이 그것이다.

이 두 가지 방법을 염두에 두고 다음 상황을 생각해보라. (a)키가 작고 머리가 벗겨진 남자들이 관심을 보이는 여성들은 결국 남자의 작은 키와 대머리를 좋아하게 될까? 아니면 (b)키가 작고 머리가 벗겨진 남자들이 관심을 보이는 여성들은 그럼에도 불구하고 키가 크고 머리숱이 많은 남자들과 데이트하기를 원하다가, 결국은 현실을 깨닫고 친절함이나 유머감각 같은 외모 이외의 것들에 초점을 맞추게 될까?

현실에 적응하는 데 활용할 수 있는 여러 가지 방법들과 인간이 지닌 놀라운 수준의 적응력에도 불구하고(6장을 떠올려보기 바란다) 데이트 시장에서 자신의 현실에 적응하지 못하는 사람들도 있다. 이를테면 50세가 넘은 평범한 외모의 남성이 여전히 자신은 20대 여성들에게 인기가 있다고 생각하는 경우가 이에 해당할 것이다.

하지만 데이트 시장에서 자신이 처한 현실을 받아들이지 못한다면 끊임없이 실망스런 일만 생겨날 뿐이다. 자신과 맞는다고 생각하는 상대에게 계속 데이트를 신청하지만 번번이 거절을 당할 것이기 때문이다. 뿐만 아니라 결국은 자신과 비슷한 외모의 사람과 결혼하게 되면서도 외모가 더 뛰어난 사람과 결혼할 수 있었으리라는 미련을 버리지 못한다. 이러한 미련이 결국은 행복한 결혼생활을 망치고 만다.

미적으로 부족한 사람들이 자신의 한계에 대처할 때는 다음 그림에 나오는 세 가지 방법 중 하나를 선택할 수 있다. 당신은 어떤 방법이 가장 적절하다고 생각하는가? 우리가 가지고 있는 돈은 데이트

방법 1
미에 대한 인식을 바꾼다.
(나는 대머리 남자가 좋아.)

방법 2
**외모 이외의 다른 특성을
더 중요하게 받아들인다.**
(나는 대머리 남자는 싫지만, 그래도
다른 특성들이 더 중요하다고 생각해.)

가능한 해법

방법 3
한계를 받아들이지 않는다.
(나는 절대로 대머리 남자를 좋아하지
않을 거야. 사람들은 몰라주지만,
나는 데이트 시장에서 상당한 매력을
지니고 있어.)

자기 외모의 한계에 대처하는 방법

상대 또는 잠재적인 배우자에게 기대하는 여러 가지 특성의 우선순위를 바꿀 수도 있다. 어쨌든 데이트 상대나 잠재적인 배우자를 찾는 과정은 그 자체로 상당히 흥미로운 일이다.

외모의 한계에 대처하는 우리의 자세

사람들이 부족한 자신의 외모에 어떻게 적응하는지를 알아보기

위해 리와 뢰벤스타인, 그리고 나는 제임스 홍[James Hong]과 짐 영[Jim Young]
이라는 두 젊은이가 만든 'HOT or NOT'이라는 웹사이트를 이용해
실험을 진행하기로 했다.[↑]

이 웹사이트에 접속하면 당신은 어떤 남자나 여자의 사진을 보게
될 것이다. 사진 주인공의 연령대는 18세의 젊은이부터 65세 이상의
노인까지 매우 다양하다. 사진 위에는 1(NOT)부터 10(HOT)의 숫자가
적힌 박스가 나타난다. 당신이 어떤 사람의 사진에 1부터 10까지의
숫자 중 하나의 점수를 주면 그 사진에 대해 사람들이 매긴 평균점수
가 뜨고 동시에 다른 사람의 사진이 나타난다.

'HOT or NOT'이라는 웹사이트에서는 다른 사람들의 사진에 대
해 점수를 매길 수 있을 뿐 아니라, 자기 자신의 사진을 올려 다른 사
람들로부터 평가를 받을 수도 있다.[↑↑] 나와 리와 뢰벤스타인은 이와
같은 평가방식에 주목하게 되었다. 그 이유는 다른 사람들의 사진에
대해 높거나 낮은 점수를 매기는 사람들은 얼마나 매력적인 외모를
지니고 있는지를 함께 알 수 있기 때문이다. 이 책을 쓰면서 마지막
으로 확인해본 바에 따르면 'HOT or NOT' 사이트에 올려놓은 내

[↑]
아직 www.hotornot.com이라는 웹사이트에 접속해본 적이 없다면 한번 들어가볼 것을 권한다. 이
사이트를 잠깐 둘러보는 것만으로도 데이트 시장에서 작동하는 인간 심리에 대해 적잖이 알게 될 것
이다.

[↑↑]
사람들의 사진을 보고 외모에 대해 평가를 내리는 'HOT or NOT' 사이트의 특성상 이 실험은 사람
들의 외모를 중심으로 이루어졌다. 하지만 이 실험을 통해 검증된 원리는 다른 유형의 적응에도 일
반화될 수 있다는 게 우리의 생각이다.

사진에 대한 사람들의 평가는 6.4점이었다. 분명히 잘 나온 사진은 아니었을 텐데 말이다.

이 웹사이트의 자료를 이용한다면 우리는 'HOT or NOT' 사이트 이용자들에 의해 매력 없는 것으로 평가받은 사람들(가령 사이트 이용자들이 2점을 매긴 사람들)과 매력이 있는 것으로 평가받은 사람들(가령 사이트 이용자들이 9점을 매긴 사람들)이 다른 사람들의 외모를 어떻게 평가하는지를 비교해볼 수 있을 거라고 생각했다.

'HOT or NOT' 사이트로부터 얻어지는 이러한 데이터를 이용해 우리는 무엇을 알 수 있을까? 우리는 미적으로 부족한 사람들이 자신의 현실에 적응하지 못한 경우, 다른 사람들의 외모에 대한 이들의 평가는 외모가 뛰어난 사람들이 다른 사람들의 외모에 대해 내리는 평가와 상당히 유사하게 나타날 거라고 생각했다.

가령 현실 적응 작용이 일어나지 않는 경우에는 2점의 외모를 지닌 사람들이나 8점의 외모를 지닌 사람들 모두 9점의 외모를 지닌 사람들에게는 9점의 점수를 주고 4점의 외모를 지닌 사람들에게는 4점의 점수를 줄 것이다.

반면에 미적으로 부족한 사람들이 현실 적응을 통해 다른 사람들의 외모에 대한 판단기준을 바꾸게 된다면, 미적으로 부족한 사람들과 뛰어난 외모를 지닌 사람들이 보여주는 다른 사람들의 외모에 대한 평가는 서로 다르게 나타날 것이다. 예를 들어 현실 적응 작용이 일어나는 경우에는 2점의 외모를 지닌 사람들은 9점의 외모를 지닌 사람들을 6점으로 평가하거나 4점의 외모를 지닌 사람들을 7점으로 평가할 수 있는 것이다. 반면에 외모가 뛰어나 판단기준을 바꿀 필요가 없는 8점의 사람들은 9점의 사람들에 대해서는 9점을 주고 4점의 사람들에 대해서는 4점을 줄 것이다.

사람들의 외모를 정량화된 데이터로 만들어주는 'HOT or NOT' 사이트는 우리에게 큰 도움이 되었다. 이번 실험을 통해 우리는 사람들이 지니고 있는 매력도 차이가 매력도에 대한 평가의 차이로 이어지는지를 확인해봄으로써 외모 평가와 현실 적응력 사이에 의미 있는 결과를 발견할 수 있을 거라고 기대했다.

제임스 홍과 짐 영은 우리의 아이디어에 흥미를 보이고는, 'HOT or NOT' 사이트 이용자 1만 6,550명이 열흘 동안 사이트를 통해 어떤 활동을 했는지에 관한 데이터를 제공해주었다. 1만 6,550명의 사이트 이용자들은 모두 이성애자들이었고, 이들 가운데 75퍼센트가 남성이었다.[*]

'HOT or NOT' 사이트로부터 제공받은 데이터를 분석한 결과, 거의 모든 사람들이 누가 외모가 뛰어나고 누가 그렇지 않은지에 대해 대체로 일치되는 평가를 내린 것으로 나타났다. 자신들의 외모 평가 점수에 상관없이 할리 베리나 올랜도 블룸 같은 외모의 사람들에 대해서는 높은 점수를 주었고, 미적으로 부족한 사람들에 대해서는 낮은 점수를 주었던 것이다.

일단 이와 같은 실험 결과는 미적으로 부족한 사람들이 신포도 전략을 사용할 거라는 우리의 예상에 반하는 것이었다. 하지만 자신이

---

[*] 일단 이 실험에서는 동성애자들을 포함시키지 않았다. 하지만 동성애자들을 포함시켜 추가로 실험을 행하는 것도 꽤 흥미로운 시도가 될 거라는 생각이다.

방법 1
미에 대한 인식을 바꾼다.
(나는 대머리 남자가 좋아.)

방법 2
**외모 이외의 다른 특성을
더 중요하게 받아들인다.**
(나는 대머리 남자는 싫지만, 그래도
다른 특성들이 더 중요하다고 생각해.)

방법 3
한계를 받아들이지 않는다.
(나는 절대로 대머리 남자를 좋아하지
않을 거야. 사람들은 몰라주지만,
나는 데이트 시장에서 상당한 매력을
지니고 있어.)

가능한 해법

자기 외모의 한계에 대처하는 방법
('HOT or NOT' 사이트를 이용한 첫 번째 실험의 결과)

지닌 외모의 한계를 대하는 방법은 여전히 두 가지가 더 남아 있다. 하나는 외모 이외의 다른 특성들을 더욱 중요하게 받아들이는 법을 배우는 것이고, 다른 하나는 아예 자기 외모의 한계를 받아들이지 않는 것이다.

그 다음에 우리는 미적으로 부족한 사람들이 자신의 부족한 외모에 따른 한계를 인식하지 못하는지의 여부를 확인하는 실험을 진행했다. 어쩌면 이러한 현상은 온라인에서만 나타나는 것일지도 모른다. 이를 위해 우리는 'HOT or NOT' 사이트에 있는 '미트 미^{Meet Me'}

7장 연애와 외모의 상관관계

라는 기발한 기능을 활용하기로 했다.

만약 당신이 'HOT or NOT' 사이트에 접속한 남성인데, 어떤 여성의 사진을 보고 그녀와 직접 만나고 싶다는 생각이 들면 사진 위에 있는 '미트 미' 버튼을 누르면 된다. 그러면 사진 속의 여성에게 당신이 만나고 싶어한다는 메시지와 함께 당신에 관한 간단한 정보가 전송된다.

그런데 당신이 '미트 미' 버튼을 누를 때에는 일방적으로 사진 속 상대 여성의 외모만을 보고 판단하는 게 아니라, 그 여성이 당신의 만나자는 제안에 대해 어떻게 반응할지를 함께 고려해야 한다. 비록 상대 여성으로부터 거절을 당하더라도 얼굴을 보지 않은 채 온라인 상에서 거절을 당하는 것이므로 당혹감이 크지 않을 수도 있다. 그러나 데이트 신청을 거부당하는 것은 여전히 쓰라린 경험이 될 것이다.

'미트 미' 기능의 본질에 대해 더욱 깊이 이해하고자 한다면 자신이 그 상황에 처했다고 생각해본다. 당신이 유머감각은 풍부하지만, 뚱뚱하고 머리가 벗겨지고 가슴과 배에 털이 많은 그런 남자라고 상상해보라. 앞의 실험에서 확인했듯이 당신의 외모는 다른 사람들의 매력을 평가하는 데 별다른 영향을 끼치지 않는다. 하지만 데이트 상대를 결정할 때는 어떨까?

조금 전에 상상한 대로 당신이 미적으로 부족한 사람인데도 매우 매력적인 여성들에게만 데이트 신청을 하고 있다면, 그것은 당신이 자신의 부족한 외모가 만들어내는 한계를 모르고 있다는 것을 의미한다. 혹은 적어도 데이트 신청을 할 때 그러한 한계에 의해 영향을 받지 않는다는 것을 의미한다. 반면에 미적으로 부족한 남성인 당신

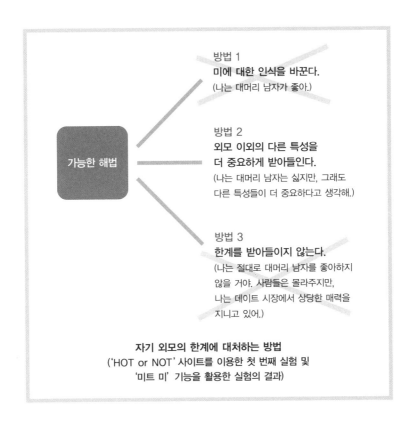

방법 1
미에 대한 인식을 바꾼다.
(나는 대머리 남자가 좋아.)

방법 2
**외모 이외의 다른 특성을
더 중요하게 받아들인다.**
(나는 대머리 남자는 싫지만, 그래도
다른 특성들이 더 중요하다고 생각해.)

방법 3
한계를 받아들이지 않는다.
(나는 절대로 대머리 남자를 좋아하지
않을 거야. 사람들은 몰라주지만,
나는 데이트 시장에서 상당한 매력을
지니고 있어.)

가능한 해법

**자기 외모의 한계에 대처하는 방법
('HOT or NOT' 사이트를 이용한 첫 번째 실험 및
'미트 미' 기능을 활용한 실험의 결과)**

이 비슷한 수준의 외모를 지닌 여성들에게만 데이트 신청을 하고 있다면—할리 베리나 올랜도 블룸과 같이 생긴 사람들이 10점이라고 생각하면서도—그것은 데이트 상대의 선택이 자신의 외모에 의해 영향을 받는다는 것을 의미한다.

'HOT or NOT' 사이트로부터 제공받은 데이터를 분석한 결과, 외모가 부족한 사람들은 자신의 외모 수준을 매우 정확하게 인식하고 있는 것으로 나타났다. 그리고 이러한 인식이 다른 사람들의 외모를 평가하는 일에는 거의 영향을 미치지 않았지만(앞의 실험에서 나타났듯

이), 자신의 데이트 상대를 선택하는 일에는 상당한 영향을 미치는 것으로 나타났다.

스피드 시대의 데이트 하는 법

'HOT or NOT' 사이트로부터 제공받은 데이터를 분석한 결과, 외모의 한계에 대처하는 방법에 관한 우리의 가설 가운데 두 가지 방법은 근거가 없다는 결론을 내릴 수 있었다. 결국 한 가지 방법이 남게 되었다. 사실 주변을 둘러봐도 중년의 내 친구들 대부분은 자기 배우자나 애인의 외모보다는 다른 특성들을 더욱 중시하고 사랑하는 것으로 자신의 외모가 만들어내는 현실에 적응하고 있었다.

하지만 우리가 가설로 제시한 세 가지 방법 가운데 두 가지가 근거 없는 것으로 드러났다고 나머지 한 가지 방법이 당연히 옳은 것이라고 주장할 수는 없는 일이다. 사람들이 외모 이외의 다른 특성들을 더욱 중요하게 받아들임으로써 자신이 지닌 외모의 한계에 적응한다는 주장을 뒷받침할 수 있는 증거가 필요하다. 이를테면 사람들이 "자기야, 당신은 매우 똑똑해서/재미있어서/친절해서/배려심이 많아서/내 부모님과 잘 지내주어서 사랑해."라고 말하는 현상을 실증적으로 설명할 수 있어야 한다.

안타깝게도 'HOT or NOT' 사이트로부터 제공받은 데이터로는 이에 대한 실증적인 증거를 제시할 수 없었다. 'HOT or NOT' 사이트 이용자들은 오직 다른 사람들의 사진만을 보고 평가를 내리도록 되어 있었기 때문이다. 이에 우리는 다수의 남녀가 한 장소에서 빠르게 파트너를 바꿔가면서 만나는 스피드 데이트의 세계로 눈을 돌리게 되었다.

스피드 데이트는 지금 데이트 시장에서 매우 인기 있는 데이트 방식으로, 꼭 이성을 만나기 위한 목적이 아니더라도 사회과학 분야에 관심 있는 사람이라면 스피드 데이트를 한번 경험해보기를 바란다. 당신은 아직 실감하지 못하겠지만, 지금 스피드 데이트는 사회 곳곳의 다양한 계층에서 유행하고 있다. 오성급 호텔의 화려한 바에서부터 동네 초등학교의 빈 교실에 이르기까지, 평일 퇴근 후의 술자리에서부터 주말의 브런치 모임에 이르기까지 다양한 장소와 시간과 사람들 사이에서 스피드 데이트가 이루어지고 있는 것이다.

스피드 데이트를 보고 평생의 사랑을 찾는 일을 마치 터키의 그랜드 바자르Grand Bazaar(이스탄불에 위치한 아치형 돔 지붕이 있는 대형 시장—옮긴이)서 물건을 고르듯이 한다는 느낌을 받을 수도 있지만, 스피드 데이트야말로 성의 없는 소개자(친구나 중매인 등)를 통해 이루어지는 만남보다 더 안전하고 덜 부끄러운 데이트 방식일지도 모른다. 스피드 데이트가 진행되는 과정을 지켜보면 마치 공장에서 어셈블리 라인이 돌아가는 것 같기도 하다. 스피드 데이트의 일반적인 진행과정을 소개하면 다음과 같다.

우선 20세에서 50세 사이의 사람들이(동성애자들을 위한 스피드 데이트가 아니라면 남녀 성비는 반반이 된다) 2인용 탁자가 준비되어 있는 장소에 모인다. 각 참가자들은 데이트 주선단체로부터 개인 번호표와 참가자들의 번호가 적힌 기록지를 받는다. 여성들은 자신의 테이블에 머물고, 남성들은 4분에서 8분마다 울리는 종소리에 맞춰 한 테이블에서 옆 테이블로 계속해서 옮겨 다니며 대화를 나눈다. 테이블에 머무는 동안 참가자들은 어떤 대화라도 나눌 수 있다.

쉽게 예상할 수 있겠지만, 처음에는 참가자들이 쑥스러워하기 때문에 별다른 대화를 나누지 못하고, 데이트 주선단체에서 준비해준 표준적인 질문들로 대화를 이끌어나간다. 하지만 시간이 흐를수록 참가자들은 상대 이성으로부터 최대한 많은 정보를 얻어내기 위해 다양한 대화를 시도한다. 대화를 나누다 종이 울리면 남성들은 바로 옆 테이블로 자리를 옮긴다. 이런 식으로 스피드 데이트에 참가한 이성들을 모두 만나본 다음에 각자 마음에 드는 파트너를 선택하는 것이다.

만약 밥이라는 남성이 니나라는 여성이 마음에 든다면 밥은 처음에 받았던 기록지에 적혀 있는 니나의 번호에 'yes'라고 기록하고, 니나 역시 밥이 마음에 든다면 기록지에 있는 번호 가운데 밥에 해당되는 번호에 'yes'라고 기록하면 된다. 대화시간이 다 끝나면 데이트 주선자들은 참가자들로부터 기록지를 수거해 서로 마음이 맞은 사람들이 있는지를 확인한다.

만약 밥이라는 참가자가 로니와 니나라는 두 명의 여성들 번호에 'yes'를 기록했는데, 밥의 번호에 로니는 'no'를 기록하고 니나는 'yes'를 기록했다고 가정해보자. 데이트 주선자들은 니나와 밥에게 서로에게 관심을 표했다는 사실을 알려준다. 두 사람은 그 자리에서 더 많은 대화를 나누고 추가적인 만남을 약속할 수 있다.

그런데 우리는 연구를 위해 스피드 데이트에 약간의 변화를 주었다. 우선 스피드 데이트 시작 전에 참가자들에게 외모, 지성, 유머감각, 친절함, 자신감, 외향적 성격 등 자신들이 이성에게 기대하는 특성을 각자가 생각하는 중요도에 따라 분류해줄 것을 요청했다. 그리고 상대 이성과 짧은 대화를 마친 다음에는 곧바로 자리를 옮기지 말고 앞에서 나열한 특성별(외모, 지성, 유머감각, 친절함, 자신감, 외향적 성격)로 점수를 매겨달라고 했다. 그런 다음 참가자들에게 방금 만난 사람을 다시 만나고 싶은지를 물어보았다.

이와 같은 방법으로 우리는 스피드 데이트를 통해 세 가지 유형의 데이터를 얻을 수 있었다. 우선 사전조사를 통해서는 스피드 데이트 참가자들이 잠재적인 연인에게 어떤 특성을 기대하는지를 알 수 있었다. 그리고 스피드 데이트 도중의 짧은 대화 후에 진행한 조사를 통해서는 참가자들이 자신이 만난 이성에 대해 각각의 특성별로 어떤 평가를 내렸는지와 그들이 상대 이성을 다시 만나고 싶어하는지를 알 수 있었다.

이번 실험을 통해 얻은 데이터로부터 우리는 무엇을 알게 되었을까? 외모가 부족한 사람들도 외모가 뛰어난 사람들과 똑같이 자신의 잠재적인 연인에 대해 뛰어난 외모를 기대할까, 아니면 자신의 외모가 유발하는 현실적 한계에 적응해 외모 이외의 다른 특성들을 기대할까?

이 질문에 대한 답을 찾기 위해 먼저 우리는 실험참여자들이 잠재적인 연인에 대해 기대하는 중요한 특성을 기반으로 데이터를 분석해보았다. 그 결과, 외모가 뛰어난 사람일수록 자신의 잠재적인 연인에 대해 뛰어난 외모를 기대하는 반면에, 외모가 부족한 사람일수록 자신의 잠재적인 연인에 대해 외모 이외의 특성들(지성, 유머감각, 친절함 같은 것들)을 기대하는 것으로 나타났다. 이는 외모가 부족한 사람들은 자신의 배우자나 연인에 대해 외모 이외의 다른 특성들을 중요하게 여기는 방식으로 현실 적응을 한다는 가설의 한 증거가 될 수 있다.

다음으로 우리는 실험참여자들이 각각의 파트너들을 어떻게 평가했고 나중에 다시 만날 의사가 있는지를 확인했다. 그 결과, 외모가 부족한 사람들은 자신이 지성이나 유머감각 같은 외모 이외의 특성에 대해 높은 평가를 내린 파트너와 다시 만날 의사가 있다고 응답했고, 외모가 뛰어난 사람들은 자신이 외모에 대해 높은 평가를 내린 파트너와 다시 만날 의사가 있다고 응답했다. 이 역시 외모가 부족한 사람들은 자신의 배우자나 연인에 대해 외모 이외의 다른 특성들을 중요하게 여기는 방식으로 현실 적응을 한다는 가설에 대한 증거가 될 수 있다.

'HOT or NOT' 사이트를 이용한 실험, '미트 미' 기능을 활용한 실험, 스피드 데이트를 활용한 실험에서 얻은 결과를 토대로 종합적으로 판단한다면 어떤 결론을 얻을 수 있을까?

우리의 외모 수준에 따라 다른 사람들의 외모에 대한 판단기준이 바뀌지는 않지만, 잠재적인 연인이나 배우자에게 기대하는 특성의 우선순위는 상당한 영향을 받는다고 할 수 있다. 다시 말해 덜 매력적인 외모를 가지고 있는 사람들은 연인이나 배우자를 선택할 때 외모 이외의 다른 특성들을 더욱 중시하는 방식으로 자신의 상황에 적응한다는 것이다.

방법 1
미에 대한 인식을 바꾼다.
(나는 대머리 남자가 좋아.)

방법 2
**외모 이외의 다른 특성을
더 중요하게 받아들인다.**
(나는 대머리 남자는 싫지만, 그래도
다른 특성들이 더 중요하다고 생각해.)

가능한 해법

방법 3
한계를 받아들이지 않는다.
(나는 절대로 대머리 남자를 좋아하지
않을 거야. 사람들은 몰라주지만,
나는 데이트 시장에서 상당한 매력을
지니고 있어.)

자기 외모의 한계에 대처하는 방법
('HOT or NOT' 사이트를 이용한 첫 번째 실험,
'미트 미' 기능을 활용한 실험, 스피드 데이트를 활용한 실험 등의 결과)

물론 외모가 부족한 사람들이 외모 이외의 다른 특성들을 더욱 중시한다는 실험 결과에 대해 외모가 부족할수록 사람의 '내면'을 더욱 중시하게 된다는 해석도 가능하다. 하지만 이에 대한 논쟁은 회피하고 싶다. 개구리왕자가 못생긴 개구리에서 멋진 왕자로 둔갑하게 된다면 분명 그 멋진 왕자는 예쁜 여성과 데이트하고 싶어할 것이고, 예쁜 공주들 역시 멋진 왕자와 데이트하고 싶어할 것이기 때문이다.

외모의 중요성에 대한 각자의 가치판단이 무엇이 되었든, 인간은

7장 연애와 외모의 상관관계

연인이나 배우자에게 기대하는 특성의 우선순위를 바꾸는 방식으로 자신에게 주어진 상황에 적응한다. 외모를 포함해서 자기가 가진 것들에 적응하는 일은 매우 중요하며, 이는 행복한 삶에서 핵심이 되는 과제다.

● ● ●
이성을 바라보는 남자와 여자의 차이

남녀 간의 데이트에 대해 말할 때 남자와 여자의 차이를 빼놓을 수 없다. 우리는 이번 실험 및 조사를 통해 얻은 데이터를 분석할 때 남녀를 따로 구분하지 않았다. 하지만 이성에게 접근할 때 남녀 간의 차이가 분명히 존재한다는 게 사람들의 일반적인 생각이다. 정말로 그럴까?

분석 결과에 따르면 사실인 것으로 드러났다. 'HOT or NOT' 사이트로부터 제공받은 데이터를 분석한 결과, 이성에게 접근하는 남녀 간의 차이에 대한 사람들의 생각은 상당 부분 옳다는 게 우리가 얻은 결론이었다.

예를 들어 남자들은 여자들보다 데이트 상대를 고를 때 덜 까다롭다는 생각에 대해 살펴보자. 데이터 분석 결과, 이는 단순한 편견이 아닌 것으로 드러났다. 'HOT or NOT' 사이트 이용자들 가운데 상당수의 여자들이 '미트 미' 기능을 이용해 이성에게 데이트 신청을 하는 빈도를 100이라고 할 때, 동일한 수의 남자들은 그 빈도가 240에 달하는 것으로 나타났다.

남자들이 여자들보다 이성의 외모를 더 따진다는 생각도 마찬가지였다. 우선 남자들은 여자들보다 자신의 외모 수준을 덜 의식한 채로 사이트 활동을 했다. 무엇보다 남자들은 자신의 외모에 상관없이 자신의 희망에 따라 이성에게 접근했다. 남자들은 여자들의 외모를 매우 중요하게 생각하는 경향을 보였고, 자신보다 외모 평점이 월등하게 더 높은 이성에게 데이트 신청을 하는 빈도도 남자 쪽이 더 높았다.

이처럼 남자들은 동시에 여러 여자들에게 데이트 신청을 하고 자신보다 외모가 더 뛰어난 여자들을 원했다(이러한 경향을 부정적으로 보는 사람들도 있다). 이와 같은 결과를 완곡하게 표현하면 "이성교제에서 남자들이 더 개방적이다."라고 할 수 있다.

얼굴 너머의 얼굴 찾기 ⫤

우리 모두에게는 매우 훌륭한 장점이 있는가 하면, 스스로 이런 건 좀 없었으면 좋겠다고 생각하는 몇 가지 단점도 있다. 그리고 우리들 대부분은 어렸을 때부터 그러한 장단점과 함께 살아가는 법을 배우면서 자신을 둘러싼 환경과 사회체계 안에서 만족을 찾는다. 그런데 나처럼 일부 예외적인 경우도 있다. 나 역시 어렸을 때부터 스스로에 대한 자아상을 형성하며 성장했는데, 사고를 당하면서 갑작스레 전혀 새로운 환경과 맞닥뜨렸다. 외모가 망가지고 신체능력도 떨어진 나는 앞으로 누군가와 연애를 하는 일이 매우 어려워질 거라 생각하게 되었고, 그로 인해 데이트 시장을 멀리서 차가운 시선으로 바라보게 되었다.

화상을 입은 뒤에도 몇 년 동안 나는 연애나 결혼에 대한 암울한 생각 속에서 괴로워했다. 온몸의 흉터 때문에 이성으로서 매력이 크

7장 연애와 외모의 상관관계

게 추락한 현실을 온전하게 받아들이지 못했던 것이다. 하지만 시간이 흐르면서 나는 데이트 시장 역시 많은 부분에서 일반적인 상품시장과 매우 유사하게 작동하고 있으며, 그 시장에서 내 가치가 하룻밤 사이에 폭락했다는 인식을 점차 분명하게 갖게 되었다. 그런 상황을 좀 더 현실적으로 이해하기 위해 나는 스스로에게 이런 질문을 던져보았다.

"만약 내 몸이 멀쩡한 상태이고 화상 흉터가 있는 어떤 여성이 데이트를 신청한다면 나는 어떤 반응을 보일까? 그녀의 데이트 신청을 기쁜 마음으로 받아들일 수 있을까?"

이런 질문에 대한 나의 대답은 매우 실망스러운 것이었다. 나 자신마저 이런 답을 내놓는 현실에서 여성들에게 무엇을 기대할 수 있을까 하는 생각이 들었다.

오랜 고민 끝에 나는 현실에 적응해야 한다는 결론을 내렸고, 이로 인해 크게 의기소침해질 수밖에 없었다. 화상을 입기 전에는 나와 기꺼이 데이트해주던 여자들이 더 이상 나를 잠재적인 연애 상대로 보지 않게 되었다는 점도 매우 실망스러운 일이었다. 당시 나는 현실에 적응하는 것을 몹시 두려워했다. 그것이 행복의 비결처럼 보이지는 않았기 때문이다.

이러한 문제들은 내가 채플힐에 있는 노스캐롤라이나 대학의 대학원을 다니던 중에 모두 해결되었다. 대학원 심리학부 학장님의 주선으로 참석하게 된 한 세미나에서 한 여인을 만나게 된 것이다. 사실 그 세미나와 관련해서 기억나는 것은 딱 두 가지뿐이었다. 세미나 발표 때 사용할 로고를 만들었던 일, 그리고 내가 본 여자 중 가장 매력적인 여자가 내 자리 맞은편에 앉아 있었던 일이다. 그 여자가 바로 나의 아내 수미다.

동류짝짓기라는 현상을 생각하면 그녀는 나와 절대로 이루어질 수 없는 사람이었다. 하지만 우리는 많은 시간을 함께 보냈고, 이내 친구가 되었다. 그녀는 내 유머감각을 좋아해주었고, 놀랍게도 어느 순간부터 나를 잠재적인 연애 상대로 봐주기 시작했다. 수미와의 결혼생활은 15년째 계속되고 있고 그동안 아이도 둘을 낳았다. 'HOT or NOT' 사이트를 이용한 실험 결과를 생각해보면 여자들이 남자들보다 이성의 외모에 관심을 덜 갖는다는 사실이 나로서는 얼마나 다행한 일인지 모르겠다.

갑자기 스티븐 스틸스 Stephen Stills가 불렀던 〈지금 곁에 있는 사람을 사랑하세요 Love the One You're With〉라는 노래가 떠오른다. 지금 곁에 있는 사람을 사랑하라는 말이 낭만적인 로맨스와는 거리가 먼 것처럼 들릴 수도 있다. 그러나 우리는 함께하는 사람의 매력을 발견하고 그 사람을 사랑하는 능력을 가지고 있기에 이 노래 제목은 상당한 진실을 담고 있다.

우리는 연인이나 배우자의 화상, 뚱뚱한 몸매, 뻐드렁니, 북슬북슬한 체모에 단순히 익숙해지는 게 아니라, 연인이나 배우자를 바라보는 관점을 바꾸어 외모 이면에 숨겨진 매력을 찾아내고 이내 사랑에 빠지게 된다. 우리 인간이 지닌 엄청난 적응력의 괴력이 발휘되는 것이다.

시장이 실패할 때

:

채팅으로 만난 사이는
왜 오래 못 갈까?

과거 오랜 세월 동안 중매쟁이들은 전통적인 사회에서 매우 중요한 임무를 수행했다. 미혼남녀들(그리고 그들의 부모들이) 적절한 짝을 찾을 때 흔히 '매파'라고 불렸던 중매쟁이들이 큰 역할을 했던 것이다.

매파들은 짝을 찾아달라고 부탁하는 젊은이들과 그 가족들에 관해 가능하다면 모든 것을 알아내려 했다. 미혼남녀에 대한 정보가 풍부해야 각자에게 적합한 짝을 찾아줄 수 있었기 때문이다. 이러한 연유로 흔히 매파라고 하면 수다스럽거나 오지랖이 넓은 여자를 떠올리기 쉽다. 매파들은 자신이 알아낸 정보를 토대로 상대가 서로 잘 맞을 것 같다는 판단이 들면 해당 남녀와 양가 부모들을 서로에게 소개시켜주었다. 무엇보다 과감한 추진력과 순발력이 필요한 매파들은 결혼을 성사시키면 그 대가로 일정한 보수를 받았다.

이제 시간을 빠르게 돌려 1990년대 중반으로 가보자. 매파는 이미 사라지고 없으며 아직 온라인 데이트가 등장하기 전인 이 시기에 이르러 대부분의 구미사회에서는 중매결혼이 사라졌다. 자유롭고 낭만적인 연애를 추구하는 미혼남녀들은 자신들의 짝을 찾는 일도 스스로 해결해야 했다.

여기서 내 친구의 이야기를 잠깐 해보겠다. 실명을 밝힐 수 없어 그냥 '세스'라고 부르겠다. 세스는 똑똑하고, 유머감각도 풍부하고 꽤 잘생겼다. 또한 그는 대학교수로 이제 막 임용된 상태였다. 때문에 처음 몇 년 동안은 종신재직권, 즉 테뉴어^{Tenure}를 받기 위해 다른 교수들보다 더 열심히 연구 활동을 해야만 했다. 그는 아홉 시 이전에 퇴근하는 날이 거의 없었고, 주말에도 교수실에 틀어박혀 연구 활동에 몰두했다(바로 내 옆방이 그의 연구실이었기 때문에 누구보다 잘 알고 있다). 그런 세스에게 모친이 매주 전화를 걸어 이렇게 재촉하시곤 했다.

"얘야, 넌 일에 흠뻑 빠져 사는구나. 그렇게 일만 하면 언제 괜찮은 아가씨를 만나겠니? 나도 이제 늙었는데, 손자 손녀를 안아보고 싶구나."

세스는 매우 똑똑한데다 능력이 뛰어나, 직업적 목표를 이루는 것은 시간 문제일 뿐이었다. 하지만 여자친구를 만들고 결혼을 하는 것은 아직 요원한 일이었다. 전형적인 학자 타입인 그가 어느 날 갑자기 클럽에 가서 젊은 여성과 교류할 리 없었다. 더욱이 그는 다른 사람들과 시시콜콜한 이야기를 하는 것을 별로 좋아하지 않았다. 친하게 지내는 동료들 역시 그다지 사회성이 좋은 편이 아닌데다 파티에 참석할 기회도 많지 않았다.

물론 세스의 주변에는 괜찮은 여자 대학원생들이 많이 있기는 했다. 그리고 내가 지켜본 바에 따르면 그녀들 가운데 몇 명은 세스에게 이성으로서 호감을 보이기도 했다. 하지만 그가 실제로 여자 대학원생들과 데이트를 했다면 대학 측에서 불편해했을 것이다. 직장에서의 연애를 꺼리는 것은 대학교도 마찬가지다.

세스는 미혼남녀들의 모임이나 동호회 활동에도 참여해보려 했다. 그 일환으로 그는 볼룸댄스 동호회와 하이킹 동호회에 가입했고, 심지어 종교 모임에 나가보기도 했다. 하지만 그는 어떤 것에도 흥미를 갖지 못했다. 모임의 근본적인 취지보다 애인 만들기에 골몰하고 있는 회원들의 모습이 그리 좋아 보이지 않았던 것이다. 그는 나에게 이렇게 말했다.

"하이킹 클럽은 정말 이상해. 누구도 하이킹에는 관심이 없어. 거기 사람들은 모두 하이킹을 좋아하는 애인을 찾기 위해 그 모임에 나오는 거야. 하이킹을 좋아하는 사람이라면 여러모로 건전한 사람일 거라고 생각하면서 말이야."

당시에는 그런 말을 하는 세스가 매우 안쓰러웠다. 멋진 여성을 애인으로 만들 수 있을 만큼 유능하고 잘생기고 젊은 교수이면서도 그는 모친의 소원을 들어줄 만한 효율적인 방법을 찾지 못하고 있었다 (그렇다고 그가 지금도 외로운 총각은 아니다. 그로부터 몇 년 후에 그는 짝을 찾았다).

세스의 사례를 통해 내가 말하고자 하는 바는 이것이다. 그는 매우 훌륭한 애인감 혹은 남편감이었지만, 매파와 같은 효율적인 중개자가 없어 시장 실패의 희생자로 전락했다. 사실 나는 구미사회에서 데이트 시장이야말로 시장 실패의 가장 극명한 사례라고 생각한다. 여러 가지 정황을 봤을 때 이는 단순한 수사나 과장이 아니다.

공부하랴 일하랴 연애는 뒷전 ⊱

세스처럼 자신의 짝을 찾기 위해 진통을 겪는 것은 온라인 데이트 사이트가 등장하기 전의 일이었다. 오늘날 온라인 데이트 사이트는 미혼남녀들에게 매우 훌륭한 시장으로 기능하고 있다.

21세기 매파인 온라인 데이트 사이트에 대해 알아보기에 앞서, 일반적인 의미의 시장이 어떻게 기능하는지를 생각해보자. 본질적으로 시장은 사람들이 저마다의 목표를 좀 더 짧은 시간에 이룰 수 있도록 도와주는 일종의 조정기구다. 오늘날 시장은 계속해서 집중화되고 조직화되는 방향으로 발전해오고 있다. 대형할인점을 떠올려보라. 대형할인점 덕분에 우리는 빵집, 정육점, 채소가게, 애완동물 상점, 약국 같은 곳들을 일일이 찾아다니지 않아도 된다. 일주일 동안 온 가족이 먹고 사용할 거의 모든 물품들을 한 장소에서 효율적으로 구입할 수 있는 것이다.

넓은 의미에서 본다면, 시장은 우리 각자의 삶을 구성하는 필수적인 중요한 요소다. 우리 삶의 가장 사적인 선택마저도 결국은 시장원리에 의해 움직이는 경우가 많다. 식량시장, 주택시장, 직업시장, 기타 잡다한 물건의 시장(온라인 경매 사이트 같은)만 있는 것이 아니라 금융시장도 있다. 여유자금을 갖고 있는 사람, 투자자금이 필요한 사람, 투자정보를 얻고자 하는 사람 등은 은행이라는 금융시장에 모여 거래를 한다.

그런가 하면 부동산 중개인들은 매도 희망자와 매입 희망자의 욕구를 파악하고 부동산 물건 정보를 수집해 적절한 거래 희망자들을 짝지어준다는 점에서 과거의 매파들과 유사한 특성이 있다. 중고자동차의 시장가격을 제시하는 켈리블루북Kelley Blue Book은 시장 조정자로서 기능한다고 할 수 있다. 중고자동차를 사고자 하는 사람들과 팔고자 하는 사람들 사이에 협상의 토대를 마련해주기 때문이다. 이렇듯 시장은 매우 중요한 기능을 하며, 시장을 빼놓고서는 어떤 경제활동에 대해서도 말할 수 없다.

물론 시장도 실패할 수 있으며, 우리는 그런 상황을 계속해서 목격해오고 있다. 특히 엔론에 의한 에너지 시장의 실패, 2008년 서브프라임 모기지 사태로 인한 금융시장의 실패 등은 매우 충격적으로 다가온다. 하지만 큰 흐름을 보면 시장은 사람들 사이에서 조정기능을 수행함으로써 시장참여자들에게 큰 이득을 전해준다. 만약 효용은 높이면서 결점은 없애는 형태로 시장을 설계할 수 있다면, 우리에게 전해지는 이득은 더욱 높아질 것이다.

그런데 미혼남녀를 위한 데이트 시장은 집중화나 조직화와 반대되는 방향으로 나아가고 있다. 결혼 중매인이나 매파가 사라지면서 미혼남녀 스스로가 저마다의 짝을 찾아야 하는 상황이 된 것이다. 조직화된 시장의 존재 없이 스스로 자신에게 맞는 짝을 찾는 일은 매우 어려운 일이다.

결혼을 원하는 미혼남녀 1,000명이 살고 있는 마을을 상상해보자

(텔레비전 리얼리티 쇼 같은 느낌도 든다). 만약 이 마을에 결혼 중매인이 살고 있지 않다면 미혼남녀들은 자신에게 적합한 짝을 어떻게 찾아야 할까? 서로 좋아하는 것도 중요하지만 오래도록 결혼생활을 유지할 수 있는 짝을 만나려면 어떻게 해야 할까? 1,000명의 미혼남녀들 모두가 마을에 사는 잠재적인 배우자들을 만나서 몇 번씩 데이트를 한다면 자신에게 맞는 짝을 찾는 데 도움이 되겠지만, 이는 너무 많은 시간이 소요될 것이다.

이제 오늘날의 미국 사회로 시선을 돌려보자. 젊은이들은 대학 진학이나 취업 등의 문제로 역사상 그 어느 시대를 살았던 젊은이들보다 거주지를 자주 옮기고 있다. 고등학교 시절에 깊은 우정이나 사랑을 맺었던 관계들이 대학교에 진학하면서 갑자기 단절되어버리는 것이다. 대학교에 진학한 후에 새로운 우정과 사랑을 쌓아가지만, 이 관계 역시 취업을 하거나 다른 대학교의 대학원에 진학하면서 단절되어버린다. 더욱이 인터넷을 통한 채용이 일반화되면서 젊은이들은 아주 먼 곳에 있는 기업들에도 입사지원을 할 수 있게 되었다. 이로 인해 친구들이나 가족들과 이별하는 젊은이들이 더욱 늘어나고 있는 추세다.

취업을 해서 학창시절의 친구들이나 가족들과 떨어져 새로운 도시에 정착한 후에는 자유시간이 극히 제한된다. 아직 경험이나 업무 능력이 부족한 젊은이가 오늘날과 같이 경쟁이 치열한 직장에서 인정받고 정착하기 위해서는 남들보다 열심히 일해야 하기 때문이다. 게다가 요즘에는 직장인들 사이에서 이직이 일상화되는 바람에 기존 직장의 인간관계 역시 학창시절의 인간관계들처럼 단절되기가 일쑤다.

이처럼 상급학교 진학, 취업, 이직 등으로 거주지를 자주 옮기게 되면, 연애감정이 있던 상대와의 이별은 물론 새로운 연인을 소개해줄 수 있는 지인들과의 관계도 중단되면서 자신에게 맞는 짝을 만나기가 더욱 어려워지게 된다. 이러한 현상을 고려할 때 젊은이들을 위한 직업시장의 효율성 제고는 일정 부분 데이트 시장의 효율성 저하의 대가로 얻어지고 있다고 하겠다.

온라인 데이트의 등장

나는 세스를 비롯한 여러 훌륭한 친구들이 자신의 짝을 찾는 데 어려움을 겪는 것을 지켜보며 안타까운 마음이 들었다. 그러다가 여러 온라인 데이트 사이트(Match.com, eHarmony, JDate.com 등)들이 등장하는 것을 보고 무척 기뻐했다. 나는 이렇게 말했다.

"데이트 시장의 문제를 해결할 수 있는 정말 멋진 해결책이다."

온라인 데이트 사이트들이 어떻게 운영되는지 호기심을 갖게 된 나는 직접 사이트들에 접속해서 살펴보기로 했다. 이런 사이트들은 어떤 식으로 운영되는 걸까?

미셸이라는 미혼여성이 온라인 데이트 사이트에 가입해 활동한다고 가정해보자. 우선 미셸은 자신의 신상, 취향, 선호 등과 관련해서 사이트에서 제시하는 질문들에 대한 답을 작성한다. 사이트마다 질문의 형식에는 조금씩 차이가 있지만, 대체로 이러한 질문들은 미셸과 관련된 인구통계학적 정보(나이, 거주지, 소득 등)와 그녀의 가치관, 사고방식, 생활양식 등을 알아내기 위한 목적에서 제시된다. 또한 각 사이트에서는 미셸의 취향이나 이상형에 대해서도 물어본다. "어떤 종류의 인간관계를 찾고 있습니까?", "장래의 연인에게 바라는 것이 있다면 무엇입니까?" 이런 질문들이 제시된다.

사이트에 접속한 미셸은 자신의 나이와 체중을 밝힌다.[*] 그리고 자신은 느긋한 성격이고, 재미있고, 채식주의자이고, 진지한 만남을 원한다는 등의 응답을 한다. 또한 미셸은 상대 남성은 키가 크고, 교육수준과 소득수준이 높고, 자신과 같은 채식주의자이길 바란다는 응답도 한다. 그녀는 자기 소개글을 짧게 남기고, 마지막으로 다른 이용자들이 볼 수 있도록 사진도 올린다.

자신에 대한 정보를 제공했으면 그 다음에는 괜찮아 보이는 짝이 있는지 찾아볼 차례다. 미셸은 사이트가 제공하는 간단한 검색기능을 통해 몇 명의 남자들을 선별한 뒤, 그들에 대해 좀 더 자세히 알아보기 시작한다. 그 남자들에 관한 자세한 프로필을 읽어보고, 사진을 확인하고, 최종적으로 관심이 가는 남자에게는 이메일도 보낸다. 만약 남자 측에서도 미셸에게 관심이 있다면 둘은 몇 통의 이메일을 주고받게 될 것이다. 그리고 관심이 더욱 깊어지면 오프라인 데이트로 이어질 수도 있다.

---

[*] 아마도 미셸은 자신의 체중을 실제보다 조금 적게 적을 것이고, 어쩌면 나이를 줄일지도 모른다. 온라인 데이트 사이트에 자신의 정보를 올릴 때 사람들은 종종 자신과 관련된 숫자를 조금씩 바꾼다. 이처럼 가상의 세계에서 남자들은 실제보다 조금 더 키가 크고 조금 더 돈이 많은 사람이 되고, 여자들은 실제보다 조금 더 날씬하고 조금 더 어린 사람이 된다.

여기서 한 가지 짚고 넘어갈 점은 '온라인 데이트'라는 말이 흔히 쓰이기는 하지만 사실 정확한 표현은 아니다. 물론 처음에는 온라인을 통해 잠재적인 연인을 검색하고 이메일로 연락을 주고받지만 실제 데이트는 오프라인, 즉 현실세계에서 이루어지기 때문이다.

온라인 데이트 사이트들이 실제로 어떤 식으로 운영되는지를 알고 난 뒤 효율적인 데이트 시장의 출현에 대한 내 기대는 실망감으로 바뀌었다. 미혼남녀들의 오프라인 데이트 시장은 정보가 충분히 공개되지 않고 효율적이지 못하다는 점에서 문제였는데, 이러한 문제는 온라인 데이트 시장이라고 해서 딱히 더 나아진 것도 없었다.

온라인 데이트 사이트들에서 제시하는 질문들을 통해 한 사람의 실체를 정확하게 파악할 수 있을까? 사람은 스스로를 설명하는 단편적인 부분들의 합 그 이상의 존재다(일부의 예외도 있기는 하다). 키, 체중, 종교, 소득 등으로는 우리를 충분히 설명할 수 없다. 오프라인에서 우리는 말투, 유머감각, 체취, 눈빛, 손 모양, 웃음소리, 이마의 주름 등에 의해서도 평가를 받는다. 하지만 이러한 요소들은 데이터베이스에는 남길 수 없는 것들이다.

온라인 데이트 사이트들의 근본적인 문제는 이용자들을 검색이 가능한 상품으로 취급한다는 점이다. 화소수, 렌즈 배율, 메모리 크기 같은 몇 가지 특징들로 가치를 완전하게 규명하고 평가할 수 있는 디지털카메라처럼 말이다. 하지만 굳이 데이트 상대를 상품으로 취급하겠다면 적어도 '경험재' 정도로 취급해야 한다. 저녁식사의 매너, 향수, 예술감각 등은 단순히 웹사이트에 올려지는 정보만으로는 효과적으로 판단하기 어렵기 때문이다. 잠재적인 데이트 상대를 단순히 웹사이트에 올려진 정보를 통해 판단하겠다는 것은 미식축구의 참맛을 플레이북을 통해 느끼겠다는 것과 같고 쿠키의 참맛을 영양분석표를 통해 확인하겠다는 것과 같다.

그렇다면 왜 온라인 데이트 사이트들은 사람들에게 자기 자신과 이상형에 대해 정량적인 특성들로 설명할 것을 요구하는 걸까? 나는 '종교는 개신교, 개방적인 성격, 173센티미터의 키, 69킬로그램의 체중, 중간 체격, 전문직 종사자' 따위의 표현이 단지 컴퓨터를 활용한 검색에 적합하기 때문에 그런 요구를 하는 거라고 생각한다.

그런데 단지 컴퓨터를 활용한 검색의 편리성을 높이겠다는 온라인 데이트 사이트 측의 욕구가 사람들로 하여금 설명하기 복잡한 자신들의 이상형을 몇 가지 단순한 요소들로 규명하도록 만드는 것은 아닐까? 그렇게 함으로써 스스로 사이트 자체의 유용성을 떨어뜨리는 것은 아닐까?

이러한 의문에 대한 답을 찾기 위해 지나 프로스트[Jeana Frost](MIT 미디어랩에서 박사과정을 밟고 있던 그녀는 현재 한 사회기업의 대표로 일하고 있다), 조 챈스[Zoe Chance](하버드 대학에서 박사과정을 밟고 있다), 마이크 노턴, 그리고 나까지 네 사람은 온라인 데이트 사이트에 대한 첫 번째 연구를 실시하기로 했다.

우리는 우선 한 온라인 데이트 사이트에 'MIT에서 실시하는, 데이트에 관한 연구에 참여하실 분을 모집합니다'라는 배너광고를 올렸다. 그러자 금세 많은 사람들이 모여들었고, 그들은 우리에게 자신들의 데이트 경험에 관한 정보를 제공해주었다. 우리가 그들에게 제시했던 질문은 잠재적인 데이트 상대를 찾기 위한 정보검색(소득이나 키 같은 정량적인 특성들을 활용한 정보검색)이나 온라인 데이트 사이트에서 알게 된 사람들과 이메일을 주고받는 데 각각 어느 정도의 시간을 사용하고 있는지, 그리고 온라인 데이트 사이트에서 알게 된 사람들을 실제로 오프라인에서 만나는 데 사용한 시간은 얼마나 되는지 등이었다.

질문에 응답한 사람들은 잠재적인 데이트 상대를 찾기 위한 정보검색에 주당 5.2시간을 쓰고 있고, 잠재적인 데이트 상대들과 이메일을 주고받는 데는 주당 6.7시간을 쓰고 있다고 했다. 실제로 데이트할 상대를 찾고 확인하는 과정에만 주당 12시간을 쓰고 있는 셈이었다.

실제로 만나기 위한 준비과정에 이만큼의 시간을 쓰고 있다면 그 사람들이 실제 만남에 쓴 시간은 얼마나 될까? 이 질문에 대해 사람들은 주당 1.8시간을 쓴다고 답했다. 그마저도 대부분의 오프라인 데이트는 실망감만을 남긴 채 커피숍에서의 일회성 만남으로 끝나는 경우가 대부분이라는 게 그들의 대답이었다.

이제 시장 실패에 대해 얘기해보자. 1.8시간의 실제 데이트를 위한 12시간의 준비과정, 6 대 1이라는 수치가 온라인 데이트 시장의 효율성에 대해 잘 말해주고 있다. 친구와 1시간 동안 대화를 나누기 위해 자동차로 왕복 6시간 걸리는 바닷가를 찾는 경우와 다를 바 없다고 한다면, 이것이 얼마나 비효율적인 시장인지 쉽게 이해할 수 있을 것이다. 게다가 온라인 데이트 사이트를 통해 만나는 사람들은 잘 모르는 사람들인 데다가, 앞으로 좋아하게 될 사람인지도 확실하지가 않다.

이러한 비효율적인 수치가 미리 제시된다면 과연 사람들이 온라인 데이트 사이트에서 시간을 보내려고 할지 의문이다. 물론 어떤 사람들은 온라인 데이트 사이트에서 보내는 시간 그 자체가 백화점에서의 아이쇼핑처럼 재미있다고 할지도 모른다. 그래서 우리는 이 점에 대해서도 알아보기로 했다.

온라인 데이트 사이트 이용자들에게 온라인 데이트, 오프라인 데이트, 집에서의 영화감상의 세 가지 경험이 주는 재미를 서로 비교해 줄 것을 주문했다. 응답자들은 우선 오프라인 데이트가 온라인 데이트보다 더 재미있다고 답했다. 그렇다면 영화감상은 어땠을까? 응답자들은 온라인 데이트를 하느니 차라리 거실에서 뒹굴며 〈유브 갓 메일You've Got Mail〉 같은 영화를 보는 편이 더 낫다고 답했다.

이러한 연구 활동을 통해 우리는 온라인 데이트가 사람들에게 별다른 만족을 주지 못한다는 결론을 얻게 되었다. 개인적인 판단으로는 '온라인 데이트'라는 이름 자체가 잘못된 것 같다. 오히려 '온라인 검색과 과대선전'이라고 고치는 편이 현실을 보다 정확히 반영할 수 있지 않을까?

하지만 우리는 첫 번째 연구를 통해서는 사람을 검색에 적합한 정량적인 특성으로 구분하는 것이 과연 효율적인지 알 수 없었다. 이에 우리는 두 번째 연구를 실시하기로 했다.

이번에는 온라인 데이트 사이트 이용자들에게 잠재적인 연인에게 기대하는 가장 중요한 특성이 뭐냐고 물어보았다. 그리고 일련의 연구보조자들을 고용해 응답자들의 답을 분류하도록 지시했다. 여기서 우리가 응답자들에게 요구한 답은 주관식이었고, 연구보조자들에게 주문한 분류의 범주는 두 가지였다. 한 가지는 응답자들이 자신의 잠재적인 연인에게 기대하는 특성이 정량적이고 컴퓨터를 활용한 검색이 용이한 것(키, 체중, 눈동자 색, 머리카락 색, 교육수준 등)이고, 다른 한 가지는 경험적이고 컴퓨터를 활용한 검색이 까다로운 것(몬티 파이슨 류의 코미디를 좋아하는지, 골든 리트리버 종의 개를 좋아하는지 등)이다.

이러한 범주로 응답자들의 답을 분류한 결과, 자신의 잠재적인 연인에게 경험적인 특성을 기대한다는 답이 정량적인 특성을 기대한다는 답의 세 배나 되었다. 이러한 경향은 단기적인 인간관계가 아닌 장기적인 인간관계를 원하는 사람일수록 더욱 강력하게 나타났다.

이번 연구를 통해 우리는 온라인 데이트 사이트에서 정량적인 특성을 통해 잠재적인 연인을 찾는 것은 매우 부자연스러운 일이며, 이는 이러한 활동에 익숙한 사람들도 마찬가지라는 결론을 얻을 수 있었다.

안타깝게도 이와 같은 연구 결과는 온라인 데이트 사이트들에게는 그리 좋은 소식이 아닐 것이다. 해당 사이트의 이용자들은 검색기능이 까다롭고, 시간을 많이 허비하게 되고, 직관적이지 못하고, 그리 많은 정보를 제공하지도 않는다면서, 전반적으로 사이트에서의 활동에 대해 그다지 좋은 평가를 내리지 않았다. 뿐만 아니라 온라인 데이트가 재미있다고 답한 이용자들도 그다지 많지 않았다. 이용자들로 하여금 많은 시간과 노력을 투입하도록 만들면서 가장 기본적인 목표를 달성하는 것에는 능력의 한계를 드러내는 서비스로부터 만족을 얻기란 어려운 일이다.

정보의 바다에서 이상형 찾기

주변 사람들 중에서 정리정돈을 잘하고 체계적인 사람을 떠올려보라. 자신의 옷장을 계절, 색상, 사이즈, 용도 등으로 구분해 정리해놓은 어떤 여자가 떠오를 수도 있고, 옷을 세탁할 때 하루 지난 옷, 집에서 편하게 입는 옷, 운동복, 냄새가 나는 옷 등으로 구분해 세탁하는 어떤 남자가 생각날 수도 있다. 이렇게 사람에 따라서는 자신의 삶을 체계적으로 관리하는 기발한 방식을 개발하고, 그러한 방식을 활용해 관리의 편리성과 효율성을 높이고자 하는 이들이 있다.

MIT에서 학생들을 가르칠 때 스콧이라는 한 남학생은 자신의 잠재적인 데이트 상대를 나름의 방식으로 체계 있게 분류하고 관리했다. 그의 목표는 자신에게 맞는 완벽한 여자를 만나는 것이었고, 그 목표를 이루기 위해 매우 복잡하고 시간이 많이 걸리는 시스템을 개발해 이용했다.

그는 자신의 짝이 될 여성이 갖춰야 할 특성으로 대학 졸업 이상의 학력, 운동에 대한 높은 관심, 유창한 외국어를 바랐는데, 매일같이 온라인 데이트 사이트에 접속해 이러한 기준에 맞는 여성들을 최소 열 명씩은 찾아내려고 했다.

일단 사이트 검색을 통해 이러한 조건을 충족시키는 후보들을 찾아내면 스콧은 미리 준비해놓은 세 가지 유형의 이메일 가운데 적당한 것을 골라 후보 여성들에게 전송했다. 이메일에는 여성들에게 어떤 음악을 좋아하는지, 학교는 어디를 졸업했는지, 가장 감명 깊게 읽었던 책은 무엇인지 등에 관한 질문들이 들어 있었다.

이렇게 최초의 이메일을 보내는 것이 스콧의 네 단계 연인 선별과정의 첫 번째 단계였다. 만약 여성들이 보낸 답신이 마음에 들면 스콧은 다음 단계를 진행했다.

두 번째 단계에서 그는 추가적인 질문들이 들어 있는 이메일을 첫 번째 단계를 통과한 여성들에게 보낸다. 그리고 답신을 한 여성들 가운데 '원하는' 대답을 한 사람을 상대로 세 번째 단계를 진행시킨다.

세 번째 단계에서 여성들은 스콧의 전화를 받게 되며, 수화기를 통해 제시되는 스콧의 질문들에 답해야 한다. 통화가 만족스럽게 진행된 여성들은 연인 선별과정의 네 번째 단계로 넘어가게 된다. 커피숍에서 스콧을 직접 만나는 것이다.

스콧은 자신의 잠재적인 연인들에 관한 정보를 정리하고 관리하기 위해 정교한 시스템을 개발했다. 매우 똑똑하고 분석적인 학생이었던 그는 컴퓨터의 스프레드시트 프로그램을 이용해 각 여성의 이름, 관계의 진척 단계, 다양한 질문들에 대한 답과 여성에 대한 자신의 호감도를 기반으로 정해지는 누적점수를 기록하고 관리했던 것이다. 그는 더 많은 여성들을 자신의 스프레드시트에 기록할수록 자신의 이상형을 발견할 가능성이 그만큼 더 높아질 거라고 생각했다. 이러한 일련의 과정을 철저하게 자신이 세워놓은 규칙에 따라 진행했다.

그렇게 몇 년 동안 이상형을 찾던 중에 스콧은 안젤라라는 여성을 발견했다. 함께 커피를 마시며 대화를 나눈 스콧은 안젤라야말로 자신이 그토록 꿈꿔오던 여성이라는 확신을 갖게 되었다. 그녀가 가진 특성은 스콧이 정해놓은 조건을 모두 충족시켰으며, 더욱 중요한 점은 그에게 호감을 표하고 있었다는 것이다. 그 때문에 스콧은 한껏 들떠 있었다.

스콧은 자신의 목표를 이루었다고 생각했고, 더 이상 잠재적인 연인을 찾기 위한 시스템을 이용할 필요가 없다고 판단을 내렸다. 그러면서도 한편으로는 큰 노력을 들여 구축한 자신의 시스템을 파기하는 것이 아깝다는 생각이 들었다.

그러던 중에 스콧은 내가 데이트 시장에 관한 연구를 하고 있다는 소식을 듣고는 교수실로 찾아왔다. 그는 자신의 시스템에 대해 설명한 다음 그것이 내 연구에 도움이 될 것 같다고 말했다. 그는 자신의 이상적인 짝을 찾기 위해 구축했던 시스템과 이를 활용하는 과정에서 축적한 모든 데이터, 다시 말해 그가 여성들에게 보냈던 이메일, 질문, 여성들과 관련된 정보 등이 담겨 있는 디스크를 나에게 건네주었다. 디스크를 열어본 나는 크게 놀랐으며 한편으로는 두렵기까지 했다. 그가 건네준 디스크에는 1만 명 이상의 여성들에 관한 엄청난 데이터가 담겨 있었다.

하지만 안타깝게도 스콧의 이야기는 해피엔딩이 아니었다. 어찌 보면 그리 놀랄 일도 아니었다. 그로부터 2주 후에 스콧이 그토록 까다로운 과정을 거쳐 선택한 여성이 청혼을 거절하면서 둘의 관계가 끝나게 된 것이다. 스콧은 자신의 이상형을 발견할 가능성을 최대한으로 높이겠다는 각오로 1만 명이 넘는 여성들의 데이터를 축적하고 그들과 이메일을 주고받는 데 대부분의 시간을 썼다. 스콧은 실제적인 사회 교류를 거의 경험하지 못했기에 청혼에 실패한 아픔을 위로해줄 사람이 주변에 아무도 없었다. 따지고 보면 그도 비이성적으로 작동하고 있는 연애시장의 피해자인 셈이었다.

2프로 부족한 온라인 데이트 ⫶

온라인 데이트에 관한 첫 번째 연구 결과는 다소 실망스러운 것이었다. 하지만 문제를 제대로 이해한다면 해결책을 찾을 수 있을 것 같았다. 온라인 데이트를 더욱 재미난 경험으로 만들면서 그것을 통해 자신의 짝을 찾을 가능성을 더욱 높일 수 있는 방법은 없을까?

우리는 한 걸음 뒤로 물러서서 현실세계의 일반적인 데이트를 생각해보았다. 누구라도 일생의 어느 시점에서 거치게 되는 기묘하면서도 복잡한 그 행사 말이다. 진화론의 관점에서 보면 데이트는 장래에 연인관계로 발전할 수 있는 사람들이 서로에 대해 더 많은 것을 알기 위한 매우 유용한 과정이라고 볼 수 있다. 그리고 이 과정은 오랜 세월을 거치며 끊임없이 시행되고 개선되어 왔다. 오프라인에서 이뤄지는 통상적인 데이트가 장래의 연인을 선택하는 과정의 유용한 장치라면—혹은 지금까지 우리가 찾아낸 가장 효과적인 장치라면—이를 온라인 데이트의 문제를 개선하는 작업의 출발점으로 삼아도 되지 않을까?

현실세계의 통상적인 데이트라는 것은 두 사람이 빈 공간에 앉아 서로 얼굴을 쳐다보며 가만히 있거나, 취향에 대한 공통점을 찾느라 몇 시간씩 소모하는 식으로 이루어지지 않는다. 현실세계의 데이트는 함께 영화를 보거나, 식사를 하거나, 디너파티에 참석하거나, 박물관을 찾아가는 식으로 이루어진다. 다시 말해 상대와의 교감을 더욱 높일 수 있는 환경에서 뭔가를 함께 경험하는 것이라고 할 수 있다.

데이트 상대와 미술 전시회, 스포츠 경기, 동물원 같은 곳을 함께 다니면 그 사람이 세상과 어떻게 상호작용을 하는지 알 수 있다. 그가 웨이트리스를 함부로 대하고 팁도 제대로 주지 않는 사람인지, 아니면 인내심이 많고 다른 사람을 배려하는 사람인지 직접 관찰할 수 있는 것이다. 그리고 데이트를 하는 과정에서 얻게 되는 정보는 그 사람과 함께하는 세상이 어떤 세상일지를 판단할 수 있도록 해준다.

우리는 오랜 세월에 걸쳐 진화가 이루어진 현실세계의 데이트에는 온라인 데이트 사이트의 개발자들이 알 수 없는 많은 지혜가 담겨 있을 거라고 생각했다. 이에 현실세계의 데이트가 가진 요소들을 온라인 데이트에 도입해보기로 했다. 우선 우리는 MIT 미디어랩의 페르난다 비에가스 Fernanda Viegas와 주디스 도나스 Judith Donath가 개발한 가상현실 프로그램인 챗 서클스 Chat Circles를 이용해 가상의 데이트 공간을 만들고 그곳에서 사람들에게 현실세계의 데이트에 근접한 가상 데이트를 경험하도록 했다.

우리가 만든 가상의 데이트 공간에 접속하는 실험참여자들은 어떤 모양(네모, 세모, 동그라미 등)과 색상(빨강, 초록, 노랑, 파랑, 자주 등)을 선택한다. 그러면 동그란 빨간색의 공간, 네모난 초록색의 공간 등이 만들어지고 그 안에 다양한 형태의 이미지들이 놓여진다. 이 이미지들은 인물 형상, 구두, 영화 장면, 추상미술 등 다양한 모습으로 나타나는데, 실험참여자들은 자신이 선택한 형상과 다른 접속자들이 선택한 형상을 보게 된다. 이 형상들이 서로 근접하면 그것을 선택한 두 사람은 메신저 프로그램으로 대화를 할 수 있다.

이와 같은 환경이 현실세계의 데이트와 동일한 수준의 상호작용을 가능하게 하지는 못하지만, 우리는 이 가상의 데이트가 기존의 온라인 데이트보다 훨씬 더 현실세계의 데이트에 근접한 데이트 경험을 제공할 것으로 기대했다.

우리는 특히 실험참여자들이 선택할 수 있는 형상을 유명한 미술

작품들을 활용해 만들기도 했다. 이는 실험참여자들이 서로가 선택한 형상에 대해 더 많은 대화를 나눌 수 있도록 유도하기 위함이었다. 이를테면 현실세계의 데이트처럼 "그 그림 좋아하세요?", "아니요, 특별히 이 그림을 좋아하지는 않아요. 저는 마티스의 그림들을 더 좋아해요."와 같은 대화들이 이루어질 수 있기를 바랐던 것이다.

실험 목표는 우리가 설계한 가상 데이트와(급조된 것이기는 했지만) 통상적인 온라인 데이트 가운데 어느 쪽의 데이트 성공률이 더 높은지를 비교하는 것이었다. 이를 검증하기 위해 우선 실험참여자들에게 통상적인 온라인 데이트에 참여해줄 것을 주문했다. 여기서 통상적인 온라인 데이트란 다른 사람들의 정량적인 데이터를 읽어보고, 여러 가지 질문들에 답을 하고, 간단한 자기 소개글을 쓰고, 다른 사람들과 이메일을 주고받는 방식으로 진행되는 기존의 데이트를 말한다. 이런 온라인 데이트를 끝낸 다음에는 똑같은 실험참여자들에게 우리가 만든 가상 데이트에 참여해달라고 부탁했다. 가상 데이트는 가상의 데이트 공간에 접속해 어떤 형상을 선택하고, 다른 사람들과 메신저 프로그램으로 대화를 하는 방식으로 진행되었다.

실험참여자들에게 누군가와 통상적인 온라인 데이트와 가상 데이트를 모두 경험하도록 한 우리는 실험의 다음 단계를 진행시켰다. 그것은 이미 7장에서 소개한 것과 같은 스피드 데이트였다. 여기서 실험참여자들은 다수의 사람들과 직접 만나 대화를 나누었다. 우리는 그들이 통상적인 온라인 데이트에서 이메일을 주고받은 사람 또는 가상 데이트에서 메신저 대화를 나눈 사람과 직접 만날 수 있도록 인원 편성을 했다.

실험의 진행방식도 통상적인 스피드 데이트와는 조금 다르게 설계했다. 즉 실험참여자들은 테이블에서 상대방과 4분 동안 대화를 나누고, 곧바로 방금 전에 만난 사람에 대해 다음의 네 가지 질문들에 답한 뒤 다음 테이블로 이동했다.

- 방금 전에 만난 사람에 대해 얼마나 호감을 갖게 되었습니까?
- 방금 전에 만난 사람과 자신이 얼마나 유사하다고 생각합니까?
- 방금 전에 만난 사람 때문에 얼마나 감정이 들떴습니까?
- 방금 전에 만난 사람과 대화하면서 얼마나 편안하다고 느꼈습니까?

실험참여자들은 각각의 질문에 대해 1부터 10까지의 숫자로 점수를 매겨야 했다. 여기서 1점은 '전혀 그렇지 않다'를, 10점은 '매우 그렇다'를 의미했다. 그리고 통상적인 스피드 데이트에서처럼 우리는 실험참여자들에게 방금 전에 만난 사람을 앞으로 다시 만나볼 의향이 있는지도 물어보았다.

이번 실험은 크게 세 부분으로 나뉘어 진행되었는데 각 단계를 개괄적으로 설명하면 다음과 같다.

첫 번째 단계, 각각의 실험참여자들이 통상적인 온라인 데이트와 가상 데이트에 참여한다.

두 번째 단계, 일련의 실험참여자들이 스피드 데이트에 참여하고, 온라인 데이트와 가상 데이트에서 접촉했던 상대방을 스피드 데이트에서 직접 만나게 된다. 우리는 스피드 데이트에 참여하는 사람들에게 온라인 데이트와 가상 데이트에서 서로 접촉했던 사람들을 알려주지 않았다. 스피드 데이트에 참여하는 사람들은 서로 대화를 나누는 도중에 이메일을 주고받았거나 메신저 대화를 나누었던 상대방을 알아보는 경우도 있었고, 상대방을 알아보지 못한 채 스피드 데이트를 마치는 경우도 있었다.

세 번째 단계, 한 번의 스피드 데이트가 끝날 때마다 실험참여자들은 데이트 상대에 대해 평가하고, 방금 전에 만난 데이트 상대를 다시 만나볼 의향이 있는지 응답한다. 이러한 과정을 통해 우리는 가상 데이트와 통상적인 온라인 데이트의 선행 경험이 실제 데이트에 얼마나 영향을 미치는지 알아보았다.

통상적인 온라인 데이트에서 이메일을 주고받았던 사람을 스피드 데이트에서 다시 만난 경우, 그리고 가상 데이트에서 먼저 만나 대화를 나누었던 사람을 스피드 데이트에서 다시 만난 경우를 비교했을 때 후자의 사람들이 서로에 대해 더 높은 호감을 갖는 것으로 나타났다. 수치화된 응답을 비교했을 때 후자의 사람들이 전자의 사람들보다 서로에 대해 두 배에 이르는 호감을 갖는다는 결과가 나왔던 것이다.

가상 데이트의 효과가 통상적인 온라인 데이트보다 더욱 좋게 나타난 이유는 무엇일까? 나는 그 이유가 가상 데이트에 접속한 사람들의 두뇌 사용법이 우리가 현실세계에서 두뇌를 사용하는 방식과 기본적으로 같기 때문이라고 생각한다. 가상 데이트에서 겪는 경험과 그곳에서 만나는 사람들에 대해 의사결정을 내릴 때 이용자들은 현실세계에서와 유사한 방식으로 판단을 내리게 되는 것이다. 가상 데이트에서의 의사결정은 우리가 현실세계에서 정보를 처리하는 방식과 매우 유사하며, 이 때문에 통상적인 온라인 데이트보다는 가상 데이트에서의 상호작용을 통해 더욱 풍부하고 유용한 정보를 얻게 된다는 것이 이 실험에서 우리가 내린 결론이었다.

이해를 돕기 위해 당신이 애인을 구하는 싱글 남성이라고 가정해보자. 어느 날 당신은 재닛이라는 여성과 저녁식사를 겸한 데이트를 하고 있다. 재닛은 체구가 아담하고, 갈색 머리에 갈색 눈이고, 웃음이 매력적이고, 바이올린을 켤 줄 알고, 영화감상을 좋아하고, 말씨가 상냥한 여성이다. 그리고 짐작건대 성격은 내성적인 것 같다. 와인을 한 모금 마시면서 당신은 이렇게 자문해본다.

'나는 이 여자를 얼마나 좋아하고 있을까?'

더 나아가 다음과 같이 자문할 수도 있다.

'이 여자와 얼마나 오랫동안 함께할 수 있을까?'

당신은 줄리아라는 여성과도 데이트를 하고 있는 중이다. 재닛과 줄리아는 여러 부분에서 서로 다르다. 줄리아는 키가 크고, 재닛보다 훨씬 더 외향적인 성격이고, MBA 학위를 가지고 있고, 재밌는 일이 있어도 크게 웃는 법이 없고, 취미로 요트 항해를 즐기고 있다.

그런데도 당신은 줄리아보다는 재닛이 더 마음에 들고 재닛과 함께 오랜 시간을 보내고 싶은데, 그 이유를 도무지 알 수 없다. 어떤 변수들로 인해 당신이 줄리아보다 재닛을 더 좋아하게 되었는지를 구체적으로 설명할 수가 없는 것이다. 몸매 때문인가? 아니면 웃음 때문인가? 아니면 유머감각 때문인가? 무엇 때문에 재닛이 좋은지

를 명확하게 설명할 수 없지만, 당신은 재닛이 더 적합한 짝이라는 느낌을 강하게 가지고 있다.↑

두 사람의 유머감각에 대해 생각해보자. 재닛과 줄리아 둘 다 자신이 유머감각이 있는 여자라고 생각할 수도 있지만, 그 유형도 분명 사람에 따라 다르다. 어떤 사람은 〈멍텅구리 삼총사The Three Stooges〉와 같은 코미디를 보면서 박장대소하지만, 〈몬티 파이슨의 플라잉 서커스Monty Python's Flying Circus〉와 같은 코미디는 재미없다고 여길지도 모른다. 마찬가지로 〈데이비드 레터맨 쇼Late Show with David Letterman〉의 열성팬들 중에는 〈디 오피스The Office〉라는 시트콤이 시시하다고 여기는 사람들이 있을 것이다. 〈데이비드 레터맨 쇼〉의 팬들과 시트콤 〈디 오피스〉의 팬들 모두는 자신들이 코미디를 좋아한다고 말할 것이고, 이들의 말 역시 분명 옳다.

그러나 이들의 유머감각이 모두 똑같은 것은 아니다. 유머감각이 있다고 하더라도 상대방의 유머감각과 나의 유머감각이 서로 통하는지를 확인하기 위해서는 뭔가를 함께 경험하는 과정이 필요하다. 예를 들면 코미디 쇼를 선택해서 함께 보는 식으로 말이다.

↑

당신도 주변 사람들의 도움을 얻어 실험을 한번 해보라. 주변 사람들에게 통상적인 온라인 데이트 사이트에서처럼 자기소개를 위한 질문들을 제시하고 그들에게 답해줄 것을 부탁하라. 이때 답을 하는 사람이 누구인지 쉽게 알아볼 수 있는 질문들은 제외해야 한다. 그런 다음 응답자들의 답을 보고 당신이 평소 좋아하던 사람들과 평소 싫어하던 사람들을 구분해낼 수 있는지 확인해보라.

노인들을 위한 스피드 데이트

경험을 공유할 수 있는 어떤 대상물을 이용하는 방식은 연인이 아닌 친구를 만드는 과정에서도 도움이 된다. MIT 미디어랩에서 박사과정을 밟고 있던 지나 프로스트라는 학생과 나는 65세 이상의 노인들을 대상으로 스피드 데이트를 실시한 적이 있다. 우리의 목표는 은퇴 후에 실버타운으로 이제 막 이사를 온 노인들 사이에 친교를 맺어주는 것이었다. 이를 통해 노인들이 더욱 행복하게 건강한 노후를 보낼 수 있을 것으로 생각했기 때문이다.↑

우리는 노인들에게 친구를 만들어주기 위한 스피드 데이트가 쉽게 성공을 거둘 수 있을 거라고 생각했다. 하지만 결과는 실패였다. 많은 노인들이 스피드 데이트에 참가했지만, 막상 테이블에서 다른 노인과 마주하자 대부분 말을 잘 못하고 대화가 어색하게 진행되었던 것이다.

왜 이와 같은 현상이 일어난 것일까? 사실 젊은 사람들을 대상으로 하는 스피드 데이트에서도 따지고 보면 빤한 질문들이 오간다. 이를테면 "어느 학교 졸업하셨어요?", "지금 어떤 일 하세요?"와 같은 질문들이 대부분이다. 하지만 젊은 사람들을 대상으로 하는 스피드 데이트의 경우 참석자들 모두 모임의 기본적인 목표를 공통적으로 인식하고 있다. 그들은 모두 자신에게 맞는 연인을 찾겠다는 목표를 가지고 있다.

↑
사회생활이 건강 유지에 얼마나 중요한지 더 많은 정보를 얻고자 한다면 엘렌 랭거Ellen Langer의 책 《시간을 거꾸로 돌려라Counterclockwise》를 읽어보기 바란다.

그러나 노인들을 위한 스피드 데이트는 젊은이들처럼 공통의 목표가 없었다. 일부 노인들은 연인을 찾기 위해 그 자리에 나왔던 반면에, 대다수의 노인들은 친구를 만들기 위해 나왔던 것이다. 이렇게 스피드 데이트에 참석한 사람들의 목표가 분산되면서 대화가 잘 진행되지 않았고, 대부분 별다른 소득 없이 집으로 돌아갔다.

이러한 문제점을 파악한 프로스트는 스피드 데이트 참가자들에게 개인적으로 중요한 의미가 담겨 있는 물건(추억이 담겨 있는 물건이나 옛날사진 같은 것들)을 하나씩 가지고 와야 한다는 조건을 덧붙였다. 그것이 대화의 진행을 더욱 활성화할 수 있을 것으로 기대했던 것이다.

이러한 조건이 추가된 이후의 첫 번째 모임에서는 진행자들이 참가자들의 대화를 중단시키느라 애를 먹었을 정도였다. 참가자들의 대화는 깊이 있고 흥미롭게 진행되었으며, 스피드 데이트가 끝났을 때는 많은 사람들이 서로 친구가 되어 있었다. 서로 경험을 공유할 수 있는 어떤 대상물이 대화를 촉진시켰고, 깊이 있는 대화가 친구관계로 이어진 것이다.

뭔가를 처음 시작하도록 하는 계기를 마련해주는 것, 그것이 무엇이 되었든 반드시 필요하다는 사실을 다시 한 번 인식하게 해준 실험이었다.

따지고 보면 인간이라는 존재는 경험재와 유사하다. 브로콜리나 피칸Pecan을 구성하는 화학물질이 무엇인지를 알고 있다 하더라도 직접 맛을 보기 전에는 브로콜리나 피칸의 맛이 어떤지 정확히 알지 못한다. 마찬가지로 누군가가 쓴 자기 소개글을 보고 그 사람의 특성에 관한 정보를 입수했다 하더라도 더불어 시간을 보내고 뭔가를 경험해보기 전에는 그와 함께하는 삶이 어떨지 가늠하기 어렵다.

현행 온라인 데이트 시장은 검색이 용이한 몇 가지 특성들로 어떤 사람을 규명하려 한다. 온라인 데이트 시장이 지니고 있는 핵심적인 문제점이 바로 이것이다. '눈 : 갈색'과 같은 식으로 어떤 사람을 해석하려는 시도는 편리하고 검색이 쉽지만, 현실세계의 우리는 이와 같은 방식으로 잠재적인 연인을 찾거나 평가하지 않는다. 우리가 설계한 가상 데이트가 통상적인 온라인 데이트에 대해 가지고 있는 강점도 바로 여기에 있다. 잠재적인 연인과 함께 뭔가를 경험함으로써 현실세계의 상황과 유사하게 상대방을 평가할 수 있게 된 것이다.

이번 실험을 통해 얻은 결론은 온라인 데이트 사이트를 설계할 때는 현실세계의 사람들이 통상적으로 무엇을 할 수 있고 무엇을 할 수 없는지에 대한 이해가 바탕이 되어야 한다는 것이다. 현실세계 사람들의 통상적인 행동양식에 부합되면서도 사람들이 잘 못하는 일에 도움이 되는 방향으로 기술을 이용해야 한다.

호머 심슨을 위한 온라인 데이트 사이트

온라인 데이트 사이트들이 활약하는데도 데이트 시장이 고전을 면치 못하는 것은 사회과학의 중요성을 알려주는 방증이 아닐까 싶다. 분명하게 말하지만, 나는 온라인 데이트의 출현을 전적으로 지지한다. 다만 그 방식이 좀 더 사람들의 자연스러운 행동 및 사고에 부합되는 방향으로 개선되어야 한다고 생각할 뿐이다.

다음의 경우를 생각해보라. 소비자들이 사용하는 물리적인 제품들, 즉 구두, 벨트, 바지, 컵, 의자 등을 디자인할 때 디자이너들은 인간의 신체적인 한계를 염두에 두고 작업한다. 사람들이 무엇을 할 수 있고 무엇을 할 수 없는지를 파악한 다음에 일상생활에서 자연스럽게 사용할 수 있는 제품들을 디자인하는 것이다. 물론 모든 제품을 언제나 그렇게 만드는 것은 아니지만 말이다.

그런데 보험상품, 저축상품, 연금상품, 그리고 온라인 데이트 사이트 같은 무형의 상품이나 서비스는 사람이 지닌 한계를 무시한 채 설계되는 경우가 많다. 어쩌면 이러한 상품이나 서비스의 설계자들이 인간의 능력을 과대평가하기 때문에 이러한 결과가 나타난 것인지도 모른다. 그들은 마치 인간을 스타트렉에 나오는 냉철하고 분석적이고 매우 똑똑한 외계종족인 스팍 Spock 정도로 여기는 것 같다. 우리가 자신의 마음을 완벽하게 이해하고 있고, 모든 것을 계산할 수 있고, 모든 경우의 수를 비교할 수 있으며, 이를 토대로 언제나 최선의 선택을 하고, 자신에게 가장 적합한 길을 찾는 능력을 가지고 있다는 전제 아래 상품이나 서비스를 설계하는 것이다.

하지만 행동경제학의 수많은 실험들과 우리가 주도한 데이트 실험에서 밝혀진 것처럼 인간이 정보를 이해하고 활용하는 데 한계를 가진 존재라면 어떻게 될까? 스타트렉의 스팍이 아니라 실수가 많고, 근시안적이고, 속이 좁고, 감정적이고, 편견에 휘둘리는 만화주인공 호머 심슨Homer Simpson에 더 가까운 존재라면 어떻게 될까? 다소 실망스러울 수도 있겠지만, 우리가 스스로의 한계를 이해한다면 온라인 데이트 사이트를 포함해 기존의 상품이나 서비스보다 더 나은 시스템을 설계할 수 있게 될 것이다.

완벽하게 이성적인 존재들을 위한 온라인 데이트 사이트를 설계하는 것도 흥미로운 일이 될 수는 있다. 하지만 이런저런 한계를 지닌 평범한 사람들을 위한 사이트를 설계하고자 한다면 우선적으로 인간의 한계를 이해한 다음에 그것을 사이트 설계의 출발점으로 삼을 필요가 있다.

어쨌거나 서툴면서도 즉흥적으로 만들어진 우리의 가상 데이트 사이트가 데이트 성공률을 비약적으로 높이는 결과로 이어졌다는 점을 기억하기 바란다. 그리고 이러한 결과는 인간의 능력과 약점을 고려해 사이트를 설계하는 일이 그렇게 어려운 일이 아닐 수도 있다는 점을 시사한다. 누군가가 나서서 인간의 통상적인 행동과 사고에 부합되는 온라인 데이트 사이트를 만든다면 나는 그것이 엄청난 성공으로 이어질 뿐만 아니라, 연인을 찾고자 하는 많은 사람들에게 실질적으로 도움을 줄 수 있을 거라고 확신한다.

"그럼 더 나은 온라인 데이트 사이트들이 나타나기 전까지 미혼 남녀들은 어떻게 해야 하지?"

친한 친구가 나에게 했던 질문이다. 그 친구는 자신의 사무실에서 일하고 있던 사라라는 미혼 여직원을 생각하며 그렇게 물었다. 비록 나는 중매를 한 적이 없었지만, 온라인 데이트 시장에 관한 연구로 알게 된 사실을 바탕으로 사라에게 조언을 해줄 수는 있었다.

첫째, 가상 데이트 사이트의 성공을 생각했을 때 사라는 온라인 데이트 사이트를 이용하더라도 그곳에서 하는 활동을 현실세계의 통상적인 데이트 경험에 근접하도록 만들 필요가 있다. 온라인 데이트 사이트에서 이루어지는 대화의 주제를 자신이 보고 싶거나 자신이 하고 싶은 것 등으로 이끌어나가는 것이다.

둘째, 여기서 한 걸음 더 나아가 온라인 데이트 사이트의 채팅 상대방을 다른 재미난 사이트로 초청하는 방식으로 사라만의 가상 데이트를 만들어낼 수 있다. 현실세계의 데이트처럼 뭔가를 함께 경험하는 것이다. 상대방의 호응이 있다면 사라는 그에게 온라인 게임을 함께하자고 제안할 수도 있다. 마법의 왕국을 탐험하고, 드래곤을 처치하고, 문제를 해결하는 과정을 통해 상대방이 어떤 사람인지 더욱 잘 이해하게 될 것이다.

내가 사라에게 해줄 수 있는 최선의 조언은 온라인 데이트 사이트를 이용하더라도 잠재적인 연인과 뭔가를 함께 경험하기 위해 노력하라는 것이다. 그래야 상대방이 연인으로서 자신에게 적합한 사람인지 아닌지를 보다 더 정확하게 판단할 수 있다.

유능한 온라인 중매쟁이를 찾아서

온라인 데이트 시장의 실패가 다른 시장들에게 시사하는 바는 무엇일까? 본질적으로 온라인 데이트 시장의 실패는 제품 설계의 실패라고 할 수 있다. 다른 시장들의 경우를 살펴보자. 기본적으로 어떤 상품이 사람들의 통상적인 행동이나 사고에 잘 부합되지 않을 때 그 상품은 기대했던 성과로 이어지지 못한다. 사람들을 검색이 용이

한 몇 가지 특성들로 분류하려 했던 온라인 데이트 사이트들은 이용자들의 짝을 찾아주는 데 실패하고 있다. 마찬가지로 소비자들의 통상적인 행동과 사고에 부합하는 상품을 소개하지도 못하고 설계하지도 못하는 기업들은 실망스러운 결과를 맞이할 뿐이다.

컴퓨터의 경우를 보자. 대부분의 사람들은 신뢰할 수 있고, 빠르게 작동하고, 원하는 작업을 하는 데 도움이 되는 컴퓨터를 원한다. RAM의 용량이나 CPU 버스의 속도에는 별 관심이 없는 것이다. 물론 어떤 사람들은 이러한 요소들을 중요하게 생각하기도 한다. 그런데도 컴퓨터 제조사들은 제품을 소개할 때 이런 요소들을 강조하고 있다. 이는 어떤 컴퓨터를 선택할지 고민하는 사람들에게 아무런 도움이 되지 않는다.

온라인상에서 은퇴자금을 계산해주는 서비스도 마찬가지다. 은퇴 시점에 얼마의 자산을 가지고 있어야 하는지를 알기 위해 서비스 사이트에서 요구하는 데이터를 모두 입력하면 컴퓨터 화면에는 은퇴 시점에 320만 달러의 돈을 가지고 있어야 한다는 식의 응답이 뜬다.

하지만 그 정도의 돈을 가지고 있다면 은퇴 후에 어느 정도의 삶을 누릴 수 있는지에 대해서는 알려주지 않는다. 270만 달러나 140만 달러의 돈을 가지고 있다면(54만 달러나 20만 6,000달러의 은퇴자금도 마찬가지) 은퇴 후에 어떤 삶을 누리게 될지에 대해서도 알려주지 않는다. 또한 70세가 되어 은퇴자금을 거의 다 써버린 사람이 100세까지 사는 경우에는 그 사람의 삶이 어떻게 될지에 대해서도 알려주지 않는다. 은퇴자금을 계산해주는 온라인 서비스는 우리에게 어떤 숫자를 제시해주기는 하지만, 그 숫자는 잘 와닿지도 않고 그것만으로는 미래를 그

려볼 수도 없다. 이와 같은 상황에서는 필요한 은퇴자금의 규모를 받아들이더라도 더 많은 돈을 모아야겠다는 동기부여도 되지 않는다.

보험회사들이 자기부담금, 보상한도액, 공동지불금 같은 용어들을 동원해 자신들의 상품을 설명하는 것에 대해서도 생각해보자. 암진단을 받고 치료를 받아야 하는 상황일 때 이러한 용어들이 의미하는 것이 정확하게 무엇일까? 교통사고로 심각한 부상을 입었을 때 보상한도라는 것이 의미하는 것은 무엇일까?

보험회사들은 연금보험을 판매하면서 우리가 100살까지 살더라도 연금보험 상품이 일정 수준 이상의 생활을 생의 마지막 날까지 보장해줄 것처럼 말한다. 자신들의 연금보험에 가입하면 죽을 때까지 고정급 형식으로 연금을 지급하겠다는 것이다. 국가에서 운영하는 국민연금처럼 말이다. 언뜻 들으면 보험회사의 연금보험은 상당히 매력적인 상품 같지만, 안타깝게도 우리가 지불하는 보험료를 고려했을 때 그것이 어느 정도의 가치를 돌려주는 것인지를 정확하게 계산하기란 매우 어려운 일이다.

게다가 그토록 모호한 상품을 판매하는 보험판매인들은 중고차 판매인들만큼이나 얄팍한 사람들이다. 분명 예외적인 보험판매인들도 있겠지만, 나는 지금까지 살아오면서 한번도 그런 사람을 만난 적이 없다. 그들은 연금보험 상품의 가치를 계산하기가 매우 어렵다는 점을 이용해 보험소비자들에게 과도한 보험료를 물린다. 그 결과, 대부분의 연금보험 가입자들은 바가지를 쓰기 일쑤이고, 매우 중요한 이 시장은 제대로 기능하지 못하고 있다.

시장의 효율성과 효과성을 높일 수 있는 방법은 없을까? 사회적

8장 시장이 실패할 때

대출의 사례에서 그 해답을 찾아볼 수 있을 것이다. 가령 당신이 사회적 대출을 이용해 자동차를 구입하는 경우를 생각해보자. 현재 관련 서비스를 제공하고 있는 많은 웹사이트들이 구축되어 있다. 여유자금이 있는 사람들은 이러한 웹사이트들을 통해 소액으로 분산해 대출을 받고 있으며 돈이 필요한 사람들은 은행을 거치지 않고 바로 필요한 돈을 빌리고 있다.

이러한 사회적 대출 서비스는 돈을 빌려주는 사람들과 빌리는 사람들 모두에게 은행보다 유리한 금리를 제공할 뿐더러, 연체율도 제도 은행들보다 더 낮은 상황이다. 관련 사이트를 운영하는 기업들도 금융거래를 위한 인프라를 제공할 뿐 별다른 리스크를 부담하지 않는다. 따라서 이 서비스는 제도권 은행들을 제외한 모든 시장참여자들이 승리하는 구조를 가지고 있다.

이 사례를 통해 내가 말하고자 하는 바는 기존의 다른 시장들이 제대로 작동하고 있지 않더라도 방법이 전혀 없는 것은 아니라는 점이다. 시장이 우리가 필요로 하는 기능을 제공하고 있지 않다면 문제가 무엇인지를 파악해 그에 대한 해결책을 스스로 강구할 수 있다. 자신만의 가상 데이트 방식을 만들어내거나, 친척들끼리 대출을 해주는 방법을 찾아보는 것이 대표적인 예다. 아니면 문제에 대한 광범위한 해결책을 찾아내어 그것을 기반으로 잠재 고객들의 욕구를 충족시킬 수 있는 새로운 제품이나 서비스를 만들어내는 것도 얼마든지 가능한 일이다. 이는 한편으로는 슬픈 일이기도 하고 한편으로는 다행스러운 일이기도 하다. 이러한 새로운 제품이나 서비스를 위한 기회는 이 세상에 널려 있다.

동정심의 진화

:

불행한 다수보다
불행한 한 사람에게 더 끌리는 이유

많은 미국인들이 1987년을 떠들썩하게 했던 '아기 제시카' 사건을 기억하고 있을 것이다. 텍사스 미들랜드에서 생후 18개월 된 제시카 맥클루어Jessica McClure라는 아기가 이모네 집에서 놀다가 그만 6.7미터 깊이의 버려진 우물에 빠져버렸던 사건이다.

제시카는 어두운 지하에 떨어진 지 58시간 30분 만에 구조되었는데, 수많은 미디어들이 제시카의 구조 상황을 시시각각 보도한 영향인지 당시에는 그 시간이 몇 주는 되는 것처럼 길게 느껴졌다. 미디어들의 관심이 집중되자 사람들의 관심도 따라서 높아졌다.

굴착 기술자들, 구조요원들, 인근 지역의 주민들, 기자들 등 수많은 사람들이 미들랜드에 북적거렸고, 미국 전역의 텔레비전 시청자들의 눈과 귀도 미들랜드에서 들려오는 소식에 집중되었다. 마치 온 세상이 제시카의 구조 상황에 관심을 갖고 있는 것만 같았다. 제시카의 오른쪽 발이 커다란 돌 사이에 끼어 있다는 소식이 전해졌을 때는 그야말로 온 세상이 안타까워하는 것 같았고, 파이프를 이용해 설치한(당시의 상황을 고려했을 때 꽤 기발한 아이디어였다고 생각한다) 스피커에서 들려나오는 동요를 제시카가 따라 부르고 있다는 소식이 전해졌을 때는 온 국민들이 기뻐했다. 그리고 제시카가 마침내 구조요원들의 품에 안기던 순간 사람들의 눈에는 안도의 눈물이 흘러내렸다.

그 사건 이후 많은 사람들이 제시카에게 위로금을 주고 싶어했고, 그렇게 해서 맥클루어 가족이 받은 위로금의 액수는 70만 달러가 넘었다. 〈버라이어티 Variety〉, 〈피플 People〉 같은 잡지들은 제시카에 관한 심층기사를 다뤘고, 〈오데사 아메리칸 Odessa American〉의 스콧 쇼 Scott Shaw라는 사진기자는 제시카의 구조순간을 담은 사진으로 1988년에 퓰리처상을 수상했다. 제시카의 이야기는 〈만인의 아기: 제시카 맥클루어의 구조 Everybody's Baby: The Rescue of Jessica McClure〉라는 제목의 텔레비전 영화로도 만들어졌는데, 보 브리지스 Beau Bridges와 패티 듀크 Patty Duke 등의 배우들이 출연했다. 그런가 하면 바비 조지 다인스 Bobby George Dynes와 제프 로치 Jeff Roach 등의 작곡가들은 제시카의 구조 이야기를 담은 노래를 만들어 발표하기도 했다.

물론 제시카와 그녀의 부모는 엄청난 고통을 겪었음이 분명하다. 하지만 1994년 르완다에서 발생한 대량학살로 80만 명의 르완다 사람들이 무참하게 죽임을 당했던 일보다 아기 제시카의 구조를 보도하는 데 CNN이 더 많은 시간을 할애했던 일을 어떻게 받아들여야 할까? 이때 수많은 아기들이 학살로 죽어갔다. 다르푸르, 짐바브웨, 콩고 등지에서 굶주림이나 내전으로 죽어가고 있는 수많은 사람들보다 텍사스의 한 꼬마아이에 대해 더 큰 동정심을 느끼게 되는 이유는 무엇일까? 사람들은 왜 어느 한 사람의 비극에는 쉽게 마음을 열고 그 사람을 위해 기꺼이 지갑을 열면서 많은 사람들을 고통에 빠뜨리는 대규모의 비극에 대해서는 별다른 감정을 느끼지 못하는 걸까? 왜 그들에게 도움을 주는 일에는 소극적으로 되는 걸까?

이는 매우 복잡한 문제이며, 아주 오래전부터 수많은 철학자들, 종교인들, 저술가들, 사회과학자들이 고민해온 주제이기도 하다. 사실 커다란 비극에 대한 무관심은 사람들에게서 나타나는 일반적인 경향이며, 이런 현상이 나타나는 원인들은 여러 가지로 해석될 수 있다. 정보 부족, 인종차별, 물리적인 거리로 인해 기자들을 많이 내보낼 수 없는 현실 등이 그것이다.

비극의 크기가 너무 크면 사람들은 그것에 대해 무감각해진다는 지적도 있다. 일찍이 구소련의 스탈린도 "한 명의 죽음은 비극이지만 100만 명의 죽음은 통계일 뿐이다."라고 말했다. 스탈린과는 양극단에 있다고 할 수 있는 테레사 수녀도 이와 비슷한 말을 했다.

"내가 저렇게 많은 사람들을 봤다면 나는 아무것도 할 수 없었을 것입니다. 하지만 나는 여기 있는 한 사람을 보았고, 그래서 행동에 나설 수 있었습니다."

스탈린과 테레사 수녀가 살아 있었다면 자신의 말을 확인해주거나(비록 완전하게 다른 이유를 가지고 확인해주겠지만) 추가적인 설명을 해줄 수 있었을 것이다. 어쨌든 이들의 발언은 우리 인간이 어느 한 사람의 고통에 대해서는 매우 민감하게 반응할 수도 있는 반면에 많은 사람들의 고통에 대해서는 일반적으로(그리고 불합리하게) 무감각해질 수 있다는 의미를 내포하고 있다.

비극의 규모가 커질수록 그에 대한 우리의 관심은 정말 줄어들게 되는 걸까? 이와 같은 생각은 우리 자신에 대한 실망으로 이어질 수도 있고, 불쾌한 각성으로 우리를 인도할 수도 있다. 하지만 인간 행동의 다른 많은 문제들과 마찬가지로 이와 같은 경향이 나타나는 원인을 이해하는 것은 중요한 일이다.

우리는 왜 작은 것에만 신경 쓸까?

왜 인간은 다수의 고통보다는 한 사람의 고통에 더 큰 동정심을 갖게 되는지를 알아보기 위해 먼저 펜실베이니아 대학의 데보라 스몰 Deborah Small 교수, 카네기멜론 대학의 조지 뢰벤스타인 교수, 디시전 리서치 Decision Research의 설립자인 폴 슬로빅 Paul Slovic 대표 세 사람이 수행한 실험을 소개하려 한다.

우선 이들은 실험참여자들에게 간단한 질문지에 답하도록 한 다음, 그 대가로 5달러의 돈을 지급했다. 그러고는 실험참여자들에게 식량 부족으로 고통을 받고 있는 사람들에 관한 정보를 제시하고, 원한다면 5달러 가운데 일부 혹은 전부를 기부할 수 있다고 말했다.

이쯤 되면 이미 실험의 진행과정을 짐작하는 분들도 있을 것이다. 실험진행자들은 실험참여자들을 두 그룹으로 분류하고 각각의 그룹에 대해 서로 다른 유형의 정보를 제시했다. '통계조건'이라는 조건이 부여된 첫 번째 그룹에는 다음과 같은 글이 제시되었다.

말라위에서는 식량 부족으로 300만 명 이상의 어린이들이 고통을 받고 있습니다. 짐바브웨에서는 심각한 가뭄으로 지난 2000년 대비 옥수수 수확량이 42%나 감소했고, 그 결과 300만 명가량의 짐바브웨 사람들이 굶주림을 겪고 있습니다. 앙골라에서는 전체 인구의 3분의 1에 해당되는 400만 명의 사람들이 고향을 떠나야만 했고, 에티오피아에서는 1,100만 명 이상의 사람들이 즉각적인 식량 원조를 필요로 하고 있습니다.

이와 같은 정보를 얻은 실험참여자들은 실험 참여의 대가로 받은 5달러 가운데 일부를 자유로이 기부할 수 있었다. 다음의 내용을 읽기에 앞서 당신도 한번 생각해보라.

"만약 내가 이 실험의 참여자 입장이라면 나는 실험 참여의 대가로 받은 5달러 가운데 얼마를 기부할 수 있을까?"

두 번째 그룹에는 '인식가능조건'이라는 조건이 부여되었고, 이들에게는 로키아라는 한 소녀에 대한 정보가 제시되었다. 로키아는 말리에 살고 있는 일곱 살짜리 가난한 소녀로, 그녀의 가족은 끼니를 잇기 어려울 정도로 가난하다. 두 번째 그룹의 사람들에게는 다음과 같은 글과 함께 로키아의 사진도 제시되었다. 이 글은 구호단체들이 기부자들에게 직접 보내는 편지와 유사한 형식으로 씌어졌다.

귀하의 재정적 지원이라는 선물이 로키아의 삶을 변화시켜줄 수 있습니다. 귀하를 비롯한 여러 지원자들의 도움으로 저희 세이브 더 칠드런 Save the Children은 로키아의 다른 가족 및 로키아가 살고 있는 지역사회의 주민들과 힘을 합쳐 로키아에게 급식 및 교육과 기본적인 의료 지원 및 위생교육 등을 제공할 것입니다.

통계조건이 부여된 첫 번째 그룹과 마찬가지로 두 번째 그룹의 사람들 역시 자신들이 받은 5달러 가운데 일부 혹은 전부를 로키아를 위해 기부할 수 있다는 말을 들었다.

당신이 두 번째 그룹의 실험참여자들 가운데 한 사람이라면 로키아를 위해 얼마의 돈을 기부하겠는가? 이제 당신 스스로 내린 답을 서로 비교해보라. 당신은 로키아를 위해 더 많은 돈을 기부할 것인가, 아니면 아프리카의 식량 문제 해결을 위해 더 많은 돈을 기부할 것인가? 스몰과 뢰벤스타인과 슬로빅의 실험에서 두 번째 그룹 사람들은 첫 번째 그룹 사람들의 기부액의 두 배에 달하는 돈을 기부하겠다고 했다(통계조건의 사람들은 평균적으로 자신들이 받은 대가의 23퍼센트를 기부하겠다고 했던 반면에, 인식가능조건의 사람들은 평균적으로 자신들이 받은 대가의 48퍼센트를 기부하겠다고 했다).

사회과학자들은 이와 같은 현상을 '인식가능희생자효과The Identifiable Victim Effect'라고 부른다. 고통받고 있는 사람의 얼굴과 그 사람에 관한 자세한 정보를 알고 있을 때 우리는 더 큰 동정심을 갖게 된다. 그 결과, 금전적 기부를 포함해 그 사람을 돕기 위한 실질적인 행동을 취할 가능성이 그만큼 높아진다. 반면에 고통받고 있는 사람들의 개인적인 정보를 제공받지 못하는 경우는 별다른 동정심을 느끼지 못한다. 그 결과, 그 사람들을 돕기 위한 행동에 나설 가능성은 그만큼 낮아지게 된다.

세이브 더 칠드런, 마치 오브 다임스March of Dimes, 칠드런 인터내셔널

Children International, 더 휴메인 소사이어티The Humane Society 등을 비롯한 전 세계의 수많은 구호단체들도 '인식가능희생자효과'에 대해 잘 알고 있다. 이러한 구호단체들은 사람들에게서 더 많은 기부금을 이끌어내기 위해 고통을 받고 있는 사람들의 개인적인 정보를 제공하는 방법을 이용하고 있다(고통받고 있는 사람들의 개인적인 정보→동정심→더 많은 액수의 기부금).

미국암협회American Cancer Society도 '인식가능희생자효과'를 매우 잘 활용하고 있는 단체 가운데 하나다. 미국암협회는 동정심의 중요성을 잘 이해하고 있고, 사람들에게서 동정심을 이끌어내는 방법도 잘 알고 있다. 그렇다면 이 협회가 활용하고 있는 방법은 무엇일까?

우선 협회는 암에 대해 설명할 때 복잡한 의학용어를 쓰는 대신에 '암'이라는 표현을 일반적으로 사용한다. 그것이 사람들에게서 매우 강력한 동정심을 이끌어낼 수 있다는 것을 알기 때문이다. 또한 과거에 암에 걸렸음에도 계속 살아 있는 사람들을 '생존자'라고 부른다. 경증의 암을 앓았던 사람들, 암에 걸렸지만 암의 재발 이전에 노환으로 사망할 것 같은 사람들 모두를 생존자라고 부르는 것이다.

생존자라는 표현은 사람들에게 암의 심각성을 부각시키는 데 상당한 효과를 발휘하고 있다. 실제로 천식이나 골다공증을 앓았던 사람들을 생존자라고 부르는 것은 매우 어색할 수 있어도, 암에 걸렸던 사람들을 생존자라고 부르는 것은 그다지 어색하지 않고 암의 심각성을 부각시키는 효과가 있다. 그렇다면 미국신장재단도 신장병을 앓았던 사람들을 '신장병 생존자'라고 부른다면, 사람들이 신장병의 심각성을 인식해 미국신장재단을 위해 더 많은 돈을 기부하지 않을까?

무엇보다 과거에 암에 걸렸던 사람들에게 생존자라는 호칭을 부여함으로써 미국암협회는 암에 대해 걱정하는 사람들로부터 광범위하면서도 깊은 동정심을 이끌어낼 뿐만 아니라, 암에 걸려본 적이 없는 사람들로부터도 지원을 받고 있다. 또한 미국암협회는 마라톤을 비롯한 다양한 자선행사를 주최함으로써 암이라는 질병과 직접적으로 관련이 없는 사람들에게도 상당한 액수의 기부를 하도록 유도하고 있다. 암의 치료나 예방을 위한 연구에 관심이 없던 사람들도 미국암협회에서 주최하는 행사를 통해 생존자들을 만나게 되면 암의 치료나 예방을 위한 활동에 기부하고자 하는 마음이 생긴다. 자신이 알게 된 한 명의 암환자에 대한 동정심이 돈과 시간의 기부로 이어지는 것이다.

동정심을 유발하는 3가지 요소

도입부에서 소개한 일화와 방금 소개한 실험을 통해 우리는 인식 가능한 희생자들을 돕기 위해서는 기꺼이 돈과 시간과 노력을 제공하지만, 단순히 통계상의 수치로 나타나는(수십만 명의 르완다 사람들이 죽어가고 있는 사실 등) 비극에 대해서는 별다른 행동을 취하지 않는다는 사실을 알게 되었다. 그런데 이와 같은 행동 패턴이 나타나는 이유는 무엇일까? 다른 많은 복잡한 사회 문제들과 마찬가지로 여기에도 복합적인 심리가 작용하고 있다. 우선 다음의 사고실험을 통해 생

각해보자.↑

　당신은 지금 매사추세츠 주 케임브리지에 있는, 평소 꿈꾸던 직장에 취업하기 위한 면접을 앞두고 있다. 면접시간이 아직 한 시간 남아 있어서 당신은 호텔에서 면접장소까지 걸어가기로 한다. 도시의 분위기도 익히고 생각도 정리하기 위해서다. 그런데 찰스 강의 한 다리를 건너가고 있을 때 다리 아래쪽에서 살려달라는 비명소리가 들려왔다. 황급히 소리가 나는 쪽으로 고개를 돌려보니 웬 여자아이가 물에 빠져 허우적거리고 있다. 지금 당신은 면접을 위해 새로 장만한 정장을 입고 있다. 자그마치 1,000달러짜리 정장이다. 당신의 수영 실력은 뛰어나다. 그 여자아이를 구하기 위해서는 즉시 물에 뛰어들어야 한다. 하지만 옷을 벗고 뛰어들 여유는 없다.

　이런 경우 당신은 어떻게 하겠는가? 수영 실력이 뛰어난 당신은 아마 이것저것 생각하지 않고 곧바로 물에 뛰어들어 그 여자아이를 구해낼 것이다. 새로 산 정장과 면접 기회를 날리더라도 말이다. 이와 같은 행동을 취한 당신의 동정심 이면에는 일정 부분 세 가지 심리적 요소들이 작용하고 있다.↑↑

↑
여기서 제안하는 사고실험은 1972년에 출간된 피터 싱어Peter Singer 의 《기아, 풍요, 그리고 도덕성 Famine, Affluence, and Morality》에 나오는 내용을 참고해 구상해본 것이다. 그가 최근에 쓴 《물에 빠진 아이 구하기 The Life You Can Save》에는 이에 관한 내용이 더욱 심층적으로 다루어지고 있다.

↑↑
여기서는 근접성, 생생함, 의미인식이라는 세 가지 심리적 요소들을 개별적으로 설명하고 있다. 하지만 현실세계에서는 인정 많고 훌륭한 사람이라는 방증이기도 한 이들 요소들이 복합적으로 작용하기 때문에 어떤 것이 행동의 주된 요인이었는지를 명확하게 구분하기가 쉽지 않다.

첫 번째 심리적 요소는 위험에 처한 사람과의 근접성이다. 이는 친밀감으로 이해할 수도 있다. 여기서 근접성이란 물리적인 근접성뿐만 아니라 정서적인 근접성도 포함되는 개념이다. 친인척과 친구를 비롯해 여러 부분에서 공통점을 찾을 수 있는 사람들의 경우 더 높은 근접성을 갖는다.

일반적으로(그리고 다행히도) 이 세상에서 일어나는 대부분의 비극은 물리적인 의미에서든 심리적인 의미에서든 우리 주변에서는 쉽게 일어나지 않는다. 지금 이 세상 어디에선가 굶주리고 있거나 죽어가고 있는 사람들은 대부분 개인적으로 알지 못하는 사람들이며, 따라서 우리가 그들의 고통에 대해 큰 동정심을 갖기란 어려운 일이다. 오히려 우리는 굶주리고 있거나 죽어가는, 얼굴도 모르는 이들보다는 곤경에 처하게 된 친인척, 친구, 이웃들에 대해 더 큰 동정심을 갖는다.

근접성의 효과는 매우 강력하기 때문에 옆집에 살고 있는 실직한 전직 고소득자를 돕기 위해서는 기꺼이 돈을 쓰더라도, 다른 도시에 살고 있는 불쌍한 노숙자를 위해서는 돈을 쓸 가능성이 매우 낮다. 그리고 5,000킬로미터 떨어진 곳에서 발생한 지진으로 집을 잃은 누군가를 위해 돈을 쓸 가능성은 그보다도 더 낮다.

두 번째 심리적 요소는 위험을 얼마나 생생하게 인지하느냐의 여부다. 내가 당신에게 "제가 지금 칼에 손이 베었습니다."라고 단조롭게 말을 한다면 당신은 나의 고통에 대해 별다른 느낌을 갖지 못할게 분명하다. 하지만 내가 베인 상처를 자세하게 설명하면서 상처가 매우 깊고, 너무 아프고, 피도 많이 난다며 절절하게 말한다면 당신

357

은 앞의 경우보다는 훨씬 더 나의 고통을 생생하게 느끼고, 그만큼 더 많은 동정심을 갖게 될 것이다. 마찬가지로 눈앞에서 어떤 여자아이가 물에 빠져 허우적거리면서 비명을 지르고 있다면 당신은 곧바로 그 아이를 구하기 위한 행동에 나서게 될 것이다.

생생함이라는 심리적 요소의 반대되는 개념은 막연함이다. 누군가가 물에 빠졌다는 얘기를 듣더라도 그 사람의 모습을 보거나 비명소리를 듣지 못한다면 당신의 감정기재는 별다른 작동을 하지 않는다. 막연함이란 우주에서 찍은 지구의 사진을 볼 때 갖게 되는 느낌 정도로 이해할 수도 있다. 갈색과 초록색의 대륙, 파란색의 바다, 여기저기 엇갈려 있는 산맥 등의 모습은 눈에 들어오지만, 그 안에서 일어나고 있는 교통체증, 환경오염, 범죄, 전쟁 같은 일들은 보이지 않는다. 이렇게 뭔가를 아주 멀리서 보면 모든 것이 평화롭고 좋게만 보이고, 결국 뭔가를 바꿔야 할 필요를 느끼지 못하게 된다.

세 번째 심리적 요소는 의미의 인식으로, 이는 나 혼자서 비극의 희생자를 완전하게 도와줄 수 있는가 하는 문제와 관련이 있다. 식수오염으로 수많은 사람들이 죽어가고 있는 어떤 저소득 국가가 있다고 해보자. 자비를 들여 그 나라에 직접 가서 우물을 파거나 하수도를 정비하는 자원봉사를 한다면 한 개인으로서는 최선의 일을 하는 셈이 된다.

하지만 그렇더라도 우리가 도움을 줄 수 있는 사람들은 그 나라 전체 인구 가운데 극소수에 불과하다. 나머지 수백만 명의 사람들은 여전히 오염된 식수를 마시며 죽어가는 처지에서 헤어나지 못한다. 거대한 규모의 비극 앞에서 자신이 할 수 있는 역할이 매우 미미하다는 사실을 알게 되면 우리는 그 비극에 대해 어떤 감정이 발생하는 것을 스스로 차단해버린다.

"내가 할 수 있는 일이 뭐람?"

이렇게 생각해버리고 마는 것이다.↑

근접성, 생생함, 의미인식 등의 요소들이 당신의 행동 판단에 어떻게 영향을 주는지를 이해하고자 한다면 다음의 상황을 생각해보라. 지구 반대편에 사는 어떤 소녀가 쓰나미 피해로 모든 것을 잃게 되었다. 당신은 새 양복 한 벌 값도 안 되는 돈으로 그 소녀의 인생 자체를 바꿔줄 수 있다. 이러한 상황에서 당신은 1,000달러보다 훨씬 적은 액수의 돈이라도 기꺼이 기부하겠는가?

이번에는 막연한 위험에 처해 있는 한 소녀를 생각해보라. 지구 반대편에 사는 어떤 소녀가 말라리아에 걸릴 위험에 노출되어 있다. 당신은 그 소녀를 위해 지금 당장 1,000달러보다 훨씬 적은 액수의 돈이라도 기꺼이 기부하겠는가? 이질이나 에이즈에 걸릴 위험에 노출되어 있는 이 세상 수많은 아이들에 대해서는 어떤가? 혹시 그러한 문제를 완전하게 해결할 수 없다는 인식에 무력감은 들지 않는가? 아니라면 그런 아이들을 도와야겠다는 강한 동기의식이 일어나는가?

지구 반대편에서 병에 걸려 죽어가는 수많은 아이들을 돕고자 하는 욕구, 그리고 암에 걸린 친인척이나 친구나 이웃을 돕고자 하는

↑ 물론 지금도 수많은 훌륭한 사람들이 지구 반대편에 사는, 얼굴도 모르는 사람들을 돕기 위해 돈을 기부하고 직접 자원봉사에 참여하고 있다. 하지만 근접성, 생생함, 의미인식 등의 요소들이 누군가를 돕기 위한 행동 판단에 상당한 영향을 미치는 것도 분명하다.

욕구의 크기를 비교한다면 나는 분명 후자의 욕구가 더 클 거라고 생각한다(이와 같은 언급에 독자 여러분의 기분이 상할지도 모르겠지만, 나 역시 이러한 경향에서 예외적인 사람은 아니다).

이와 같은 경향을 나타낸다고 해서 특별히 인정이 메마른 사람이라고 볼 수는 없다. 이는 인간에게서 나타나는 지극히 일반적인 경향이기 때문이다. 비극이 일어나는 장소가 물리적으로 아주 멀고, 비극의 상황이 막연하고, 비극의 피해자들이 아주 많을 때 우리는 그러한 비극을 관조적으로 바라보게 된다. 그리하여 희생자들의 고통을 생생하게 인식하지 못하고, 희생자들을 돕기 위한 행동에서 적극성을 띠지 않게 되는 것이다.

불편한 마음이 들 수도 있겠지만 이것이 현실이다. 지금 지구상에는 수백만 명의 사람들이 굶주림과 폭력과 질병으로 죽어가고 있거나 죽음의 위협을 당하고 있다. 우리는 상대적으로 적은 액수의 돈으로 많은 생명을 살릴 수도 있지만, 대부분은 행동에 나서고 있지 않다. 이러한 상황의 이면에는 근접성, 생생함, 의미인식의 요소들이 작용하고 있다.

노벨경제학상 수상자인 토머스 셸링Thomas Schelling은 다음의 글을 통해 구체적으로 전해지는 비극과 통계적으로 전해지는 비극에 대응하는 인간 행동의 차이를 꼬집었다.

만약 갈색머리의 여섯 살짜리 소녀가 수천 달러의 비용이 들어가는 수술만 받으면 크리스마스까지 생명을 연장할 수 있다고 해보자. 이 소식이 퍼져나간다면 그녀가 살고 있는 지역의 우체국은 그녀를 살리는 데 써달라며 사람들이 보내온 돈으로 넘쳐나게 될 것이다. 하지만 판매세가 사라지면 매사추세츠 주의 의료기관들이 재정난을 겪게 되고 충분히 막을 수 있는 죽음들이 증가할 거라는 뉴스가 나갔다고 해보자. 이 뉴스를 듣고 눈물을 흘리거나 자신의 지갑으로 손을 뻗는 사람들은 그리 많지 않을 것이다.[17]

머리가 차가울수록 가슴도 차가워진다

누군가를 돕기 위한 실질적인 행동에 나서기 위해서는 근접성, 생생함, 의미인식 등의 세 가지 요소들이 작용하면서 감정이 움직여야 한다. 그렇다면 만약 사람들이 스타트렉의 스팍처럼 지금보다 더욱 냉철하고 이성적으로 변한다면 어떻게 될까?

스타트렉에서 스팍이라는 인물은 궁극의 현실주의자로 그려지고 있다. 언제나 이성적으로 판단하는 그는 동일한 시간과 노력과 돈을 투입했을 때 더 많은 사람들을 구할 수 있는 행동을 선택할 것이고, 그러한 행동이 문제의 일부분밖에 해결하지 못한다 하더라도 선택은 달라지지 않을 것이다. 그렇다면 문제에 대한 냉철한 시각이 우리로 하여금 로키아라는 한 명의 여자아이를 돕는 일에 그치는 게 아니라 결과적으로 이 세상의 굶주림과 질병을 없애는 일에 더 많은 돈을 기부하도록 만들까?

사람들의 사고방식이 더욱 이성적이고 계산적이 된다면 어떤 일이 일어나는지를 알아보기 위해 스몰과 뢰벤스타인과 슬로빅은 또 하나의 흥미로운 실험을 실시했다. 그들은 실험참여자들을 두 개의 그룹으로 나누고, 첫 번째 그룹에 대해서는 다음과 같은 질문에 응답해줄 것을 요청했다.

"만약 어떤 기업이 1,200달러짜리 컴퓨터 15대를 구입하기로 했다면, 그 기업은 컴퓨터 구입대금으로 얼마의 돈을 지불해야 합니까?"

이는 복잡한 수학적 계산을 필요로 하는 질문은 아니지만, 실험참여자들은 이 질문에 답하기 위해 계산하는 과정에서 순간적으로 평소보다 더 계산적으로 사고하게 된다(점화효과를 이용하는 이러한 방식은 심리학 실험에서 종종 활용된다).

두 번째 그룹에 대해서는 다음과 같은 질문에 응답해줄 것을 요청했다.

"조지 W. 부시라는 이름을 들으면 어떤 감정이 생깁니까? 그 감정을 하나의 단어로 표현해주세요."

마찬가지로 점화효과를 이끌어내기 위한 이 질문은 실험참여자들을 더욱 감정적으로 만들기 위한 목적에서 제시되었다.

각각의 그룹으로부터 질문에 대한 답을 받은 다음에 실험진행자들은 실험참여자들에게 로키아에 관한 개인정보(인식가능조건)와 아프리카의 일반적인 식량 부족 문제에 관한 정보를(통계조건) 제시했다. 그리고 각각의 문제에 대해 얼마의 돈을 기부할 의사가 있는지를 물어보았다. 그 결과, 감정적인 사고방식을 갖도록 유도한 두 번째 그룹의 사람들은 아프리카의 일반적인 식량 부족 문제의 해결을 위해서보다는 로키아 개인의 문제 해결을 위해 훨씬 더 많은 돈을 기부하겠다고 답했다(점화효과를 이용하지 않았던 처음의 실험 결과와 유사한 결과가 나타났다).

사고방식의 유도과정이 없었던 처음의 실험 결과와 감정적인 사고방식을 갖도록 유도한 두 번째 그룹에서 나타난 실험 결과 사이의 유사성을 보았을 때 특별한 사고방식의 유도과정이 없더라도 사람들의 기부행위는 감정, 즉 동정심에 의해 크게 좌우된다는 결론을 내릴 수 있었다. 따라서 감정적인 사고방식을 갖도록 유도하는 과정을 거쳤어도 실험 결과는 달라지지 않았다. 그것은 이미 의사결정 과정의 일부분이었다.

그렇다면 계산적인 사고방식을 갖도록 유도한 첫 번째 그룹의 사람들은—스타트렉의 스팍과 같은 사고방식을 갖게 된 사람들은—어떤 결과를 나타냈을까? 계산적이고 냉철한 사고의 사람들은 로키아에 대해 감정적으로 치우치지 않으면서 더 많은 사람들을 돕기 위한 활동에 돈을 기부했을까?

실험 결과, 계산적인 사고방식을 갖도록 유도한 사람들은 로키아 개인의 문제와 아프리카의 일반적인 식량 부족 문제 양쪽 모두에 대해 관심을 덜 가졌고, 양쪽 모두에 대해 공평하게 비슷한 액수의 기부를 했다. 그러나 그 액수가 매우 적은 것으로 나타났다. 다시 말해 스팍과 같이 이성적이고 계산적으로 사고하는 사람들은 동정심에 좌우되지도 않았고 기부 액수도 아주 적었다. 이성적인 관점에서 보면 이러한 실험 결과는 당연한 것이었다. 순수하게 이성적으로만 생각하는 사람들은 일반적으로 확실한 투자수익이 창출되지 않는 일에는 돈을 쓰지 않기 때문이다.

나는 이 같은 실험 결과에 우울한 기분마저 들었는데, 사실 실망스러운 실험 결과는 이것 말고 더 있었다. '인식가능희생자효과'에 관한 스몰과 뢰벤스타인과 슬로빅의 첫 실험에는(실험참여자들이 아프리카의 식량 부족이라는 큰 문제보다는 로키아라는 한 여자아이를 위해 두 배 이상의 돈을 기부했던 실험) 내가 아직 소개하지 않은 세 번째 실험조건이 있었다. 세 번째 실험조건에서는 실험참여자들에게 로키아의 개인적인 정보와 아프리카의 식량 부족 문제에 관한 통계적인 정보가 동시에 제시되었다(점화효과를 이끌어내기 위한 과정은 없었다).

세 번째 실험조건에서, 즉 로키아의 딱한 사정과 광범위하게 나타나고 있는 식량 부족 문제를 동시에 알게 되었을 때 실험참여자들의 기부 행태는 어떻게 나타났을까? 그들은 로키아의 개인정보만을 제시받은 사람들만큼 많은 액수의 돈을 기부했을까? 아니면 통계적인 정보만을 제시받은 사람들처럼 적은 액수를 기부했을까? 그것도 아니라면 중간 정도의 액수를 기부했을까?

안타깝게도 실험 결과는 그리 고무적이지 못했다. 세 번째 실험조건에서 실험참여자들은 실험 참여의 대가로 받은 돈의 29퍼센트를 기부했다. 통계조건의 실험참여자들이 기부했던 23퍼센트보다는 높은 수치였지만, 인식가능조건의 실험참여자들이 기부했던 48퍼센트에는 한참 못 미치는 수치였다. 이러한 실험 결과는 사람들이 일단 통계적인 정보를 접하게 되면 다른 이의 비극에 대해 특별히 더 높은 수준의 동정심을 갖기가 어려워진다는 점을 의미한다.

스몰과 뢰벤스타인과 슬로빅이 수행한 일련의 실험 결과는 매우 슬픈 의미를 갖는다. 우리는 어떤 사람의 불행을 보게 되면 그 사람

2부 가정에서 멀어지는 인간 행동에 관한 진실

을 돕기 위한 행동에 나서지만, 많은 사람들이 연관된 불행에 대해서는 별다른 행동을 취하지 않는다. 또한 냉철하고 계산적인 사람들의 사고방식은 커다란 문제에 대해 관심을 갖지도 않으면서 동정심도 상당히 부족하다. 이는 이성적인 사고방식이 이타심이나 동정심과는 거리가 멀다는 것을 잘 보여주고 있다. 이와 관련해서 저명한 의사이자 학자인 알베르트 센트 죄르지[Albert Szent-Györgi]는 다음과 같은 말을 했다.

"만약 내가 고통받고 있는 어떤 한 사람을 본다면 나는 그 사람에게 깊은 동정심을 갖게 되고, 어쩌면 그 사람을 도와주기 위해 내 목숨을 걸지도 모르겠습니다. 하지만 대도시에서 지진이 일어나 억 단위의 사망자가 발생할 수 있다는 말은 무감각하게 받아들이게 됩니다. 나는 한 사람의 고통에 억 단위를 곱할 수 있는 능력이 없습니다." [18]

기부금 세계도 부익부 빈익빈

이와 같은 실험 결과만을 놓고 본다면 다른 사람을 도와주는 결정을 내릴 때에는 생각을 적게 하고 오직 감정에 의지하는 것이 가장 좋은 방법이라는 해석이 가능하다. 하지만 인생이란 것이 그리 단순하지 않다. 비록 우리가 도움을 절실하게 필요로 하는 사람들이나 동물들을 보면서 아무런 조치를 취하지 않을 때도 있지만, 비이성적인 행동으로(혹은 적어도 그러한 행동이 부적절한 것임에도) 고통받는 사람들이나 동물들을 위해 팔을 걷어붙일 때도 분명히 있다.

몇 년 전에 있었던 생후 2년 된 흰색 테리어종인 강아지 포르지아의 구조 사건만 해도 그렇다. 태평양을 운항하던 한 탱커선에서 화재가 발생해 선원들은 탈출했으나, 그 배의 선장이 데리고 다니던 포르지아라는 이름의 강아지는 탈출하지 못한 채 계속 배 안에 남아 태평양을 표류하게 되었다. 분명 포르지아는 사랑스러운 강아지이고, 표류하는 배 안에서 굶어죽기에는 안타까운 생명이었을 것이다. 하지만 강아지 한 마리를 살리자고 장장 25일의 시간과 4만 8,000달러의 돈을 쓴다는 게 과연 합리적인 일인지 한번 생각해볼 일이다. 절박한 상태에 처한 다른 사람들도 많은 상황에서 말이다.

같은 맥락에서 사상 최악의 자연재해 중 하나로 꼽히는 엑슨 발데즈^{Exxon Valdez} 호 기름 유출 사고 당시를 떠올려보라. 당시 기름을 뒤집어쓰고 죽어가는 바닷새 한 마리를 살리는 데 지출한 돈은 3만 2,000달러였고, 기름을 뒤집어쓰고 죽어가는 수달 한 마리를 살리는 데 지출한 돈은 자그마치 8만 달러였다.[19] 물론 고통받고 있는 강아지와 바닷새와 수달을 지켜보는 것은 무척 힘든 일이다. 하지만 방역 활동, 교육 활동, 보건 활동 등에 사용할 수 있는 많은 액수의 돈을 한 마리의 동물을 위해 쓰는 것이 과연 이성적인 일일까?

생생하게 전해져 오는 고통에 대해 더욱 적극적으로 반응하는 우리의 성향이 언제나 옳은 판단으로 이어지는 것은 아니다. 깊은 동정심으로 도와주고 싶은 마음이 들더라도 그것이 항상 옳은 것은 아니라는 말이다.

다시 미국암협회에 대해 생각해보자. 나는 미국암협회의 활동에 대해 아무런 악감정도 없다. 만약 미국암협회가 영리단체였다면 오히려 그들의 강력한 역량과 인간의 몸에 대해 그들이 축적한 지식, 그들이 이루어낸 성공에 대해 찬사를 보냈을 것이다. 하지만 비영리단체의 세계에서 미국암협회의 '과도한 성공'이 마냥 찬사만을 받을 일이 아니라는 것도 사실이다.

미국암협회가 유명세를 타면서 대중의 관심과 지원이 협회에 집중되고, 그 결과 다른 중요한 활동들이 대중의 관심과 지원으로부터 소외되고 있기 때문이다(대중의 관심과 기부금이 집중된, '세계에서 가장 돈이 많은 비영리단체'인 미국암협회가 더 이상 기부금을 받지 못하도록 해야 한다는 조직화된 목소리도 나오고 있는 상황이다).[20] 지금처럼 사람들이 미국암협회에만 기부를 하고 암 이외의 문제들을 해결하려는 다른 비영리단체들에 대해서는 별 관심을 갖지 않는다면 결과적으로 다른 비영리단체들은 미국암협회 성공의 희생자가 되는 셈이다.

다음의 그래프는 자원의 비이성적 배분이라는 문제를 나타내고 있다.[21] 그래프에 표시된 서로 다른 재해나 참사(허리케인 카르티나, 2001년 9월 11일의 테러 공격, 아시아 쓰나미, 결핵, 에이즈, 말라리아)로 얼마의 사람들이 직접적인 영향을 받았고, 각각의 재해나 참사에 대해 얼마의 기부금이 모아졌는지 서로 비교해보기 바란다.

그래프의 점들을 보면 재해나 참사로 영향을 받은 사람들의 수가 많을수록 더 적은 액수의 기부금이 전해진 추세가 나타난다. 그리고 미국 이외의 지역에서 발생한 재해나 참사들보다 미국에서 발생한 재해나 참사들(허리케인 카르티나와 9·11 테러 공격)에 대해 더 많은 기부금이 모아졌다.

특히 결핵이나 에이즈나 말라리아 같은 질병들의 경우는 엄청나게 많은 사람들이 영향을 받고 있는데도 이것들의 예방 활동을 위해서는 그리 많은 기부금이 전해지지 않고 있다. 예방 활동이라는 것이 아직은 병에 걸리지 않은 사람들을 구하기 위한 활동이기 때문에 이와

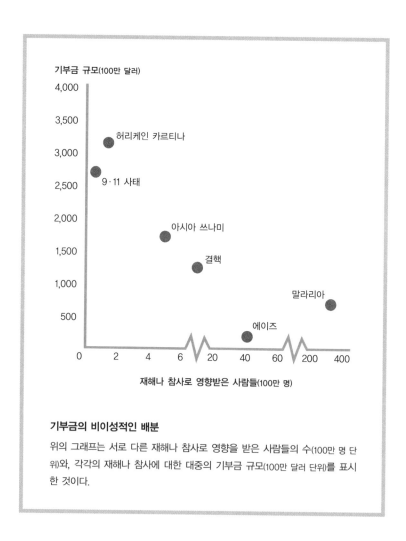

기부금의 비이성적인 배분
위의 그래프는 서로 다른 재해나 참사로 영향을 받은 사람들의 수(100만 명 단위)와, 각각의 재해나 참사에 대한 대중의 기부금 규모(100만 달러 단위)를 표시한 것이다.

같은 현상이 나타나는 것 같기는 하다. 미래에 걸릴 수 있는 잠재적인 질병을 예방하기 위한 활동이라는 것은 구체적으로 잘 와닿지도 않고 그 목표 또한 미래에 존재한다. 때문에 그러한 일들에 대해서는 감정이 잘 움직이지 않게 되고, 그 결과 기부금을 내는 행동이 유발되지도 않는다.

이산화탄소 배출 및 지구온난화 문제에 대해서도 생각해보자. 이 문제에 대한 당신의 생각은 어떨지 모르겠지만, 많은 전문가들은 이 문제를 오늘날 우리가 당면해 있는 가장 심각한 문제로 꼽고 있다. 하지만 아직까지 이 문제는 대부분의 사람들에게 무시되고 있다. 그 이유는 다음과 같다.

첫째, 기후변화의 영향은 미국이나 유럽 사람들에게는 잘 와닿지 않는다. 해수면의 상승이나 환경오염은 방글라데시 같은 지역에 살고 있는 사람들에게는 당장 영향을 미칠지 몰라도 미국이나 유럽에 살고 있는 사람들에게는 당장 별다른 영향을 미치지 않는다.

둘째, 이 문제는 눈으로 볼 수도 없고 간접적으로도 생생하게 경험할 수가 없다. 이산화탄소가 얼마나 많이 배출되고 있는지 눈으로 볼 수 있는 것도 아니고, 지구의 온도가 변하는 것을 느낄 수 있는 것도 아니다(LA에서 스모그로 고생하고 있는 사람들은 예외가 될지 모르겠다).

셋째, 지구온난화로 생기는 변화는 상대적으로 느린데다가 그다지 극적이지도 않기 때문에 그 문제를 당장 인식하기가 어렵다.

넷째, 기후변화로 인한 부정적인 상황은 금세 발생하는 게 아니다. 상황이 구체적으로 벌어지는 것은 아주 먼 미래의 일이다. 심지어 기후변화에 대해 회의적인 시각을 가진 사람들은 그런 일은 결코 일어나지 않을 거라고 생각한다. 앨 고어는 자신의 책 《불편한 진실^{An} *Inconvenient Truth*》에서 사람들에게 기후변화에 관한 위기의식을 불어넣어 줄 장치로 살 곳을 잃어가고 있는 북극곰을 비롯해서 여러 가지 사례를 들고 있다. 이는 사람들의 행동을 이끌어내기 위한 현명한 선택이라 할 수 있다.

낮은 수준의 의미인식이 재해나 참사에 대해 무관심으로 작용하고 있는 대표적인 사례가 바로 지구온난화 문제다. 우리는 승용차 운전을 줄이고 기존의 전구를 고효율 전구로 바꾸는 식으로 지구온난화를 막는 일에 동참할 수 있지만, 지구온난화 방지를 위해 개인이 할 수 있는 역할은 매우 미미하다. 물론 이렇게 미미한 역할이라도 수많은 사람들이 함께 행하면 엄청난 효과를 만들어낼 수 있음에도 개인의 역할이 미미하다는 사실에는 변함이 없다.

행동을 가로막는 이 모든 심리적인 요인들을 생각해보면 우리 주변에 큰 규모의 심각한 문제들이 꽤 존재한다는 사실이 두렵기까지 하다. 문제의 규모가 클수록 그 심각성은 잘 와닿지 않고 동기의식이 유발되지도 않기 때문이다.

대재앙을 넘는 사람들 ⦚

언젠가 내 강의를 듣는 학생들에게 사람들로 하여금 자원봉사를 하도록 하고, 기부를 하도록 하고, 동참을 하도록 하는 가장 좋은 방법이 뭔지 물어본 적이 있다. 이에 많은 학생들이 비극의 규모와 심각성에 관한 정보를 많이 제공하는 것이 사람들의 행동을 이끌어내는 가장 좋은 방법이라는 답을 했다.

하지만 이번 장에서 소개한 실험의 결과는 학생들의 답과는 차이가 있다. 안타깝게도 인간의 행동에 동기를 부여하는 힘에 대한 우리의 예상은 뭔가 잘못되어 있는 것 같다. 만약 내 강의를 들었던 학생들의 조언을 따라 많은 사람들을 위험에 빠뜨리는 어떤 비극에 관한 대량의 정보를 제시한다면 오히려 사람들은 행동에 나서지 않을 가능성이 크다. 엄청난 비극에 관한 대량의 정보가 사람들의 동정심을 억누르는 역효과를 유발하기 때문이다.

특정 개인이나 개체가 겪는 고통에 대해서는 민감하게 행동하는 반면에, 상상하기 어려울 정도의 큰 비극에 대해서는 무심하게 대처하는 사람들의 경향을 볼 때 우리는 인류를 위험에 빠뜨리는 대규모의 위기가 발생할 경우 아무런 희망도 가질 수 없는 걸까? 어쨌든 피할 수 없는 재앙이 미래의 어느 시점에 닥쳐올 경우 모든 사람이 올바른 일을 하게 될 거라고 마음 편히 믿을 수만은 없는 상황이다.

이제 재앙이 발생하면 그 즉시 재앙 때문에 고통받는 개인들의 사진을 공개하는 편이 좋을 것 같다(여기서 '좋을 것 같다'는 표현이 적절치 않다는 점은 나도 잘 알고 있다). 재앙 때문에 죽어가고 있는(하지만 아직은 생명을 구해줄 수 있는) 아이의 사진이나 갈 곳을 잃은 북극곰의 사진이 적당할 것이다. 그런 사진들이 동정심을 자극하면서 사람들의 행동을 이끌어낼 것이기 때문이다.

하지만 대부분의 경우 르완다의 사건처럼 비극을 알려주는 사진들은 너무 늦게 보여지거나, 다르푸르의 사건처럼 비극의 참상을 통계적으로만 보여줄 뿐이다. 그리고 비극을 전하는 사진들이 언론에 공개될 무렵에는 행동에 나서기에 이미 늦어버린 경우가 많다. 인류가 직면해 있는 심각한 문제들을 해결하는 데 장애가 되는 인간적 성향을 극복하고, 엄청난 비극 앞에서 갖게 되는 절망과 무력감과 냉담을 떨쳐내기 위해서는 어떻게 해야 할까?

　우리가 고려해볼 수 있는 한 가지 접근법은 중독 치료에 이용되는 방법을 따르는 것이다. 어떤 중독이든 중독을 이겨내는 첫 번째 단계는 문제를 인지하는 것이다. 만약 어떤 위기의 규모가 너무 커서 우리가 동정심을 갖지 못하는 것이라면 위기를 바라보는 관점을 바꾸는 방식으로 대응할 수도 있다.

　예를 들어 높은 진도의 지진이 일어나 한 도시가 초토화되고 수천 명의 사망자들이 발생하는 일이 생긴다면 그 도시에 있는 어느 한 사람을 도와준다는 생각을 가져보는 것이다. 의사가 되겠다는 꿈을 가진 어느 소녀, 미소가 밝고 축구에 재능을 가진 어느 소년, 오래전에 죽은 딸을 대신해 외손녀를 기르고 있는 어느 가난한 할머니 등 어느 한 사람을 떠올려본다. 이와 같은 생각을 하면 지진 피해자들에 대해 동정심을 갖게 되고, 자신이 어떤 행동을 취해야 하는지 판단을 내리기가 쉽다. 안네 프랑크Anne Frank의 일기가 그토록 큰 감동을 주는 한 가지 이유는 바로 이것이다. 수백만 명의 희생자가 발생한 학살 속에서 한 사람의 비극이 유독 커다란 슬픔을 안겨주고 있는 것은 안네 프랑크 한 사람의 절절한 이야기가 사람들의 동정심을 유발했기 때문이다.

마찬가지로 우리가 인지하는 위기의 규모를 좁히는 방법으로 의미인식을 유도함으로써 문제를 해결할 수도 있다. 빈곤의 문제를 바라볼 때 수억 명이 연관되어 있는 거대한 문제로 바라보는 게 아니라, 지금 굶주리고 있는 다섯 명의 사람들을 바라보는 식으로 접근하는 것이다.

기부금을 모금하고자 하는 단체들의 경우는 미국암협회에서 자주 활용하는 방법을 이용해보는 것도 괜찮을 듯싶다. 가까운 사람, 개인적인 비극, 생생하게 다가오는 정보 등에 의해 더 큰 동정심을 갖게 되는 사람들의 일반적인 성향을 이용하는 것이다. 예를 들어 가족 가운데 누가 암이나 동맥경화 등의 질병으로 고통을 받고 있는 경우, 우리는 해당 질병의 치료를 위한 활동에 돈을 기부하고자 하는 강한 동기의식을 갖게 된다. 개인적으로 아는 사이가 아니더라도 우리가 존경하거나 좋아하는 누군가의 사연도 기부에 대한 동기의식을 촉발할 수 있다.

1991년에 파킨슨병 진단을 받았던 영화배우 마이클 제이 폭스^{Michael J. Fox}의 경우를 생각해보라. 그는 현재 파킨슨병의 치료법을 개발하는 연구 활동을 위해 모금을 하는 한편, 많은 사람들에게 파킨슨병을 알리기 위해 여러 가지 방편으로 노력하는 중이다. 그가 출연했던 〈패밀리 타이즈^{Family Ties}〉나 〈백 투 더 퓨처^{Back to the Future}〉 같은 작품들을 좋아하는 많은 사람들은 이로 인해 파킨슨병에 대해 많은 관심을 갖게 되었다. 그가 자신의 재단을 위해 기부해줄 것을 요청했을 때 사람들은 마이클 제이 폭스라는 한 사람을 보고 기부했지만, 그것은 파킨슨병을 앓고 있는 많은 사람들을 돕는 결과로 이어졌다.

우리가 고려해볼 수 있는 또 다른 접근법은 행동의 지침이 되는 규칙이나 규범을 만드는 것이다. 누군가를 돕기 위한 행동을 취하는 데 종종 비이성적인 판단을 유발하는 감정에 의존하는 게 아니라, 미리 규칙이나 규범을 만들어놓고 그것을 따르는 것이다. 가령 유대인들 사이에는 의미인식의 문제로 누군가를 돕고자 하는 마음이 생기지 않더라도 도울 수 있는 사람은 도와줘야 한다는 전통이 내려오고 있다. 이와 관련해 탈무드에서는 다음과 같이 가르치고 있다.

"한 사람의 목숨을 구하는 것은 온 세상을 구하는 것과 같다." [22]

이와 같은 가르침을 기억하는 유대인들은 자신이 할 수 있는 일이 문제의 극히 일부분만을 해결하는 것에 불과하다고 생각하며 행동에 나서지 않으려는 인간의 일반적인 성향을 극복할 수 있다. 무엇보다 "한 사람의 목숨을 구하는 것은 온 세상을 구하는 것과 같다."라는 규범이 단 한 사람의 목숨을 구하는 역할을 통해서도 뭔가 거대한 임무를 완수했다는 느낌을 갖도록 하기 때문일 것이다.

이러한 도덕규범 외에 명확한 법규를 통해서도 인도주의를 실현할 수 있다. 르완다 대학살 당시 너무나도 무력했던 UN의 대응을 생각해보라. 당시 UN이 조금만 개입했어도 수십만 명의 학살을 막을 수 있었다. 학살이 임박해 있다는 정보를 입수한 당시 UN르완다지원군 사령관 로메오 달레르Romeo Dallaire 장군이 5,000명의 병력을 UN에 파견해줄 것을 요청했으나, UN에서 이를 거부했던 것이다. 르완다 대학살 이후에도 인종청소나 학살에 대한 소식은 지구 곳곳에서 끊이지 않고 들려오고 있다. 하지만 UN의 대응은 신속하지 않다.

그런데 일정 수 이상의 사람들이 생명에 위협을 받는 상황이 발생하는 경우, 즉시 해당 지역에 상황을 파악하기 위한 소규모 부대를 파견하고 곧바로 UN안전보장이사회를 소집해 48시간 이내에 그 상황에 대한 행동을 결정해야 한다는 법규가 UN에 의해 발효되는 경우를 생각해보라.↑ 이와 같은 법규에 의해 UN의 대응이 빨라진다면 앞으로 수많은 생명들을 살리는 것이 가능해질 것이다.

각국의 정부와 비영리조직도 자신들의 역할을 이러한 관점에서 바라볼 필요가 있다. 이들 조직이 대중이 관심을 보이는 재해나 참사를 돕겠다고 나서는 것은 정치적으로 쉬운 선택이 된다. 하지만 이러한 재해나 참사의 경우는 일반 대중이 자원봉사나 기부 등의 형태로 도움을 주기 때문에 상대적으로 사정이 나은 편이다. 문제는 개인적으로, 사회적으로, 정치적으로 관심을 받지 못해 필요한 도움을 제대로 받지 못하고 있는 재해나 참사다. 예방보건 활동이 그 대표적인 사례가 될 것이다.

아직 병에 걸리지 않은 사람들, 심지어 아직 태어나지도 않은 아기들을 돕겠다는 것은 한 마리의 북극곰을 구조하거나 한 명의 고아를 돌보는 것보다 덜 감동적이다. 사람들이 앞으로 병에 걸릴 수도 있다는 우려는 상당히 추상적이기 때문이다. 따라서 각국의 정부와 비영리조직은 일반 대중이 동정심을 느끼기 어려운 재해나 참사에 관심을 가짐으로써 그로 인해 고통받는 사람들을 도와야 하며 원조의 불

↑

다른 많은 정치단체들과 마찬가지로 UN도 무력한 모습을 자주 보이고 있다. 특히 UN 상임이사국 5개국에 부여된 거부권은 사실상 UN의 모든 결정을 무력화시킬 수 있을 정도다. 그렇더라도 UN은 분명 중대한 사태를 해결할 수 있는 힘을 가지고 있으며, 대중의 감정이 움직이지 않는 경우 이 힘은 더욱 중요한 의미를 갖는다.

균형이라는 문제를 일정 부분 해결해야 한다.

　사람들로 하여금 누군가를 돕고자 하는 마음을 갖도록 유도하는 효과적인 방법이 도움을 필요로 하는 많은 사람들의 참상을 알려주는 객관적인 정보가 아니라 오직 감정에 호소하는 것이라는 사실은 참으로 슬픈 일이다. 하지만 어쨌든 인간은 누군가에 대해 동정심이 생기면 앞뒤 가리지 않고 그 사람을 도와주기 위한 행동에 나선다. 경제학자들은 인간이 이성적이고, 이기적이고, 자신의 이익을 극대화하려는 성향을 가지고 있다고 말하지만, 고통받고 있는 사람의 사진을 보게 되면 그들의 논리로는 설명할 수 없는 놀라운 일을 하게 된다.

　이와 같은 상황에서 인간의 변덕스런 감정과 동정심의 작동 원리를 제대로 이해한다면, 우리는 더욱 이성적인 판단을 내릴 수 있고 우물에 빠진 한 여자아이만이 아니라 더 많은 사람들을 돕기 위한 행동에 나설 수 있을 것이다.

일시적인 감정의 후유증

:

왜 똑같은 실수를
되풀이할까?

우리 인간의 감정은 좋든 싫든 순간적인 것이다. 교통체증에 짜증이 나고, 선물을 받으면 행복해지고, 개똥을 밟으면 순식간에 욕설이 튀어나오지만, 이러한 감정은 오래 가지 않는다.

때문에 감정에 따라 충동적으로 행동하면 아주 오랫동안 후회하게 될 수도 있다. 홧김에 직장상사에게 분노의 이메일을 보내고, 사랑하는 사람에게 험한 말을 하고, 감당할 수 없는 비싼 물건을 구입하는 따위의 일을 생각해보라. 충동적으로 이와 같은 행동을 하면 그러한 행동을 유발했던 감정이 누그러지자마자 후회가 밀려들어온다.

"하룻밤 자고 다음날에 생각해라."

"행동하기 전에 열까지만 세라."

"흥분이 가라앉을 때까지 기다려라."

지혜로운 사람들이 이와 같은 조언을 하는 이유도 그 때문이다. 우리는 감정, 특히 분노의 감정에 휘둘려 충동적으로 행동하고 뭔가 중요한 것을 잃은 다음에야 정신을 차리면서 이렇게 후회한다.

"내가 무슨 생각으로 그랬던 걸까?"

그러면서 앞으로는 그와 같은 행동을 하지 말아야겠다고 다짐한다. 하지만 되풀이되는 충동적인 행동을 우리의 삶에서 완전하게 몰아낼 수 있을까?

분노 앞에서는 학식도 무용지물 ⦓

MIT에서 조교수 2년차로 대학원생들에게 의사결정과 관련된 강의를 하고 있을 때의 일이다. 그 강의는 시스템 설계 및 관리 프로그램에 연계된 것으로, 경영대학원 학생들과 공학대학원 학생들이 모두 수강신청을 할 수가 있었다. 학생들은 여러 가지 면에서 내 강의에 흥미를 보였고, 나 역시 그런 학생들을 가르치는 일이 즐거웠다.

그런데 학기 중간에 일곱 명의 학생들이 갑자기 나를 찾아와 강의 시간이 겹치게 되었다며 상담을 요청했다. 그들은 다른 교수로부터 재무학 강의를 듣고 있었다. 해당 교수가─여기서는 그 교수를 '폴'이라는 가명으로 부르겠다─몇 차례 강의를 취소한 다음 학생들에게 보충강의를 제안했는데, 그 강의 시간이 세 시간짜리 내 강의의 마지막 한 시간 반과 겹친다는 것이었다.

학생들은 폴에게 곤란한 사정을 얘기했지만, 폴은 상관없다는 투로 학생들에게 더 중요하다고 생각하는 강의를 선택하면 되지 않겠느냐고 말했다고 한다. 학생들에 따르면, 폴은 의사결정의 심리학에 관한 강의보다는 자신의 재무학 강의가 더 중요하지 않느냐는 말도 덧붙였다고 한다.

거기까지 얘기를 들은 나는 화가 났다. 나는 한 번도 폴을 만나본 적은 없었지만, 그가 매우 유명한 교수라는 것과 MIT에서 단과대학 학장을 지낸 적도 있다는 사실을 알고 있었다. 교수세계에서 조교수 2년차였던 나와 학장을 지냈던 폴의 서열은 극명하게 차이가 났고, 나로서는 딱히 취할 수 있는 방법도 없었다. 그래도 내 학생들에게 도움이 되고 싶었던 나는 그들에게 한 시간 반 동안 내 수업을 듣다가 폴의 수업을 들으러 가고, 대신 나머지 수업 분량은 다음날 아침에 따로 강의해주겠다고 했다.

그렇게 합의를 본 첫째 주에 일곱 명의 학생들은 내 강의를 반까지만 듣고는 자리에서 일어나 폴의 강의를 들으러 갔다. 그리고 그들은 다음날 아침에 내게로 와서 나머지 강의를 들었다. 나는 학생들이 강의 중간에 빠져나가는 것도 기분 나빴고, 따로 아침에 보충강의를 하게 된 것도 기분 나빴다. 하지만 그것은 학생들의 잘못이 아니었다. 그리고 몇 주 동안만 그렇게 하면 그 학기도 끝날 터였다.

그로부터 2주 후의 일이었다. 역시 합의한 대로 일곱 명의 학생들은 재무학 보충강의를 듣기 위해 내 강의실을 빠져나갔고, 나는 나머지 학생들에게 잠깐 쉬었다 강의를 하자고 했다. 학생들이 강의 중간에 빠져나가는 것은 여전히 기분 나쁜 일이었다. 나는 좋지 않은 감정으로 화장실에 가고 있었는데, 그때 어느 강의실의 열린 문 사이로 내 강의실에서 빠져나갔던 학생들의 얼굴이 보였다. 그리고 그들의 앞에는 한창 강의에 열중해 있는 교수가 보였다. 분명 폴일 터였다.

폴의 얼굴을 본 나는 분노가 치솟았다. 다른 사람들의 사정을 헤아릴 줄 모르는 그 사람은 나와 내 학생들의 시간을 무시했고, 그 때문에 나는 보충강의를 해야만 했다. 나는 내 강의를 취소한 적도 없는데 말이다.

분노에 휩싸인 나는 폴이 강의를 하고 있는 강의실로 쳐들어가 다른 학생들이 보는 앞에서 이렇게 말했다.

"폴 교수님, 교수님이 보충강의를 제 수업과 겹치는 시간에 하시는 바람에 저는 너무 화가 납니다."

순간 폴은 상당히 당황한 것처럼 보였다. 그는 내가 누구인지 전혀 모르거나, 아니면 내가 무슨 소리를 하는지 감을 잡지 못하는 것 같았다.

"지금 수업 중인데요."

그가 거만한 태도로 나에게 말했다.

"압니다."

내가 맞받아쳤다.

"하지만 교수님이 보충강의를 제 강의와 겹치는 시간에 하신 것은 그리 잘하신 일이 아니라는 점은 아셨으면 합니다."

나는 폴 앞에 그대로 서 있었다. 폴은 여전히 그 상황을 이해하기 위해 애를 쓰고 있는 것 같았다. 나는 곧바로 말을 이었다.

"제가 하고 싶은 말은 다 했습니다. 이제 제 생각을 모두 말씀드렸으니, 보충강의 건은 더 이상 언급하지 않기로 하죠."

그렇게 정중하게 말을 마친 나는 뒤돌아 강의실을 빠져나왔다. 그런데 강의실을 나오자마자 뭔가 해서는 안 되는 행동을 했다는 생각이 들었다. 그렇지만 기분은 후련했다.

그날 밤, 나는 폴의 강의실로 쳐들어갔던 일과 관련해 드라젠 프렐렉 교수로부터 전화를 받았다. 프렐렉 교수는 나를 MIT로 이끌어준 대선배였다. 그는 경영대학원 학장인 딕 슈말렌지^{Dick Schmalensee} 교수가 자신에게 전화를 걸어와 낮에 있었던 일을 들었다고 했다. 그러면서 슈말렌지 교수가 내가 공개적으로 폴에게 사과를 할 가능성이 있느냐고 물어보기도 했다는 말을 전했다. 프렐렉 교수는 이렇게 말했다.

"일단은 그럴 가능성은 별로 없다는 말씀을 드렸네. 하지만 학장님이 직접 전화를 하실 것 같아."

갑자기 어렸을 때 교장실로 호출되어 갔던 기억이 떠올랐다. 다음 날 나는 학장인 슈말렌지 교수로부터 전화를 받았고, 곧이어 그와 면담을 하게 되었다. 슈말렌지 교수는 나에게 이렇게 말했다.

"폴이 아주 화가 났네. 자기 강의실로 누군가가 들어와서 학생들 앞에서 비난을 해댔으니 그럴 만도 하지. 그는 자네가 사과하기를 원하고 있네."

나는 학장에게 왜 내가 그와 같은 행동을 했는지를 설명했는데, 설명을 하다 보니 괜한 짓을 했다는 생각이 들었다. 하지만 나는 학장에게 폴 역시 나에게 사과를 해야 한다고 주장했다. 그도 정신적으로는 내 수업을 세 번이나 침해한 셈이었기 때문이다. 분명 나와 대화를 나누던 학장은 내 입에서 "죄송합니다."라는 말이 나오지는 않겠다고 생각했을 것이다. 심지어 나는 모든 것을 긍정적으로 생각하자고 학장을 설득하려고도 했다.

"생각해보세요. 교수님은 경제학자시잖아요. 교수님도 평판의 중요성을 알고 계실 겁니다. 이제 저는 누군가로부터 불쾌한 일을 당하면 곧바로 보복을 하는 사람이라는 평판을 갖게 되었습니다. 그러니 앞으로는 저에게 그와 같은 일을 하는 사람은 없을 겁니다. 이는 앞으로 교수님이 이와 같은 일로 곤란을 겪으실 일이 없을 거라는 점을 의미하죠. 이것은 좋은 일입니다. 그렇죠?"

당시에 내가 슈말렌지 교수에게 했던 말이다. 물론 슈말렌지 교수는 내 의견에 전혀 동조할 수 없다는 표정이었다. 내 말을 들은 그는 나에게 폴을 다시 한 번 만나보기라도 하라고 말했다. 결국 나는 폴을 만나 대화를 나누었지만 두 사람 모두에게 만족스럽지 못한 대화가 계속됐다. 폴은 나에게 사회성이 부족한 것 같으며, 다른 사람들에게 도움을 구해서라도 예절에 대한 이해도를 높일 필요가 있겠다고 말했다.

여기서 학자로서의 고집이 빚어낸 촌극을 고백하는 이유는 나 역시 감정에 휘둘려 적절치 못한 행동을 할 수 있다는 점을 인정하기 위해서다(물론 이보다 훨씬 더 심한 사례도 있기는 하지만, 그에 대해서는 얘기하지 않으려 한다). 그리고 또 하나, 우리의 감정이 어떻게 작용하는지에 대해 설명하기 위해서다. 분명 나는 폴의 보충강의 시간이 내 강의시간과 겹치게 되었다는 사실을 알았을 때 그에게 전화를 걸어 대화를 시도할 수도 있었지만, 그렇게 하지 않았다. 왜 그랬을까?

한편으로는 그 상황에서 무엇을 해야 할지 몰랐기 때문이기도 했지만, 다른 한편으로는 처음에는 그 일에 대해 크게 신경을 쓰지 않왔기 때문이기도 했다. 당시 나는 어떤 연구에 몰두하고 있었기 때문에 일곱 명의 학생들이 강의시간이 겹친다면서 상담을 하고 돌아가자마자 그 일을 잊고 말았다.

하지만 일곱 명의 학생들이 내 강의시간에 빠져나가는 모습을 보고, 다음날 예정에도 없던 보충강의를 하게 되고, 그 일이 3주째 반복되던 상황에서 폴의 모습을 보자, 순간적으로 분노가 폭발했던 것이다. 그렇게 분노가 폭발하자 나는 이성적인 판단을 내릴 수가 없게 되었고, 해서는 안 될 일을 하기에 이르렀다. 또한 나는 좀처럼 사과하지 않으려고 하는 경우가 많다는 점도 고백을 해야겠다.

왜 충동적으로 행동해서는 안 되는가? ⟨-

보통 우리의 감정은 시간이 지나면서 흔적 없이 사라진다. 출근길에 어떤 차가 당신의 차 앞에 급하게 끼어드는 경우를 생각해보라. 그런 일을 당하면 매우 화가 나기는 하지만, 그렇다고 해서 어떤 일이 일어나는 것은 아니다. 곧바로 당신의 관심은 도로의 교통 상황, 라디오에서 나오는 음악, 저녁에 잡혀 있는 데이트 약속 등으로 옮겨 간다.

운전을 하고 출근을 하는 길에 당신은 계속해서 어떤 의사결정을 내리지만, 대부분의 경우 순간적인 감정은 의사결정에 아무런 영향을 끼치지 못한다. 의사결정 사이에 감정이 표시되어 있는 다음 그림은 순간적인 감정이 장기적인 의사결정에 아무런 영향을 미치지 못하고 그대로 사라지는 양상을 나타낸다.

```
의사결정 ➡ 감정 ➡ 장기적 의사결정
```

그런데 캘리포니아 대학의 에듀아르도 안드라데^{Eduardo Andrade} 교수와 나는 우리가 느낀 감정이 미래의 의사결정에도 영향을 미치는지 알고 싶어졌다. 개똥을 밟았을 때, 난폭한 운전자를 만났을 때, 안하무인격의 교수를 상대하게 되었을 때 등등. 이런 일을 겪었을 때 치솟는 감정이 사라진 지 오래된 후에도 그러한 감정이 의사결정을 좌우하게 되는지 궁금했던 것이다.

우리의 기본적인 논리를 예를 들어 설명하면 이렇다. 당신을 매우 행복하고 관대하게 만들어주는 어떤 일이 일어났다고 상상해보라. 이를테면 당신이 응원하는 프로야구팀이 월드시리즈에서 우승을 했다고 하자. 그날 밤에는 처갓집에 가서 늦은 저녁식사를 하기로 약속되어 있었는데, 기분이 한껏 좋아진 당신은 장모님에게 평소에 하지 않던 꽃다발 선물까지 했다.

그로부터 한 달 뒤, 우승의 기쁨도 사그라졌고 마침 현금 사정도 별로 안 좋아졌다. 그리고 또 한 번 처갓집을 방문해야 하는 일이 생겼다. 처갓집 방문을 앞둔 당신은 좋은 사위가 되려면 어떻게 행동해야 하는지 생각해보고, 자신의 기억을 더듬어보고, 지난번의 처갓집 방문에 장모님에게 꽃다발을 선물해드렸던 생각을 해낸다. 그리고 이번에도 꽃다발을 들고 가기로 결정한다.

이제 당신은 처갓집에 갈 때마다 꽃다발을 사들고 가고, 그것은 하나의 습관이 되어버린다. 물론 이것은 상당히 좋은 습관이다. 맨 처음 장모님을 위해 꽃다발을 샀을 때의 들떴던 감정은(응원하는 야구팀의 우승으로 인해) 더 이상 남아 있지 않다. 그러나 당신은 계속해서 꽃다발을 사기로 했고, 이제 처갓집을 방문할 때마다 장모님에게 꽃다발을 사드리는 착한 사위가 되었다.

이와 같은 식으로 당신의 순간적인 감정은 장기적으로 의사결정과 행동에 영향을 줄 수 있다. 그렇다면 왜 이와 같은 일이 일어나는 걸까? 무엇을 먹고 무엇을 입을지를 결정할 때 우리는 다른 사람들만을 보는 게 아니라 자신의 기억도 더듬어본다. 자신이 그렇게 잘 알지 못하는 다른 사람들을 따르는 경향(무리짓기의 경향)을 가지고 있다면 자신이 잘 알고 매우 높게 평가하는 어떤 사람, 즉 자신의 기존 행동을 따를 가능성은 매우 높지 않을까? 과거에 어떤 결정을 내렸고 그 결정의 결과가 좋게 나타났다면, 우리는 그 결정이 옳은 것이라고 판단하고(이러한 판단은 분명 옳은 것이다) 그것을 되풀이하게 된다.

안드라데와 나는 이와 같은 의사결정 과정을 '자기무리짓기self-herding'라고 부르기로 했다. 다른 사람들의 행동을 똑같이 따르는 것과 마찬가지로 자신의 과거 행동을 그대로 따르는 의사결정과정을 나타내기에 이러한 표현이 적절하다고 생각했다.↑

↑
자기무리짓기가 우리의 행동에 영향을 끼치는 다양한 방식에 대해 알고 싶다면《상식 밖의 경제학》2장을 참고하기 바란다.

순간적인 감정에 따라 내린 결정이 어떻게 자기무리짓기의 기준이 되고, 그로 인해 미래의 행동이 어떻게 정해질 수 있는지를 살펴보자.

당신이 어느 컨설팅 회사의 간부 직원이고, 당신의 임무 가운데 하나가 매주 월요일마다 소집되는 확대회의를 진행하는 것이라고 상상해보라. 월요일이 되면 당신은 각각의 프로젝트 리더들에게 지난주의 프로젝트 진행 상황과 이번 주의 목표를 발표하라고 요청한다. 그리고 조직의 시너지를 이끌어내기 위해 서로 협력이 필요한 팀들 사이의 조정자 역할도 한다. 그런데 이 월요일의 확대회의는 당신이 속한 그룹의 전체 직원들이 모일 수 있는 유일한 기회다. 때문에 회의시간은 종종 사교의 장으로 이용되기도 한다. 회의실에 모인 직원들이 서로 농담을 하는 일이 많은 것이다. 농담만이 아니라 다른 일상적인 대화나 잡담이 될 수도 있다.

어느 월요일, 사무실에 한 시간 일찍 도착한 당신은 주말 사이에 쌓인 이메일을 확인한다. 이메일을 열어본 순간, 초등학교 저학년인 당신 자녀의 도자기 수업 신청 마감이 지난 주말까지였다는 사실을 알게 된다. 당신은 한편으로는 부모로서의 역할을 제대로 하지 못했다는 자괴감이 들면서, 다른 한편으로는 배우자로부터 쏟아질 비난에 불안해진다. 더욱이 당신의 배우자는 앞으로 부부싸움을 할 때마다 그 일을 두고두고 언급할 것이 뻔하다. 그러자 당신은 갑자기 신경이 곤두서면서 기분이 나빠진다.

그러다 확대회의 시간이 되어 회의실로 들어섰는데, 그곳에 모인 직원들이 즐거운 표정으로 서로 잡담을 하고 있다. 평상시 같았으면 당신은 그러한 모습에 별로 개의치 않았을 것이다. 더욱이 바로 지난 주까지만 하더라도 당신은 어느 정도의 잡담은 조직의 분위기를 살리는 데 필요하다는 생각까지 했다. 하지만 오늘은 평상시가 아니고, 당신은 안 좋은 기분으로 새로운 의사결정을 하게 된다. 그것은 명백하게 감정에 따른 의사결정이다. 그 전까지 당신은 유쾌한 인사로 회의를 시작해왔다. 그러나 오늘은 낮은 목소리로 잔뜩 분위기를 잡고 이렇게 말한다.

"회의를 시작하기에 앞서 효율성과 시간 절약의 중요성에 대해 말할까 합니다."

당신은 효율성과 시간 절약에 대해 일장 연설을 하고, 그러는 사이 회의실에 있던 직원들의 표정에서는 웃음기가 싹 사라져버린다. 당신은 효율성이 무엇인지를 가르쳐주기라도 할 듯 곧바로 본회의를 시작한다.

그날 밤 퇴근해서 집으로 돌아왔는데, 어쩐 일인지 배우자가 당신에게 비난을 하지 않고 당신을 이해하는 분위기다. 어차피 아이가 방과 후 수업을 많이 듣고 있기 때문에 도자기 수업을 신청하지 않는 편이 더 나을 것 같다는 말도 한다. 이 말에 하루 종일 당신이 품고 있던 불안감과 걱정이 순식간에 사라져버린다.

하지만 당신도 모르는 사이에 회의시간에 잡담을 하지 말아야 한다는 것은 당신의 미래 행동을 결정하는 기준이 되었다. 당신은 (다른 사람들과 마찬가지로) 자기무리짓기를 하는 존재이기 때문에 현재 행동의 기준이나 지침을 자신의 과거 행동에서 찾는다. 따라서 다음번 확대회의부터는 어떻게 행동해야 할까 고민하다가 당신이 다른 사람들 앞에서 공언했던 것처럼 잡담이나 농담을 하지 않고, 곧바로 회의의제로 들어가게 된다. 자녀의 수업 신청을 잊어버림으로써 갖게 된 부정적인 감정은 금세 사라지지만, 그러한 감정에 휘둘려서 내린 결정은 앞으로 오랫동안 당신의 행동과 당신이 진행하는 확대회의의 분위기에 영향을 미치게 되는 것이다.

이곳이 이상의 세계였다면 당신은 순간적인 감정에 따라 행한 어리석은 행동의 이면에 있던 감정을 기억해낼 수 있을 것이다. 그리고 앞으로는 그와 같은 행동을 되풀이할 필요가 없다는 점을 인식하게 될 것이다.

하지만 현실세계의 우리는 과거의 감정 상태를 좀처럼 기억해내지 못한다. 이를테면 지난주 수요일 오후 3시 30분에 자신이 어떤 감정 상태였는지 기억해낼 수 있는가? 다만 우리는 과거의 행동만을 기억해낼 뿐이다. 그리고 그러한 행동을 계속해서 반복하려 한다. 그것이 설령 평상시와 다른 어떤 순간적인 감정에 의해 유발된 행동이라도 마찬가지다. 우리가 순간적인 감정에 휘둘려 내린 의사결정은 오랫동안 우리의 미래 행동을 결정하게 된다. 결과적으로 이는 단기적인 감정이 장기적으로 우리의 삶에 영향을 미치는 셈이 된다.

의사결정 ➡ 감정 ➡ 단기적 의사결정 ➡ 장기적 의사결정

안드라데와 나는 이러한 개념을 설명하기 위해 '감정 캐스케이드

emotional cascade'라는 용어를 쓰기로 했다. 당신의 경우는 어떨지 모르겠지만, 대부분의 사람들에게 감정에 따라 유발된 의사결정은 그 감정이 사라지고 아주 오랜 시간이 흐른 뒤에도 계속 판단에 영향을 끼친다. 그동안 감정에 휘둘려 얼마나 많은 잘못된 의사결정—이성을 잃지 않았더라면 절대로 내리지 않았을 그런 의사결정—을 내려왔는지를 인식하는 것도 중요하다. 그리고 감정에 따른 의사결정의 영향력이 우리가 생각하는 것보다 훨씬 더 오랫동안 삶에 영향을 줄 수 있다는 점을 인식하는 것도 마찬가지로 중요한 일이다.

최후통첩게임 ⫶

안드라데와 나는 감정 캐스케이드의 흐름을 확인하기 위해 실험을 하기로 했다. 우리의 실험은 세 가지 핵심적인 단계들로 진행되었다.

첫 번째 단계에서 우리는 실험참여자들의 화를 돋우거나 그들을 행복하게 만들어주려고 했다. 실험참여자들의 감정이 급격하게 변하면 두 번째 단계로 넘어가는데, 두 번째 단계에서는 실험참여자들에게 어떤 의사결정을 내리도록 했다. 마지막 단계는 실험참여자들의 감정 상태가 차분해질 때까지 기다렸다가 그들에게 추가적인 의사결정을 내리도록 했다. 이때 실험참여자들이 세 번째 단계에서 내리는 의사결정이 그들이 이전에 가졌던 감정 상태에 영향을 받는지를 확인하는 것이 이번 실험의 목적이었다.

이번 실험에서 우리가 실험참여자들의 의사결정에 이용한 것은

'최후통첩게임ultimatum game'이었다. 일반적으로 이 게임은 제안자와 반응자, 두 사람이 참여하게 된다. 제안자와 반응자는 서로 다른 장소에 위치해 있기 때문에 상대방의 모습을 볼 수 없고, 상대방이 어떤 사람인지에 대한 정보도 전혀 제공받지 못한다. 이 게임은 게임 진행자가 제안자에게 소정의 돈을 지급함으로써 시작된다.

여기서는 20달러의 돈이라고 하자. 이제 돈을 지급받은 제안자는 그 돈을 반응자와 어떻게 나눌 것인지를 결정해야 하는데, 그 권한은 전적으로 제안자의 몫이다. 반응자와 10달러씩 공평하게 나누겠다고 할 수도 있고, 제안자인 자신이 12달러를 갖고 반응자에게는 8달러만 주겠다고 할 수도 있으며, 제안자인 자신이 8달러를 갖고 반응자에게는 12달러를 주겠다고 할 수도 있다. 아니면 욕심을 부려서 제안자인 자신이 18달러나 19달러를 갖고 반응자에게는 2달러나 1달러만 주겠다고 할 수도 있다.

제안자가 돈을 어떻게 나누고 싶은지를 정해 반응자에게 제안하면 반응자는 그 제안을 수용할지, 거부할지를 결정하게 된다. 만약 반응자가 제안자의 제안을 수용하겠다고 하면 두 사람은 각각 제안된 돈을 갖고, 반응자가 제안자의 제안을 거부하겠다고 하면 두 사람은 한 푼도 갖지 못한 채 집으로 돌아가야 한다.

여기서 잠시 최후통첩게임에 참여하는 제안자와 반응자가 내릴 수 있는 의사결정에 대해 좀 더 논의해보도록 하겠다.

당신이 이 게임에 반응자로 참여하고, 제안자에게 처음 지급되는 돈은 20달러라고 하자. 그리고 제안자가 제안한 배분 비율은 19 : 1, 즉 제안자가 19달러를 갖고 나머지 1달러를 당신에게 주겠다는 제안을 했다고 하자. 이에 대해 완벽하게 이성적인 사고방식을 가진 반응자라면 다음과 같이 생각하게 될 것이다.

"뭐, 저런 자식이 다 있어? 그래도 1달러라도 가지고 집으로 가는 게 낫긴 하지. 저런 자식을 혼내주겠다고 1달러를 포기할 필요는 없잖아? 어쨌든 이 제안을 받아들이면 내 재산은 1달러가 늘어나니까."

순수한 경제학의 관점에서 본다면 어떤 사람이든 이와 같은 방식으로 사고해야 한다. 1달러의 재산이라도 늘어나는 쪽의 선택을 하는 것이 이성적이라고 보는 것이다. 하지만 행동경제학의 많은 연구는 사람들은 공평과 정의에 대한 인식을 바탕으로 의사결정을 한다는 주장을 하고 있다. 사람들은 불공평한 대우에 화를 내고, 자신에게 불공평한 대우를 한 사람을 응징하기 위해 기꺼이 자신의 손해를 감수하려는 경향을 보이는 것이다(5장의 내용을 떠올려보기 바란다).

최후통첩게임에 참여하는 반응자가 불공평한 제안을 받는 경우 두뇌의 뇌섬엽 부위가 활성화된다는 연구보고도 있다. 뇌섬엽은 부정적인 감정 경험과 관련이 있는 부위이며, 뇌섬엽 부위의 활성화가 강해질수록(감정반응이 강해질수록) 보복행위를 할 가능성이 높아지는 것으로 알려져 있다.[23]

이렇듯 불공평한 제안에 대한 사람들의 반응은 누구라도 예상할수 있을 정도로 명백한 것이다. 최후통첩게임에 참여하는 제안자들도 이러한 점을 잘 알고 있다. 어떤 최후통첩게임에서 얼굴도 모르는 제안자가 95 : 5의 비율로 돈을 나눌 것을 제안하는 경우 반응자가 그 제안을 받아들일 것으로 기대하는 사람은 아무도 없을 것이다. 20달러의 돈이 지급된 게임에서 당신이 반응자로 참여하게 되었는데,

제안자가 19 : 1로 돈을 나눌 것을 제안하는 경우 당신은 화를 내면서 다음과 같이 말하게 될 것이다.

　"다 때려치워! 이 XXX야!"

　때문에 실제 최후통첩게임을 하면 대부분의 제안자들은 12 : 8로 배분을 제안하며, 반응자들도 대부분 이러한 제안을 받아들인다. 물론 최후통첩게임에서 언제나 이와 같은 결과가 나타나는 것은 아니다. 실험참여자들로 하여금 사람들은 언제나 이성적인 선택을 해야 하고 또 사람들이 이기적인 행동을 하는 것은 당연하다는 식의 경제학 강의를 듣도록 하는 경우, 실험 결과는 다르게 나타날 수 있다. 이러한 내용의 경제학 강의를 들은 제안자들은 최후통첩게임에서 19 : 1로 돈을 나누자는 제안을 하고—자신에게 최대의 이익이 되는 방향으로 행동하는 것이 이성적이라고 생각한다—반응자들의 경우는 최소한의 이익이라도 취하기 위해 그러한 제안을 받아들인다.

　하지만 경제학 강의를 들은 제안자들이 그렇지 않은 반응자들과 함께 게임을 하는 경우에는 자신들의 불공평한 제안이 자꾸만 거부되는 것에 큰 실망감을 느낄 것이다. 이와 같은 점으로 미루어보아 당신이라면, 분명 순수하게 이성적으로만 생각하려고 하는 경제학자들과는 최후통첩게임을 하고 싶지 않을 것이다. 당신이 반응자로 나서야 한다면 말이다.

　우리가 실행한 실험에서 한 번의 게임에 걸린 돈은 10달러였다. 200명가량의 사람들이 반응자로 참여했고, 반응자들에게 따로 말하지는 않았지만 제안자는 안드라데와 내가 맡았다. 사실 우리는 모든 반응자에게 일괄적으로 7.5 : 2.5의 배분 비율을 제안했다. 그 이유는 모든 반응자에게 동일한 수준의 불공평한 제안을 하기 위해서였다.

만약 당신이 반응자로 우리 실험에 참여했다면 7.5 : 2.5의 제안을 받아들이고 2.5달러의 돈이라도 갖겠는가, 아니면 불공평한 제안을 한 제안자가 7.5달러의 돈을 갖지 못하도록 당신이 가질 수도 있는 2.5달러의 돈을 포기하겠는가? 이에 대한 답을 하기 전에 만약 우리가 당신에게 심리작용을 통해 어떤 감정 상태를 주입하는 경우 이에 대한 답이 어떻게 달라질지 생각해보라.

당신이 우리의 실험에서 분노조건 그룹으로 분류된 실험참여자라고 해보자. 당신은 게임에 참여하기에 앞서 영화 〈라이프 애즈 어 하우스Life as a House〉의 한 장면을 보게 된다. 남자 주인공 케빈 클라인Kevin Kline이 못된 사장으로부터 해고를 당해 20년 동안 건축가로 일해온 직장에서 쫓겨나는 장면이다. 뜻하지 않은 해고로 매우 억울했던 케빈 클라인은 진행 중이던 프로젝트를 위해 자신이 만든 건축물 모형을 야구방망이로 부숴버린다. 당신도 그와 같은 장면을 보게 된다면 어느 정도 케빈 클라인의 입장에 대해 동정심을 갖게 될 것이다.

이 영화 장면을 보여준 다음에 실험진행자는 당신에게 그것과 유사한 과거의 경험을 글로 써달라고 요청할 것이다. 어떤 사람은 십대 시절에 편의점에서 일하던 당시 사장이 억울하게 자신을 좀도둑으로 몰았던 경험을 가지고 있을 것이다. 또 어떤 사람은 회사의 신입사원 시절 상사가 자신이 수행한 프로젝트를 가로채간 경험을 가지고 있을 것이다.

당신이 당했던 부당한 일에 대한 경험을 글로 적으면 실험진행자는 당신을 다른 방으로 안내할 것이다. 이때 당신은 불쾌한 경험이 유발한 화를 마음속에 담고 다른 방으로 이동하게 된다. 그 방에 도착하면 다른 실험진행자가 최후통첩게임의 진행방법에 대해 설명을 하게 된다. 그리고 설명을 들은 당신은 자리에 앉아 익명의 제안자가 보내올 10달러의 분할 방법에 대한 제안을 기다리게 된다. 그리고 몇 분 후에 당신은 7.5 : 2.5의 분할이라는 제안을 받는다.

이제 당신은 선택을 해야 한다. 2.5달러의 돈이라도 챙겨갈 것인가, 아니면 제안을 거부하고 빈손으로 돌아갈 것인가? 만약 제안을 거부함으로써 불공평한 상대방에 대한 보복을 선택하는 경우 당신은 어느 정도의 만족감을 얻게 될까?

이번에는 당신이 우리의 실험에서 행복조건 그룹으로 분류된 실험 참여자라고 해보자. 당신은 게임에 참여하기에 앞서 텔레비전 시트콤 〈프렌즈Friends〉의 일부를 보게 된다. 5분 길이의 이 영상에는 여섯 명의 주인공들이 새해를 맞아 새로운 다짐을 하는 장면이 나온다. 새로운 다짐이라는 것들은 각각의 주인공들로서는 정말 지키기가 어려운 것들이다. 평소 장난기가 많은 챈들러는 앞으로 더는 친구들을 놀리지 않겠다는 다짐을 하지만, 자신의 친구 로스가 '혼스워글'이라는 웃기는 이름의 여성과 데이트를 하고 있다는 사실을 알고는 그를 놀리고 싶어 안달하는 장면이 나온다.

이번에도 마찬가지로 실험진행자는 당신에게 영상으로 본 것과 유사한 과거의 경험을 글로 써달라고 요청할 것이다. 친구들과의 유쾌한 경험을 쓰는 것이 당신에게는 전혀 어려운 일이 아닐 것이다. 이제 그러한 경험을 글로 작성하면 실험진행자가 당신을 다른 방으로 안내하고, 그곳에서 당신은 최후통첩게임의 진행 방법에 대한 설명을 듣게 될 것이다. 몇 분 후에 당신은 10달러의 돈 가운데 "제안자가 7.5달러를 갖고 반응자가 2.5달러를 갖도록 하자."라는 제안을 받게 될 것이다. 당신은 이러한 제안을 수용할 것인가, 아니면 거부할 것인가?

실제로 실험에 참여했던 200명가량의 사람들은 7.5 : 2.5의 분할이라는 제안에 대해 어떻게 반응했을까? 쉽게 짐작할 수 있겠지만, 많은 사람들이 자신이 가질 수도 있었던 2.5달러의 손해를 감수하고 제안을 거부하겠다는 결정을 내렸다. 하지만 〈라이프 애즈 어 하우스〉를 보고 불쾌한 기분을 갖게 된 사람들이 〈프렌즈〉를 보고 유쾌한 기분을 갖게 된 사람들보다 불공평한 제안을 거부하는 빈도가 더 높게 나타났다. 이는 이번 실험을 기획했던 우리의 예상에 부합하는 결과였다.

일반적으로 사람들의 행동에 대한 감정의 영향을 생각할 때 반응자들이 불공평한 제안을 한 제안자에 대해 보복을 하는 것은 매우 합리적인 선택으로 보인다. 그런데 이번 실험에서 보복행위를 유발하는 것이 단지 불공평한 제안으로부터 유발된 감정만이 아닌 것으로 나타났다. 실험참여자들이 영상물을 보고 자신의 과거 경험에 대한 글을 쓰는 과정에서 갖게 된 감정도 실험참여자들의 의사결정에 영향을 미쳤던 것이다. 분명 영상물 시청과 글쓰기는 최후통첩게임과는 전혀 관련이 없는 경험이었다. 그러나 그렇게 전혀 관련이 없는 경험으로부터 유발된 감정도 최후통첩게임에서 의사결정에 영향을 미치는 주요한 요인으로 작용했다.

분노조건 그룹의 실험참여자들은 영상물 시청과 글쓰기를 하는 과정에서 갖게 된 화를 최후통첩게임의 제안자들에게 풀었을 거라고 짐작할 수 있다. 그들은 이렇게 생각했을지도 모른다.

"지금 정말 기분이 안 좋은데, 이게 다 이런 엉터리 제안 때문일 거야. 이런 제안은 거부해버릴 테다."

그런가 하면 행복조건 그룹의 실험참여자들은 영상물 시청과 글쓰기를 하는 과정에서 좋은 감정을 갖게 되었고, 최후통첩게임에서 불공평한 제안을 받게 되었을 때도 이런 생각을 했을 것이다.

"적은 액수이기는 하지만 이 정도의 돈이라도 벌게 되었으니 기분이 좋은걸. 이대로 제안을 받아들여야겠어."

이와 같은 식으로 각 그룹의 실험참여자들은 자신들의 (부적절한) 감정에 따라 의사결정을 했을 것이고, 그 결과 앞에서 설명한 것과 같은 실험 결과가 나타났다.

여기까지의 결과만으로도 우리의 감정은 의사결정에 영향을 미치며(이제는 새로운 소식도 아닐 것이다) 심지어 다른 요인으로 유발된 감정도 의사결정에 영향을 미친다는 점을 알 수 있었다. 하지만 안드라데와 내가 정말로 알고 싶었던 것은 감정이 사라진 다음에도 그러한 감정이 계속해서 의사결정에 영향을 미치는지의 여부였다. 실험참여자들이 행복하거나 화가 나 있는 상태에서 내린 의사결정이 그들의 장기적인 습관의 기준이 되는지를 알고 싶었던 것이다. 우리가 행한 이번 실험의 핵심이 바로 이것이었다.

일단은 영상물 시청과 글쓰기를 하는 과정에서 실험참여자들이 갖게 된 감정이 사라질 때까지 기다려야 했다. 우리는 실험참여자들이 감정적으로 중립적인 상태가 되었는지를 확인한 후에 다음 단계의 실험을 진행했다. 실험참여자들의 감정이 중립적이 되었을 때 다시 그들에게 불공평한 돈의 분배를 제안한 것이다.

감정을 식히고 다시 차분한 상태에 이르게 된 실험참여자들은 어떤 식으로 반응했을까? 영상물 시청과 글쓰기를 한 지 한참 지나고 감정이 중립적인 상태에 이르렀음에도 그들은 감정이 살아 있던 때와 똑같은 반응을 나타냈다. 영화 〈라이프 애즈 어 하우스〉의 일부분을 보고 불쾌한 기분을 가졌던 사람들은 불쾌한 감정이 사라진 후에도 불공평한 제안을 더 많이 거부했다. 마찬가지로 시트콤 〈프렌즈〉의 일부분을 보고 유쾌한 기분을 가졌던 사람들은 유쾌한 기분이 사라진 후에도 불공평한 제안을 더 많이 수용했다.

분명 실험참여자들은 세 번째 단계의 의사결정을 내릴 때 자신들이 한참 전에 내렸던 두 번째 단계의(부적절한 감정에 따라 의사결정을 내렸던 때) 의사결정을 기준으로 삼았을 것이다. 두 번째 단계에서 가지고 있던 감정이 모두 사라진 뒤였음에도 말이다.

자기무리짓기의 유형 ⋛

안드라데와 나는 실험참여자들의 역할을 바꾸어주는 방식으로, 즉 실험참여자들이 반응자의 역할을 수행한 다음에 제안자의 역할을 수행하도록 하는 방식으로 우리의 실험을 확장해보기로 했다. 실험의 진행과정은 기본적으로 다음과 같았다.

첫째, 실험참여자들에게 앞에서 소개한 두 영상물 가운데 하나를 보여줌으로써 그들에게 어떤 감정을 유발한다. 그리고 그들에게 반응자 역할을 부여해 최후통첩게임에 참여시키고(실험참여자들의 의사결정은 그들이 갖게 된 감정에 의해 상당한 영향을 받는다), 그들로 하여금 불공평한 제안을 수용하거나 거부하도록 한다.

여기까지 실험이 진행되면 실험참여자들이 영상물 시청을 통해 갖게 된 감정이 사라질 때까지 기다린다. 그런 다음 이번 실험의 가장 중요한 마지막 단계를 진행하는데, 실험참여자들로 하여금 반응자가 아닌 제안자로서 역할을 수행하도록 하는 것이다. 제안자가 된 실험참여자들은 게임의 상대방에게(반응자에게) 임의로 돈의 배분 비율을 제안할 수 있다. 그리고 반응자들은 그러한 제안을 거부하거나 수용하는 등의 의사결정을 할 수 있다.

이 경우 우리는 왜 실험참여자들의 역할을 바꾼 걸까? 장기적인 의사결정에 영향을 끼치는 자기무리짓기의 유형이 무엇인지 알고 싶었기 때문이다.

여기서 잠시 자기무리짓기의 두 가지 기본적인 유형에 대해 언급한 다음에 계속해서 실험에 대해 이야기하기로 하겠다. 자기무리짓기는 특정 유형과 일반 유형 두 가지가 있다.

특정 유형　자기무리짓기는 우리가 과거에 취했던 특정 행동을 기억해내고 그러한 행동을 무작정 반복함으로써 이루어질 수 있다.

이를테면 '지난번 애리얼리네 집에 저녁을 먹으러 갔을 때 와인을 들고 갔으니까 이번에도 와인을 들고 가자.'와 같은 식으로 생각하는 것이다. 과거의 특정 행동을 반복하는 식의 의사결정은 매우 단순하게 이루어지지만, 이와 같은 식의 자기무리짓기는 오직 과거에 경험했던 것과 똑같은 상황이 발생했을 때만 유발된다.

일반 유형　자기무리짓기는 과거의 행동을 미래 행동의 일반적인 지침으로 삼는 방식으로 이루어질 수도 있다. 일반 유형의 자기무리짓기를 할 때 우리는 과거에 내렸던 의사결정을 현재 시점에서 단순히 반복하는 게 아니라, 과거의 의사결정을 더욱 광범위하게 해석한 다음 그로부터 도출된 결론을 토대로 앞으로의 행동을 결정한다.

일반 유형의 자기무리짓기는 우리의 일반적인 성격이나 성향을 파악할 수 있는 징후가 되기도 하며, 우리의 행동 전반에 걸쳐 상당한 영향을 미치게 된다. 이를테면 '이전에 길에서 마주친 걸인에게 돈을 준 적이 있었지. 나는 이렇게 동정심이 많은 사람이니까, 앞으로는 무료급식소에서 봉사활동도 해야겠어.'와 같은 식으로 생각하는 것이다. 이와 같은 유형의 자기무리짓기에서 우리는 과거의 행동을 토대로 우리가 누구인지에 대한 일반적인 판단을 내리고, 그러한 판단을 기준으로 앞으로의 행동을 결정하게 된다.

우리는 실험참여자들의 역할을 바꿈으로써 특정 유형과 일반 유형의 두 가지 유형의 자기무리짓기 가운데 어느 것이 더 실험참여자들의 의사결정에 지배적인 영향력을 발휘하는지 확인할 수 있을 것으로 기대했다.

당신이 우리의 실험에 참여해 반응자와 제안자의 역할을 수행한 다고 상상해보라. 당신은 〈라이프 애즈 어 하우스〉라는 영화의 일부 장면에서 주인공 케빈 클라인이 직장에서 해고를 당하고, 억울한 마음에 자신이 만든 작업물을 야구방망이로 부숴버리는 장면을 보게될 수도 있다. 그리고 당신은 그로부터 유발된 감정 때문에 최후통첩게임에서 돈의 불공평한 배분 제안을 거부할 것이다. 아니면 당신은 시트콤 〈프렌즈〉의 일부 장면을 보고 즐거운 마음의 영향을 받게 되어 돈의 불공평한 배분 제안을 수용할 수도 있다.

어떤 경우가 되었든, 시간이 흐르면 이러한 영상물들이 당신에게 유발한 화 혹은 행복함의 감정은 사라진다. 그러면 이제 당신은 새로 제안자의 역할을 수행하게 된다(이어지는 부분의 내용은 조금 복잡할 수 있으니, 마음의 준비를 해두기 바란다).

만약 앞서 행한 실험에서 나타난 결과가 '특정 유형의 자기무리짓기'의 영향이라면, 이번 실험에서 반응자였을 때 당신이 갖게 된 감정은 제안자로서 당신의 의사결정에 별다른 영향을 끼치지 못할 것이다. 왜 그럴까?

만약 특정 유형의 자기무리짓기가 작용하는 것이라면 제안자가 된 당신은 '지난번에 했던 것과 똑같이' 의사결정을 할 수가 없다. 당신은 제안자로서 의사결정을 해본 적이 없으며, 새로 제안자가 된 다음에는 새로운 관점에서 상황을 바라보고 새로운 유형의 의사결정을 하게 될 것이기 때문이다.

반면에 우리의 실험에서 '일반 유형의 자기무리짓기'가 작용하는 것이라면, 만약 분노조건 그룹에서 실험에 참여하는 경우 제안자가 된 당신은 다음과 같이 생각할 것이다.

'내가 반응자였을 때 나는 불공평한 제안에 기분 나빠했지. 그래서 7.5 : 2.5라는 배분 제안을 거부했던 거잖아.'

대부분의 경우 당신은 자신이 배분 제안을 거부했던 원인이 기분 나쁜 영상물이 아니라 불공평한 제안에 있다고 생각할 것이다. 그러면서 다음과 같이 마음먹을 것이다.

'지금 제안자인 나한테서 제안을 받게 되는 반응자 역시 마찬가지일 거야. 그 사람도 불공평한 제안은 거부하겠지. 따라서 이번 게임에서 내가 돈을 벌려면 어느 정도 공평한 제안을 해야 해. 반응자가 제안을 수용할 수 있을 정도로 말이야.'

이번에는 당신이 행복조건 그룹에서 실험에 참여해 〈프렌즈〉의 일부 장면을 보고 즐거워진 기분으로 제안자로서 불공평한 제안을 하는 경우에 대해 생각해보자. 이번에도 당신은 자신이 배분 제안을 수용했던 원인이 즐거운 영상물이 아니라 배분 제안 그 자체에 있다고 생각할 것이다. 이제 제안자가 된 당신은 다음과 같이 생각하게 될 것이다.

'7.5 : 2.5라는 배분 비율도 나쁘지 않다고 생각해. 그렇기에 내가 그런 제안을 수용했던 것이고. 지금 나한테서 제안을 받게 되는 반응자 역시 7.5 : 2.5라는 배분 비율을 받아들일 거야. 그러니까 이대로 제안하도록 하자.'

이와 같은 사고방식은 일반 유형의 자기무리짓기의 전형적인 예다. 과거의 행동을 기억해내고, 그것을 좀 더 일반적인 행동원리에 결부시키고, 그러한 행동원리에 따라 다른 의사결정을 내리는 방식

2부 가정에서 벌어지는 인간 행동에 관한 진실

말이다. 심지어 당신은 남들도 당신과 유사한 의사결정을 내릴 거라고 생각하게 된다.

실험 결과는 일반 유형의 자기무리짓기가 실험참여자들의 의사결정에 대해 더 지배적인 영향력을 가지는 것으로 나타났다. 실험참여자들이 처음에 갖게 된 감정은 역할이 바뀐 후에도 계속해서 그들의 의사결정에 영향을 미쳤다. 분노조건 그룹의 실험참여자들은 제안자가 되었을 때 더욱 공평한 제안을 했던 반면에, 행복조건 그룹의 실험참여자들은 제안자가 되었을 때 더욱 불공평한 제안을 했다.

의사결정에서 감정의 영향은 특정 상황에서만 유발되는 게 아니다. 이번 실험의 결과를 통해 보건대, 일반 유형의 자기무리짓기는 우리의 인생에서도 상당한 영향력을 발휘할 거라고 생각할 수 있다. 따지고 보면 특정 유형의 자기무리짓기의 경우는 유사한 상황이 반복되는 경우에 대해서만 영향력을 갖는다. 하지만 일반 유형의 자기무리짓기의 경우는 그 영향력이 제한되지 않는다. 만약 우리가 어떤 감정 상태에 이르러 의사결정을 내리는 경우 그 영향력은 아주 오랜 시간이 흐른 뒤에도 남아 있을 것이고, 특정 상황과 전혀 상관없는 다른 상황들에 대해서까지 영향력이 미칠 것이다.

이러한 점을 생각해봤을 때 어떤 새로운 상황을 맞아 의사결정을 내려야 한다면 일반 유형의 자기무리짓기를 통해 파급될 영향력을 염두에 두고 신중에 신중을 기해 최선의 선택을 내릴 수 있도록 해야 한다. 어떤 상황에서 우리가 내리는 의사결정의 영향력은 해당 상황에만 국한되는 게 아니라, 그와 직접적으로 관련이 없는 다른 상황들에 대해 아주 오랜 시간이 흐른 뒤에까지 미친다는 점을 기억하기 바란다.

남자들을 건드릴 땐 특히 조심하라

우리는 이번 실험의 데이터를 분석할 때 남녀 사이에 어떤 차이가 있는지 확인해보았다. 그 결과 남녀 사이에는 별다른 차이가 없는 것으로 나타났다.

그렇다고 해서 사람들이 어떻게 의사결정을 하는지와 관련해 남녀 사이의 차이가 전혀 없었다는 얘기는 아니다. 우선 매우 기본적인 유형의 의사결정에는(우리 실험에 이용되었던 대부분의 의사결정에서는) 남녀 사이에 별다른 차이가 없었던 것은 분명하다. 하지만 의사결정의 유형을 더욱 복잡하게 하자 남녀의 차이를 관찰할 수 있었다. 일례로 우리는 최후통첩게임에 몇 가지 규칙들을 삽입했는데, 그 결과 불공평한 제안에 대한 남성들과 여성들의 반응이 다르게 나타났다.

당신이 반응자로 20달러가 걸린 최후통첩게임에 참여하고 있는데, 제안자가 16 : 4로 돈을 나누자고 제안했다고 하자. 이 제안을 수용하면 당신은 4달러의 돈을 갖고 집으로 갈 수 있다. 물론 제안자는 16달러를 가져간다. 반면에 제안을 거부하면 당신과 제안자 모두 한 푼도 가져가지 못한다. 이런 상황에서 우리는 다음과 같은 두 가지 규칙을 추가로 집어넣었다.

1. 불공평한 제안이 제시되는 경우 반응자는 3달러 : 3달러의 선택을 할 수 있다. 다시 말해 20달러의 돈을 16 : 4로 나누자는 제안이 왔을 때 반응자가 3달러 : 3달러의 선택을 하는 경우, 반응자는 1달러의 돈을 덜 가져가게 되는 반면에 제안자는 13달러의 돈을 덜 가져가게 된다. 그리고 3달러 : 3달러의 선택을 하는 경우, 반응자는 제안자에게 따로 훈계를 할 수 있다.

2. 불공평한 제안이 제시되는 경우, 반응자는 0달러 : 3달러의 선택을 할 수 있다. 다시 말해 반응자는 1달러의 돈을 덜 가져가게 되는 반면에 제안자는 한 푼도 가져가지 못하게 된다. 이러한 선택을 하는 경우, 제안자에 대해 직접적인 훈계를 하지는 못하지만 실질적으로는 더 큰 손해를 끼칠 수 있다.

최후통첩게임에 이와 같은 규칙을 집어넣었을 때 남녀 사이에 어떤 반응이 나타났을까? 전체적으로 보면 남성들이 불공평한 제안을 수용하는 빈도는 여성들보다 50퍼센트 더 높았고, 이러한 경향은 분노조건 그룹과 행복조건 그룹 모두에서 공통적으로 나타났다.

그런데 추가적인 두 가지 규칙(3달러 : 3달러 혹은 0달러 : 3달러)을 선택하는 사람들만을 따로 놓고 보면 흥미로운 결과가 나타났다. 우선 행복조건 그룹에서는 주목할 만한 경향은 나타나지 않았다. 여성들에게서 응징적인 0달러 : 3달러 선택보다는 훈계적인 3달러 : 3달러 선택을 하려는 경향이 다소 높게 나타나기는 했지만, 남성들과 비교했을 때 의미 있는 차이가 나타난 것은 아니었다.

하지만 영화 〈라이프 애즈 어 하우스〉의 한 장면을 보고 자신의 부정적인 경험에 대한 글을 쓴 분노조건 그룹에서는 남녀 사이에 차이가 분명하게 나타났다. 분노조건 그룹에서 여성들은 주로 훈계적인 3달러 : 3달러의 선택을 했던 반면에, 남성들은 거의 다 응징적인 0달러 : 3달러의 선택을 했던 것이다.

이와 같은 결과에 대해 우리는 여성들의 경우 불공평한 제안을 거부할 가능성이 높지만, 긍정적인 동기에 의해 이와 같은 선택을 한다고 해석했다. 여성들은 0달러 : 3달러의 배분을 선택함으로써 상대방을 무작정 응징하기보다는 3달러 : 3달러의 배분을 선택함으로써 상대방에게 공평함의 중요성을 가르쳐주려 했다고 할 수 있다.

여성들은 불공평한 제안을 했던 상대방으로 하여금 3달러의 돈을 가져가도록 하는 대신에 "공평하게 돈을 가져가는 게 더 낫지 않나요?"와 같이 말을 하려고 했다. 반면에 남성들의 경우는 3달러 : 3달러의 배분이 아닌 0달러 : 3달러의 배분을 선택함으로써 불공평한 제안을 했던 상대방을 무조건적으로 응징하려는 모습을 보였다.

카누 타기와 연애관계의 공통점

이 모든 것이 가르쳐주는 것은 무엇일까? 우리가 느끼는 감정은 의사결정뿐만 아니라 감정과는 아무런 상관도 없는 일에 대한 의사결정에까지 영향을 미칠 수 있다. 심지어 문제의 감정이 사라진 뒤에도 장기간에 걸쳐 우리의 의사결정에 영향을 미친다.

이번 장의 내용과 관련해 나는 갑자기 급격한 감정 변화가 생겼다면 아무것도 하지 말고 그러한 감정이 사라질 때까지 기다리라고 조언하고 싶다. 그렇게 하면 단기적인 것이든 장기적인 것이든 잘못된 의사결정으로 손해 입는 상황을 줄일 수 있다. 하지만 감정에 편승해 곧바로 의사결정을 내리는 경우, 당신은 금세 그러한 결정에 따른 행동을 후회하게 될 것이다. 또한 당신을 잘못된 방향으로 인도하는 장기적인 의사결정에 따른 손해를 오랜 세월에 걸쳐 감수해야 할지도 모른다.

인간은 과거에 행했던 자신의 행동을 따르는 자기무리짓기 경향을 보인다. 과거의 상황과 똑같은 현재의 상황만이 아니라 어느 정도 관련이 있는 상황에서도 자기무리짓기의 경향이 의사결정에 영향을 미치는 것이다. 우리의 실험에서 영상물의 감정적 효과란 것이 실체가 분명하지도 않으면서 상당히 광범위하게 영향을 끼쳤던 점을 기억하기 바란다.

그렇다면 억울한 일을 당해 분노를 느낀 건축가가 나오는 영상물을 보는 것보다 훨씬 더 심한 일, 가령 배우자나 자녀와 격하게 다투거나, 상사로부터 심한 꾸지람을 듣거나, 과속으로 범칙금고지서를 받는 등의 일로 분노의 감정을 느끼게 되는 경우 어떻게 될지 상상해보라. 이런 분노의 감정을 품은 채로(커다란 행복감의 경우도 별로 다를 바 없다) 의사결정을 내리는 경우 그에 따른 부정적인 영향은 훨씬 더 크게 나타날 수 있다.

나는 '감정 캐스케이드' 현상을 부부관계에서 쉽게 찾아볼 수 있다고 생각한다. 물론 다른 유형의 관계에서도 어렵지 않게 찾아볼 수 있다. 돈 문제, 자녀 문제, 저녁 메뉴 등 부부로서 겪게 되는 여러 문제들에 대해 의견을 나눌 때(종종 다툼으로 번지기도 하지만) 부부는 단순히 특정 문제에 대한 의견을 교환하는 것만이 아니라 그 과정에서 자신들만의 행동 패턴까지 만들어낸다. 그리고 이렇게 형성되는 행동 패턴이 부부가 서로에 대해 상호작용을 하는 방식을 결정한다.

사람이 살아가면서 어떤 감정 상태를 항상 배제할 수는 없다. 의견을 교환하는 부부 역시 마찬가지다. 이때 의견을 교환하는 과정에 개입된 어떤 감정 상태는 대화의 패턴을 바꿔놓을 수 있는데, 그렇게 바뀐 대화의 패턴은 해당 감정 상태가 사라진 뒤에도 계속해서 유지된다. 많은 부부들이 공감하는 일이겠지만, 이렇게 대화의 패턴이 한 번 결정되면 나중에 그것을 바꾸기란 무척이나 어려운 일이다. 예를 들어 이런 상황을 생각해보자.

아내는 오늘 회사에서 매우 힘든 하루를 보냈고, 매우 언짢은 상태로 귀가했다. 집에 돌아와 보니 집안일이 쌓여 있었고, 남편은 배가 고프다고 한다. 아내 역시 배가 고픈 상태다. 그런데 남편은 소파에 앉아 텔레비전을 보면서 이렇게 말한다.

"오늘 저녁은 당신이 사오기로 되어 있던 거 아니야?"

이에 아내는 화를 참지 못하고 목소리를 높인다.

"나 오늘 하루 종일 회의하느라 지쳤어. 그리고 지난주에 내가 사오라고 했던 거 당신이 제대로 사오지 못했던 일은 기억 안 나? 화장지는 아예 빼먹었고 치즈도 다른 걸 사왔잖아. 파마산치즈를 사오라고 했더니 체다치즈를 사오면 어떻해? 배가 고프면 당신이 나가서 저녁을 좀 사오지 그래?"

이제부터 부부는 서로에게 책임을 전가하고 상대방을 비난하기 시작한다. 그리고 매우 불쾌한 상태로 잠이 든다. 며칠 지나면 다툼을 했던 감정은 사라지지만, 이러한 감정은 나중에 좀 더 일반화된 행동 패턴으로 나타나게 된다.

"여기서 좌회전을 했어야지!"

"당신이 5초만 빨리 차선을 바꾸라고 말해줬어도 좌회전을 할 수 있었을 거야!"

이런 식으로 서로에게 책임을 전가하고 비난하게 되는 것이다.

부부가 대화하거나 뭔가에 대해 의논할 때 부정적인 감정의 개입을 완전하게 배제할 수는 없다. 그렇다면 지금 예를 든 상황처럼 부부관계가 악화되는 것을 막을 수 있는 방법은 없는 걸까?

한 가지 확실한 방법은 부정적인 행동 패턴을 반복적으로 표현하지 않을 것 같은 사람을 배우자로 맞는 것이다. 그런데 장차 결혼할 사람이 그런 배우자가 되어줄지 어떻게 알 수 있을까? 맞선을 많이 본다고, 점성술과 통계자료를 이용한다고 그런 배우자를 찾을 수 있을까?

나는 결혼상대자를 찾고 있는 사람들에게 강과 카누와 두 개의 노를 이용하라는 조언을 하고 싶다. 카누를 타러 갈 때마다 잘못된 방향으로 카누를 몬다며 다툼을 벌이는 커플들을 본다. 카누를 움직이는 것은 보기보다 어려운데 쉽게 생각한 커플들이 조종에 애를 먹으면서 다투게 되는 것이다.

사실 연인이나 부부관계에 있는 사람들과 술을 마시러 가거나 그들의 집에 초대받아 갔을 때 그들이 다투는 모습을 보는 일은 거의 없다. 그렇다고 술을 마시거나 저녁식사를 하는 모임에서는 사람들이 특별히 더 정중해진다고 생각지는 않는다. 강으로 데이트를 하러 간 커플들 역시 서로에 대해 정중한 태도를 보이기는 마찬가지다.

나는 이러한 행태가 사람들의 정립된 행동 패턴과 깊은 관련이 있다고 생각한다. 다시 말해 다른 사람들과 함께하는 식탁에서 다툼을 벌이는 것은 적절치 못한 행동이라는 식으로 가정교육을 받고 자라고, 성인이 되어서도 그와 같은 행동 패턴을 당연하게 받아들이는 것이다.

하지만 카누를 타고 강으로 나가게 되면 전에는 경험해보지 못한 새로운 상황에 놓이게 된다. 여기서는 어떤 행동 패턴을 따라야 하는지 명확하게 정립되어 있지 않은 것이다.

강물의 흐름은 예측하기가 어려운 데다가 카누는 뜻하지 않은 방향으로 나아가기 일쑤다. 계속해서 예기치 못한 일들이 일어나고, 여러 가지 장애물들과 맞닥뜨리게 되며, 엄청난 스트레스 속에서 판단을 내려야 하는 우리의 인생과 닮아 있다. 게다가 앞에 앉은 사람과 뒤에 앉은 사람 사이의(전문용어를 쓰자면 보우와 스턴 사이의) 임무가 명확하게 구분되어 있지도 않다. 강으로 나가 카누를 타는 사람들에게 주어지는 이 모든 상황은 전에는 경험하지 못한 새로운 것이고, 새로운 만큼 정해진 행동 패턴도 존재하지 않는다.

만약 당신이 데이트 상대와 함께 카누를 타러 간다면 어떤 일이 벌어지게 될까? 카누가 잘못된 방향으로 나아갈 때마다 서로를 비난하게 될까("저 바위 안 보여?")? 말다툼이 심해져 결국은 카누 타기를 포기하고 한 시간 정도 아무런 말도 하지 않은 채 씩씩거리게 될까?

아니면 바위가 나타났을 때 서로가 어떤 역할을 해야 하는지를 생각한 다음 상대방의 움직임에 맞춰 노를 저어 순조롭게 바위를 피해가게 될까?↑

결혼이라는 장기적인 관계를 맺기에 앞서 배우자가 될 사람과 사회적 행동 패턴이 정립되어 있지 않은 생소한 상황을 함께 경험해본다면, 그 사람이 어떤 사람인지 판단하는 데 도움이 될 것이다. 생소한 경험인 결혼 준비과정에서 많은 커플들이 갈등을 겪고 결혼을 취소하기에 이르는 것은 어찌 보면 자연스러운 일이다.

따라서 이러한 심리 상태를 알고 연인관계나 부부관계를 악화시키는 행동 패턴이 나타나지는 않는지 항상 조심하는 것도 필요하다. 이러한 행동 패턴이 나타나기 시작했다는 판단이 들면 이러한 패턴이 완전하게 자리잡기 전에 그것을 고치고 관계를 개선하려는 노력을 해야 한다.

이번 장을 마치면서 내가 마지막으로 말하고자 하는 바는 평상시와는 다른 감정 상태에 휘둘린 채로 의사결정을 내려서는 안 된다는 것이다. 감정에 휘둘린 의사결정은 계속해서 부정적인 연쇄작용을 만들어낼 뿐이다. 이는 카누 타기에 있어서든 인생에 있어서든 마찬가지다.

↑
카누 타기를 통해 한 사람의 본성을 확인할 수 있는지에 대해 실험을 해본 것은 아니다. 때문에 확언할 수는 없지만, 그래도 카누 타기를 통해 상당히 정확하게 한 사람의 본성을 확인할 수 있다는 것이 내 생각이나(자신감이 지나치다는 것은 나도 인정하는 바이다).

그리고 혹시라도 내 수업과 겹치는 강의를 수강하려는 사람이 있다면 지난번에 내가 어떻게 행동했는지를 꼭 기억하기 바란다. 물론 다음에도 그와 같은 식으로 행동하겠다는 말은 아니다. 하지만 누가 알겠는가? 감정에 휘둘린 내가 다음번에 어떤 식으로 행동하게 될지 말이다.

경제학의 재발견

:

비이성적인 세상으로부터
무엇을 배울까?

우리는 객관적이고 이성적이고 논리적이라는 평가를 듣는 것을 좋아한다. 또한 자신이 분명한 근거를 가지고 판단을 한다는 사실에 자부심을 느낀다. 투자를 할 때, 주택을 구입할 때, 자녀의 학교를 선택할 때, 자신의 병에 대한 치료법을 선택할 때, 우리는 상당한 근거를 가진 올바른 선택을 한다고 믿는다.

이와 같은 믿음이 옳을 때도 있다. 하지만 우리가 지닌 심리적 경향은 특히 중요하고 어렵고 고통스러운 선택 앞에서 종종 우리를 잘못된 방향으로 이끌곤 한다. 나 역시 중요한 결정을 내려야 하는 상황에서 심리적 경향에 따라 판단이 이리저리 기우는 일이 많다. 이와 관련된 내 개인적인 경험을 얘기해보겠다. 그때의 판단과 결정은 지금도 매일같이 나에게 영향을 미치고 있다.

머리를 압도하는 가슴의 힘

여러 차례 말했듯이 나는 십대 시절에 매우 심각한 전신 화상을 입었다. 특히 오른손의 경우에는 뼈까지 일부 타들어갔다. 나는 병원으로 실려 갔고, 입원한 지 나흘째 되던 날 의사는 내 오른팔이 너무도 심하게 부어올라 그 압력 때문에 혈액이 손까지 제대로 내려가지 않는다고 말했다. 그러면서 내 오른손을 지키려면 지금 당장 수술을 해야 한다고 했다.

의사는 곧바로 내 침상 옆에 수술도구를 늘어놓도록 조치했다. 그러고는 오른팔의 부종을 빼고 염증을 예방하기 위해 피부를 쨀 다음 부종의 원인이 되는 체액을 빼내는 수술을 하려 했다. 문제는 내 심장과 폐가 제대로 기능하지 않아 따로 마취를 할 수 없다는 거였다.

결국 중세시대에서나 시행되었을 법한 수술 장면이 연출되었다. 간호사 두 명이 각각 자신들의 체중을 실어 내 왼팔과 오른팔을 내리눌렀고, 의사는 메스를 내 오른쪽 어깨에 찔러넣더니 그대로 천천히 팔꿈치까지 그었다. 마치 누군가가 녹이 잔뜩 슬어 날이 무디어진 괭이로 내 몸을 찢는 듯한 느낌이 들었다. 상상할 수도 없는, 그대로 숨이 멎어 죽었으면 좋을 만큼의 고통이 나를 집어삼켰다.

팔꿈치 부근에서 메스를 뺀 의사는 다시 팔꿈치 아래에 메스를 찔러넣더니 이번에는 손목까지 내리그었다. 방금 전에 느꼈던 극심한 고통이 한 번 더 밀려왔다. 나는 비명을 지르며 제발 수술을 멈추어달라고 애원했다. 공포에 질려 이렇게 외치기도 했다.

"나 죽을 것 같아요!"

하지만 내가 뭐라고 말하든, 무슨 말로 애원을 하든 그들은 멈추지 않았다.

"더는 못 참겠다고요!"

나는 이렇게 소리를 지르고 또 질렀다. 하지만 그들은 나를 더욱 단단하게 붙잡을 뿐이었다. 내게는 아무런 결정권도 없었다. 그러다 마침내 의사가 거의 다 되었다고 말하자 갑자기 안도감이 밀려왔다. 의사는 나에게 숫자를 세면 고통을 이겨내는 데 도움이 될 거라고 했다. 최대한 천천히 열까지 세라는 것이었다.

하나, 둘, 셋.

나는 시간이 느려지는 것 같은 느낌을 받았다. 끊임없이 밀려드는 고통 속에서 내가 할 수 있는 일은 숫자를 세는 것밖에는 없었다.

넷, 다섯, 여섯.

의사가 내 팔을 메스로 그을 때마다 고통이 온몸을 타고 흘렀다.

일곱, 여덟, 아홉.

생살이 갈라지는 느낌, 죽을 것 같은 고통, 당시의 일은 지금도 생생하다. 나는 최대한 천천히 숫자를 셌다. 그리고 마침내 외쳤다.

"열!"

의사는 더 이상 메스로 내 팔을 긋지 않았다. 간호사들도 힘을 풀었다. 나는 마치 사지가 찢겨나가는 고통을 이겨내고 영광스러운 승리를 거둔 고대의 전사라도 된 듯한 기분이 들었다. 거의 탈진해서 축 처진 나에게 의사가 말했다.

"수술은 아주 잘되었습니다. 어깨에서 팔목까지 4회 절개를 했습니다. 이제 손가락 부위만 절개하면 정말로 다 끝납니다."

의사의 말에 승리를 이루어낸 전사의 느낌은 어느새 사라지고 좌절감이 먹구름처럼 밀려왔다. 나는 모든 정신력을 집중해 반드시 고통을 이겨내자고 다짐했고, 열까지의 수를 세면 모든 것이 끝나 있을 거라고 스스로 위로했다. 하지만 이러한 다짐과 위로의 효과는 몇 초가지 않았다. 금세 공포감에 정신을 잃을 것 같았다. 이번에는 살아남을 수 있을까? 나는 애원하기 시작했다.

"시키는 것은 뭐든지 할 테니까, 제발 하지 말아주세요!"

하지만 소용없었다. 그들은 나를 더욱 단단하게 붙잡았다.

"잠깐만요, 잠깐만요!"

나는 간절하게 애원했지만, 의사는 내 오른손 손가락을 모두 절개했다. 나는 고통을 조금이라도 잊어보려고 숫자를 세고 또 셌다. 하지만 형언할 수 없는 고통 앞에서는 속수무책일 뿐이었다. 어쨌든 그날의 수술은 모두 끝이 났다. 그리고 나는 피를 철철 흘리며 울었다.

그때는 내가 받았던 수술이 얼마나 중요한 것인지, 또 고통 속에 있는 사람에게 숫자를 세는 것이 얼마나 도움이 되는지 전혀 알지 못했다.[*] 나중에 알게 된 일이지만, 나의 수술을 담당했던 의사는 내 오른손을 지키기 위해 다른 의사들의 반대에도 불구하고 그 수술을 맡아서 진행했다고 한다. 수술과정에서 겪었던 고통의 기억은 그 후

---

[*] 이런 일을 겪은 한참 뒤에 나는 운동선수들을 대상으로 숫자 세기의 효과를 실험한 적이 있다. 그 결과 숫자 세기가 인내심을 증대시키는 효과가 있고, 특히 숫자를 거꾸로 세면 더욱 큰 효과를 볼 수 있다는 결론을 얻었다.

로도 오랫동안 나를 괴롭혔지만, 수술은 성공적이었다.

하지만 수술을 받고 몇 달 후 일련의 의사들이 입원실로 와서는, 내 오른팔이 제대로 움직이지 않을 것이고 팔꿈치 아래쪽은 절단하는 것이 좋겠다고 말했다.

나는 매우 과격한 반응을 보였지만, 그들은 차가운 말투로 그것이 이성적인 선택이라고 했다. 그들은 팔꿈치 아래를 절단하고 의수를 끼우면 고통이 크게 경감될 뿐 아니라, 앞으로 받아야 할 수술의 횟수도 줄어들 것이고, 일단 의수의 사용에 적응하면 기능이 현저하게 떨어진 손보다는 상대적으로 더 움직임이 편할 거라고 말했다. 그러면서 그들은 피터팬에 나오는 후크 선장의 의수와 같은 갈고리 모양의 의수가 더 기능성이 높겠지만, 내가 원한다면 사람의 손처럼 생긴 의수를 선택할 수도 있다고 했다.

그것은 매우 어려운 선택이었다. 아무리 기능성이 더 높고 덜 고통스럽다 하더라도, 내 팔을 절단해버린다는 것은 생각만으로도 두려웠다. 팔이 영원히 사라져버린다는 것, 그 자리를 갈고리 모양이나 살색으로 칠해진 손 모양의 의수가 대신한다는 것은 정말로 상상조차 하기 싫었다. 결국 나는 제대로 움직이지도 못하고 화상 흉터로 덮인 손을 자르는 대신에 그 기능을 최대한으로 살리는 치료를 받기로 했다.

그렇게 2010년까지 오게 되었다. 지난 20여 년의 세월 동안 나는 많은 논문과 책을 발표했지만, 지금도 오랜 시간 동안 타이핑을 하지 못한다. 내가 하루에 타이핑할 수 있는 분량은 한 페이지 정도이고, 내게 온 이메일들에 대해서도 매우 짧은 글로 답신을 쓸 수 있을 뿐이다. 어쩌다 더 많은 글을 타이핑하기 위해 무리라도 하는 날에는 몇 시간, 심지어 며칠 동안 극심한 통증을 느끼면서 살아야 한다.

나는 지금도 여전히 손가락을 까딱거리거나 쭉 펴질 못한다. 자칫 힘이 들어가면 그야말로 손가락이 빠질 것 같은 고통을 느끼기 때문이다. 그래도 다행인 것은 유능한 조교들이 나를 도와주고, 음성인식 소프트웨어도 어느 정도 도움이 된다는 점이다. 그리고 이제는 적어도 어느 정도는 고통과 함께 살아가는 법을 터득하기도 했다.

그런데 현재 시점에서 보았을 때, 당시 오른쪽 팔꿈치 아래를 절단하지 않기로 했던 나의 결정이 옳았는지는 확신할 수 없다. 어쨌든 오른손은 남아 있지만 그때 이후로 오른손을 제대로 움직이지 못하고 계속해서 고통을 느끼고 있다. 당시 절단수술을 하지 않기로 결정했던 판단의 이면에 있던 심리작용 등을 생각해보면 그것은 비용/편익 측면에서 잘못된 판단이 아니었나 싶다. 당시 나의 판단에 영향을 끼쳤던 주요한 심리작용들을 꼽아보면 다음과 같다.

첫째, 팔을 절단하자는 의사의 제안을 받아들이지 못했던 이유는 나에게 소유 효과와 손실혐오성향이 복합적으로 작용했기 때문이다. 이러한 심리작용은 이미 소유한 것의 가치를 실제보다 훨씬 더 크게 평가하게 만든다.

이러한 심리작용 아래에서 우리가 이미 가진 것을 기꺼이 포기할 수 있으려면 훨씬 더 큰 동기가 부여되어야 한다. 내 경우는 소유 효과로 인해 망가진 팔이었음에도 그 가치를 매우 높게 평가했고, 손실혐오성향이 발동해 그것을 포기하지 않으려는 마음이 들었다. 제대로 기능하지 못하는 팔을 포기하는 편이 더 합리적인 선택이었더라도 말이다.

내게 영향을 끼쳤던 두 번째 심리작용은 현상유지성향이었다. 일반적으로 우리는 현재의 상태를 유지하고자 하는 성향을 나타낸다. 가능하다면 아무것도 바꾸지 않으려고 하는 것이다. 나 역시 커다란 변화를 거부했고(변화의 선택에 대해 후회할 수도 있다는 두려움도 일정 부분 작용했다), 제대로 기능하지 못하는 팔이라도 계속해서 달고 살아가는 쪽을 선택했다.

세 번째 심리작용은 돌이킬 수 없는 의사결정에 대한 두려움과 관련이 있었다. 일반적인 결정을 내리는 것도 어려운 상황에서, 돌이킬 수 없는 의사결정을 내리는 것은 훨씬 더 어려운 일이다. 우리는 주택을 구입하거나 직업을 선택할 때 고민하고 또 고민한다. 선택에 따른 미래가 어떻게 전개될지 예상해볼 수 있는 데이터가 그리 많지 않기 때문이다.

이때 주택이나 직업을 한 번 선택하면 절대로 바꿀 수 없다고 한다면 당신은 어떻게 할까? 선택을 앞에 두고 엄청난 두려움을 느낄 것이다. 내 경우에는 한 번 절단수술을 하면 영원히 팔을 잃게 된다는 생각에 아무런 선택도 할 수 없었다.

마지막 심리작용은 오른쪽 팔꿈치 아래를 절단했을 때 내가 새로운 상황에 잘 적응할 수 있을까 하는 두려움과 관련이 있었다. 의수를 사용하는 느낌은 어떨까? 사람들이 나를 어떻게 볼까? 악수를 하거나, 글을 쓰거나, 사랑을 나누고 싶을 때 의수를 끼고 있다면 어떻게 될까? 두려움 속에서 이런 질문들이 끝없이 나왔다.

내가 완벽하게 이성적이고 논리적인 사람이라서 이러한 심리작용을 모두 떨쳐낼 수 있었다면, 즉 소유 효과, 손실혐오성향, 현상유지성향, 돌이킬 수 없는 선택에 대한 두려움 등에 영향을 받지 않는 사람이었다면, 의수를 선택했을 때 미래가 어떤 식으로 전개될지 상당히 정확하게 예상할 수 있었을 것이다. 그리고 절단수술을 하자는 의사들과 같은 시각으로 내 상황을 바라볼 수 있었을지도 모른다. 만약 당시 내가 완벽하게 이성적인 판단을 내렸다면 의사들의 조언을 따랐을 가능성이 높고, 지금쯤은 의수 사용에 완벽하게 적응해 있을 것이다(6장에서 논했던 인간의 적응력을 떠올려보라).

하지만 나는 그렇게 이성적인 사람이 아니었고, 팔을 절단하지 않는 쪽을 선택했다. 그 결과 더 많은 수술을 받아야 했고, 팔과 손을 제대로 움직이지 못하는 상태에서 더 잦은 고통을 느껴야 했다.

나이 많은 분들은 인생을 돌아보면서 종종 이렇게 말한다.

"지금 알고 있는 것을 그때 알았더라면 내 인생은 완전히 달라졌을 텐데."

지금 소개한 내 이야기를 읽은 독자 중에는 다음과 같은 질문을 하고 싶은 분들이 있을 것이다.

"옛날의 결정이 틀린 걸 알았다면, 지금이라도 절단수술을 받으면 되잖소?"

하지만 지금도 여전히 그렇게 하지 못하는 비이성적인 이유들이 있다.

첫째, 다시 병원에 입원해 치료나 수술을 받는다는 생각 자체가 두렵다. 사실 나에게는 단순한 병문안을 가는 것조차 무척 힘든 일이다. 병원 냄새만 맡아도 옛날 일이 떠오르면서 불안한 마음이 들기 때문이다. 지금 내가 가장 두려워하는 일 가운데 하나가 재해나 질병으로 병원에 입원하게 되는 일이다.

둘째, 과거에 내가 비이성적인 선택을 하도록 만든 심리작용이 무엇인지 알고 있고, 그에 대해 분석할 수 있다 해도 지금도 여전히 그러한 심리작용에서 벗어나지 못하고 있다. 이와 같은 심리작용의 영향을 완전하게 배제할 수 있는 방법은 없다. 당신도 더 나은 의사결정을 하기를 바란다면 이 점을 염두에 두어야 한다.

셋째, 아주 오랜 세월 동안 장애가 발생한 손의 기능을 조금이라도 더 높이기 위해 노력하고, 매일같이 통증을 참아내고, 신체적 한계를 지닌 채 일을 하기 위해 남들보다 더 많이 고민해온 상황에서, 이제 나는 소위 함몰비용의 오류에 빠져 있다. 이 모든 시간과 노력을 무위로 만들게 될 선택은 피하고 싶은 것이다.

넷째, 수술을 하지 않기로 결정한 지 20여 년이 지나면서 나는 그러한 나의 선택을 어느 정도 합리화하게 되었다. 대다수 사람들은 자신의 현재 상황을 합리화하게 되며, 내 경우도 과거의 내 선택이 옳았음을 항변할 수 있는 많은 이야기들을 만들어놓은 상태다. 예를 들면 나는 누군가가 내 오른팔을 건드릴 때마다 찌릿찌릿한데, 이런 것에 대해서조차 촉감을 느끼는 독창적인 방법을 갖게 되었다고 생각할 정도다.

끝으로 나의 팔을 지키고자 하는 합리적인 이유 한 가지를 말할까 한다. 오랜 세월이 지나는 동안 나를 비롯해 많은 것들이 변했다. 사고를 당하기 전 십대 시절만 하더라도 내가 선택할 수 있었던 직업의 길은 매우 다양했다. 하지만 사고 이후의 나는 예전에 할 수 있었던 많은 것들을 할 수 없게 되었다. 개인생활이든 연애든 직업경로든 내가 새로 처하게 된 한계와 능력의 범위 내에서 나에게 적합한 방식을 선택해야 했다.

그런데 당시에 내가 팔을 절단하고 의수를 사용하겠다는 선택을 했다면, 나의 한계와 능력은 지금과는 다른 유형으로 결정되었을 것이다. 만약 의수를 끼고 현미경을 조작할 수 있게 되었다면 나는 지금쯤 생물학자가 되었을지도 모른다. 하지만 중년으로 접어든 시점에 지금과 같은 인생을 이루기 위해 투자했던 그간의 시간과 노력을 생각했을 때, 나로서는 커다란 변화를 초래할 수 있는 선택을 하기가 무척이나 어렵다.

이런 이야기를 장황하게 늘어놓는 이유는 무엇일까? 우리의 판단은 강력한 영향력을 지닌 여러 가지 심리작용에 따라 좌우될 가능성이 크며, 이로 인해 인생을 바꿀 수 있는 중대한 결정을 내리는 일은 매우 어렵다는 점을 말하기 위해서다. 인정하고 싶지 않겠지만, 이러한 심리작용은 우리가 생각하는 것보다 우리의 판단과 결정에 훨씬 깊숙이 개입하고 있다.

성서와 거머리가 주는 교훈 ⌐

지금까지 우리는 인간의 비이성이 어떻게 인생의 다양한 부분, 즉 우리의 습관, 데이트 상대의 선택, 일터에서의 동기의식, 기부 행위,

물건이나 아이디어에 대한 애착, 적응력, 복수욕 등에 영향을 미치는
지 알아보았다. 넓은 범위에서 행해지는 우리의 비이성적인 행동은
다음과 같은 두 가지의 교훈과 한 가지의 결론으로 정리할 수 있다.

1. 우리는 비이성적인 성향을 많이 가지고 있다.
2. 우리는 이러한 비이성이 어떤 식으로 우리에게 영향을 미치는지 제대
   로 알지 못한다. 즉 무엇이 우리의 특정 행동을 이끌어내는지 정확하
   게 이해하지 못하는 것이다.

그러므로 우리는(여기서 우리는 당신과 나와 기업들과 정책결정자들을
모두 포함한다) 우리의 직관을 의심할 필요가 있다. 만약 우리가 "항상
이런 식으로 해왔으니까."라고 생각하면서 직관과 보편적 지혜를 따
르고, 익숙하고 습관적인 행동을 고수하려 한다면 계속해서 오류를
범하게 될 것이다. 이는 엄청난 시간과 노력과 정신건강과 돈의 낭비
로 이어지게 된다.

하지만 우리가 스스로에게 의문을 제기하고 자신의 믿음이 과연
옳은 것인지를 검증하는 법을 배운다면 우리가 어디에서 실수를 했
는지 알게 되고, 그 결과 사랑과 생활, 일과 혁신, 경영과 정치 등의
분야에서 많은 것들이 더 나은 방향으로 나아가게 될 것이다.

그렇다면 우리의 직관을 어떻게 검증할 수 있을까? 여기에도 실험
이라는 방법을 이용할 수 있다. 실험의 역사는 적어도 성서만큼이나
오래된 것이다. 구약성서의 사사기 6장을 보면 '기드온'이라는 젊은
남자가 신의 부르심을 받아 신과 대화를 하는 장면이 나온다. 처음에

기드온은 자신에게 들리는 소리가 정말로 신의 소리인지, 자신의 공상이 만들어낸 소리인지 확신할 수 없었다. 그래서 기드온은 그 소리가 정말로 신의 소리인지를 확인하기 위해 다음과 같이 요청한다.

"이미 말씀하신 대로 당신께서 제 손을 이용하시어 이스라엘을 구원하고자 하신다면, 그 사실을 제게 증명해주십시오. 제가 오늘 밤 타작마당에 양털 한 뭉치를 놓아두겠습니다. 만약 양털 뭉치에만 이슬이 내려 있고 나머지 땅은 말라 있다면 말씀하신 대로 당신께서 제 손을 이용하시어 이스라엘을 구원하시겠다는 것을 알겠습니다."

기드온이 생각했던 것은 목소리의 주인공에 대한 검증이었다. 정말로 양털 뭉치에만 이슬이 내려 있고 주위의 나머지 땅은 말라 있다면, 신의 목소리라는 확신을 가질 수 있겠다고 생각했던 것이다. 그래서 어떤 일이 일어났을까? 기드온이 다음날 아침에 일어나 보니 양털 뭉치에만 이슬이 내려 있었다. 그리고 양털 뭉치를 손으로 짜보니 물이 한 대접 가득히 배어나왔다.

하지만 기드온은 꼼꼼한 실험진행자였다. 그는 양털에만 이슬이 내리는 일이 우연히 일어난 것은 아닌지 한 번 더 확인하고 싶었다. 통제조건에서 한 번 더 실험을 행하고 싶었던 것이다. 기드온은 신에게 한 번만 더 목소리의 진의를 확인해줄 것을 요청했고, 다음과 같이 실험의 통제조건을 제안했다.

"제게 노하지 말아주십시오. 그리고 한 말씀만 더 드리겠습니다. 청하건대 한 번만 더 양털 뭉치로 시험할 수 있도록 해주십시오. 이번에는 양털 뭉치는 말라 있고 주위의 땅은 이슬에 젖도록 해주십시오."

기드온이 다음날 일어나 보니 양털 뭉치는 말라 있는 반면에 주위의 땅은 이슬에 젖어 있었다. 이렇게 해서 기드온은 통제조건을 통해 신의 뜻을 확인할 수 있었다. 기드온의 실험은 신의 뜻에 대한 확인은 물론 한편으로는 후대 사람들에게 매우 중요한 실험기술을 남겨 준 셈이었다.

기드온이 신중한 실험을 통해 신의 말씀을 검증하려 했다면, 주술사들은 수천 년에 걸쳐 아무런 검증 없이 전승되는 지식을 수용하려고만 했다. 고대의 주술사들은 선대의 주술사들이 전해주는 지식과 자신의 직관을 이용해 사람들의 병을 고치려고 했다. 고대의 의사 격이던 주술사들의 이와 같은 모습은 초창기의 의사들에 이르러서도 크게 달라지지 않았다.

초창기의 의사들도 스승이 전해주는 지식에 크게 의존했고, 자신의 직관을 의심하거나 실험을 통해 검증을 해야 한다는 가르침은 받지 못했다. 그들은 수련기간이 끝나면 자신이 갖게 된 지식에 대해 거의 절대적인 확신을 가졌다. 지금도 많은 의사들이 이와 같은 모습을 보이고 있다. 그들은 언제나 해오던 방식을 계속 고수했고, 기존의 방식을 의심할 만한 증거는 무시되기 일쑤였다.[*]

이와 같은 치료법의 한 예로 거머리를 이용한 사혈법이 있다. 거머리를 이용해 사람의 피를 빨아먹도록 하는 이 치료법은 수백 년에 걸

---

[*] 그렇다고 해서 옛날 의사들이 새로운 치료법을 전혀 개발하지 못했다는 말은 아니다. 의사들은 아주 오래전부터 놀라운 치료법을 계속 개발해오고 있다. 내가 여기서 말하고자 하는 것은 아무런 치료효과가 없거나, 심지어 위험하기까지 한 여러 치료법들이 실험을 통한 검증과정도 거치지 않고 매우 오랜 세월에 걸쳐 환자들에게 적용되어 왔다는 사실이다.

처 이용되었다. 옛날 의사들은 거머리를 이용해 사람의 몸속에 있는 혈액, 점액, 흑담즙, 황담즙의 네 종류의 체액의 균형을 유지할 수 있다고 믿었다. 거머리를 이용한 사혈법은 두통, 비만, 치질, 후두염, 안과 질환, 정신과 질환 등 수많은 질병에 두루 적용되었다.

이렇게 치료 목적으로 거머리가 광범위하게 사용되자 19세기에는 거머리 무역이 성행했으며, 나폴레옹 전쟁 당시 프랑스가 치료를 위해 수입한 거머리의 수는 연간 수천만 마리에 달했다. 그 무렵 질병 치료에 사용되는 거머리의 인기가 얼마나 좋았는지 거머리가 거의 멸종 직전에 이르렀다고 한다.

당신이 이제 막 수련기간을 마치고 의사로 활동하기 시작한 19세기 프랑스의 의사라고 상상해보라. 당신은 거머리가 확실한 치료 효과를 가지고 있다는 것을 '알고' 있다. 지난 수세기 동안 '성공적으로' 의술에 활용되어 왔기 때문이다. 다른 의사들도 거머리의 치료 효과를 '인정하고' 있기 때문에―스승들로부터 물려받은 지식과 그들 자신의 경험을 통해―거머리의 치료 효과에 대한 당신의 믿음은 더욱 공고해진다.

이제 당신의 첫 번째 환자가 당신을 찾아왔다. 그 환자는 무릎관절에 통증이 있다고 한다. 당신은 물컹거리는 거머리 한 마리를 집어들고 그의 허벅지에, 즉 그가 아프다고 하는 무릎 바로 위에 거머리를 올려놓는다. 거머리가 그 환자의 피를 빨아먹으면서 무릎관절 주위의 혈압이 떨어지게 된다(적어도 당신은 그렇게 생각한다). 거머리로 하여금 한참 동안 환자의 피를 빨아먹도록 한 다음, 당신은 환자에게 이제 집으로 돌아가 한 주 정도 푹 쉬라고 말한다. 만약 그 환자가 다음에 찾아왔을 때 통증이 사라졌다고 말한다면, 당신은 거머리를 이용한 사혈법이 효과가 있었다고 다시 한 번 믿게 된다.

하지만 당시에는 거머리를 이용한 사혈법이 정말로 효과가 있는지의 여부를 검증할 수 있는 현대적인 기술이 없었다. 환자의 통증이 사라진 이유가 거머리를 이용한 사혈법 때문일 수도 있지만, 한 주 동안의 휴식 때문일 수도 있고, 의사에 대한 믿음 때문일 수도 있고, 위약 효과 때문일 수도 있는 것이다(위약 효과, 즉 플라시보 효과placebo effect에 대해서는 《상식 밖의 경제학》에서 비중 있게 다뤘다).

물론 의사들이 나쁜 사람들은 아니다. 그들은 좋은 사람들이고, 어쨌든 사람들을 건강하고 행복하게 만들어주기 위해 의사라는 직업을 선택한 것이다. 하지만 아이러니하게도 그들의 좋은 뜻이 치료법의 효과에 대한 검증을 가로막는 측면이 있다. 치료법의 효과를 검증하기 위해서는 일부 환자들의 희생이 필요한데, 의사들로서는 그렇게 할 수가 없는 것이다.

당신이 거머리의 치료 효과를 굳게 믿고 있는 19세기의 의사라면, 그러한 믿음을 확인해보겠다고 실험을 하겠는가? 임상실험에 참여하는 환자들의 고통에 대해서는 어떻게 하겠는가? 분명한 검증을 위해서는 수많은 환자들을 통제조건으로 집어넣어야 한다. 거머리와 비슷하게 생기고 비슷한 통증을 주기는 하지만, 피를 빨지는 않는 벌레를 이용하는 식으로 말이다. 그러나 자신의 치료법을 믿고 있는 어떤 의사가 수많은 환자들을 통제조건으로 집어넣고 그들로부터 효과적인 치료의 기회를 빼앗으려고 하겠는가?

더욱이 어떤 의사가—스승들과 수많은 다른 동료들이 믿고 있는 치료법의 효과를 다시 한 번 확인하겠다고―아프다고 자신을 찾아온 환자들에게 벌레가 무는 통증만을 주고 정작 사혈법은 빼어놓는 그런 통제조건을 구상하고 실험을 행하려고 하겠는가?

엄청난 비용과 희생을 고려했을 때, 기존의 치료법을 검증하기 위해 기꺼이 실험을 하겠다고 나서는 사람은 없을 것이다. 이는 의학 분야에서 교육을 받은 사람이라 하더라도 마찬가지다. 특히 기존의 치료법이 확실한 효과가 있는 것으로 굳게 믿고 있는 상황에서는 더더욱 그렇다.

그래서 탄생한 것이 식품의약국(Food and Drug Administration; FDA) 같은 기관이다. FDA는 의약품이나 치료법이 효과가 있고 안전한지를 증명할 수 있는 증거를 제시할 것을 요구한다. 까다롭고, 비싸고, 복잡한 실험과정을 거치더라도 확실하게 효과가 있고 안전한 것으로 검증된 의약품과 치료법만을 환자들에게 적용할 수 있도록 하겠다는 것이다.

FDA 같은 기관들의 노력으로 이제 우리는 오래전부터 사용되어오던 몇몇 어린이용 기침약들이 효과보다는 부작용이 더 크다는 것을 알게 되었고, 허리 통증의 경우 수술이 필요한 경우는 그리 많지 않다는 것을 알게 되었다. 또한 심장성형술이나 스텐트삽입술 같은 수술이 환자의 생명을 그리 많이 늘려주지는 않는다는 점도 알게 되었고, 스타틴이라는 약물이 콜레스테롤 수치를 떨어뜨리기는 하지만 심장병 예방에는 그다지 효과가 없다는 사실도 알게 되었다.

이와 같은 사례는 여기서 소개한 것보다 훨씬 더 많다.[▲] 분명 FDA 의 정책에 불만을 가진 사람들도 있기는 하다. 하지만 의약품이나 치

11장 경제학의 재발견

료법의 효과를 확실하게 검증하는 편이 우리에게 훨씬 더 이익이 된다는 것만큼은 명확한 사실이다.

무엇이 효과가 있고 무엇이 효과가 없는지를 확인하는 가장 좋은 방법 가운데 하나가 실험이라는 점에는 논란의 여지가 없다. 그리고 뭔가를 확인하는 데 과학적 실험을 버리고 육감이나 직관을 이용해야 한다고 말하는 사람을 나는 한 번도 본 적이 없다. 하지만 많은 분야에서 실험의 중요성이 분명 간과되고 있다. 특히 기업경영이나 공공정책과 관련된 중요한 결정들이 아무런 실험 없이 내려지고 있다는 것은 크게 우려할 만한 일이다.

솔직히 나는 기업 경영자들이나 정치인들이 자신들의 직관에 따라 중요한 결정을 내리는 대담함을 보일 때마다 크게 놀라곤 한다. 정치인들이나 기업 경영자들도 사람이다. 그들도 우리와 똑같이 어떤 심리적 경향을 가지고 있으며, 그들의 판단도 의료계의 판단만큼이나 오류에 빠져들 가능성이 크다. 그렇다면 기업 경영이나 공공정책도 체계적인 실험을 통한 검증을 해야 하는 게 아닐까?

만일 내가 기업에 투자를 한다면, 경영 판단의 기본적인 가정들을 체계적으로 검증하는 기업을 선택할 것이다. 예를 들어 어떤 기업의 경영자가 고객들의 분노의 본질을 잘 이해하고 있고, 고객들의 분노에 대한 진심어린 사과의 효과를 잘 알고 있다면, 그 기업의 수익성이 얼마나 높아질지 생각해보라(5장에서 다룬 내용을 떠올려보라). 어떤

↑
잘못 알려진 의약품이나 치료법의 효과에 관한 더 많은 이야기를 알고 싶다면, 노틴 해들러Nortin Hadler가 쓴 《모두가 속다Stabbed in the Back 》와 《불안함이 병이다Worried Sick 》라는 책을 읽어보기 바란다.

기업의 경영자가 직원들이 일에 대해 자부심을 갖는 것이 매우 중요하다는 점을 잘 알고 있다면, 그 기업의 생산성이 얼마나 높아질지 생각해보라(2장에서 다룬 내용을 떠올려보라). 어떤 기업이 임원들에 대한 과도한 보너스의 지급을 중단하고 보수와 성과 사이의 관계를 합리화하려고 한다면, 그 기업의 효율성이(더불어 상당한 PR효과까지 거둘 수 있다) 얼마나 높아질지 생각해보라(1장에서 다룬 내용을 떠올려보라).

정부의 정책도 실험을 통한 검증이 필요하기는 마찬가지다. 정부는 은행들에 대한 구제금융 정책이든 주택의 에너지 효율화 정책이든 농업 분야에 대한 정책이든 교육 분야에 대한 정책이든 사안의 개별적인 특수성을 고려하지 않은 채 포괄적으로 정책을 결정하고 집행하는 경우가 많다. 실험을 통한 검증은 쉽게 무시해버린다.

하지만 은행들에 대한 7,000억 달러 규모의 구제금융이 근래 경기침체를 극복하는 가장 좋은 방법이었을까? 좋은 성적을 받은 학생에게 장학금을 지급하고, 꾸준한 학교 출석과 교실에서의 모범적인 행동을 주문하는 것이 학생들의 장기적인 학습능력을 높이는 올바른 방법일까? 음식점 메뉴판에 음식의 열량을 표기하는 것이 사람들의 건강한 식습관을 유도하는 데 효과가 있을까(일단 지금까지 나타난 데이터를 보면 효과가 없다는 판단을 내릴 수 있다)?

이들 질문에 대한 명확한 답은 아직까지 나와 있지 않다. 하지만 자신의 판단에 확신이 있다 해도 직관은 단지 직관일 뿐이라는 점을 인식해야 하지 않을까? 그리고 공공정책과 공공제도를 더욱 나은 방향으로 개선하기를 바란다면, 사람들이 어떤 식으로 행동하는지에 대한 더 많은 실증적인 데이터를 수집해야 한다는 점을 인식해야

하지 않을까? 효과를 알 수도 없는 계획에 수십 억 달러의 돈을 쏟아
붓기 전에 먼저 그 효과를 검증하기 위한 소규모의 실험들을 행하고,
시간적인 여유가 있다면 실험들을 충분히 행하는 것이 훨씬 더 현명
한 접근법이라는 게 내 생각이다.

셜록 홈스Sherlock Holmes는 이렇게 말했다.

"데이터를 얻기 전에 이론을 세우는 것은 중대한 실수다."

사람들이 그렇게 합리적이었다면…

이제 이 책의 내용을 마무리할 때가 되었다. 인간은 스타트렉에 나오는 초이성적인 캐릭터 스팍과, 편견에 휘둘리는 만화주인공 호머 심슨 중 호머 쪽에 훨씬 더 가까운 존재다. 당신도 이 점을 분명하게 인식했기를 바란다. 그리고 우리가 가진 비이성이 오히려 도움이 될 때도 있다는 점을 인식하게 되었기를 바란다.

자신의 일에서 의미를 찾고, 자신의 아이디어나 창조물에 대해 애착을 갖고, 다른 사람을 신뢰하고, 새로운 환경에 적응하고, 다른 사람에게 동정심을 갖는 행위 등을 볼 때 우리는 인간이 가진 비이성이 오히려 긍정적으로 작용하는 경우가 많다는 걸 알 수 있다. 우리의 비이성을 이러한 관점에서 바라본다면, 완벽하게 이성적인 사람이 되기 위해 애를 쓰는 것보다는 우리에게 도움이 되는 불완전성의 효과를 이해하고, 우리가 극복해야 할 것들이 무엇인지를 파악하고, 우리가 가진 몇몇 한계 속에서도 우리의 불완전성을 이용할 수 있도록 주위의 환경을 조성하려고 노력하는 편이 더 나은 선택이라고 할 수 있다.

교통사고에서 부상을 줄이기 위해 안전벨트를 매고, 추위를 막기 위해 외투를 입는 것처럼, 우리는 사고와 논리에서 자신의 한계를 인식하고 그에 맞게 대응할 필요가 있다. 특히 한 개인으로서, 기업 경영자로서, 정치인으로서 중요한 결정을 내릴 때에는 더욱 그렇다.

오류를 파악하고 극복하기 위한 다른 방법을 찾는 가장 좋은 방법 가운데 하나는 실험을 하고, 데이터를 수집 분석하고, 실험조건과 통제조건의 결과를 비교하고, 그로부터 뭔가를 끄집어내는 것이다. 미국의 전 대통령 프랭클린 루스벨트Franklin Roosevelt는 다음과 같은 말을 한 적이 있다.

"이 나라는, 내가 현재 상황을 잘못 판단하고 있는 게 아니라면 과감하고 지속적인 실험을 필요로 하고 있습니다. 어떤 방법을 선택했다면 그것을 시험하는 것은 당연합니다. 만약 그것이 실패로 판명된다면 실패를 솔직하게 받아들이고 또 다른 시도를 하면 됩니다. 하지만 무엇보다 중요한 것은 뭔가를 시도하는 것입니다."[24]

이 책을 끝까지 읽어준 당신에게 고마운 마음을 전한다. 이 책이 당신에게 만족스러운 것이었기를 바란다. 또한 앞으로 당신이 직관을 무작정 따르는 게 아니라 자신만의 실험을 통해 더 나은 의사결정을 하게 되기를 간절히 바란다. 의문을 제기하고 탐구하라. 저 아래 무엇이 숨겨져 있는지 확인해보라. 자신의 행동, 기업의 행동, 직원들의 행동, 기관들의 행동, 정치인들의 행동, 정부의 행동에 의문을 제기하라. 이를 통해 우리는 자신의 한계를 극복하는 방법을 발견하게 될 것이다. 그리고 이러한 태도야말로 사회과학의 위대한 희망이다.

댄 애리얼리

주 ●●

1. Adam Smith, *An Inquiry into the Nature and Causes of the Wealth of Nations* (Chicago: University Of Chicago Press, 1776), 44~45.
2. George Loewenstein, "Because it is there: The challenge of mountaineering… for utility theory," *Kyklos 50*, no. 3 (1999): 315~343.
3. Laura Shapiro, *Something From the Oven: Reinventing Dinner in 1950s America* (New York: Viking, 2004).
4. http://www.foodnetwork.com/recipes/sandra-lee/sensuous-chocolate-trufflesrecipe/ index.html.
5. Mark Twain, *Europe and Elsewhere* (New York: Harper & Brothers Publishers, 1923).
6. http://tierneylab.blogs.nytimes.com.
7. Richard Munson, *From Edison to Enron: The Business of Power and What It Means for the Future of Electricity*, (Wesport, Conn.: Praeger Publishers, 2005), 23.
8. James Surowiecki, "All Together Now," *The New Yorker*, April 11, 2005.
9. http://www.openleft.com/showDiary.do?diaryId=8374, September 21, 2008.
10. The complete presentation is available at www.perfectlyirrational.com /files/hotel.html.
11. Albert Wu, I-Chan Huang, Samantha Stokes, and Peter Pronovost, "Disclosing Medical Errors to Patients: It's Not What You Say, It's What They Hear," *Journal of general Internal Medicine 21*, no. 7

(2009): 1012~1017.

12. Kathleen Mazor, George Reed, Robert Yood, Melissa Fischer, Joann Baril, and Jerry Gurwitz, "Disclosure of Medical Errors: What Factors Influence How Patients Respond?" *Journal of General Internal Medicine 21*, no. 7 (2006): 704~710.

13. http://www.vanderbilt.edu/News/register/Mar11_02/story8.html.

14. http://www.businessweek.com/magazine/content/07_04/b4018001.html.

15. http://jamesfallows.theatlantic.com/archives/2006/09/the_boiledfrog_myth_stop_the_1.php#more.

16. Andrew Potok, *Ordinary Daylight: Portrait of an Artist Going Blind* (New York: Bantam, 2003).

17. T.C. Schelling, "The Life You Save May Be Your Own," in *Problems in Public Expenditure Analysis*, ed. Samuel Chase (Washington, D.C.: Brookings Institution, 1968).

18. See Paul Slovic, "If I look at the mass I will never act: Psychic numbing and genocide" *Judgment and Decision Making 2*, no. 2 (2007): 79~95.

19. James Estes, "Catastrophes and conservation: Lessons from sea otters and the Exxon Valdez," *Science 254*, no. 5038 (1991): 1596.

20. Samuel S. Epstein, "American Cancer Society: The World's Wealthiest 'Nonprofit' Institution. International," *Journal of Health Services 29*, no. 3 (1999): 565~578.

21. Catherine Spence, "Mismatching money and need," in Keith Epstein, "Crisis Mentality: Why Sudden Emergencies Attract More Funds than Do Chronic Conditions, and How Nonprofits Can Change That," *Stanford Social Innovation Review*, Spring 2006: 48~57.

22. Babylonian Talmud, Sanhedrin 4:8 (37a).

23. A.G. Sanfey, J.K. Rilling, J.A. Aronson, L.E. Nystrom, and J.D. Cohen, "The Neural Basis of Economic Decision-making in the Ultimatum Game," *Science 300* (2003): 1755~1758.

24. Franklin Roosevelt, Oglethorpe University Commencement Address, May 22, 1932.

참고문헌 ●●

프롤로그

George Akerlof, "Procrastination and Obedience," *The American Economic Review 81*, no. 2 (May 1991): 1~19.

Dan Ariely and Klaus Wertenbroch, "Procrastination, Deadlines, and Performance: Self-control by Precommitment," *Psychological Science 13*, no. 3 (2002): 219~224.

Stephen Hoch and George Loewenstein, "Time-Inconsistent Preferences and Consumer Self-Control," *Journal of Consumer Research 17*, no. 4 (1991): 492~507.

David Laibson, "Golden Eggs and Hyperbolic Discounting," *The Quarterly Journal of Economics 112*, no. 2 (1997): 443~477.

George Loewenstein, "Out of Control: Visceral Influences on Behavior," *Organizational Behavior and Human Decision Processes 65*, no. 3 (1996): 272~292.

Ted O'Donoghue and Matthew Rabin, "Doing It Now or Later," *American Economic Review 89*, no. 1 (1999): 103~124.

Thomas Schelling, "Self-Command: A New Discipline," in *Choice Over Time*, ed. George Lowenstein and John Elster (New York: Russell Sage Foundation, 1992).

1장_높은 인센티브의 함정

Dan Ariely, Uri Gneezy, George Loewenstein, and Nina Mazar, "Large Stakes and Big Mistakes," *The Review of Economic Studies 76*, vol. 2 (2009): 451~469.

Racheli Barkan, Yosef Solomonov, Michael Bar-Eli, and Dan Ariely, "Clutch Players at the NBA," manuscript, Duke University, 2010.

Mihály Csíkszentmihályi, *Flow: The Psychology of Optimal Experience* (New York: Harper and Row, 1990).

Daniel Kahneman and Amos Tversky, "Prospect Theory: An Analysis of Decision under Risk," *Econometrica 47*, no. 2 (1979): 263~291.

Robert Yerkes and John Dodson, "The Relation of Strength of Stimulus to Rapidity of Habit-Formation," *Journal of Comparative Neurology and Psychology 18* (1908): 459~482.

Robert Zajonc, "Social Facilitation," *Science 149* (1965): 269~274.

Robert Zajonc, Alexander Heingartner and Edward Herman, "Social Enhancement and Impairment of Performance in the Cockroach," *Journal of Personality and Social Psychology 13*, no. 2 (1969): 83~92.

2장_일한다는 것의 의미

Dan Ariely, Emir Kamenica, and Dražen Prelec, "Man's Search for Meaning: The Case of Legos," *Journal of Economic Behavior and Organization 67*, nos. 3-4 (2008): 671~677.

Glen Jensen, "Preference for Bar Pressing over 'Freeloading' as a Function of the Number of Unrewarded Presses," *Journal of Experimental Psychology 65*, no. 5 (1963): 451~454.

Glen Jensen, Calvin Leung, and David Hess, "'Freeloading' in the Skinner Box Contrasted with Freeloading in the Runway," *Psychological Reports 27* (1970): 67~73.

George Loewenstein, "Because it is There: The Challenge of Mountaineering…

for Utility Theory," *Kyklos 52*, no. 3 (1999): 315~343.

3장_이케아 효과

Gary Becker, Morris H. DeGroot, and Jacob Marschak, "An Experimental Study of Some Stochastic Models for Wagers," *Behavioral Science 8*, no. 3 (1963): 199~201.

Leon Festinger, *A Theory of Cognitive Dissonance*, (Stanford, CA: Stanford University Press, 1957).

Nikolaus Franke, Martin Schreier, and Ulrike Kaiser, "The 'I Designed It Myself' Effect in Mass Customization," *Management Science 56*, no. 1 (2009): 125~140.

Michael Norton, Daniel Mochon, and Dan Ariely, "The IKEA Effect: When Labor Leads to Love," manuscript, Harvard University, 2010.

4장_개인주의 바이러스

Zachary Shore, *Blunder: Why Smart People Make Bad Decisions*, (New York: Bloomsbury USA, 2008).

Stephen Spiller, Rachel Barkan, and Dan Ariely, "Not-Invented-By-Me: Idea Ownership Leads to Higher Perceived Value," manuscript, Duke University, (2010).

Ralph Katz and Thomas Allen, "Investigating the Not Invented Here(NIH) Syndrome: A Look at the Performance, Tenure, and Communication Patterns of 50 R&D Project Groups," *R&D Management 12*, no. 1 (1982): 7~20.

Jozef Nuttin Jr., "Affective Consequences of Mere Ownership: The Name Letter Effect in Twelve European Languages," *European Journal of Social Psychology 17*, no. 4 (1987): 381~402.

Jon Pierce, Tatiana Kostova, and Kurt Dirks, "The State of Psychological Ownership: Integrating and Extending a Century of Research,"

Review of General Psychology 7, no. 1 (2003): 84~107.

Jesse Preston and Daniel Wegner, "The Eureka Error: Inadvertent Plagiarism by Misattributions of Effort," *Journal of Personality and Social Psychology 92*, no. 4 (2007): 575~584.

Michal Strahilevitz and George Loewenstein, "The Effect of Ownership History on the Valuation of Objects," *Journal of Consumer Research 25*, no. 3 (1998): 276~289.

5장_복수의 정당화

Dan Ariely, "Customers' Revenge 2.0," *Harvard Business Review 86*, no. 2 (2007): 31~42.

Ayelet Gneezy and Dan Ariely, "Don' t Get Mad, Get Even: On Consumers' Revenge," manuscript, Duke University, 2010.

Keith Jensen, Josep Call, and Michael Tomasello, "Chimpanzees are Vengeful but not Spiteful," *Proceedings of the National Academy of Sciences 104*, no. 32 (2007): 13046~13050.

Dominique de Quervain, Urs Fischbacher, Valerie Treyer, Melanie Schellhammer, Ulrich Schnyder, Alfred Buck, and Ernst Fehr, "The Neural Basis of Altruistic Punishment," *Science 305*, no. 5688 (2004): 1254~1258.

Albert Wu, I-Chan Huang, Samantha Stokes, and Peter Pronovost, "Disclosing Medical Errors to Patients: It' s Not What You Say, It' s What They Hear," *Journal of General Internal Medicine 24*, no. 9 (2009): 1012~1017.

6장_적응과 행복의 비밀

Henry Beecher, "Pain in Men Wounded in Battle," *Annals of Surgery 123*, no. 1 (1946): 96~105.

Philip Brickman, Dan Coates, and Ronnie Janoff-Bulman, "Lottery

Winners and Accident Victims: Is Happiness Relative?," *Journal of Personality and Social Psychology 36*, no. 8 (1978): 917~927.

Andrew Clark, "Are Wages Habit-Forming? Evidence from Micro Data," *Journal of Economic Behavior & Organization 39*, no. 2 (1999): 179~200.

Reuven Dar, Dan Ariely and Hanan Frenk, "The Effect of Past-Injury on Pain Threshold and Tolerance," *Pain 60* (1995): 189~193.

Paul Eastwick, Eli Finkel, Tamar Krishnamurti and George Loewenstein, "Mispredicting Distress Following Romantic Breakup: Revealing the Time Course of the Affective Forecasting Error," *Journal of Experimental Social Psychology 44*, no. 3 (2008): 800~807.

Leif Nelson and Tom Meyvis, "Interrupted Consumption: Adaptation and the Disruption of Hedonic Experience," *Journal of Marketing Research 48* (2008): 654~664.

Leif Nelson, Tom Meyvis and Jeff Galak, "Enhancing the Television-Viewing Experience through Commercial Interruptions," *Journal of Consumer Research 36* (2009): 160~172.

David Schkade and Daniel Kahneman, "Does Living in California Make People Happy? A Focusing Illusion in Judgments of Life Satisfaction," *Psychological Science 9*, no. 5 (1998): 340~346.

Tibor Scitovsky, *The Joyless Economy: The Psychology of Human Satisfaction*, (New York: Oxford University Press, USA, 1976).

7장_연애와 외모의 상관관계

Leonard Lee, George Lowenstein, James Hong, Jim Young, and Dan Ariely, "If I'm Not Hot, Are You Hot or Not? Physical-Attractiveness Evaluations and Dating Preferences as a Function of One's Own Attractiveness," *Psychological Science 19*, no. 7 (2008): 669~677.

Ed Diener, Brian Wolsic, and Frank Fujita, "Physical Attractiveness and Subjective Well-Being," *Journal of Personality and Social Psychology 69*, no. 1 (1995): 120~129.

Paul Eastwick and Eli Finkel, "Speed-Dating as a Methodological Innovation," *The Psychologist 21*, no. 5 (2008): 402~403.

Paul Eastwick, Eli Finkel, Daniel Mochon, and Dan Ariely, "Selective vs. Unselective Romantic Desire: Not All Reciprocity Is Created Equal," *Psychological Science 21*, no. 5 (2008): 402~403.

Elizabeth Epstein and Ruth Guttman, "Mate Selection in Man: Evidence, Theory, and Outcome," *Social Biology 31*, no. 4 (1984): 243~278.

Raymond Fisman, Sheena Iyengar, Emir Kamenica, and Itamar Simonson, "Gender Differences in Mate Selection: Evidence from a Speed Dating Experiment," *Quarterly Journal of Economics 121*, no. 2 (2006): 673~679.

Gunter Hitsch, Ali Hortacsu, and Dan Ariely, "What Makes You Click— Mate Preferences in Online Dating," manuscript, University of Chicago, 2010.

8장_시장이 실패할 때

Jeana Frost, Zoë Chance, Michael Norton, and Dan Ariely, "People are Experience Goods: Improving Online Dating with Virtual Dates," *Journal of Interactive Marketing 22*, no. 1 (2008): 51~61.

Fernanda Viégas and Judith Donath, "Chat Circles," paper presented at SIGCHI Conference on Human Factors in Computing Systems: The CHI Is the Limit, Pittsburgh, Pa., May 15~20, 1999.

Steven Bellman, Eric Johnson, Gerald Lohse, and Naomi Mandel, "Designing Marketplaces of the Artificial with Consumers in Mind: Four Approaches to Understanding Consumer Behavior in Electronic Environments," *Journal of Interactive Marketing 20*, no. 1 (2006): 21~33.

Rebecca Hamilton and Debora Thompson, "Is There a Substitute for Direct Experience? Comparing Consumers' Preferences after Direct and Indirect Product Experiences," *Journal of Consumer Research 34*, no. 4 (2007): 546~555.

John Lynch and Dan Ariely, "Wine Online: Search Costs Affect

Competition on Price, Quality, and Distribution," *Marketing Science 19*, no. 1 (2000): 83~103.

Michael Norton, Joan DiMicco, Ron Caneel, and Dan Ariely, "AntiGroupWare and Second Messenger," *BT Technology Journal 22*, no. 4 (2004): 83~88.

9장_동정심의 진화

Deborah Small and George Loewenstein, "The Devil You Know: The Effects of Identifiability on Punishment," *Journal of Behavioral Decision Making 18*, no. 5 (2005): 311~318.

Deborah Small and George Loewenstein, "Helping a Victim or Helping the Victim: Altruism and Identifiability," *Journal of Risk and Uncertainty 26*, no. 1 (2003): 5~13.

Deborah Small, George Loewenstein, and Paul Slovic, "Sympathy and Callousness: The Impact of Deliberative Thought on Donations to Identifiable and Statistical Victims," *Organizational Behavior and Human Decision Processes 102*, no.2 (2007): 143~153.

Peter Singer, "Famine, Affluence, and Morality," *Philosophy and Public Affairs 1*, no. 1 (1972): 229~243.

Peter Singer, *The Life You Can Save: Acting Now to End World Poverty* (New York: Random House, 2009).

Paul Slovic, "Can International Law Stop Genocide When Our Moral Institutions Fail Us?," *Decision Research*, (2010: forthcoming).

Paul Slovic, "'If I Look at the Mass I Will Never Act': Psychic Numbing and Genocide," *Judgment and Decision Making 2*, no. 2 (2007): 79~95.

10장_일시적인 감정의 후유증

Eduardo Andrade and Dan Ariely, "The Enduring Impact of Transient Emotions on Decision Making," *Organizational Behavior and Human*

Decision Processes 109, no. 1 (2009): 1~8.

Eduardo Andrade and Teck-Hua Ho, "Gaming Emotions in Social Interactions," *Journal of Consumer Research 36*, no. 4 (2009): 539~552.

Dan Ariely, Anat Bracha, and Stephan Meier, "Doing Good or Doing Well? Image Motivation and Monetary Incentives in Behaving Prosocially," *American Economic Review 99*, no. 1 (2009): 544~545.

Roland Benabou and Jean Tirole, "Incentives and Prosocial Behavior," *American Economic Review 96*, no. 5 (2006): 1652~1678.

Ronit Bodner and Dražen Prelec, "Self-Signaling and Diagnostic Utility in Everyday Decision Making," in *Psychology of Economic Decisions*, vol. 1, ed. Isabelle Brocas and Juan Carrillo (New York: *Oxford University Press*, 2003).

Jennifer Lerner, Deborah Small, and George Loewenstein, "Heart Strings and Purse Strings: Carryover Effects of Emotions on Economic Decisions," *Psychological Science 15*, no. 5 (2004): 337~341.

Gloria Manucia, Donald Baumann, and Robert Cialdini, "Mood Influences on Helping: Direct Effects or Side Effects?" *Journal of Personality and Social Psychology 46*, no. 2 (1984): 357~364.

Dražen Prelec and Ronit Bodner. "Self-Signaling and Self-Control," in *Time and Decision: Economic and Psychological Perspectives on Intertemporal Choice*, ed. George Loewenstein, Daniel Read, and Roy Baumeister (New York: Russell Sage Press, 2003).

Norbert Schwarz and Gerald Clore, "Feelings and Phenomenal Experiences," in *Social Psychology: Handbook of Basic Principles*, ed. Tory Higgins and Arie Kruglansky (New York: Guilford, 1996).

Norbert Schwarz and Gerald Clore, "Mood, Misattribution, and Judgments of Well-Being: Informative and Directive Functions of Affective States," *Journal of Personality and Social Psychology 45*, no. 3 (1983): 513~523.

Uri Simonsohn, "Weather to Go to College," *The Economic Journal 120*, no. 543 (2009): 270~280.

참고문헌

11장_경제학의 재발견

Colin Camerer and Robin Hogarth, "The Effects of Financial Incentives in Experiments: A Review and Capital-Labor-Production Framework," *Journal of Risk and Uncertainty 19*, no. 1 (1999): 7~42.

Robert Slonim and Alvin Roth, "Learning in High Stakes Ultimatum Games: An Experiment in the Slovak Republic," *Econometrica 66*, no. 3 (1998): 569~596.

Richard Thaler, "Toward a Positive Theory of Consumer Choice," *Journal of Economic Behavior and Organization 1*, no. 1 (1980): 39~60.

옮긴이_ 김원호

서강대 공과대학을 졸업하고 고려대 경영대학원에서 석사 학위를 받았다. 삼성물산 상사부문
에서 근무했으며, 현재는 전문 번역가 겸 저술가로 활동하고 있다. 옮긴 책으로 《앨빈 토플러,
불황을 넘어서》, 《도널드 트럼프, 억만장자 마인드》, 《퓨처 파일》, 《글로벌 비즈니스 마인드 세
트》, 《히든 리스크》 외 다수가 있다.

댄 애리얼리 경제 심리학

1판 1쇄 발행 2011년 2월 8일
1판 15쇄 발행 2019년 9월 30일

지은이 댄 애리얼리
옮긴이 김원호
발행인 고병욱
발행처 청림출판
등록 제1989-000026호
주소 06048 서울특별시 강남구 도산대로 38길 11(논현동 63)
         10881 경기도 파주시 회동길 173(문발동 518-6) 청림아트스페이스
전화 02)546-4341 **팩스** 02)546-8053

www.chungrim.com
cr1@chungrim.com

ISBN 978-89-352-0863-0 03320